# DERECHO COMPARADO Y DIGITALIZACIÓN

ANA MERCEDES LÓPEZ RODRÍGUEZ

Ph.D. (Universidad de Aarhus)
Profesora titular de Derecho internacional privado
(Universidad Loyola)

# DERECHO COMPARADO Y DIGITALIZACIÓN

tecnos

Diseño de cubierta:
J. M. Domínguez y J. Sánchez Cuenca


Juan Ignacio Luca de Tena, 15 - 28027 Madrid

PAPEL DE FIBRA CERTIFICADO

ISBN: 978-84-309-8152-6
Depósito Legal: M-2.786-2021

*Printed in Spain*

A mi familia

*To make a difference, understand differences*

Syed SHARUKH

# ÍNDICE

# ABREVIATURAS

| | |
|---|---|
| All ER | All England Reports |
| ALI | American Law Institute |
| AG | Amtsgericht |
| AC | Appeal Cases |
| AI | Inteligencia Artificial |
| ArbG | Arbeitsgericht |
| art. | Artículo |
| Ass. Plén. | Assemblée Pléniere |
| BAG | Bundesarbeitsgericht |
| BGH | Bundesgerichtshof |
| BGH GS | Bundesgerichtshof Großer Senat |
| BGH GS St | Bundesgerichtshof Großer Senat für Strafsachen |
| BGH GS Z | Bundesgerichtshof Großer Senat für Zivilsachen |
| BVerfG | Bundesverfassungsgericht |
| BVerwG | Bundesverwaltungsgericht |
| B2B | Business to Business |
| BCLC | Butterworths Company Law Cases |
| C. A. | Cours d'Appel<br>Cours d'Assises |
| CC | Código Civil |
| cf. | Compara |
| CISG | Convención de las Naciones Unidas sobre los Contratos de Compraventa Internacional de Mercaderías |
| Ch. Crim. | Chambre criminelle |
| Ch. Mixte | Chambre mixte |
| Ch. Réuns. | Chambres réunites |
| Ch | Law Reports, Chancery Division |
| Civ. 1ère | Première chambre civile |
| Civ. 2ème | Deuxième chambre civile |
| Civ. 3ème | Troisième chambre civile |
| Com. | Chambre commerciale et financière |
| CNUDMI | Comisión de las Naciones Unidas para el Derecho Mercantil Internacional |
| Cr App R | Criminal Appeal Reports |
| Cr App R (S) | Criminal Appeal Reports Sentencing |
| DAO | Organización Autónoma Descentralizada |
| DCFR | Marco Común de Referencia |
| DLT | Distributed Ledger Technology |
| EBP | Asociación Europea de Blockchain |
| EBSI | Infraestructura Europea de Servicios Blockchain |

| | |
|---|---|
| ed. | Editor |
| eds. | Editores |
| *et al.* | Otros autores |
| F., F.2d, F.3d | Federal Reporter, first, second, and third series, United States Courts of Appeals |
| Fam | Law Reports, Family Division |
| FRCP | Federal Rules of Civil Procedure |
| F. R. D. | Federal Rules Decisions, United States District Courts |
| F. Supp., F. Supp.2d | Federal Supplement, first and second series, United States District Courts |
| FSR | Fleet Street Reports |
| GVG | Ley del Poder Judicial alemana, Gerichtverfassungsgesetz |
| HGB | Código de Comercio Alemán |
| *Ibid.* | Ibidem, en el mismo lugar |
| ICR | Industrial Cases Reports |
| *Infra* | Más abajo |
| IoT | Internet de las Cosas |
| ISO | International Organization for Standardization |
| JD | Juris Doctor |
| KB | Law Reports, King's Bench Division |
| LAG | Landesarbeitsgericht |
| L. Ed., L. Ed. 2d | U.S. Supreme Court Reports, Lawyers' Edition, first and second series, United States Supreme |
| LEC | Ley de Enjuiciamiento Civil |
| Lloyd's LR | Lloyd's Law Reports |
| LVerfG | Landesverfassungsgericht |
| LG | Landgericht |
| OLG | Oberlandesgericht |
| OVG | Oberverwaltungsgericht |
| OJ | Diario Oficial de la Unión Europea/Official Journal of the European Union |
| *op. cit.* | Obra citada |
| P | Law Reports, Probate Division |
| p. | Página |
| pp. | Páginas |
| PETL | Principios de Derecho europeo de la Responsabilidad Civil |
| PECL | Principios Europeos sobre el Derecho de los Contratos |
| P & CR | Property, Planning and Compensation reports |
| QB | Law Reports, Queen's Bench Division |
| RAE | Real Academia Española |
| RGPD | Reglamento General de Protección de Datos |
| RG | Reichsgericht |
| RLR | Industrial Relations Law Reports |
| SC | Session Cases (Escocia) |
| S. Ct. | Supreme Court Reporter, United States Supreme Court |
| Soc. | Chambre sociale |
| StGB | Código Penal alemán |

| | |
|---|---|
| StPO | Ley de Enjuiciamiento Criminal alemana, Strafprozeßordnung |
| *Supra* | Más arriba |
| TIC | Tecnologías de la Información y de la Comunicación |
| TLR | Times Law Reports |
| TFG | Trabajo Fin de Grado |
| TFM | Trabajo Fin de Máster |
| TFUE | Tratado de Funcionamiento de la Unión Europea |
| TJUE | Tribunal de Justicia de la Unión Europea |
| Trib. inst. | Tribunaux d'Instance |
| T.G.I. | Tribunaux de Grande Instance |
| UCC | Uniform Comercial Code |
| UCS | Universal Character Set |
| UE | Unión Europea |
| UKHL | United Kingdom House of Lords |
| UNIDROIT | Instituto Internacional para la Unificación del Derecho Privado |
| U. S. S. C. | United States Supreme Court |
| VG | Verwaltungsgericht |
| VGH | Verwaltungsgerichtshof |
| *V. gr.* | Por ejemplo |
| *vid.* | Véase |
| WLR | Weekly Law Reports |
| ZPO | Ley de Enjuiciamiento Civil alemana, Zivilprocessordnung |

CAPÍTULO I

# DERECHO COMPARADO Y DIGITALIZACIÓN

## 1. INTRODUCCIÓN

Nos encontramos en los albores de lo que algunos han denominado la *Cuarta Revolución Industrial*, la nueva era de la tecnología y la industria[1], propiciada por la creciente digitalización e impulsada por tres tecnologías disruptivas: la Inteligencia Artificial (AI), el *blockchain* y el Internet de las Cosas (IoT)[2].

Digitalizar es convertir o codificar en números dígitos datos o informaciones de carácter continuo, como por ejemplo una imagen fotográfica, o un documento, o un libro[3]. Mediante la digitalización, algo real (físico, tangible) es convertido en datos numéricos para que pueda ser manejado por un ordenador, adaptándolo, modificándolo y aprovechándolo para distintos propósitos. Es decir, la digitalización supone pasar de una realidad continua a una realidad discontinua, conformada por *bits* (ceros y unos).

La digitalización está dando origen a cambios profundos en la sociedad, la cultura, la política, la economía, los negocios y el Derecho. Es lo que viene a denominarse como «transformación digital»[4]. Y todo ello, a un ritmo endiablado, sin precedentes, lo que no deja de ser una situación bastante abrumadora para la mayoría de juristas, acostumbrados a trabajar con instituciones y valores tradicionales. Incluso estamos presenciando la aparición de nuevos actores y formas de ejercer la abogacía y la resolución

[1] K. Schwab, «The Fourth Industrial Revolution: what it means, how to respond», *World Economic Forum* (14 de enero de 2016), https://www.weforum.org/agenda/2016/01/the-fourth-industrial-revolution-what-it-means-and-how-to-respond.

[2] A. M. López Rodríguez, «Blockchain and its Impact on Human Rights» en A. M. López Rodríguez, M. Green y M. L. Kubica, *Legal Challenges in the New Digital Age*, Brill, 2021, pp. 231-252.

[3] Diccionario de la Lengua Española, Real Academia Española (RAE).

[4] A. Kaplan y M. Haenlein, «Digital transformation and disruption: On big data, blockchain, artificial intelligence, and other things», 62 (6) *Business Horizons*, 2019, pp. 679-681.

de conflictos, que podría dar al traste con instituciones jurídicas existentes y el control tradicional sobre la producción y aplicación de las leyes. Por poner un par de ejemplos entre las numerosas iniciativas existentes, podemos mencionar proyectos como *Legalese*[5], una *start-up* creadora de *software* destinado a la gestión de negocios sin la intervención de juristas ni abogados, o *Kleros*[6], una plataforma de resolución de conflictos *online*, a través de la tecnología *blockchain*.

¿Cómo podemos afrontar los retos de la digitalización desde el mundo jurídico, para no ser meros espectadores y contribuir activamente a un desarrollo digital que respete los postulados básicos de justicia, igualdad y equidad?[7] ¿Es siquiera posible transformar normas y principios jurídicos en meros dígitos, sin perder un ápice de sentido y contenido?

Para dar respuesta a estas cuestiones debemos tener presente que la digitalización no es una cuestión exclusivamente tecnológica. La tecnología no es aislable por completo del mundo humano, ni de la cultura, ni de la política. Y así, como cosas no-humanas se conectan técnicamente entre sí, las fronteras entre cultura, tecnología y políticas digitales se entremezclan[8]. Según Pierre Lévy[9], la actual sociedad del conocimiento es consecuencia de la revolución que supuso el desarrollo de las TIC durante el siglo XX y su profunda influencia en el lenguaje y las estructuras sociales. Ciertamente, el lenguaje, la técnica y las estructuras sociales complejas siempre han estado interrelacionados y, de hecho, su influencia mutua ha sido el verdadero impulsor del desarrollo de la humanidad desde la misma aparición del lenguaje[10]. Actualmente es imposible entender la cultura sin la sociedad o la técnica; se han vuelto indivisibles. Un iPhone, por ejemplo, es cultura porque es un elemento clave del entorno social y de su lenguaje.

Por otra parte, el Derecho no existe en el vacío; no es un fenómeno aislado de la cultura, del lenguaje, ni del contexto socioeconómico en el que se desarrolla. No nos podemos quedar en la superficie y estudiar solo el Derecho positivo, tal cual aparece recogido en códigos y jurisprudencia. Para entender la esencia del fenómeno jurídico es imprescindible elevarse por encima de las diferencias aparentes y comprender la función y el con-

[5] https://legalese.com/.

[6] https://kleros.io/es/.

[7] J. M. Lassalle, *Ciberleviatán*, Arpa Editores, 2019.

[8] Elisabet Roselló, «¿Es lo digital aún sinónimo de futuro?», *El País Economía* (2 de julio de 2019).

[9] P. Lévy, *La cyberculture. Rapport au Conseil de l'Europe*, Éditions Odile Jacob. Éditions du Conseil de l'Europe, 1997.

[10] Roselló, *op. cit.*

texto. Ello es especialmente necesario a la hora de pasar de una realidad continua, construida con relaciones jurídicas y normas, a otra discontinua, conformada por ceros y unos.

Junto a la dificultad de subsumir toda la complejidad jurídica en meros dígitos, existe el riesgo de que las empresas tecnológicas impongan modelos de conversión digital basados en culturas jurídicas, diferentes a la del contexto donde han de aplicarse. Es aquí donde el Derecho comparado, en tanto que disciplina que pretende extraer los principios y conceptos comunes a diversos ordenamientos jurídicos a través de la comparación entre sistemas e instituciones concretas, se presenta como una herramienta clave para dar una respuesta crítica y adecuada. El Derecho comparado puede ser crucial a medida que nos adentramos en el mundo donde lo digital no significa revolución, sino cotidianidad, familiaridad digital, es decir, en lo que ya se está denominando como *Era Posdigital*[11]. Una nueva era donde aparece el debate sobre la ética y la regulación, y estamos más atentos a cuestiones como la privacidad, la vigilancia, o quién y bajo qué premisas diseña el algoritmo[12].

El estudio del Derecho comparado debe, por tanto, guiarnos en la búsqueda de los factores y operadores que intervienen en la creación y aplicación del Derecho y ayudarnos a comprender los mecanismos y razonamientos que hay detrás del fenómeno jurídico. No solo con el objetivo de que los juristas podamos enfrentarnos de forma consciente a una revolución destinada a simplificar la complejidad del lenguaje y de las instituciones jurídicas, sino para que técnicos y programadores puedan conocer los distintos matices y diferencias entre ordenamientos y conceptos a la hora de «traducir» el Derecho a lenguaje computacional, para así anticipar posibles problemas y soluciones.

## 2. DIGITALIZACIÓN, *LEGALTECH* Y DEPENDENCIA CULTURAL Y LINGÜÍSTICA DEL MUNDO ANGLOSAJÓN

Aunque en la transformación digital intervienen operadores de todo el mundo, la influencia de la Academia y la industria de los países más desarrollados, especialmente del mundo anglosajón, es indudable. La mayoría de las iniciativas en los procesos de transformación digital están centradas

[11] F. Cramer, «What is Post-Digital?» en D. M. Berry y M. Dieter (eds.) *Postdigital Aesthetics*, Palgrave Macmillan, 2015, pp. 12-26.

[12] *Ibid.*

en el idioma y la cultura anglosajonas. Especialmente en su inicio, muchas aplicaciones y programas estaban disponibles únicamente en versión inglesa. Por ello, a medida que la digitalización se expande por todo el mundo, la necesidad de realizar esfuerzos de adaptación del mundo digital a otros idiomas y culturas se hace más patente.

Ya existe la tecnología para facilitar el desarrollo y la traducción de programas que funcionen en múltiples lenguas y culturas (lo que se conoce como *internacionalización* y *localización*)[13]. Por otro lado, los organismos de estandarización realizan importantes esfuerzos para especificar una forma común de codificar los símbolos, por ejemplo, los ISO-8859-*, el juego de caracteres Unicode y el UCS de ISO[14]. Sin embargo, fabricantes como Apple o Microsoft, han definido sus propios juegos de caracteres por motivos comerciales. Ello supone un obstáculo a la interoperabilidad y refuerza la hegemonía de la lengua inglesa, dado que los juegos de caracteres y la tipografía (los tipos de letra) son un elemento importante para poder representar una lengua.

En la actualidad, la hegemonía anglosajona se ve acrecentada con la irrupción de la denominada *Legaltech*, término que va referido de forma general al empleo de tecnología y *software* innovadores, con objeto de agilizar y mejorar los servicios jurídicos[15]. Las empresas de *Legaltech* son generalmente *start-ups* fundadas con el propósito específico de transformar profundamente el funcionamiento de la profesión jurídica (que se caracteriza por un alto nivel de regulación e institucionalización y es tradicionalmente conservadora)[16].

Dentro de la *Legaltech* podemos encontrar: (i) tecnologías que facilitan la gestión del conocimiento y el tratamiento de los datos; (ii) herramientas de *management*; y (iii) soluciones de Derecho sustantivo[17].

La primera categoría, que es la más amplia, está conformada por «tecnologías facilitadoras» por ejemplo, soluciones en la nube con opciones de

---

[13] L. Navarro Moldes, «Dependencia de las TIC e imposición cultural», en Varios autores, *Efectos de las tecnologías de la información y la comunicación sobre los derechos humanos*, Institut de Drets Humans de Catalunya, 2002, pp. 38-63, pp. 42 ss.

[14] *Ibid.*

[15] M. Corrales, M. Fenwick y H. Haapio (eds.), *Legal Tech, Blockchain and smart contracts*, Springer, 2019, p. 2.

[16] M. M. Bues y E. Matthaei, «LegalTech on the Rise: Technology Changes Legal Work Behaviours, But Does Not Replace Its Profession», en K. Jacob, D. Schindler y R. Strathausen (eds.), *Liquid Legal: Transforming Legal into a Business Savvy, Information Enabled and Performance Driven Industry*, 2017, pp. 89-109, p. 90, DOI: 10.1007/978-3-319-45868-7.

[17] Corrales, *op. cit.*, p. 2.

ciberseguridad añadidas, que facilitan el acceso y tratamiento de los datos y que permiten disponer de un acceso remoto a la información legal, *marketplaces* jurídicos que facilitan el encuentro entre clientes y abogados, etc.[18].

La segunda categoría comprende herramientas de gestión. Estos *softwares* facilitan que un abogado o despacho lleve el control de clientes, casos, facturación y otras tareas administrativas[19].

La tercera categoría está compuesta por tecnologías que proporcionan soluciones que ayudan o incluso reemplazan el asesoramiento legal de abogados en la ejecución de tareas jurídicas específicas. Esta categoría incluye varios subcampos, como herramientas para autogenerar contratos o adquirirlos directamente sin tener que pasar por un abogado, *e-discovery*, presentar reclamaciones legales de todo tipo, resolución de disputas en línea, análisis jurídico y predictivo de casos, así como tecnologías basadas en *blockchain*, en particular, los denominados *smart contracts*[20].

Según el *Índice Tecnológico del Centro CodeX de Informática Legal* de la Universidad de Stanford[21], que en junio de 2020 contenía más de 1.346 empresas, actualmente tenemos en España 142 proyectos *Legaltech*, lo cual es un número considerable en comparación con otros países. No obstante, estamos muy lejos de las cifras de países anglosajones como EE. UU., Canadá o el Reino Unido, que acaparan los primeros puestos del ranking[22]. Los dos grandes nichos de la *Legaltech* española son los *marketplaces* jurídicos en los que el usuario puede encontrar abogado rápido, fácil y barato, y la autogeneración de documentos legales[23]. Pero incluso en estos campos, la influencia anglosajona es clara. Por ejemplo, muchas de las herramientas desarrolladas en nuestro país para la autogeneración de documentos legales están inspiradas en *Rocket Lawyer*[24], una plataforma de origen estadounidense.

A medida que estas herramientas digitales ganan peso en el mundo jurídico, los esquemas metodológicos, conceptuales y culturales de los países anglosajones se van infiltrando gradualmente en ordenamientos jurídicos de otros países y tradiciones legales. De esta forma, el jurista se ve obligado a operar con instituciones y principios jurídicos originados en sistemas de fuentes, técnicas legislativas, estilos normativos y métodos de interpretación y aplicación

---

[18] *Ibid.*

[19] *Ibid.*

[20] *Ibid.* Sobre el *blockchain* y los *smart contracts*, *vid. infra*, el Capítulo 7.

[21] https://techindex.law.stanford.edu/.

[22] *Ibid.*

[23] https://blog.sepin.es/2019/10/servicios-legaltech-espanola/.

[24] https://www.rocketlawyer.com/es/es.

del Derecho que le son ajenos. Ello no es la primera vez que sucede, ya que, por ejemplo, en el campo del Derecho de los negocios, la influencia anglosajona, sobre todo la norteamericana, lleva siendo más que notable durante décadas. Pero con la *Legaltech*, la introducción de instituciones y conceptos jurídicos que no nos son propios está ocurriendo a una velocidad sin precedentes, muy difícil de asimilar. Desde la perspectiva contraria, técnicos y programadores han de salvar los obstáculos que supone la traducción del Derecho a lenguaje computacional y, además, desarrollar soluciones que puedan operar en países de cultura jurídica distinta. Sin embargo, esta circunstancia no siempre se tiene en cuenta, o no siempre es posible.

## 3. LA INTERRELACIÓN ENTRE DERECHO, CULTURA Y LENGUA

Según Tuori[25], el Derecho está compuesto por tres capas distintas: (i) el nivel superficial, al que pertenecen las disposiciones legales y la jurisprudencia; (ii) la cultura jurídica, que se compone de conceptos, principios y metodología jurídicas; y, por último, (iii) una estructura profunda, que es más estática y refleja cada período histórico.

Los tres niveles están normalmente interrelacionados, de forma que la cultura jurídica y su estructura profunda influyen en el nivel superficial y viceversa[26]. Siendo así, existe el riesgo de que las herramientas digitales que se están utilizando en el mundo jurídico adopten soluciones ancladas solamente en el nivel superficial de la norma, sin atender a la cultura jurídica o a la estructura profunda del Derecho de los países donde han de ser implementadas. Ello respondería a la lógica del mercado. Crear y modificar programas es un proceso costoso y complicado. Por tanto, los fabricantes tienden a buscar que el usuario se adapte a una oferta limitada de productos, al objeto de aumentar el beneficio, reduciendo los costes de producción. De esta forma, el usuario ve restringidas sus opciones a la hora de adaptar estas herramientas a sus necesidades y de poder modificarlas en general.

Aunque se aprecia una tendencia hacia la diversificación del mercado a la par que este madura, muchas de las herramientas tecnológicas parten de una base común y muchos usuarios optan por soluciones estándar, dado el

[25] K. Tuori, «EC Law: An Independent Legal Order or a Post-Modern Jack-in-the-Box?», en L. D. Erikson *et al.* (eds.), *Dialectic of Law and Reality: Readings in Finnish Legal Theory*, University of Helsinki, Faculty of Law, 1999, p. 407.

[26] *Ibid.*

gran desembolso económico, recursos y atención que requieren las soluciones a medida. Si estas soluciones estándar solo tienen en cuenta la capa superficial del Derecho a la hora de introducirlas en los distintos mercados, pero sin atender a la cultura jurídica de cada ordenamiento, las soluciones previstas por los desarrolladores pueden no resultar del todo óptimas para dar respuesta a los problemas concretos que se plantean, sobre todo, en el caso de herramientas tecnológicas que tienen que ver con el Derecho sustantivo y no con meras funciones de gestión o facilitadoras.

Los posibles obstáculos y disfunciones entre las soluciones estándar que generalmente propone la *Legaltech* y las distintas culturas jurídicas donde ha de implementarse pueden ser de carácter variado. Por ejemplo, dado que la cultura jurídica desempeña un papel crucial a la hora de entender y aplicar el Derecho, ante la ausencia de una cultura jurídica común a fabricante y usuario, el desarrollo óptimo de aplicaciones puede requerir una formulación excesivamente minuciosa y detallada. Por otra parte, cada ordenamiento jurídico utiliza una terminología que no necesariamente se corresponde con las lenguas jurídicas de otros países. Así, una traducción literal de un término jurídico concreto a otro idioma puede no expresar exactamente el mismo concepto. Por poner un ejemplo, los términos anglosajones *contract* u *obligation* no se corresponden exactamente con los conceptos de *contrato* u *obligación*[27]. Del mismo modo, el término *causa* es ligeramente diferente a la *cause* francesa (eliminada del Código Civil Francés tras la reforma del 2016) o la italiana. Además, no hay un término equivalente a la causa en el mundo anglosajón u otros ordenamientos jurídicos[28]. Y es que el Derecho y el lenguaje están estrechamente relacionados, al ser, por lo general, productos de las mismas influencias sociales, económicas y culturales[29]. El Derecho es parte del patrimonio cultural de un país, incluida su dimensión lingüística[30]; por ello, el razonamiento jurídico no puede ser fácilmente separado de la lengua en la que se forma. En consecuencia, al ser el inglés la lengua vehicular en el desarrollo de una buena parte de las herramientas del *Legaltech*, no podemos perder de vista la influencia del *common law*, de sus instituciones y de su metodología y de cuál es su impacto en un sistema de Derecho continental como el nuestro.

[27] H. Beale *et al.* (eds.), *Cases, Materials and Text on Contract Law*, Hart Publishing, 2002, p. 2.

[28] Este punto es desarrollado con mayor profundidad en el Capítulo 7.

[29] A. Flessner, «Rechtsvereinheitlichung durch Rechtswissenschaft und Juristenausbildung», *RabelsZeitschrift*, 1992, pp. 243-260, p. 257.

[30] D. Tallon, «Les Faux Amis en Droit Comparé» en J. Basedow (ed.), *Festschrift für Ulrich Drobnig zum Siebzigsten Geburtstag*, Mohr Siebeck, 1998, p. 677.

Las diferencias existentes entre las familias jurídicas reflejan la idiosincrasia de los países a los que pertenecen y sus mentalidades distintivas. Por ejemplo, el Derecho continental da preferencia al precepto legal, mientras que el *common law* otorga prioridad a la experiencia práctica[31]. Según Legrand, cada familia jurídica refleja una visión del mundo profundamente anclada en la sociedad en la que surge, posiblemente dibujando un paralelismo entre cultura jurídica y cultura en cualquier otra forma[32]. En efecto, las distintas tradiciones jurídicas se han desarrollado de una manera histórica, sociológica, económica y políticamente diferente —son, en esencia, culturalmente diferentes—. Esta circunstancia ha de ser tenida en cuenta a la hora de utilizar soluciones estándar de *Legaltech* en ordenamientos jurídicos basados en una racionalidad y moralidad diferentes.

Es verdad que existen puntos de convergencia entre el *common law* y el Derecho continental y que la brecha entre ambas tradiciones jurídicas no es tan considerable como pudiera parecer a simple vista. El *common law* lleva ya varias décadas infiltrándose silenciosamente a través del mundo de los negocios, mediante construcciones jurídicas como los contratos de *leasing*, franquicia o el trust, que no están recogidos en los códigos civiles y ni siquiera pertenecen a la tradición del Derecho civil. A su vez, el Derecho continental ha permeado el *common law*, sobre todo, debido a la influencia de la Unión Europea. Un ejemplo significativo es la introducción del principio de la buena fe en Derecho inglés tras la adopción de la Directiva sobre Cláusulas Abusivas en los Contratos de Consumo[33]. Pero a pesar de esta influencia, el modo de operar y razonar de ambas familias sigue siendo fundamentalmente diferente. Así, la *Court of Appeals* inglesa, cuando tuvo que interpretar el principio de buena fe en la ley de transposición de la mencionada Directiva, sostuvo que «la buena fe ha de entenderse de una forma especial, al tener sus raíces conceptuales en los sistemas de Derecho civil»[34]. Además, hizo referencia a la Ley alemana de 1976 sobre Condiciones Generales de la Contratación[35], alegando la gran influencia de dicho

---

[31] Sir O. Kahn-Fruend, «Common Law and Civil Law. Imaginary and Real Obstacles to Assimilation», en M. Capelletti (ed.), *New Perspectives for a Common Law of Europe*, Sijthoff, 1978, pp. 152-153.

[32] P. Legrand, «Sens et Non-sens d'un Code civil européen», 4 *Revue internationale de droit comparé*, 1996, pp. 779-812, p. 798.

[33] Directiva 93/13/CEE del Consejo, de 5 de abril de 1993, sobre las cláusulas abusivas en los contratos celebrados con consumidores, OJ L 95, 21 de abril de 1993, p. 29-34.

[34] Director General of Fair Trading v. First National Bank plc, 2000 Q. B. 672 (Eng. C. A.).

[35] Gesetz zur Regelung des Rechts der Allgemeinen Geschäftsbedingungen (AGB-Gesetz), de 9 de diciembre de 1976 (BGBl. I S. 3317).

texto en la Directiva. En definitiva, la Court of Appeals recurrió a la metodología del Derecho comparado para poder aplicar la norma de origen europeo.

La misma lógica argumental nos hace pensar que el Derecho comparado puede ser de gran utilidad a la hora de desarrollar herramientas estándar de *Legaltech* y promover el desarrollo de un discurso jurídico coherente en el contexto de creciente transformación digital. Los posibles peligros y disfunciones que acarrea la introducción en nuestro ordenamiento de soluciones pensadas para otras tradiciones jurídicas se pueden salvar a través de la investigación, la formación jurídica y la aplicación consciente de la metodología comparada.

## 4. EL DERECHO COMPARADO COMO HERRAMIENTA NECESARIA EN LA ERA DIGITAL

Las líneas precedentes reflejan el gran impacto de la creciente digitalización en el mundo jurídico. Una revolución con origen en la cultura anglosajona y orquestada en régimen de semimonopolio por empresas sobre todo norteamericanas, que ahora se magnifica con la irrupción del *Legaltech*. Aunque en nuestro país se están impulsando iniciativas propias en este campo, la mayoría van dirigidas a la creación de instrumentos digitales de apoyo o de gestión; solo un número muy reducido de aplicaciones ofertan soluciones de Derecho sustantivo. Las pocas que existen, además, se basan en aplicaciones norteamericanas, en cuanto que es difícil optar por soluciones a medida, por el gran desembolso económico, recursos y atención que requieren.

Se puede afirmar, por tanto, que la creciente digitalización afecta de lleno al Derecho, que ve, entre otras consecuencias, cómo el *common law* y la cultura jurídica anglosajona se van infiltrando gradualmente en los despachos y en el mundo jurídico en general a una velocidad sin precedentes. No sabemos si dentro de unos años el mercado digital seguirá siendo hegemónico de los mismos países, pero es evidente que, por su origen anglosajón, esta influencia está llamada a permanecer.

El nuevo contexto digital obliga al jurista a familiarizarse con otra cultura jurídica distinta a la suya, que se ha desarrollado con unos presupuestos históricos, sociológicos, económicos y políticos diferentes; lo invita a cuestionarse si las categorías e instituciones jurídicas existentes son adecuadas para responder a los nuevos retos planteados por tecnologías como el *blockchain*, el Internet de las Cosas o la inteligencia artificial y, al mismo tiempo, lo impulsa a remover doctrinas y consensos sobre la teoría de los derechos fundamentales, en especial, los ligados a la libertad de expresión, la libertad informática y el derecho al honor.

En tanto que se trata de un fenómeno global, el estudio y el debate sobre el impacto de las tecnologías digitales emergentes está llamado a realizarse desde una perspectiva comparada. En este sentido, la metodología comparada puede resultar muy útil para reflexionar sobre la oportunidad de regular estas tecnologías y evaluar la viabilidad de futuras reformas. Para el legislador, en particular, el Derecho comparado es una herramienta imprescindible a la hora de orientar su actividad normativa, ya que no dispone de un laboratorio jurídico donde testar *a priori* las posibles soluciones.

La presente obra pretende, en consecuencia, acercar la metodología del Derecho comparado al contexto digital. A tal efecto, parte de un examen actualizado del Derecho comparado como disciplina académica, su metodología y funciones, para luego adentrarse en tres de las principales familias jurídicas (Derecho francés, Derecho alemán y Derecho angloamericano) y sus instituciones más representativas. Ello ha de proporcionar el marco conceptual y metodológico necesario para analizar, a continuación, aspectos concretos donde la digitalización puede suponer un reto para el Derecho y viceversa. El trabajo toma en consideración, asimismo, otras disciplinas relacionadas con el Derecho comparado que, aun teniendo distinto origen y metodología, sirven de complemento al legislador y a otros operadores a la hora de modernizar y adaptar el ordenamiento jurídico. Ciertamente, el fenómeno de recepción de normas e instituciones jurídicas no es un proceso aislado, sino que forma parte de procesos sociales más amplios.

## 5. DELIMITACIÓN DE LA PRESENTE OBRA

Como se verá a continuación, el Derecho comparado es posible y útil en todos los ámbitos jurídicos. Tradicionalmente, el área en la que esta disciplina ha tenido más incidencia es el Derecho privado, por la influencia del *common law* y por las distintas iniciativas unificadoras del Derecho que se han sucedido en este campo. Desde una perspectiva doctrinal, sin embargo, limitar el Derecho comparado solo a ciertos campos jurídicos no tiene sentido, ya que la definición de estos ámbitos jurídicos no está predeterminada, sino que depende del sistema jurídico objeto de examen. Por ejemplo, la distinción entre Derecho público y Derecho privado, que es fundamental para el Derecho español, francés y alemán, no existe como tal en Inglaterra, donde tradicionalmente no se aceptó la existencia de una rama independiente de Derecho público. Además, el Derecho privado (en el sentido del Derecho civil) no puede entenderse sin el Derecho procesal civil, que en algunos países se considera parte del Derecho público como, por ejemplo, el Derecho penal[36]. En cualquier caso, dadas las limitaciones de espacio y de conocimiento de la autora, los supuestos objeto de estudio en el presente trabajo se circunscriben principalmente al área del Derecho privado.

[36] U. Kischel, *Comparative Law*, Oxford University Press, 2019, p. 34.

CAPÍTULO II

# EL DERECHO COMPARADO. OBJETO, MÉTODO Y FUNCIONES

## 1. EL DERECHO COMPARADO COMO MÉTODO Y COMO CIENCIA

Según la concepción clásica, la expresión Derecho comparado va referida a la actividad intelectual en la que el Derecho es el objeto y la comparación el proceso. Ahora bien, es posible realizar comparaciones entre los diferentes principios de un mismo sistema legal, como podría ser entre los distintos artículos del Código Civil español. Como se trata de una característica de todos los sistemas legales nacionales, el «Derecho comparado» debe abarcar algo más de lo que indica su acepción superficial. Esa dimensión extra corresponde al elemento internacional. Así, el Derecho comparado es la disciplina que tiene como objeto la comparación de los diferentes sistemas legales del mundo[1].

### 1.1. Evolución histórica

La comparación jurídica desde la perspectiva de su dimensión geográfica es tan antigua como el estudio mismo del Derecho. Según René David[2], el Tratado sobre la Política redactado por Aristóteles se fundamentó en el estudio de 153 constituciones. Solón se apoyó en estudios comparados para elaborar las leyes de Atenas y existe la leyenda de que los decenviros redactaron las leyes de las Doce Tablas después de una investigación que reali-

[1] K. Zweigert y H. Kötz, *An Introduction to Comparative Law*, Clarendon Press, Oxford, 1998, p. 2.

[2] R. David y Camille Jauffret-Spinosi, *Los grandes sistemas jurídicos contemporáneos*, 11.ª ed. Traducción de J. S. Cordero, Instituto de Investigaciones Jurídicas de la UNAM, 2010, p. 3.

zaron por sí mismos en las ciudades de la Magna Grecia[3]. En la Edad Media, el Derecho romano y el Derecho canónico fueron objeto de comparación, como también lo fueron, en el siglo XVII, el Derecho canónico y el *common law* en Inglaterra. Otros ejemplos históricos que pueden mencionarse son la comparación de las costumbres que contribuyó a la identificación de un Derecho consuetudinario común en Francia y a un *Deutsches Privatrecht* en Alemania, o el método comparado empleado por Montesquieu para descifrar el espíritu de las leyes y extraer de ellas los principios de un buen sistema de gobierno[4]. Además, es oportuno incluir en estos ejemplos históricos cómo el Derecho penal alemán e italiano han servido de referencia básica a muchos sistemas penales, del mismo modo que la codificación se extendió por todo el mundo siguiendo el modelo desarrollado en el seno de los ordenamientos jurídicos de la Europa continental.

El origen del Derecho comparado tal como lo conocemos hoy se sitúa en 1900, con la celebración en París del primer Congreso Internacional de Derecho Comparado, durante la exposición mundial emblemáticamente representada por la torre Eiffel[5]. Impulsado por los profesores franceses Edouard Lambert y Raymond Saleilles, este congreso fue el primero de los Congresos Internacionales de Derecho Comparado que, desde entonces, se celebran periódicamente, cada cuatro años en distintas capitales del mundo. Lambert y Saleilles pretendían con esta iniciativa desarrollar un derecho común a la humanidad (*Droit commun de l'humanité*)[6]. Según Lambert, el Derecho comparado debía resolver las diferencias en los sistemas jurídicos de los pueblos que se encontraran en etapas de desarrollo cultural y económico similares, así como reducir la cantidad de divergencias en materia legal que podían atribuirse no tanto a las características políticas, morales o sociales de los diferentes países, sino a circunstancias históricas contingentes[7]. Esta visión debe ser entendida como una reacción lógica contra la nacionalización del Derecho imperante en el siglo XIX, y por la expansión de las relaciones de todo orden de la vida internacional, en ese momento, que fomentaba un paralelismo entre los sistemas jurídicos.

A partir del primer Congreso en París, se pueden destacar las siguientes etapas principales de evolución del Derecho comparado contemporáneo:

---

[3] *Ibid.*

[4] *Ibid.*

[5] K. Zweigert y H. Kötz, *Introducción al Derecho comparado*, Oxford University Press, México, 2012, p. 3.

[6] *Ibid.*, p. 4.

[7] *Ibid.*

(i) una primera que abarca desde el siglo XIX a las primeras décadas del siglo XX; (ii) una segunda etapa que se inicia en los años cincuenta y sesenta del siglo XX, cuya revitalización coincide con los horizontes económicos, políticos y jurídicos, abiertos tras la Segunda Guerra Mundial; (iii) una etapa iniciada hace unos treinta años caracterizada por la aparición de distintas iniciativas armonizadoras de carácter privado y (iv) la etapa actual, en la que el Derecho comparado puede y debe responder a los retos de la creciente transformación digital.

En la primera etapa de evolución del Derecho comparado moderno, los estudios giraban en torno a la definición de su objeto y naturaleza, a posicionarlo dentro de las diferentes ciencias, a caracterizar su metodología y a precisar sus posibles aplicaciones e intereses. Los autores buscaban asignarle al Derecho comparado un área propia, distinguiéndolo de otras disciplinas como la Teoría General del Derecho o la Sociología jurídica. De igual forma, se perseguía precisar en qué disciplinas jurídicas la comparación podría resultar provechosa; qué sistemas jurídicos eran útiles como objeto de comparación, así como advertir los obstáculos más comunes al emprender estudios de Derecho comparado. Por lo que se refiere a las cuestiones terminológicas y conceptuales, en esta primera etapa no existía unanimidad, empleándose con más asiduidad el término *Legislación Comparada* en los países con un modelo de legislación codificada y *Comparative Jurisprudence*, en los países que siguen el modelo jurídico anglosajón[8]. Por su parte, en Alemania los autores se referían a esta disciplina como *Rechtsvergleichung*, referida a la comparación de Derechos y que es la que finalmente acabó por imponerse[9].

Una vez adoptada la terminología común de Derecho comparado, la segunda etapa se caracterizó por la discusión doctrinal respecto al concepto y contenido de esta disciplina. Los autores de este período se dividían en dos grandes grupos: aquellos que optaban por darle un sentido restrictivo al término, que comprendiera solo la estricta actividad de comparar Derechos, y aquellos para los que la actividad comparada abarcaría, además, el estudio de los Derechos extranjeros, aun sin mediar una comparación jurídica específica al respecto. Los más relevantes comparatistas alemanes, franceses y británicos del siglo XX afrontaron esta cuestión respondiéndola con mayor o menor minuciosidad. La visión más aceptada es la de Zwei-

---

[8] D. López-Medina, «El nacimiento del derecho comparado moderno como espacio geográfico y como disciplina: instrucciones básicas para su comprensión y uso desde América Latina», 26 *International Law, Revista Colombiana de Derecho Internacional*, 2015, pp. 117-159.

[9] *Ibid.*

gert y Kötz, para quienes el estudio de uno o varios Derechos extranjeros no constituye Derecho comparado porque no hay comparación[10]. Por otra parte, el conocimiento del Derecho extranjero es el antecedente lógico del Derecho comparado, pues no se puede comparar lo que no se conoce. Para estos autores, puede haber estudios de Derecho extranjero sin Derecho comparado, pero no puede haber Derecho comparado sin el estudio previo de los Derechos que se comparan[11]. Esta etapa coincide en el tiempo, además, con la puesta en marcha de la Enciclopedia de Derecho Comparado[12], bajo la coordinación del comparatista francés René David y de la contribución realizada desde los años setenta, sobre todo, por los comparatistas italianos, alemanes, británicos y estadounidenses que aportaron un debate rico en matices desde posturas muy diversas.

La tercera etapa comenzó hace treinta años cuando, tanto en Europa como en América, se evidenció un notable resurgimiento del Derecho comparado reflejado en la actividad de equipos investigadores consolidados, institutos científicos y programas de formación jurídica comparada. Esta época se caracteriza por la aparición de iniciativas privadas de armonización y codificación de sectores del Derecho privado, sobre todo en materia contractual, como los Principios de UNIDROIT de los Contratos Internacionales (1994)[13], los Principios Europeos del Derecho de los Contratos (1998)[14], el Código de Pavía[15] o la propuesta de un Código Civil Europeo impulsada por la Comisión Europea, que cristalizó en la elaboración de un Marco Común de Referencia[16].

En la actualidad se podría hablar de una incipiente etapa que coincide con la creciente digitalización de la sociedad y del Derecho. Esta etapa continúa la senda iniciada en la etapa anterior, donde las dimensiones del

---

[10] K. Zweigert y H. Kötz, *op. cit.*, p. 6.

[11] *Ibid.*

[12] *Enciclopedia Internacional de Derecho Comparado*, informe anual: 1972. DOI: http://dx.doi.org/10.22201/iij.24484873e.1973.16.1001.

[13] *Principios UNIDROIT sobre Contratos Comerciales Internacionales*, 1994.

[14] O. Lando *et al.*, *Principles of European Contract Law, Parts I, II & III*, Kluwer Law International, 2002.

[15] G. Gandolfi, *Code Européen des Contrats*, Giuffrè Milano, 2001.

[16] El Proyecto de Marco Común de Referencia (DCFR) comenzó a gestarse en el año 1989, cuando el Parlamento Europeo planteó la creación de un Código Civil europeo. En el año 2009 se publicó una segunda versión del texto (la primera data de 2007), como fruto del trabajo de dos grupos de expertos, el *Study Group on a European Civil Code* y el *Research Group on EC Private Law (Acquis Group)*. En buena medida, el DCFR está basado en los Principios de Derecho Europeo de Contratos (*Principles of European Contract Law*).

mundo se han visto reducidas y los intercambios internacionales requieren la aproximación gradual de los diferentes puntos de vista. Con la interdependencia y la interconexión inmediata sin precedentes de todas las regiones del planeta a través del comercio y de los medios de comunicación, casi cualquier área o campo del Derecho ha adquirido en la actualidad una dimensión internacional o transnacional. Vivimos en un mundo donde las fronteras estatales están perdiendo su importancia en relación con la tecnología, las finanzas, el comercio, el medio ambiente, la información, el consumo, la cultura, las ideas de los derechos humanos universales o los procesos regionales de integración como la Unión Europea. Por tanto, el estudio del Derecho ha de ajustarse más que nunca a las exigencias de esta «aldea global». La irrupción del *Legaltech* pone de manifiesto, además, la necesidad de abordar el desarrollo y aplicación de las herramientas digitales utilizando la metodología comparada para tener en cuenta la cultura jurídica y los marcos conceptuales del sistema donde han de ser implementadas. Por otro lado, el enorme reto que la irrupción de la inteligencia artificial, el *blockchain*, o el *big data* suponen para el legislador y el resto de operadores jurídicos, aconseja que el debate se haga de una manera global y comparada. Esta etapa coincide, además, con la publicación de trabajos que cuestionan el método tradicional del Derecho comparado y se centran en apreciar las diferencias entre ordenamientos jurídicos y su complejidad, en vez de en encontrar puntos en común entre los mismos, lo que ha venido a denominarse *Derecho comparado posmodernista*[17].

### 1.2. El Derecho comparado como ciencia y como método

A un eminente comparativista se le atribuye haber afirmado que «lo que está claro es que el Derecho comparado no existe»[18]. Detrás de esta afirmación taxativa se encuentra uno de los debates clásicos en el Derecho comparado, esto es, el de su caracterización como ciencia o como método. Mientras que, para algunos autores se trata de un método complementario en el estudio de cualquier área del Derecho, otros estiman que estamos ante una verdadera disciplina científica, con principios y sistemática propias. La inmersión en este debate implica dar primero respuesta a cuestio-

[17] A. Somma, *Introducción al Derecho Comparado*, Universidad Carlos III de Madrid, 2015, p. 74; M. Siems, *Comparative Law*, Cambridge University Press, 2018, p. 116.

[18] Afirmación atribuida a A. Tunc. *Vid.* E. K. Banakas, «The Method of Comparative Law and the Question of Legal Culture Today», 3 *Tilburg Foreign Law Review*, 1994, pp. 113-153, p. 113.

nes como ¿qué es ciencia? ¿Se puede considerar al Derecho como ciencia? ¿Qué es un método? ¿Tiene el Derecho comparado un método propio?[19] Cuestiones que parecen no quedar del todo zanjadas y que por su abstracción y profundidad nos obligan a dejarlas al margen del presente trabajo[20]. No obstante, con el fin de comprender mejor la complejidad del debate, podemos examinar brevemente las respuestas de las distintas posturas existentes.

Para algunos autores, la expresión Derecho comparado es equívoca, pues parece indicar que se trata de una rama del Derecho, como el Derecho civil o penal, cuando en realidad no se trata de un conjunto de reglas aplicables a una materia determinada, sino de un método de comparación de distintos ordenamientos jurídicos. Para Gutteridge [21], por ejemplo, el Derecho comparado es un método y no una ciencia, ya que se presta a ser aplicado en cualquier rama del Derecho. Según René David, no hay Derecho comparado en cuanto que ciencia autónoma, puesto que no contiene un cuerpo de normas propias como las demás ramas del Derecho. Es decir, el Derecho comparado es un método porque, en cuanto disciplina teórica, no tiene ámbito propio[22]. Si bien, en últimas ediciones del trabajo de este autor se matiza que el desarrollo del Derecho comparado como ciencia es reciente, teniendo por objeto de estudio los Derechos extranjeros en comparación con el propio[23].

Para Lambert[24], sin embargo, el Derecho comparado es una ciencia principal, autónoma, que pone de relieve el fondo común de los distintos ordenamientos jurídicos. Ello permite llegar al conocimiento de las leyes de la evolución del Derecho positivo, las finalidades perseguidas y la existencia de principios que reciben una adhesión más o menos numerosa. Más recientemente, Peter de Cruz[25] ha afirmado que el Derecho comparado cuenta con un número suficiente de principios metodológicos como para

---

[19] U. Kischel, *Comparative Law*, Oxford University Press, 2019, p. 28.

[20] Schmitthoff apuntaba que estas cuestiones son tan ambiguas que existe un libro bajo la rúbrica «The Methods of Legal Science» y otro titulado «The Science of Legal Method», M. Schmitthoff, «The Science of Comparative Law», 7(1) *Cambridge Law Journal*, 1939, pp. 94-110, p. 95.

[21] H. C. Gutteridge, «The Value of Comparative Law», *Journal of the Society of Public Teachers of Law*, 1931, p. 28.

[22] R. David y J. E. C. Brierley, *Major Legal Systems in the World Today: An Introduction to the Comparative Study of Law*, Sweet & Maxwell, 1985, p. 12.

[23] David, *op. cit.*, p. 1.

[24] E. Lambert, *La fonction du droit civil compare*, V. Giard y E. Brière, 1903, p. 915.

[25] P. de Cruz, *Comparative Law in a Changing World*, 2.ª ed., Cavendish Publishing Limited, 1995, p. V.

considerarlo como una rama autónoma de las ciencias sociales, aunque no contenga un cuerpo propio de normas como otras ramas del Derecho, por ejemplo, el Derecho mercantil o el tributario.

Desde una postura intermedia, el Derecho comparado se considera como ciencia y como método. Saleilles ya habló en el Congreso Internacional de Derecho Comparado en París, del Derecho comparado como ciencia independiente y como ayuda metodológica, simultáneamente[26]. Para Zweigert y Kötz[27], el Derecho comparado puede caracterizarse como ciencia cuando se sustrae de las normas jurídicas nacionales positivas, al igual que ocurre en la Filosofía del Derecho, la Historia del Derecho o la Sociología del Derecho. En otros trabajos, sin embargo, los mismos autores describen el Derecho comparado solo como un «método jurídico-científico», que ocupa un lugar importante en la ciencia jurídica[28]. Finalmente, Constantinesco[29] habla de «El Método del Derecho Comparado» y «La Ciencia del Derecho Comparado», poniendo de manifiesto las importantes diferencias entre el Derecho comparado como ciencia independiente y como método.

El Derecho comparado presenta, en consecuencia, una doble perspectiva: *a*) una perspectiva científica, puesto que desarrolla un marco conceptual y metodológico propios y requiere una sistematización, que se realiza principalmente desde la *macrocomparación* (*vid. infra*), y *b*) una perspectiva metodológica, en tanto que método de estudio de cuestiones, normas o instituciones jurídicas concretas, que completa el entendimiento de una rama concreta del Derecho y se orienta a la *microcomparación* (*vid. infra*). Tal como señala Morán[30], «Desde la primera perspectiva, el Derecho comparado es sin duda una disciplina jurídica propia o autónoma dentro del saber jurídico, mientras que desde la segunda es una herramienta empleada dentro de una rama del Derecho vigente o no. Ciertamente el vínculo entre ambas es el método jurídico comparado, y para realizar un buen análisis comparado de cualquier figura o institución jurídica se requiere no solo del

---

[26] R. Saleilles, «Conception et objet de la science du droit comparé, in: Congrès international de droit comparé», *Procès-verbaux des séances et documents*, vol. 1, 1905, 167, pp. 188 ss., citado por Kischel, *op. cit.*, p. 29.

[27] Zweigert y Kötz, *op. cit*, p. 4.

[28] K. Zweigert y H. Kötz, *Einführung in die Rechtsvergleichung*, 3.ª ed., 1996, pp. 13 ss., citado por Kischel, *op. cit.*, p. 29.

[29] L. J. Constantinesco, Rechtsvergleichung, vol 1, *Einführung in die Rechtsvergleichung*, 1971, p. 222 ss., citado por Kischel, *op. cit.*, p. 31.

[30] G. M. Morán, «El derecho comparado como disciplina jurídica, la importancia de la investigación y la docencia del derecho comparado y la utilidad del método comparado en el ámbito jurídico», *Anuario da Facultade de Dereito da Universidade da Coruña*, n.º 6, 2002, pp. 501-530, p. 511.

conocimiento del Derecho estatal propio sino también del método jurídico comparado, que a su vez exige el manejo de unas técnicas que se asientan en el Derecho comparado como disciplina autónoma».

Entendemos que esta última aproximación es la más acertada, especialmente, teniendo en cuenta que, con el devenir de los años, el Derecho comparado ha desarrollado conceptos y términos propios, como demuestran expresiones que veremos más adelante, tales como «formantes legales», «criptotipos», «trasplantes legales», etc.; ha sistematizado los distintos ordenamientos jurídicos o normas jurídicas específicas sobre la base de su comparación y ha subrayado la importancia de la interrelación de esta disciplina con otras disciplinas científicas, como, por ejemplo, la Sociología o la Antropología jurídicas, reivindicando, a su vez, un ámbito de aplicación y características singulares. Por otra parte, es indudable que el Derecho comparado proporciona el método necesario para analizar en profundidad normas o instituciones jurídicas concretas de distintos ordenamientos, mediante técnicas y herramientas distintivas. Pero, en cualquier caso, estas han de ser aplicadas dentro del marco conceptual y sistemático que proporciona el Derecho comparado, en cuanto que disciplina científica.

Las diferencias entre *macrocomparación* y *microcomparación* se estudian a continuación.

## 2. MACROCOMPARACIÓN Y MICROCOMPARACIÓN

Según su extensión y el propósito, la actividad comparativa puede ir dirigida a comparar los sistemas jurídicos de diferentes países, en mayor o menor escala, o centrarse en instituciones o problemas legales concretos. Es lo que se denomina *macrocomparación* y *microcomparación*, respectivamente.

### 2.1. MACROCOMPARACIÓN

La comparación entre los diferentes sistemas legales, su espíritu, estilo, propósito, métodos de reflexión y los procedimientos que emplean se conoce con el nombre de *macrocomparación*[31]. En este caso, el comparativista no se centra en problemas individuales concretos y sus soluciones, sino en estudiar cómo se consultan los materiales legales, los procedimientos que existen para resolver y dirimir disputas o los papeles que desempeñan algunos

[31] Zweigert y H. Kötz, *op. cit*, p. 5.

actores dentro del sistema jurídico. Por ejemplo, se pueden comparar diferentes técnicas legislativas, estilos de codificación y métodos de interpretación del Derecho, así como indagar sobre la autoridad de los precedentes, la contribución de los académicos al desarrollo del Derecho y los diversos estilos jurisprudenciales[32]. Asimismo, se pueden estudiar las diferentes formas de resolver conflictos que adoptan los sistemas jurídicos y preguntarse si son efectivas en la realidad. Cabe preguntarse cómo se asignan las tareas de probar los hechos y definir la ley entre jueces y abogados; si el papel de los magistrados es diferente en los procesos civiles o penales; si existen procedimientos especiales, etc. También es oportuno considerar otros métodos extrajudiciales para resolver controversias y detectar quiénes integran y participan en la vida jurídica, preguntándose qué hacen, cómo y por qué. En esta tarea se ha de incluir ciertamente a jueces y abogados, pero también puede resultar oportuno atender a otras personas que participan en el ejercicio del Derecho, como funcionarios que intervienen en la redacción normativa, notarios, abogados de empresa o académicos[33].

### 2.2. Microcomparación

La *microcomparación*, por su parte, se relaciona con instituciones o problemas legales específicos, es decir, va destinada a establecer los principios a los que se recurre para resolver situaciones reales o conflictos de intereses particulares en sistemas jurídicos distintos[34]. Por ejemplo, la atribución de responsabilidad al fabricante de un producto defectuoso, los daños que sufre un consumidor, la transmisión de la propiedad, la formación de los contratos, la posibilidad o no de desheredar a los descendientes, etc.

La línea divisoria entre la *macrocomparación* y la *microcomparación* es muy flexible y, con frecuencia, hay que realizar ambos tipos de comparaciones al mismo tiempo. Esto es, estudiar los procedimientos mediante los cuales se aplican los principios, a fin de entender por qué un sistema extranjero resuelve determinado problema de esta o de aquella manera.

Por ejemplo, no se puede estudiar de forma coherente la responsabilidad por negligencia médica, sin tener en cuenta las nociones de moralidad e ilegalidad de los sistemas jurídicos objeto de comparación. De igual forma, es conveniente considerar si un tribunal puede designar peritos o estos son

---

32 *Ibid.*

33 *Ibid.*

34 *Ibid.*, p. 6.

elegidos por las partes, como sucede en los países de *common law*. Más aún, si se quiere comparar la normativa europea con la norteamericana en materia de productos defectuosos, habrá que tener en cuenta la existencia o no de un jurado y los roles que representan tanto el jurado, como el juez y los abogados. El estudio deberá, asimismo, contextualizarse dentro del marco macrocomparado de ambos sistemas jurídicos, donde la responsabilidad por daños no es, sino una entre varias formas de mejorar la calidad de los productos y de evitar los riesgos que corre el público a causa de estos. Mientras que en los Estados Unidos ese objetivo se persigue a través de las compensaciones por responsabilidad civil, en Europa, también intervienen el Derecho penal y, sobre todo, el Derecho administrativo. Al detectar altas indemnizaciones compensatorias en la regulación norteamericana, el comparativista deberá tener presente, por tanto, que la responsabilidad por daños viene a desempeñar el papel que desempeña la normativa administrativa en Europa, que en Estados Unidos es prácticamente inexistente por cuestionarse su eficacia y coste[35].

De lo anterior se deduce, por consiguiente, que la microcomparación puede resultar infructuosa, a menos que se tomen en cuenta los contextos macrocomparados generales en los cuales evolucionan y se aplican los principios e instituciones sometidas a comparación.

## 3. EL MÉTODO COMPARADO

En ningún otro campo jurídico se ha escrito tanto sobre método ni se ha tratado la cuestión del método como un asunto tan altamente problemático. Incluso se ha cuestionado si es posible discernir un método de Derecho comparado[36].

### 3.1. EL MÉTODO FUNCIONAL

El punto de partida para casi todos los estudios contemporáneos sobre el método del Derecho comparado es la *comparación funcional*, tal como fue sistematizada por Ernest Rabel[37]. Según este autor, la función de las

---

[35] *Ibid.*, p. 7.

[36] Kischel, *op. cit.*, p. 88.

[37] E. Rabel, *Aufgabe und Notwendigkeit der Rechtsvergleichung*, 1925 (reeditado en 1967, E. Rabel, *Gesammelte Aufsätze III*, ed. Leser).

instituciones y su contexto tienen que estar en el centro de toda actividad comparativa. No se pueden comparar sistemas, instituciones o normas sin conocer su funcionamiento, como tampoco se puede conocer tal funcionamiento si se ignora el contexto cultural, económico y jurídico de la sociedad en la que las normas, sistemas o instituciones se desenvuelven. De ahí que se haya afirmado que para Rabel «el papel que juega el Derecho comparado está más próximo, por expresarlo metafóricamente, a la psicología jurídica que a la anatomía jurídica»[38]. Este autor, sin embargo, no desarrolló un método elaborado a partir de esta visión. Su enfoque fue deliberadamente pragmático en lugar de teórico; Rabel no estaba interesado en la metodología sino en la solución de problemas prácticos[39]. Sin embargo, hoy en día, el método funcional se considera como el método clásico del Derecho comparado que es aplicado por la gran mayoría de trabajos en este campo.

Uno de los manuales clásicos de Derecho comparado, *Introducción al Derecho Comparado*, de Zweigert y Kötz, está inseparablemente asociado al método funcional, aunque, al igual que en el caso de Rabel, la cuestión metodológica no ocupa un lugar relevante en esta completísima obra que sirve de cabecera de todo comparativista, pues a su análisis tan solo le dedican dieciséis páginas del libro. De acuerdo con Zweigert y Kötz, el principio fundamental del Derecho comparado es el funcionalismo, según el cual solo el Derecho que cumple la misma función puede ser comparado[40]. Cada sociedad resuelve los mismos problemas de diferentes maneras, por tanto, cada cuestión planteada por el Derecho comparado debe ser funcional, es decir, libre del marco conceptual del sistema jurídico nacional de quien realiza la actividad comparativa. Por ejemplo, a la hora de comparar, no debemos preguntarnos acerca de los requisitos de forma en los contratos de compraventa en distintos ordenamientos, sino, más bien, la forma en que se protege a las partes frente a transacciones demasiado precipitadas o cuando no se tiene la intención de que sean vinculantes[41]. Por tanto, según estos autores, la metodología comparada no puede ser determinada *a priori* desde la perspectiva o esquemas jurídicos del propio ordenamiento jurídico.

---

[38] Morán, *op. cit.*, p. 520.

[39] R. Michaels, «The Functional Method of Comparative Law», en M. Reimann y R. Zimmermann (eds.) *The Oxford Handbook of Comparative Law*, 2.ª ed., Oxford University Press, 2019, pp. 345-389.

[40] Zweigert y Kötz, *op. cit,* p. 38.

[41] *Ibid.*, p. 39.

Partiendo de la funcionalidad, podremos comprobar que los sistemas jurídicos de cada sociedad afrontan problemas similares, aunque el modo de resolver tales problemas puede diferir significativamente. El principio metodológico básico es, en consecuencia, el de evitar el peligro de buscar soluciones solamente desde las preconcepciones que nos aporta el sistema jurídico nativo o propio, en especial las relativas a las fuentes del Derecho[42]. Sin embargo, incluso antes de que este examen funcional pueda tener lugar, habremos de decidir qué sistemas jurídicos comparar. Para Zweigert y Kötz es oportuno limitar el estudio a los jurídicos que representan a las grandes familias jurídicas del mundo, incluyendo, en cualquier caso, Inglaterra, los EE.UU., Francia, Italia, Alemania y Suiza, aunque esta selección no es nada más que una directriz básica que puede necesitar ser modificada de acuerdo con el área del Derecho que queramos comparar y el alcance del estudio[43]. Estos autores sugieren que el comparativista se deje guiar en gran medida por su experiencia e instinto.

La justificación de los ordenamientos jurídicos a estudiar, las preguntas funcionales que se han de plantear (y replantear) y las respuestas que se obtengan han de culminar, según Zweigert y Kötz, en una serie informes nacionales[44]. Estos informes deben describir la situación jurídica neutralmente, utilizando los sistemas y términos conceptuales de cada ordenamiento estudiado. Es a partir de aquí cuando la comparación real puede comenzar mediante el análisis de las soluciones encontradas, sus similitudes y diferencias. Este debe hacerse, de nuevo, de una manera funcional, es decir, centrado en el problema fáctico concreto y sin referencia a los sistemas doctrinales nacionales[45]. Las causas, jurídicas o no, que puedan justificar las diferencias encontradas, deben asimismo ser abordadas en un proceso complejo que puede requerir el recurso a disciplinas más allá de los confines de la doctrina legal, como la Economía, la Ciencia política o la Sociología. Finalmente, se puede concluir la actividad comparativa con una reflexión sobre qué soluciones se consideran más apropiadas, en mayor o menor medida[46].

Con ello llegamos a una regla básica en Derecho comparado: sistemas jurídicos diferentes ofrecen soluciones similares a los mismos problemas jurídicos, aunque, a veces, de distinta forma. Por ejemplo, la institución anglosajona del *trust* no tiene parangón en los Derechos continentales, pero

42 Morán, *op. cit.*, p. 521.
43 Zweigert y Kötz, *op. cit,* p. 46.
44 *Ibid.*, p. 48.
45 *Ibid.*
46 *Ibid.*, pp. 52-53.

su función la cumplen distintas instituciones diferentes: representación legal del menor, albacea testamentario, fundaciones, sociedades de responsabilidad limitada, enriquecimiento injusto, etc.[47]. De la misma manera, si un abogado estadounidense quiere saber cómo es el proceso de descubrimiento previo al juicio (*pre-trial discovery*) en nuestro país y en qué se diferencia del de los Estados Unidos, se enfrentaría a un problema irresoluble sin los conocimientos de la comparación funcional. El *pre-trial discovery*, que analizaremos en el Capítulo 6, permite a las partes en litigio lanzar una búsqueda exhaustiva de pruebas en posesión de la otra parte o de un tercero, incluso antes de que comience un procedimiento judicial. Implica el empleo de un tiempo considerable examinando montañas de documentos que el oponente se ha visto obligado a revelar, a pesar de que muchos pueden tener poca conexión con las cuestiones en liza. En nuestro país, en cambio, el *pre-trial discovery* no existe. Estas denominadas «expediciones de pesca» violarían principios procesales básicos, entre otros motivos, por su carácter extrajudicial. Sobre todo en litigios sobre responsabilidad extracontractual, el *pre-trial discovery* está dirigido a solventar los problemas probatorios de una parte, cuando la información importante está en manos de la otra, documentos cuyo contenido e incluso existencia, solo puede intuir. Este problema probatorio también existe en nuestro país. Sin embargo, es resuelto con otros mecanismos distintos a la obligación global de facilitar todo tipo de información como, por ejemplo, introduciendo posibilidades más amplias de interrogatorio a partes y testigos durante el juicio, modificando la carga de la prueba o incluso eliminando la necesidad de probar ciertos hechos, esto es, objetivando la responsabilidad en determinados supuestos[48].

En cualquier caso, las ramificaciones del método funcional van mucho más allá. La búsqueda de soluciones reales a problemas reales fuera del ordenamiento jurídico propio no solo nos lleva más allá de sus límites y conceptos, sino también a considerar la cultura jurídica y la importancia de factores extralegales que afectan la solución a problemas reales o que incluso sustituyen a las soluciones legales. Por ejemplo, es bien conocido que en los ordenamientos jurídicos germánicos las ofertas son vinculantes y no pueden ser retiradas una vez que lleguen a su destinatario. Esta solución es diametralmente opuesta a la recogida tradicionalmente en el *common law*, donde las ofertas pueden ser revocadas, incluso aunque sean

---

[47] *Ibid.*, pp. 41-45.

[48] U. Kischel, «Vorsicht, Rechtsvergleichung!», 104 *Zeitschrift für Vergleichende Rechtswissenschaft*, 2005, pp. 10-30, pp. 16 ss.

irrevocables, hasta que el destinatario envíe la aceptación. Sin embargo, en la práctica comercial alemana es habitual la introducción de cláusulas «*freibleibend*» o «*sine Obligo*» en las condiciones generales de la contratación, expresiones que no solo impiden que la oferta sea irrevocable, sino que la convierten en una mera invitación a hacer una oferta por parte del destinatario y, por tanto, no vinculante. Por el contrario, en el *common law*, donde la revocación de la oferta está permitida legalmente, se suele evitar en la práctica comercial, al estimarse que es un comportamiento injusto[49].

### 3.2. La teoría de los formantes legales

La *teoría de los formantes* a cargo del iuscomparatista italiano R. Sacco, rechaza el presupuesto funcional de que en cualquier sistema jurídico siempre hay una norma jurídica para cada problema y de que el ordenamiento jurídico está libre de contradicciones. Más al contrario, esta teoría sostiene que siempre hay voces que proponen diferentes conclusiones acerca del contenido preciso de una determinada norma jurídica o institución. Sacco subraya en este sentido que, con frecuencia, la Constitución, la ley, la doctrina y la jurisprudencia están en desacuerdo. Por ello, utiliza el término «formantes legales» para describir los diferentes elementos, a menudo contradictorios, que entran en juego cuando se busca una norma jurídica determinada[50].

Para Sacco, cualquier cosa que influencie la interpretación es fuente del Derecho. Un formante legal puede ser un grupo, un tipo de personal o una comunidad, envuelta institucionalmente en la actividad de creación normativa. A este respecto, hay que distinguir la presencia de distintos componentes o formantes en la norma jurídica: el *formante conceptual*, que son los esquemas conceptuales utilizados para entender la norma y el *formante operacional*, que es la regla que determina la decisión. Ejemplos de formantes conceptuales son las afirmaciones de que un contrato está formado por el acuerdo de la voluntad de las partes o de que la propiedad se transfiere por voluntad de las partes. Sin embargo, en la práctica se requieren elementos operacionales, como una causa para el contrato o una tradición formal de propiedad, como en España.

[49] Zweigert y Kötz, *op. cit.*, p. 43.

[50] R. Sacco, «Legal Formants: A Dynamic Approach to Comparative Law», 39 *American Journal of Comparative Law*, 1991, Parte I, pp.1- 34, Parte II, pp. 343-401.

Cada ordenamiento jurídico contiene diversos componentes a nivel legal jurisprudencial y doctrinal (algunos compartidos y mayoritarios pero otros minoritarios). Pues bien, en cada uno de tales componentes es posible individualizar formantes *conceptuales* y formantes que determinan la decisión u *operacionales*. Y no existe preeminencia de un formante sobre otros. El papel de los formantes en el interior de los sistemas puede ser variable y en el interior de los formantes pueden existir contradicciones, por ejemplo, en la jurisprudencia. Incluso puede que algunos formantes no estén expresados, bien porque se entiende que son implícitos, o bien porque se ignoran, lo que Sacco denomina *criptotipos*. La mayoría de las veces ello es así porque se considera obvio o perteneciente a la mentalidad, a la cultura. En Derecho comparado, por tanto, se ha tener en cuenta que cualquier ordenamiento jurídico no tiene una sola variable a analizar y comparar. En un mismo ordenamiento siempre hay tres niveles: el legislativo, el jurisprudencial y el doctrinal, que pueden tener influencias distintas. Pensemos en el caso español. Nuestro Derecho civil es un Derecho de la familia del Derecho civil con un Código Civil que siguen el modelo del Código civil francés. Pero la doctrina francesa no tiene ninguna relevancia significativa en España, al contrario que la doctrina civil alemana, que ha tenido mucha influencia en la doctrina española (un manual clásico de Derecho civil en España es el de Díez-Picazo, su sistemática es alemana, y ello porque Díez-Picazo se formó en Alemania). La jurisprudencia española, por su parte, es un producto propio, prácticamente, sin ninguna influencia extranjera.

La teoría de los formantes no está exenta de críticas. Por ejemplo, se subraya que no da preferencia a un formante sobre otro, ya que normalmente los juristas, incluidos los comparativistas, suelen preferir el Derecho en acción, esto es, las decisiones judiciales, antes que el Derecho en los libros[51]. No obstante, el mérito de la teoría de los formantes es poner de relieve que «la comparación jurídica es un proceso dinámico y tridimensional, a diferencia del método comparativista funcional de Rabels y Zweigert & Kötz, que es más bidimensional o cartográfico»[52]. Es decir, que para el iuscomparativista, el ámbito de investigación no puede quedar reducido a los libros y a la jurisprudencia, sino también abarcar los desacuerdos y debates internos, y las distintas escuelas de pensamiento y sus contradicciones. En definitiva, ha de incluir el debate jurídico[53].

---

[51] Kischel, *Comparative Law*, *op. cit.*, p. 110.

[52] G. Adjani *et al.*, *Sistemas Jurídicos Comparados*, Universidad de Barcelona, 2009, pp. 38-40.

[53] Kischel, *op. cit.*, p. 110.

### 3.3. Otras aproximaciones al método comparado

En los últimos años han surgido teorías diversas en torno al método de Derecho comparado que, básicamente, tienen por objeto cuestionar los presupuestos funcionales, sus objetivos o incluso la existencia de un método comparado. Por ejemplo, la idea de la *comparación dialéctica* avanzada por Tschentscher[54] tiene por objeto estimular la actividad de los comparativistas más allá de la mera descripción del Derecho extranjero, para encaminarla hacia una actividad genuinamente comparativa. Este autor rechaza definir de antemano y de manera abstracta el objetivo del estudio, los criterios y terminología. Para él, la actividad comparativa debe ser un proceso circular y dinámico, donde los objetivos y criterios se redefinen constantemente sobre la base de los nuevos conocimientos adquiridos. Solo abandonando los procesos formales, argumenta Tschentscher, puede el comparativista desarrollar la creatividad adecuada y centrarse en la comparación real.

Por otro lado, en lo que ha venido a denominarse *Derecho comparado posmodernista*[55], se cuestionan radicalmente las categorías científicas preestablecidas y su crítica no va dirigida tanto al método funcional, como al método en sí mismo. Según el Derecho comparado posmodernista, la comparación refleja con frecuencia que todos los conceptos y categorías jurídicas están plagados de incoherencias internas. En consecuencia, se debe rechazar cualquier preferencia por una solución concreta en forma de norma o jurisprudencia o intentar obtener principios jurídicos claros y coherentes de tales fuentes[56]. Además, se critican las tentativas de operar con una terminología neutral o aplicable de manera general[57]. Más al contrario, el Derecho comparado posmodernista da preferencia a la diversidad de valores y perspectivas y se opone a todos los esfuerzos de armonización jurídica y a la idea de convergencia de los sistemas jurídicos[58].

En realidad, todas las aproximaciones al método comparado que se han analizado, incluso las que niegan la existencia u oportunidad del método en sí mismo coinciden fundamentalmente en una cosa: la complejidad de

---

[54] A. Tschentscher, «Dialektische Rechtsvergleichung. Zur Methode der Komparistik im öffentlichen Recht», 62(17) *Juristenzeitung*, 2007, pp. 807-816, p. 810.

[55] M. Siems, *Comparative Law*, Cambridge University Press, 2018, p. 116.

[56] B. de Sousa Santos, «Law: A Map of Misreading. Toward a Postmodern Conception of Law», 14 *Journal of Law and Society*, 1987, pp. 279-302, p. 297; U. Kischel, *op. cit.*, p. 100.

[57] C. Valcke, *Comparing law: comparative law as reconstruction of collective commitments*, Cambridge University Press, 2018, p. 198.

[58] P. Legrand, «The Impossibility of "Legal Transplants"», 4(2) *Maastricht Journal of European and Comparative Law*, 1997, pp. 111-124.

la actividad comparativa. En ella convergen el fenómeno jurídico en toda su amplitud, incluyendo cuestiones como la eficacia de la norma, sus funciones, el proceso de toma de decisiones, las contradicciones internas etc., con otros factores como el internacional, el lingüístico, el social, económico y cultural, cuya metodología a menudo desconoce el jurista. Así pues, solo en primera instancia el método jurídico, exista o no, es el propio del Derecho comparado. En toda actividad comparativa la dogmática jurídica ha de ser completada necesariamente con la metodología de otras ciencias sociales que, en la mayoría de los casos, son ajenas para el jurista.

## 4. LA COMPLEJIDAD DE LA ACTIVIDAD COMPARATIVA

Se ha afirmado que «la actividad comparativa supone un ejercicio de humildad. En ninguna otra área del Derecho se enfrenta el jurista tan rápida y contundentemente a sus propias limitaciones»[59]. Ni siquiera el comparativista más avezado logrará resolver las cuestiones jurídicas con el mismo grado de solidez y precisión que un jurista nativo. Ciertamente, en la mayoría de los casos, el comparativista suele carecer de conocimientos fundamentales de los sistemas jurídicos que analiza[60]. Depende de libros y artículos escritos por otros y, a diferencia de cuando estudia su propio ordenamiento, le será difícil detectar si una determinada decisión judicial da un giro radical a la jurisprudencia existente o es simplemente una desviación o ajuste menor; será complicado saber si un artículo doctrinal se basa en una visión ampliamente aceptada o responde a una doctrina minoritaria, etc.[61]. Asimismo, deberá considerar la existencia de mecanismos extrajudiciales de resolución de conflictos, y las peculiaridades de la cultura jurídica de los países a analizar, cuyos matices, a menudo, pueden ser difíciles de reconocer y apreciar.

### 4.1. LAS DIFICULTADES LINGÜÍSTICAS

La primera dificultad que encuentra el comparativista son los problemas relacionados con las diferencias lingüísticas, semánticas y terminoló-

[59] Kischel, *op. cit.*, p. 38.

[60] K. H. Neumayer, «Rechtsvergleichung als Unterrichtsfach an deutschen Universitäten», en H. Bernstein (ed.), *Festschrift für Konrad Zweigert zum 70. Geburtstag*, 1981, pp. 501-524, p. 512.

[61] Kischel, *op. cit.*, p. 38.

gicas. A diferencia de otras ciencias, como la Medicina o la Economía, el Derecho no emplea una terminología común. Por ello, es habitual cometer errores a la hora de traducir contenidos jurídicos. Un error muy habitual es el empleo de sinónimos de términos que parecen similares, pero no lo son, por provenir de una tradición jurídica distinta. Por ejemplo, «ley» y «*law*» son términos aparentemente equivalentes. Sin embargo, en la tradición romanista, «ley» va referida a la noción de precepto de derecho positivo, cuyo término anglosajón equivalente sería el de *act*, *bill* o *statute*. Por el contrario, «*law*» se asimilaría mejor al concepto continental de «Derecho», en toda su amplitud[62]. De la misma forma, las expresiones «equidad» y «*equity*», aparentemente coincidentes, no lo son en realidad; en Derecho continental, la equidad es un criterio de interpretación de la ley para evitar la injusticia a la que se puede llegar, en determinados casos, por la rígida literal aplicación de los preceptos legales y que entronca con la tradición romana y canónica. En el Derecho anglosajón, en cambio, la «*equity*» es una rama del Derecho desarrollada por los Tribunales de la Cancillería y distinta al *common law*[63]. Las complicaciones semánticas también aparecen incluso respecto de términos expresados en la misma lengua, pero pertenecientes a distintas tradiciones jurídicas. Por ejemplo, un hispanoparlante nativo de los EE. UU. entendería generalmente lo que significa la palabra «aplicar» si se incluye en una frase en español sobre una universidad, o la palabra «colateral», si va referida a un préstamo. Sin embargo, un hispanoparlante de España o de América del Sur, para el que estos significados derivados del inglés están ausentes (aunque la expresión «aplicar» ya se viene utilizando en España en el sentido anglosajón), probablemente no llegue a entender estos términos[64]. La dificultad es aún mayor cuando las diferencias semánticas se producen dentro de una misma familia jurídica. Así, la expresión anglosajona *stare decisis*, referida al precedente judicial, tiene distinto alcance dependiendo de si se trata del Derecho angloamericano o del *common law* inglés. En EE. UU., solo va referida al precedente vertical, esto es, a la vinculación de los tribunales inferiores respecto de los superiores, pero no incluye la vinculación de los tribunales respecto de sus propios precedentes, esto es, el *stare decisis horizontal*, precedentes que sí obligan a los jueces ingleses[65].

---

[62] Morán, *op. cit.*, p. 506.

[63] *Vid. infra* Capítulo 6.

[64] A. M. Garro, «On Some Practical Implications of the Diversity of Legal Cultures for Lawyering in the Americas», *Revista Jurídica de la Universidad de Puerto Rico* 64 (1995), pp. 461 y 468.

[65] Morán, *op. cit.*, p. 506. *Vid. infra* Capítulo 6.

### 4.2. La cultura jurídica

El comparativista debe tener presente la cultura jurídica de los ordenamientos en liza, es decir, los presupuestos básicos sobre el Derecho, su significado y su funcionamiento, así como la argumentación jurídica. Por ejemplo, en nuestro país, al igual que en el resto de los ordenamientos continentales, el punto de partida para todo jurista es el texto de la norma, cuya interpretación debe conducir a un resultado siguiendo ciertas estructuras de razonamiento y argumentación. En EE. UU., por el contrario, el texto de la norma no es más que la predicción de la decisión judicial, en la que también pueden influir abiertamente argumentaciones de carácter social, económico o político, y donde se prescinde, en gran medida, de una estructura formal de justificación jurídica[66]. Representativa de esta aproximación es la conocida observación de Oliver Wendell Holmes de que las «*prophecies of what the courts will do, and nothing more pretentious, are what I mean by the law*»[67]. Al mismo tiempo, se han de tener en cuenta otros presupuestos culturales, sociales y morales, pues como ya se ha apuntado, cada sistema jurídico refleja una equilibrada interrelación entre cultura, Derecho y sociedad; por ello la tarea de otras ciencias sociales no debe ser ignorada en la investigación comparada[68]. Por ejemplo, en sociedades dinámicas como los países nórdicos, influenciadas, además, por la tradición protestante, se premia la diligencia frente a la pasividad, impidiéndose incluso el ejercicio de acciones legales, aunque el plazo legal de prescripción no haya expirado aún, figura que se conoce como *passivitet*[69]. De igual manera, es frecuente encontrar sistemas jurídicos donde el Derecho es una mera apariencia, una simple fachada de la cual la vida social se encuentra más o menos disociada. Por ejemplo, en Brasil, la diferencia entre el ordenamiento jurídico y la realidad se conoce con el nombre de *jeito*[70].

---

[66] Kischel, *op. cit.*, p. 184.

[67] O. W. Holmes, «The Path of the Law», 10 *Harvard Law Review* 457 (1896/ 97), p. 461. Citado por Kischel, *ibid.*

[68] Morán, *op. cit.*, p. 506.

[69] T. Iversen, *Obligationsret 3. del*, 3.ª ed., Jurist-og Økonomforbundet, 2018, pp. 323-327; J. Ravnkilde, *Passivitet: det utilsigtede løfte om ikke-brug af ret*, 2.ª ed., Karnov Group, 2013: B. von Eyben, *Forældelse efter forældelsesloven af 2007*, 1.ª ed., Karnov Group, 2012, pp. 30, 32-33 y 818-820; C. Hørby Jensen, *Retsfortabende passivitet: hvorfor, hvordan, hvornår?*, Jurist-og Økonomforbundet, 2007.

[70] J. L. Esquirol, «Continuing Fictions of Latin American Law», 55 *Florida Law Review*, 2003, pp. 41-114, pp. 83 ss.

### 4.3. La propia perspectiva conceptual y cultural

Es particularmente fácil cometer errores en el Derecho comparado porque tendemos a estudiar el Derecho extranjero desde la perspectiva de nuestro propio ordenamiento y cultura jurídica, tratando de buscar un paralelismo con instituciones y principios con los que estamos familiarizados. A este respecto, debemos evitar trasladar nuestra sistemática y conceptualización jurídicas a otros ordenamientos, porque corremos el riego de desvirtuarlos. Por supuesto, no se puede caer en la crítica o en el desprecio del Derecho extranjero, simplemente por sernos culturalmente ajeno. Como apunta G. Morán, «es necesario ahondar en el sistema jurídico ajeno para comprender y asimilar sus propias estructuras y en su propia identidad jurídica, evitando el riesgo de imponer inconsciente o subconscientemente el modelo jurídico de que partimos, o descartar el ajeno por falta de la suficiente sensibilidad cultural e histórica o superficial conocimiento del mismo»[71].

### 4.4. Selección de los sistemas a comparar

Se suele argumentar que, para que la actividad comparativa sea productiva, se deben seleccionar cuidadosamente los ordenamientos jurídicos objeto de estudio, buscando que sus características culturales, socioeconómicas, nivel de confianza en las instituciones, etc. sean similares. Es decir, que es necesario buscar sistemas cuyo «grado de madurez jurídica» sea equivalente[72]. No obstante, desde postulados posmodernos, el Derecho comparado no ha de perseguir la convergencia de ordenamientos o la armonización jurídica, sino reflejar los diferentes valores y perspectivas de los sistemas jurídicos. En consecuencia, podemos pensar en una actividad comparativa encaminada simplemente a estudiar las diferencias entre ordenamientos, sin ninguna otra intención ulterior, en cuyo caso eliminaríamos la necesidad de seleccionar sistemas con componentes culturales y socioeconómicos similares.

## 5. LAS FUNCIONES DEL DERECHO COMPARADO

El Derecho comparado desempeña varias funciones de gran importancia, aunque su objetivo principal es el conocimiento. Se trata de una disci-

---

[71] Morán, *op. cit.*, p. 506.

[72] *Ibid.*

plina que no está restringida al estudio de textos, principios y normas de un solo sistema nacional, sino que se extiende a los distintos sistemas jurídicos del mundo, por lo que puede aportar una mayor perspectiva de soluciones de las que puede concebir un jurista especializado en su propio ordenamiento. Según Zweigert y Kötz[73], parafraseando a Zitelmann, «El Derecho comparado es una *école de vérité* que intensifica y enriquece la "oferta de soluciones" [...], pues proporciona al estudioso con talento crítico la oportunidad de hallar la "mejor solución" a las situaciones de su tiempo y de su lugar». Si bien esta búsqueda de la «mejor solución» por la que aboga la metodología funcional es puesta en cuestión desde postulados posmodernistas, ello no quita un ápice de veracidad a la afirmación de que el Derecho comparado sirve para ampliar y profundizar el horizonte de conocimiento del jurista.

Entre las funciones prácticas principales del Derecho comparado se podrían mencionar las siguientes: (i) ser una herramienta fundamental en el análisis del Derecho extranjero aplicable, al que remiten las normas de Derecho internacional privado; (ii) servir de instrumento para la interpretación y aplicación de convenios internacionales y de preceptos jurídicos nacionales; (iii) auxiliar la práctica judicial del Tribunal de Justicia de la Unión Europea (TJUE); (iv) conformar la base de las iniciativas legislativas de la Unión Europea; (v) ser fuente de inspiración para el legislador que quiere acometer reformas; (vi) orientar la unificación sistemática del Derecho; (vii) cumplir una importante función en la enseñanza del Derecho; (viii) mejorar la comunicación entre culturas jurídicas distintas y (ix) dentro del contexto de creciente digitalización, orientar a desarrolladores y juristas en el correcto diseño y aplicación de las nuevas tecnologías.

### 5.1. Análisis del Derecho extranjero aplicable en el Derecho internacional privado

Una de las funciones del Derecho internacional privado es la designación de la ley aplicable para resolver el fondo del asunto en controversias jurídico-privadas con elemento extranjero. Esta ley aplicable o *lex causae*, puede ser la *lex fori* (el ordenamiento jurídico del juez que conoce del asunto) o bien un Derecho extranjero. Cuando la norma de conflicto declara aplicable el Derecho material extranjero, lo hace en toda su amplitud y generalidad. Esto supone aceptarlo en su integridad, es decir, con su sistema

[73] Zweigert y Kötz, *op. cit,* p. 17.

de fuentes y no solamente circunscrito al Derecho positivo escrito. En algunos países, como Alemania, el juez es quien ha de aplicar el Derecho extranjero *exoficio* y utiliza medios de averiguación del Derecho extranjero, por ejemplo, a través de los denominados *Gutachten*[74]. En otros países, en cambio, no rige el principio de *iura novit curia* y la prueba del Derecho extranjero se practica a instancia de parte, como prescribe, por ejemplo, el art. 282 de la Ley de Enjuiciamiento Civil en España[75]. En ambos casos, tanto si corresponde al juez como a las partes, la tarea de establecer el contenido y vigencia del Derecho extranjero, el Derecho comparado proporciona las herramientas necesarias para poder comprender su sentido y alcance. Por ello, la actividad comparada también es una herramienta estratégica a la hora de negociar la sumisión a tribunales extranjeros o la elección de ley aplicable al contrato; ya en función de los resultados obtenidos, cada parte se decantará por la opción más favorable a sus intereses.

### 5.2. Instrumento para la interpretación y aplicación de convenios internacionales y preceptos nacionales

Muchos convenios internacionales son producto del consenso entre diferentes intereses y tradiciones jurídicas y no son infrecuentes las ambigüedades o incluso contradicciones entre preceptos de un mismo texto convencional. En ese caso, el intérprete jurídico se ve obligado a acudir al Derecho comparado para encontrar una solución operativa, atendiendo al carácter internacional y la necesidad de asegurar la uniformidad en su interpretación. Por ejemplo, el art. 14 de la Convención de las Naciones Unidas sobre los Contratos de Compraventa Internacional de Mercaderías (CISG, en sus siglas inglesas)[76] establece que las partes han de acordar el precio expresa o tácitamente. Por el contrario, el art. 55 de la referida Convención dispone que cuando el contrato haya sido válidamente celebrado, pero en él ni expresa ni tácitamente se haya señalado el precio o estipulado un medio para determinarlo, se considerará, salvo indicación en contrario, que las partes han hecho referencia implícitamente al precio generalmente cobrado en el momento de la celebración del contrato por tales mercaderías. La aparente contradicción se debe a que el art. 14 recoge la tradición de Dere-

[74] § 293 ZPO. *Vid.* C. Esplugues Mota *et al.*, *Application of Foreign Law*, Sellier European Pub., 2011.

[75] Ley 1/2000, de 7 de enero, de Enjuiciamiento Civil. *BOE* n.º 7, de 8 de enero de 2000.

[76] Convención de las Naciones Unidas sobre los contratos de compraventa internacional de mercaderías, hecha en Viena el 11 de abril de 1980, *BOE*-A-1991-2552.

cho civil continental expresada en el Código Civil francés, mientras que el art. 55 refleja la práctica de *common law*, en la que el acuerdo previo del precio no es obligatorio si se puede determinar conforme al mercado[77]. Teniendo en cuenta estos presupuestos, el intérprete habrá de acudir al Derecho comparado para determinar los puntos de intersección entre ambas soluciones que hagan posible la aplicación práctica de la Convención en lo referente al precio.

Por otro lado, el Derecho comparado puede contribuir a la exégesis de preceptos jurídicos nacionales, si se concibe la ley como una entidad viva e independiente, que ha de interpretarse a la luz condiciones sociales cambiantes. Está claro que el método comparado no ha de utilizarse para contravenir el respeto a la legislación vigente. Sin embargo, algunos jueces y tribunales utilizan el método comparado cuando surgen dudas respecto de la interpretación de una norma, o especialmente cuando existen vacíos en el sistema que el juez debe subsanar. En Alemania, por ejemplo, los tribunales se han servido frecuentemente del Derecho comparado para dilucidar y realizar interpretaciones extensivas del Derecho alemán, si bien es cierto que en conjunción con los métodos de interpretación tradicionales[78]. Los tribunales ingleses también han seguido esta senda, por ejemplo, en el asunto *White v. Jones*[79], relativo a la responsabilidad de un abogado por los daños sufridos por un tercero tras no seguir las instrucciones de su cliente. Efectivamente, la sentencia hace referencias de forma recurrente al Derecho alemán para salvar la doctrina del *privity of contract*[80] y extender los efectos contractuales a terceros beneficiarios, lo que representa un excelente ejemplo de la aplicación del análisis comparado a la hora de realizar una interpretación integradora.

### 5.3. Auxilio en la práctica judicial del Tribunal de Justicia de la Unión Europea

El Derecho comparado cumple una función importante en la práctica judicial del Tribunal de Justicia de la Unión Europea (TJUE). No olvidemos que el TJUE está compuesto por jueces de los Estados Miembros,

---

[77] L. Mistelis, «Article 55 CISG: The Unknown Factor», 25 *Journal of Law and Commerce*, 2005, pp. 285-297, p. 286.

[78] Zweigert y Kötz, *op. cit,* p. 19.

[79] White v. Jones, [1995] UKHL 5, [1995] 2 AC 207, [1995] 1 All ER 691.

[80] J. Law, «Privity of Contract», *A Dictionary of Law*, 2018-06-21, Oxford University Press, 2018.

cada uno vinculado a su propia formación y sistema jurídico. En consecuencia, estos necesitan del conocimiento y evaluación de otros ordenamientos para llegar a decisiones viables y eficientes[81]. Por otra parte, algunos preceptos del Derecho europeo hacen referencia a principios comunes al ordenamiento de los Estados Miembros, que necesariamente han de ser inferidos a través de la actividad comparativista[82]. Por ejemplo, el art. 340 del Tratado de Funcionamiento de la Unión Europea (TFUE) en materia de responsabilidad extracontractual establece que la Unión deberá reparar los daños causados por sus instituciones o sus agentes en el ejercicio de sus funciones, de conformidad con los principios generales comunes a los Derechos de los Estados Miembros. Ello indica claramente que los autores de los Tratados previeron el recurso al Derecho comparado como medio de integrar lagunas en el ordenamiento jurídico de la UE[83].

### 5.4. Herramienta en la actividad normativa de la UE

El Derecho comparado también se encuentra en la base de las propuestas legislativas de armonización y unificación del Derecho de los Estados Miembros en la Unión Europea. Ello porque la adopción de reglamentos y directivas europeas obliga necesariamente a realizar un estudio previo del contexto normativo existente en cada Estado y a dilucidar cuáles son las «mejores» soluciones. Por ejemplo, la Directiva sobre agentes comerciales[84], introduce el modelo alemán para regular el contrato de agencia. Del mismo modo, la Directiva 93/13/CEE del Consejo de 5 de abril de 1993 sobre las cláusulas abusivas en los contratos celebrados con consumidores, está basada en el modelo alemán[85]. Esta directiva considera abusivas aque-

---

[81] L. Pierdominici, *The Mimetic Evolution of the Court of Justice of the EU: A Comparative Law Perspective*, Cham: Springer International Publishing AG, 2020; R. Caranta, A. Gerbrandy y B. Mueller, *The Making of a New European Legal Culture: At the Crossroad of Comparative Law and EU Law*, Portland: Europa Law Publishing, 2017.

[82] Kischel, *op. cit.*, p. 84.

[83] K. Lenaerts, «The Court of Justice and the Comparative Law Method», ELI Annual Conference, 9 de septiembre de 2016, https://www.europeanlawinstitute.eu/fileadmin/user_upload/p_eli/General_Assembly/2016/K._Lenaerts_ELI_AC_2016.pdf.

[84] Directiva 86/653/CEE del Consejo de 18 de diciembre de 1986 relativa a la coordinación de los derechos de los Estados Miembros en lo referente a los agentes comerciales independientes, Diario Oficial n° L 382 de 31 de diciembre de 1986, p. 0017-0021; F. Randolph y J. Davey, *The European law of commercial agency*, Oxford, Hart, 2010.

[85] Ole Lando, *Kort indføring i komparativ ret*, 2.ª ed., Jurist-og Økonomforbundets Forlag, 2004, p. 54.

llas cláusulas contrarias a las exigencias de la buena fe, que causan en detrimento del consumidor un desequilibrio importante entre los derechos y obligaciones de las partes que se derivan del contrato. No obstante, el Derecho inglés no reconoce el principio de buena fe, considerándolo como «intrínsecamente repugnante a la posición de confrontación que siguen las partes en una negociación»[86]. Por ello, a pesar de que en su día fue caracterizado como un «irritante legal»[87], a la hora de aplicar la Directiva, los tribunales ingleses se han ido apoyado en gran medida, no solo la jurisprudencia del TJUE, sino también en su interpretación por los jueces y tribunales de otros Estados Miembros[88].

### 5.5. Fuente de inspiración para el legislador

Una de las funciones primordiales del Derecho comparado es la de servir como fuente de inspiración cuando se han de realizar reformas en el ordenamiento jurídico. El legislador no dispone de un laboratorio para testar en la sociedad posibles reformas antes de acometerlas, así que el método comparado es una herramienta que permite ver, en primer lugar, las distintas opciones de política legislativa existentes y evaluar la oportunidad o no de adoptarlas, según hayan funcionado o no de manera óptima en otros sistemas distintos al propio. Por ejemplo, resultó sumamente útil en los países de Europa Central y del Este cuando sus sistemas legales tuvieron que reconstruirse tras la caída del sistema soviético[89]. También en China, el Derecho comparado ha funcionado de referencia para adaptar el Derecho de obligaciones a las demandas de la economía de mercado[90]. Pero, en segundo lugar, el método comparado puede servir, no solo para reformar lo existente, sino para introducir instituciones jurídicas nuevas en un sistema determinado. Este último fenómeno se conoce como *legal transplants* o trasplantes legales y será abordado con más profundidad en el

[86] Walford *v.* Miles [1992] AC 128, 138 (Lord Ackner).

[87] G. Teubner, «Legal Irritants: Good Faith in British Law or How Unifying Law Ends up in New Divergences», 61(1) *Modern Law Review*, 1998, pp. 11-32.

[88] C. Twigg-Flesner, «The Implementation of the Unfair Contract Terms Directive in the United Kingdom», 8(2/3) *Contemporary Issues in Law*, 2006/7, pp. 235-261.

[89] E. Hondius, «Recodification of Private Law in Central and Eastern Europe and in the Netherlands», *Elte Law Journal*, 2014, https://eltelawjournal.hu/wp-content/uploads/2014/10/4_Ewoud_Hondius.pdf ; Z. Kühn, «Comparative Law in Central and Eastern Europe», en Reimann y Zimmermann, *op. cit.*, pp. 181-200.

[90] *Vid. infra* Capítulo 3.

Capítulo 9[91]. Un trasplante legal ilustrativo es el caso del matrimonio homosexual en España. Cuando se promulgó la ley 13/2005, 1 de julio, por la que se modifica el Código Civil en materia de derecho a contraer matrimonio[92], se siguió casi literalmente el modelo del Código Civil holandés, primer país que aprobó el matrimonio entre personas del mismo sexo[93].

### 5.6. Orientar la unificación del Derecho

El Derecho comparado desempeña un papel fundamental en la unificación del Derecho a nivel global o regional. Habitualmente se parte del trabajo realizado por expertos en Derecho comparado, para luego incorporar los resultados alcanzados mediante un tratado internacional que obligue a los Estados signatarios u otro instrumento vinculante. Pero el consenso intergubernamental suele ser difícil de alcanzar y la operatividad práctica de los tratados multilaterales es complicada[94]. Por ello, en las últimas décadas se han diseñado formas alternativas para alcanzar ese objetivo, como pueden ser la redacción de principios a modo de *Restatements* (*vid.* Capítulo 6) y, dentro de la Unión Europea, la adopción de marcos de referencia. En todos los supuestos se trata de textos elaborados por especialistas a título privado, sobre la base de investigaciones de Derecho comparado. Ese es el caso de los Principios de UNIDROIT sobre los contratos internacionales, adoptados en 1994 y actualizados en 2010 y 2016, respectivamente, por el Instituto Internacional para la Unificación del Derecho Privado (UNIDROIT)[95]. Los Principios Europeos sobre el Derecho de los Contratos[96], redactados por la Comisión Internacional del Derecho Contractual, comúnmente conocida como *Comisión Lando*, son otro ejemplo de iniciativa privada en este sentido. Los denominados PECL, en sus siglas inglesas, recogen una serie de «normas comunes», acompañadas de un comentario y de un análisis comparativo para cada una de ellas, y fueron presentados en 2002 en su versión completa. Estos principios constituyeron el germen

[91] A. Watson, *Legal Transplants: An Approach to Comparative Law*, Scottish Academic Press, 1974.

[92] *BOE* n.º 157, de 2 de julio de 2005.

[93] Adjani, *op. cit.*, pp. 61 ss.

[94] A.M. López-Rodríguez, *Lex Mercatoria and Harmonization of Contract Law in the EU*, DJØF Publishing, 2002, p. 3.

[95] Principios UNIDROIT sobre Contratos Comerciales Internacionales (1994), http://unilex.info/instrument/principles.

[96] O. Lando *et al.*, *Principles of European Contract Law*, *op. cit.*

de un movimiento codificador del Derecho privado en la Unión Europea, a partir de una supuesta tradición jurídica europea comúnmente aceptada y que tenía como último objetivo la promulgación de un Código Civil Europeo[97]. Parte de ese movimiento cristalizó en la elaboración de un Marco Común de Referencia[98], con el respaldo y financiación de la Comisión Europea, pero la idea del Código Civil Europeo parece haber fracasado definitivamente. Probablemente, por los numerosos obstáculos que impiden una unificación desde arriba, a nivel europeo, bien sean de carácter cultural, político o jurídico, como ya analizamos en profundidad en un trabajo anterior[99]. Fundamentalmente, quizás el mayor escollo sea la inexistencia de una cultura jurídica común que permita una uniformidad real en Europa. En cualquier caso, iniciativas como los Principios de UNIDROIT o los PECL contribuyen, sin duda, al conocimiento mutuo y al diálogo entre culturas jurídicas, lo que en último término puede cristalizar en una armonización «*bottom up*», es decir, desde abajo hacia arriba[100].

### 5.7. Mejor conocimiento del propio Derecho

El Derecho comparado ofrece al estudiante de Derecho una dimensión nueva que no le proporcionan otras disciplinas jurídicas: le muestra la existencia de otras culturas jurídicas, a la vez que aprende a respetar sus aspectos más esenciales. A medida que se adentra en el estudio de otros Derechos, llega a entender mejor el ordenamiento propio y adquiere una fuente de inspiración que le permitirá elaborar propuestas orientadas al mejoramiento de aquel. Al mismo tiempo, aprende a reconocer la influencia de la

[97] López-Rodríguez, *op. cit.*, pp. 186 ss.

[98] Marco Común de Referencia (DCFR), *op. cit.*; Horst Eidenmüller *et al.*, «El marco común de referencia para el Derecho privado europeo (cuestiones valorativas y problemas legislativos)», traducción de B. Rodríguez-Rosado, *Anuario de Derecho*, tomo LXII, 2009, fascículo IV, https://www.*BOE*.es/publicaciones/anuarios_derecho/abrir_pdf.php?id=ANU-C-2009-40146101522.

[99] López-Rodríguez, *op. cit.*, pp. 266 ss.

[100] A. M. López-Rodríguez, «Towards a European Civil Code without a Common European Legal Culture? - The Link between Law, Language and Culture», 29(3) *Brooklyn Journal of International Law*, 2003, pp. 1195-1219, p. 1220; C. U. Smid, «Bottom-Up Harmonisation of European Private Law: Ius Commune and Restatement», en S. Feiden y C. U. Smid (eds.) *Evolutionary Perspectives and Projects on Harmonisation of Private Law in the EU*, EUI Working Paper LAW No. 99/7, 1999, pp. 75-89; P. Larouche, «Ius Commune Casebooks for the Common Law of Europe: Presentation, Progress, Rational», 8(1) *European Review of Private Law*, 2000, pp. 101-109.

dinámica social sobre el Derecho, así como las diferentes formas que puede adoptar dicha influencia[101].

Lambert ya apuntaba que la sociedad se beneficiaría muchísimo si se concediera un lugar importante al Derecho comparado en los estudios académicos[102]. Sin embargo, el Derecho comparado no termina de arraigar en la enseñanza universitaria ni por legitimarse dentro de la comunidad científica. A pesar del impacto de la globalización en todas las disciplinas jurídicas y la creciente perspectiva interdisciplinar que se exige para la financiación de proyectos de investigación, el Derecho comparado no ha cambiado su estatus de especie de «apéndice exótico, o en todo caso no necesario, de las enseñanzas tradicionales»[103]. Como ha afirmado Somma[104], «El estudio cultural y crítico del Derecho que practican los comparatistas, que hace también de la materia un catalizador de saberes finalmente renovados, tropieza evidentemente con las estrategias de legitimación del jurista, aún sólidamente centradas en su papel de solucionador técnico y neutral de los conflictos sociales».

Pero el panorama descrito ha de cambiar necesariamente en los años venideros para otorgar al Derecho comparado el lugar que se merece en el estudio y práctica del Derecho. Por ejemplo, en muchas universidades los profesores de Derecho contractual y Derecho mercantil dedican una parte importante del contenido de sus asignaturas a tratar aspectos internacionales y comparados que son indispensables para mantenerse al día de la práctica jurídica. Ello incluye la aplicación por jueces y tribunales nacionales de convenios internacionales como la Convención de Naciones Unidas sobre los contratos de compraventa internacional de mercaderías[105], cuyo art. 7(1) obliga a tener en cuenta su carácter internacional y la necesidad de promover la uniformidad en su aplicación y, por tanto, a tener presente la jurisprudencia extranjera sobre aplicación de la Convención. En las facultades de Derecho, raro es el departamento en el que no se elaboren investigaciones o tesis con contenidos de Derecho comparado, aunque, en la mayoría de los casos, son aproximaciones intuitivas o que se limitan a insertar apartados descriptivos del contenido del Derecho extranjero, sin realizar actividad comparativa alguna. De igual forma, ni la normativa reguladora de los Trabajos Fin de Grado (TFG), ni la de los Trabajos Fin de Máster (TFM) hacen referencia al método comparado,

---

[101] Zweigert y Kötz, *op. cit,* p. 23.
[102] *Ibid.*
[103] Somma, *op. cit.*, p. 55.
[104] *Ibid.*
[105] CISG, *op. cit.*

dejando su aplicación a la elección de alumnos y tutores[106]. Teniendo en cuenta su importancia en todas las ramas jurídicas y la proyección científica que implica en la formación de investigadores, hay amplio margen de desarrollo de los estudios de Derecho comparado dentro de los planes de estudio.

En cualquier caso, el mejor conocimiento del propio Derecho no solo beneficia al estudiante de Derecho o al investigador; también puede ser de una gran ayuda en la profesión de abogado, para proporcionar a los clientes un buen asesoramiento[107]. En las adquisiciones transfronterizas de empresas, por ejemplo, el abogado ha de discernir las implicaciones de los diferentes regímenes jurídicos en liza ya desde una etapa temprana, cuando se redactan las denominadas cartas de intención o de patrocinio. En efecto, existen importantes diferencias en cuanto al carácter vinculante o no de las mismas en los distintos sistemas jurídicos, por lo que el abogado deberá estudiar cuidadosamente las implicaciones de la operación desde una perspectiva comparada[108]. Es indudable que la globalización ha aumentado la necesidad de profesionales que puedan operar de manera transfronteriza. La importante comunidad de abogados que trabajan indistintamente en jurisdicciones de habla inglesa y española es un caso ilustrativo. Estos profesionales han de operar habitualmente con dos tradiciones jurídicas tan distintas como son el *common law* y el Derecho civil continental. Ello implica, antes de centrarse en nociones sustantivas y procesales concretas, como contrato, sociedad, patria potestad, requerimiento judicial, *forum non conveniens*, etc., conocer en profundidad las fuentes del Derecho de una y otra tradición, el peso de la doctrina jurídica, e interpretarla[109].

### 5.8. Orientar a juristas y desarrolladores

La profunda transformación que está sufriendo la sociedad como consecuencia de la creciente digitalización afecta al mundo del Derecho de

---

[106] M. Durán Bernardino, «El método comparado en los trabajos de investigación», en N. Marchal Escalona (ed.), *El Derecho comparado en la docencia y la investigación*, Dykinson, 2017, pp. 48-55.

[107] S. I. Strong *et al.*, *Derecho comparado para abogados anglo e hispanoparlantes*, Edward Elgar Publishing, 2017.

[108] Kischel, *op. cit.*, p. 50.

[109] *Vid.* A. M. López-Rodríguez, «Operating across national and linguistic borders», 14(1) *Journal of Private International Law*, pp. 182-192.

formas muy diversas[110]. Sin ser el único, quizás sea el Derecho de los negocios el que esté más a la vanguardia del desarrollo tecnológico, en comparación con otras ramas del Derecho. Por un lado, las nuevas tecnologías de la era digital son posibles objetos transaccionales con los que llevar a cabo actividades comerciales, pero, al mismo tiempo, estas conquistas de la ciencia y la tecnología son herramientas para facilitar los procesos de conducción de actividades empresariales, incluida el ejercicio profesional de la abogacía[111].

La creciente digitalización da lugar, indudablemente, a nuevas relaciones jurídicas y situaciones a las que hay que dar regulación, ya sea de nuevo cuño o adaptando la legislación existente, teniendo presentes posibles riesgos en términos de protección de los derechos fundamentales, como pueden ser la privacidad de los datos o la formulación de los algoritmos que rigen la inteligencia artificial. El legislador tiene ante sí una tarea harto compleja, teniendo, además, en cuenta que es muy difícil, por no decir imposible, seguir el ritmo de la innovación tecnológica. En este contexto, el Derecho comparado se presenta como un instrumento indispensable de inspiración para el legislador, de cara a la adopción de nueva normativa, tanto a nivel nacional, como europeo[112].

Al mismo tiempo, el fenómeno del *Legaltech* y, en particular, las herramientas de Derecho sustantivo como pueden ser los *smart contracts*, presentan una serie de retos para el desarrollador y el jurista, derivados de la conversión de instituciones y principios jurídicos a lenguaje computacional, especialmente cuando, además, se trata de herramientas estándar que hay que implementar en distintas tradiciones jurídicas[113].

Desde otra perspectiva, algunas herramientas digitales están funcionando *de facto* como una especie de marco regulatorio extremadamente eficiente que posibilita o dificulta ciertas actuaciones. Pueden llegar a desplazar o incluso reemplazar a la Ley como medio de control social[114]. A este respecto, ya se está hablando del incipiente desarrollo de una especie de *lex mercatoria informatica*, la *Lex Cryptographia*[115], cuyos presupuestos y contenidos merecen ser analizados desde el punto de vista del Derecho com-

---

[110] *Vid. supra* Capítulo 1.

[111] *Ibid.*

[112] *Vid. infra* Capítulo 10.

[113] *Ibid.*

[114] J. Käll, «Blockchain Control», 29(2) *Law Critique*, 2018, pp. 133-140, p. 136.

[115] A. Wright y P. de Filippi, *Decentralized Blockchain Technology and the Rise of Lex Cryptographia* (10 de marzo de 2015), disponible en SSRN: https://ssrn.com/abstract=2580664.

parado. Desde luego, estas tecnologías digitales, como todas las tecnologías que afectan al ser humano, solo podrán alcanzar su máximo potencial a través de un sistema sociotécnico que tenga en cuenta las complejas interacciones entre la tecnología y las personas[116]. Y aquí el Derecho comparado emerge como una disciplina que estudia el Derecho en toda su amplitud, fomentando el diálogo entre distintas culturas jurídicas, en conexión con otras ciencias sociales.

Es precisamente esta función del Derecho comparado, esto es, la de orientar a desarrolladores y juristas en el correcto diseño y aplicación de las nuevas tecnologías, la que sirve de hilo conductor de la presente obra.

---

[116] A. J. Ehrenberg & J. Leslie King, «Blockchain in Context», 22(1) *Information Systems Frontiers*, 2020, pp. 29-35.

CAPÍTULO III

# LAS FAMILIAS JURÍDICAS

## 1. INTRODUCCIÓN

Como paso previo al análisis comparado de aquellos sectores donde la digitalización está sufriendo un mayor impacto, es necesario examinar el marco macrocomparado en el que las distintas instituciones han de desenvolverse. Ya se ha expuesto en el capítulo anterior la estrecha interrelación existente entre la micro y la macrocomparación. No se puede entender en profundidad una institución jurídica determinada y su papel en el Derecho extranjero, si no se encuadra previamente la actividad comparativa dentro del sistema de fuentes, espíritu y tradición jurídica de los ordenamientos objeto de comparación. A este respecto, el punto de partida debe ser el estudio de la teoría de las familias jurídicas y sus distintas clasificaciones, para después, en los capítulos que siguen, abordar de forma general el Derecho francés, el Derecho alemán y el Derecho angloamericano. Se trata de los principales sistemas que han inspirado al resto de sistemas y que, además, representan de manera especialmente clara las características de cada familia.

## 2. AGRUPAMIENTO EN FAMILIAS. EVOLUCIÓN HISTÓRICA

El mundo está dividido en distintos ordenamientos jurídicos. Cada país posee un Derecho propio e incluso hay Estados donde coexisten varios ordenamientos, por ejemplo, el Reino Unido o los Estados Unidos de América. De la misma manera, encontramos Derechos, principalmente de carácter religioso, que se aplican en comunidades no estatales: Derecho canónico, Derecho musulmán, Derecho hindú, Derecho judío, etc.[1]. Además, los distintos sistemas jurídicos se expresan en idiomas múltiples, conforme a distintas técnicas normativas, con fuentes del Derecho diversas y que reflejan estructuras, creencias y costumbres sociales y culturales muy variadas.

[1] David, *op. cit.*, p. 12.

Cuando la actividad comparativa está encaminada a analizar un problema jurídico concreto, el análisis macrocomparado no puede realizarse abordando todos los ordenamientos del mundo; sería impracticable por su elevado número. Por ello, uno de los principales cometidos del Derecho comparado es sistematizar los ordenamientos jurídicos del mundo y agruparlos en *familias jurídicas*[2].

En el Congreso parisino de Derecho comparado de 1900, Adhémar Esmein ya consideró útil la clasificación de ordenamientos jurídicos en base a su carácter «original», esto es, teniendo en cuenta su «formación histórica», además de su estructura general y los rasgos distintivos[3]. La clasificación resultante no era más que el reflejo del equilibrio entre las potencias de la época: familia latina, anglosajona, germánica, eslava y musulmana, representativas del poder de la Tercera República francesa, de la Inglaterra victoriana, del Reich alemán, de la Rusia zarista y del Imperio otomano[4].

Tras la Primera Guerra Mundial, esta clasificación se consideró obsoleta, al no reflejar la nueva situación geopolítica. El francés Henri Lévy-Ulmann realizó una nueva identificación de las familias jurídicas teniendo en cuenta su carácter «étnico», características del sistema de fuentes y los modos de evolución del Derecho. Este autor identificó tres grandes familias o sistemas: los países continentales de Derecho escrito y codificado, los países de lengua inglesa de «costumbre jurisprudencial» y los países islámicos de carácter religioso. Esta clasificación hace desaparecer, por tanto, la distinción entre familia latina y germánica, sustituyéndola por la categoría de «Derecho continental», que resalta el rol hegemónico de Francia tras la contienda mundial. El papel que representan los códigos en el sistema de fuentes es el rasgo distintivo del Derecho continental en esta clasificación y el Código Civil francés es el modelo de código por excelencia[5].

Tras la Segunda Guerra Mundial, René David[6] realizó una clasificación de las familias jurídicas representativa de los nuevos equilibrios existentes. Su sistematización consideraba elementos de carácter jurídico, como el origen histórico, la cultura profesional de los juristas, sus técnicas de trabajo, su vocabulario y sus conceptos, pero también incluía elementos de orden ideológico tales como las concepciones de justicia, las creencias religiosas o filosóficas y las estructuras políticas, económicas o sociales. René David

[2] I. Aymerich Ojea, «Los sistemas jurídicos del mundo», en M. G. Altava Lavall (ed.), *Lecciones de Derecho Comparado*, Publicacions de la Universitat Jaume I, 2003, p. 35.

[3] Somma, *op. cit.*, p. 81.

[4] *Ibid.*

[5] *Ibid.*, p. 82.

[6] David, *op. cit.*

relativizaba así la distinción entre países de Derecho continental codificado y países de lengua inglesa, pues ambos eran parte del «mundo occidental fundado en los principios morales del cristianismo, en los principios políticos y sociales de la democracia liberal, y en una estructura económica capitalista»[7]. Se podía establecer, por tanto, la existencia de un *sistema de Derecho occidental* como contrapuesto al *sistema de Derecho soviético*[8]. Dentro del sistema de Derecho occidental, David distinguía entre derechos codificados y no codificados, pertenecientes los primeros a la familia romano-germánica, que incluía a los Derechos alemán y francés, este último situado en posición dominante. Frente a él se situaba el sistema de Derecho soviético, asentado sobre los postulados socialistas. Además de estas dos familias, reflejo de la inminente Guerra fría, David reconocía otros tres sistemas de Derecho: el musulmán, el hindú y el chino, aunque, posteriormente, los aúna bajo la categoría de «sistemas filosóficos o religiosos», que también comprendía, además del Derecho musulmán y el Derecho hindú, el Derecho de Extremo Oriente, chino y japonés, y el Derecho de África y Madagascar[9].

Otra clasificación contemporánea de la anterior, la realizada en la década de los cincuenta por el francés Pierre Arminjon, el ruso Boris Nolde y el alemán Martin Wolff, alcanzó más respaldo académico. Estos autores distinguieron siete familias de sistemas surgidas en torno a lo que denominaron «centros de irradiación jurídica»[10], independientemente de cualquier factor externo: francesa, germánica, escandinava, inglesa, rusa, islámica e hindú. Bajo esta clasificación, el Derecho germánico readquiría identidad frente al francés, mientras el *common law* volvía a integrar un sistema independiente.

A principios de los años setenta del pasado siglo, Zweigert y Kötz retomaron la clasificación propuesta por Arminjon, Nolde y Wolff, y distinguieron cuatro familias occidentales: romana, germánica, angloamericana y escandinava. A estas se añadía como contrapuesta la familia socialista y tres familias residuales: el Derecho de Extremo Oriente, el islámico y el hindú[11]. Estos autores precisaron que la clasificación estaba sujeta a cambios, puesto que debía orientarse por el denominado principio de la relatividad por materia y de la relatividad temporal: cada agrupamiento debía

[7] Somma, *op. cit.*, p. 83.

[8] David, *op. cit.*, p. 17.

[9] Somma, *op. cit.*, p. 84.

[10] P. Arminjon, B. Nolde, M. Wolff, *Traité de droit comparé*, vol. 1, Librairie générale de droit et de jurisprudence, 1950, pp. 47 ss. Citado por Somma, *op. cit.*, p. 84.

[11] Zweigert y Kötz, *op. cit.*, pp. 63 ss.

hacerse respecto del sector del ordenamiento a partir del cual ha sido elaborado, aquí el derecho privado, y teniendo en cuenta el contexto histórico cambiante. Además, la clasificación de estos autores giraba en torno al concepto de «estilo». Para ellos, el «estilo de un sistema» lo determinaban factores de tipo jurídico, aunque obtenidos desde un punto de vista externo e, implícitamente, elementos de orden extrajurídico. Así, los siguientes factores eran determinantes: (i) el origen y desarrollo histórico; (ii) el pensamiento jurídico característico y predominante; (iii) instituciones jurídicas particulares; (iv) las fuentes del Derecho y su método de interpretación y (v) la ideología[12].

A las clasificaciones por familias mencionadas se les ha criticado su etnocentrismo, puesto que reflejan una desequilibrada proporción de ordenamientos europeos, frente a los ordenamientos del resto del mundo. A su vez, se señala que la confección de estas agrupaciones solo se ha realizado desde el contexto del Derecho privado, lo que impide que puedan aspirar a poseer valor universal[13]. Aun así, siguen siendo utilizadas como referencia por muchos estudiosos, incluso por la manualística público-comparatista. En especial, las clasificaciones de Zweigert y Kötz y René David son todavía obras de cabecera, a pesar incluso de haber sido actualizadas solo parcialmente tras el derrumbamiento del bloque soviético.

## 3. CLASIFICACIÓN GENERAL

Como muestran las líneas precedentes, las clasificaciones de las familias jurídicas han sido variadas y muchas veces han reflejado una determinada ideología política o la geopolítica imperante en cada momento. Las distintas agrupaciones tienden a coincidir, no obstante, en algunos aspectos. En base a ellos podemos hacer la siguiente clasificación de las familias jurídicas comúnmente aceptadas por la doctrina en la actualidad:

(i) Familia romano-germánica o continental, subdividida en la familia jurídica del Código Napoleónico, la familia jurídica germánica y la familia nórdica; (ii) familia jurídica del *common law*; (iii) familias de naturaleza religiosa (Derecho musulmán, Derecho hebreo, Derecho hindú, etc.); (iv) familia de los países del socialismo real y la (v) Familia de Derecho consuetudinario: algunos sistemas jurídicos están tan ligados a su cultura que no son modélicos ni se pueden copiar. Por ejemplo, los usos y costumbres de los pueblos indígenas de Latinoamérica o los pueblos aborígenes de Oceanía.

[12] *Ibid.*, p. 68.

[13] Aymerich Ojea, *op. cit.*, p. 36.

Además, en atención al grado de influencia e interacción entre distintas familias jurídicas, podemos hablar de: (vi) sistemas mixtos o híbridos y (vii) sistemas de Derecho en transición.

No debemos perder de vista que cada una de estas familias no está conformada simplemente por un conjunto de normas e instituciones, sino que es el resultado emergente de una cultura determinada. Merryman[14] afirma a este respecto que «la tradición legal no es un conjunto de reglas de Derecho acerca de contratos, las sociedades anónimas y los delitos, aunque tales reglas serán casi siempre, en cierto sentido, un reflejo de esa tradición. Es más bien un conjunto de actitudes profundamente arraigadas, históricamente condicionadas, acerca de la naturaleza del Derecho, acerca del papel del Derecho en la sociedad y el cuerpo político, acerca de la organización y operación adecuadas de un sistema legal, y acerca de la forma en que se hace o debiera hacerse, aplicarse, estudiarse, perfeccionarse y enseñarse el Derecho. La tradición legal relaciona el sistema legal con la cultura de la que es una expresión parcial. Ubica al sistema legal dentro de la perspectiva cultural».

Teniendo en consideración que la clasificación de las familias jurídicas no constituye el eje fundamental del presente trabajo, las líneas que siguen esbozan brevemente las características de cada familia.

### 3.1. La familia romano-germánica o de Derecho continental

Dentro de las familias jurídicas que se pueden identificar en el mundo contemporáneo, se encuentra la familia romano-germánica o de Derecho continental.

La principal característica de esta familia es la de ser un Derecho codificado, donde la ley se constituye en primera fuente del Derecho, con superioridad jerárquica sobre las demás. En algún momento histórico, Derecho y ley llegaron a ser la misma cosa, aunque actualmente dicha ecuación se ha atenuado un poco.

En el Derecho romano-germánico o continental el ordenamiento jurídico está conformado como un conjunto sistemáticamente articulado de normas legales, correspondiendo a jueces y tribunales la aplicación de dichas normas. Tal como sentenció Montesquieu[15], el Juez es la boca que

[14] J. H. Merryman, *Sistemas Legales en América Latina y Europa. Tradición y Modernidad*, Fondo de Cultura Económica, 1995, p. 17.

[15] *De l'esprit des lois*, 1748, IX, VI, 49.

pronuncia las palabras de la ley. Los jueces y tribunales no pueden decidir por sí mismos, pues la decisión está contenida en la norma que aplica y viene dada por el poder legislativo, representante de la soberanía popular. Según Rousseau[16], la ley es expresión de la voluntad general, por lo que en los momentos en los que más se insistió en esta idea, dejar un margen de decisión al poder judicial suponía un ataque a la democracia.

Además de los factores ideológicos, influidos por la Revolución Francesa, el sistema romano-germánico está íntimamente relacionado con el Derecho de la antigua Roma. Los ordenamientos de esta familia pueden ser considerados como los descendientes del Derecho romano, pero no se trata de una simple réplica, ya que muchos de sus elementos provienen de otras fuentes[17]. Además, existe una Administración de Justicia centralizada, capaz de cumplir la función de unificación de la jurisprudencia y una Administración pública compuesta exclusivamente por funcionarios. Otra característica importante es que los juristas se forman en la Universidad, a diferencia de otras familias jurídicas donde la formación jurídica se ha llevado tradicionalmente a cabo de manera gremial.

Algunas características de la familia de Derecho continental se encuentran difuminadas en la actualidad por diversos motivos. Como se examinará en el Capítulo 4, la codificación francesa de 1804 supuso el detonante de la profunda renovación del Derecho en el continente y el modelo a seguir por muchos ordenamientos. Pero los códigos ya no ocupan el papel central que tuvieron en esta familia en su momento. Hoy se habla de la *edad de la descodificación*, debido, entre otros, al constitucionalismo, la adopción de legislaciones especiales, o el reconocimiento de la creación judicial del Derecho en los tribunales supremos, constitucionales y europeos[18].

### 3.1.1. *Formación histórica*

El sistema de Derecho romano-germánico se origina a finales del siglo XI, con el renacimiento de los estudios de Derecho romano en las universidades europeas, especialmente, en la Universidad de Bolonia, donde se empieza a redescubrir el legado de Justiniano, el Corpus Iuris Civilis. El estudio en las universidades no se centraba en juicios ni procedimientos, sino en comprender el papel del Derecho en la organización social. Por eso,

---

[16] J. J. Rousseau, *Du Contrat social; ou, principes du droit politique*, 1762.
[17] David, *op. cit.*, p. 21.
[18] Aymerich Ojea, *op. cit.*, p. 38.

los estudios de Derecho iban vinculados a la filosofía, la teología y la religión, destinados a indicar a los jueces cómo, según la «prudencia», se debían resolver las controversias[19].

La enseñanza del Derecho romano en las universidades evolucionó con el tiempo y surgieron varias «escuelas» con preocupaciones y métodos propios. Una de las primeras escuelas, la de los glosadores, estudió el Digesto de Justiniano y en menor medida otras partes del Corpus Iuris, utilizando el método exegético o gramatical, para erradicar contradicciones y lograr que el texto se armonizara en su conjunto. A partir de entonces, algunos textos de las compilaciones de Justiniano se abandonaron porque se referían a instituciones desaparecidas de la Antigüedad (*i. e.*, la esclavitud) o a materias específicas reguladas en esa época por el derecho canónico de la Iglesia (*i. e.*, el matrimonio y el testamento)[20]. La *Escuela de la Glosa* tuvo su punto álgido a mediados del siglo XIII, con la Glosa de Accursio, quien recopila el trabajo de sus predecesores en una obra compuesta por alrededor de 96.000 glosas[21].

En el siglo XIV, surge la escuela de los posglosadores, quienes dejaron a un lado la mera aclaración para centrarse en el comentario, por lo que también se les conoce como «comentaristas». Esta escuela surge con el objetivo pragmático de hacer compatibles las normas justinianeas, las canónicas, feudales y estatutarias de los municipios italianos. A los posglosadores ya no les interesaba aclarar las soluciones romanas, sino justificar reglas adaptadas a la sociedad de su tiempo, empleando los textos del Derecho romano. Para ello seleccionaron textos, comentaron e introdujeron contenidos totalmente novedosos (Derecho mercantil y Derecho internacional privado)[22].

El Derecho impartido en las universidades desde la época de los posglosadores se alejaba así cada vez más del Derecho de Justiniano, para convertirse en un Derecho sistemático, fundado en la razón y con vocación de ser aplicado de manera universal. Ya en pleno Renacimiento, en el siglo XVI, la escolástica se había abandonado para dar paso a la llamada *Escuela del Derecho natural*[23]. Esta escuela impulsó la sistematización del Derecho, concebido de manera axiomática y eminentemente lógica, a imagen y se-

---

[19] David, *op. cit.*, p. 28.

[20] *Ibid.*, p. 29.

[21] A. Fernández de Buján, «Sistemática e Ius Civile en las obras de Quintus Mucius Scaevola y de Accursio», *Revista Jurídica de la Universidad Autonóma de Madrid*, 2002, pp. 57-80.

[22] David, *op. cit.*, p. 31.

[23] *Ibid.*

mejanza de las ciencias. Asimismo, el Derecho romano se eleva a la categoría de Derecho natural o universal, base para los llamados iusnaturalistas que, en el siglo XVII, fundaron el *iusnaturalismo racionalista*[24].

Posteriormente, en los siglos XVII y XVIII, con la filosofía de la Ilustración, surge la idea de que el Derecho se podía basar en «principios superiores, generalmente comprensibles y obligatorios, por ser accesibles a la razón humana, para posteriormente, a partir de esos principios, poder derivar, con un procedimiento asimismo razonable, *more geometrico*, sistemas de Derecho completos con muchas reglas individuales bien organizadas»[25]. Así pues, los juristas intentarán proclamar reglas de justicia de un Derecho universal, inmutable y común a todos los tiempos y a todos los pueblos. En cualquier caso, en cuanto al Derecho privado, la Escuela del Derecho natural no estableció en la práctica ningún sistema alternativo al Derecho romano. Solo se limitó a corregir algunos aspectos secundarios y a esclarecer las soluciones admitidas hasta esa fecha, pero sin introducir nuevos postulados. Por el contrario, impulsó la elaboración de un Derecho público que hiciera efectivos los derechos naturales del hombre y garantizara las libertades de la persona, aspectos que no habían sido abordados en las universidades, principalmente centradas en el estudio del Derecho romano[26].

El entusiasmo por la razón y la nueva función de la ley allanó el camino para la codificación, que constituyó la culminación natural de la obra emprendida durante siglos en las universidades[27]. Ciertamente, la codificación francesa de 1804 efectuó una profunda renovación del Derecho en el continente, extendiéndose, además, a otras regiones del planeta, aunque los postulados básicos de esta renovación normativa se habían asentado ya antes y muchos otros tenían su origen en la Revolución Francesa. Por ejemplo, la Declaración de Derechos del Hombre y del Ciudadano de 1789 se había incorporado en 1791 a la primera constitución, que establecía el Estado de Derecho y sometía al propio rey a la ley[28].

---

[24] E. Fernández García, «El Iusnaturalismo racionalista hasta finales del siglo XVII», en F. J. Ansuátegui Roig *et al.* (coordinadores), *Historia de los Derechos Fundamentales*, Vol. 2, Tomo 1, 1998, pp. 572-599.

[25] N. Horn, «Sobre el Derecho Natural Racionalista y el Derecho Natural Actual», en B. Ziemke *et al.*, *Festschrift für Martin Kriele*, C. H. Becks'sche Verlagsbuchhandlung, 1997, pp. 889-901, traducción del alemán de M. J. Falcón y Tella, Universidad Complutense de Madrid, https://revistas.ucm.es/index.php/ANDH/article/download/ANDH0000110077A/21049, p. 79.

[26] David, *op. cit.*, p. 32.

[27] *Ibid.*, p. 31.

[28] La codificación francesa y los sistemas influidos por ella se analizarán con mayor profundidad en el Capítulo 4.

Por tanto, la recepción del Derecho romano, su origen universitario y la renovación del Derecho tras la Revolución Francesa, y que culmina en la codificación, son la base histórica sobre la que se asienta el Derecho continental y que le otorga características y metodología propias.

### 3.1.2. *Condicionantes socioculturales*

El Derecho continental y sus métodos de estudio y conocimiento se verán afectados por todo el proceso histórico anteriormente descrito, donde destacan los siguientes elementos:

i) La división tradicional en el Derecho continental entre Derecho privado y público, cimentada a partir de la noción de soberanía política y la noción de Estado. El fortalecimiento del poder real frente al pontificio dará origen a una Administración pública centralizada y un Derecho estatal nacional junto al tradicional Derecho privado, que sirve para regular las relaciones entre los ciudadanos y el poder público.

ii) El desarrollo metodológico del Derecho. Como ha apuntado G. Morán, «[...] desde la escolástica tomista se abrirá en un abanico de corrientes doctrinales que impulsarán el saber jurídico desde la neoescolástica al desarrollo del *ius gentium* de Suárez o Vitoria; el iusnaturalismo inaugurado por Grocio y la Escuela holandesa que tanto tendrá que ver también con el derecho del mar, y el comercio marítimo; el racionalismo, donde fermentará la metodología jurídica inductiva y deductiva; el enciclopedismo; hasta la codificación francesa iniciada a mediados del siglo XVIII y que cuajará con el código civil napoleónico de 1804 modelo de concepción del derecho típico de la Europa continental de los siglos XIX y XX, cuyo estudio originará el método exegético. Será en el siglo XIX cuando la importancia de la doctrina sobre todo alemana, primero con la escuela histórica y después con la dogmática, se conviertan en el paradigma de la metodología jurídica continental europea»[29].

iii) El modelo codificador como referencia. Con la excepción de los países nórdicos, donde no cuajaron los movimientos codificadores, los Códigos servirán para consolidar la unidad legislativa de cada Estado mediante la creación de un cuerpo normativo racional y sistemático que unifique el Derecho propio de cada uno. Los dos modelos de referencia que expandirán la tradición codificadora continental europea por todo el mun-

[29] G. Morán, *op. cit.*, p. 512.

do son el Código Civil francés de 1804 y, posteriormente, el modelo germano asentado con el Código Civil alemán de 1896.

iv) El establecimiento de un sistema común de fuentes del Derecho, compuesto por la ley positiva, la costumbre y los principios generales del Derecho, completada por la jurisprudencia y la doctrina.

v) La importancia de la doctrina jurídica. Sin ser fuente formal, ya desde los glosadores, la doctrina jurídica juega un papel fundamental en el Derecho continental. La doctrina se desarrollará especialmente en el siglo XIX con las Escuelas de la ciencia jurídica alemana. Como se verá en el Capítulo 5, en este período, dos escuelas doctrinales alemanas contrapuestas se enfrentarán dialécticamente respecto al modo de concebir el Derecho y estudiarlo. Los juristas favorables a la codificación, liderados por el romanista Thibaut y la Escuela de los llamados historicistas, cuyo mayor exponente será Friederich Karl von Savigny, que se oponía a concebir el Derecho desde la pura lógica y principios abstractos formulados y sistematizados al margen de la propia realidad histórica del Derecho de los pueblos. Ello los llevó a redescubrir el Derecho romano, tomando una vía propia de investigación en la Escuela denominada *pandectista*. Posteriormente, tras la publicación del Código Civil alemán en 1896, Rudolph von Ihering será el referente de una nueva doctrina más dinámica y con gran capacidad de abstracción y razonamiento jurídicos[30]. Sin olvidar tampoco a la *Escuela de Realismo Jurídico* escandinava[31] en el primer tercio del siglo XX, cuya influencia puede detectarse incluso en autores como Holmes o Pound, figuras principales del Derecho americano contemporáneo[32].

### 3.1.3. *Subsistemas y expansión*

En el seno de la familia de Derecho continental destacan varios modelos que, a su vez, han sido fuente de gran influencia en numerosos países.

El primer grupo está representado por el modelo francés napoleónico, basado en un sistema codificador caracterizado por su detalle y precisión de contenidos, que seguirá la gran mayoría de los países de tradición civilista bajo su influencia y expansión militar.

---

[30] *Ibid.*, p. 513.

[31] A. Ross, *Virkelighed og Gyldighed i Retslæren: en Kritik af den teoretiske Retsvidenskabs Grundbegreber*, Levin & Munksgaard, 1934; I. M. Jarvad, *The Scandinavian realism: a critique, a defence, a restatement*, Institute no. VIII, Roskilde University Centre, 1984.

[32] Morán, *op. cit.*, p. 513.

Un segundo grupo tomará como referencia el modelo pandectista y el Código Civil alemán, representativo de un modo peculiar de razonamiento con un altísimo grado de abstracción jurídica[33].

Un tercer grupo está constituido por los ordenamientos nórdicos. Dinamarca, Noruega, Suecia, Finlandia e Islandia comparten tradiciones culturales, lingüísticas y sociales que permiten agrupar sus ordenamientos en una misma subfamilia, por las características semejantes que comparten. Estos sistemas, aunque se incluyen dentro de la familia de Derecho continental, tienen características propias, como la escasa recepción del Derecho romano o la ausencia de codificación siguiendo el modelo francés o alemán. No obstante, desde el punto de vista de sus orígenes, el Derecho de los países nórdicos tiene sus raíces en el Derecho germánico, si bien con variantes locales[34].

Finalmente, aunque la mayoría de la doctrina no los menciona como subgrupo propiamente dicho, un cuarto grupo estaría conformado por el Derecho de los países latinoamericanos. Los sistemas de estos países, como consecuencia de la expansión imperial y colonial están influenciados por el Derecho español y portugués, así como por los modelos francés y alemán. Pero la familia del Derecho continental no solo se encuentra diseminada en los países de toda América Latina. También lo está en gran parte de África, los países del Cercano Oriente, Japón e Indonesia, fruto de la colonización y debido, en parte, a la influencia del movimiento codificador en el siglo XIX. Por otra parte, en la actualidad, la prosperidad económica de los países occidentales favorece la aproximación al sistema romano-germánico de países como China, Japón o algunos países de África, aunque limitada a algunas disciplinas jurídicas (el Derecho mercantil y el Derecho penal fundamentalmente). Por tratarse de sistemas híbridos o en transición, serán examinados de forma independiente más adelante.

### 3.2. EL *COMMON LAW*

La familia o tradición anglosajona, también conocida como sistema de *common law*, va referida a la tradición jurídica asentada en la casuística jurisprudencial y formada en Inglaterra a partir de la conquista normanda. De ahí se extendió a los territorios del Imperio Británico, siendo el origen, entre otros, de los modelos británico, australiano, neozelandés y estadou-

[33] *Ibid.*, p. 515.

[34] Aymerich Ojea, *op. cit.*, p. 47.

nidense, y bajo la influencia mercantil y colonial, de los sistemas jurídicos de la India, Pakistán y el sudeste asiático como Malasia, Singapur y Hong Kong, ordenamientos con fuerte arraigo en la tradición anglosajona[35].

Las líneas que siguen no pretenden realizar un estudio detallado del *common law*, ya que el Capítulo 6 está dedicado a analizar esta familia jurídica y sus principales instituciones. Baste ahora tan solo una breve descripción de sus rasgos generales y sus diferencias con el Derecho continental.

La característica más significativa de la familia de *common law* es el papel de la jurisprudencia como primera fuente del Derecho. En esta tradición el ordenamiento no se considera como un sistema completo en sí mismo; no existe la pretensión de organizar el ordenamiento en un cuerpo de normas sistemáticamente construido, tal como ocurre en la familia de Derecho continental. Es el juez o tribunal quien habrá de completar el ordenamiento, dando respuesta a las cuestiones que se le planteen, apoyándose en los precedentes judiciales y, en menor medida, en las leyes (*statutes*). La institución del precedente judicial obligatorio como regla de Derecho es la principal diferencia con el Derecho continental. Los jueces en el sistema de *common law* están obligados a resolver los casos que se les presenten ateniéndose a las soluciones de sentencias dictadas anteriormente en casos similares, siguiendo el principio de *stare decisis*, tanto por sus superiores jerárquicos (*stare decisis vertical*), como por jueces de la misma jurisdicción incluidos ellos mismos (*stare decisis horizontal*)[36]. El papel principal de la jurisprudencia es tal, que ni siquiera la Constitución inglesa es un texto escrito, sino un conjunto de prácticas con origen en textos históricos (la *Carta Magna* o el *Bill of Rights*)[37] que se han ido consolidando por la judicatura y la estructuración del sistema político. Si bien es verdad que este modelo no ha tenido calado en el resto del mundo anglosajón y tanto los Estados Unidos de América como los demás países con sistema de *common law* han redactado constituciones. Pero en todo lo demás, la tradición anglosajona se identifica por la creación jurisprudencial del Derecho.

Al igual que el Derecho continental, el sistema anglosajón ha mantenido una línea evolutiva propia y diferente a la de otras familias jurídicas, lo que también influye en sus métodos de estudio y conocimiento. Tras la conquista normanda, Inglaterra centraliza la Administración de Justicia, lo que le permite alcanzar una unidad normativa desde una época muy temprana,

[35] Morán, *op. cit.*, p. 515.

[36] S. Legarre y J. C. Rivera, «Naturaleza y Dimensiones del Stare Decisis», 33(1) *Revista Chilena de Derecho*, 2006, pp. 109-124.

[37] R. Hazell y J. Melton (eds.), *Magna Carta and its modern legacy*, Cambridge University Press, 2015.

sobre la base de los precedentes judiciales. Esta circunstancia era impensable en el continente europeo, donde existía una distribución territorial del poder que generaba unas estructuras políticas, normativas y judiciales de carácter descentralizado y fragmentario. Por el contrario, la existencia de una monarquía relativamente estable en Inglaterra evitó luchas entre poderes rivales y permitió la evolución gradual de una Administración nobiliaria hacia una Administración pública, sin rupturas radicales[38]. El *common law* se origina, por tanto, en los Tribunales Reales y no en la Universidad. Este aspecto, unido al hecho de que la formación jurídica tenía carácter gremial, gestó un modelo jurídico diametralmente opuesto al modelo de ciencia jurídica conceptual, como el que se desarrolló en el continente.

En efecto, la centralización de la Administración de Justicia y del sistema administrativo se produjo ya en 1178, cuando el rey Enrique II fija su residencia en Londres de manera estable. Aunque Inglaterra era un sistema feudal, el rey era la última instancia en la resolución de conflictos. En esta tarea, el rey era asistido por la corte real, la *Curia Regis*. La corte se dividió funcionalmente en un momento posterior en *Magnum Concilium* para los asuntos más graves y una asamblea más restringida para las cuestiones ordinarias. El *Magnum Concilium* se convirtió más tarde en el Parlamento inglés, representación del poder nobiliario, mientras que la Administración de Justicia ordinaria se dividió en el *Exchequer*, el *King's Bench* y el *Court of Common Pleas*[39].

A diferencia del continente, la nobleza inglesa nunca tuvo los privilegios extremos y, por consiguiente, en Inglaterra nunca hubo una ideología iusnaturalista crítica con el Derecho existente. Más al contrario, los derechos históricos de los ingleses se identificaban con los derechos naturales, mientras que en Francia los derechos naturales eran objetivo a alcanzar contra los derechos históricos, que eran producto del abuso del poder político y fuente de desigualdades y privilegios injustificados[40]. De la misma manera, los ingleses siempre confiaron en la judicatura como garantía de sus derechos y, en cambio, vieron como amenaza la potestad normativa del poder político, en tanto que invasión en la esfera de derechos que el pueblo ostentaba[41]. Todo lo contrario que en Francia, donde la Revolución instauró un poder político fuerte con la máxima autoridad normativa para, entre otros fines, acabar con la arbitrariedad judicial, que desembocará en la detracción a los jueces de toda potestad de creación del Derecho.

[38] Aymerich Ojea, *op. cit.*, p. 49.
[39] Morán, *op. cit.*, p. 516.
[40] Aymerich Ojea, *op. cit.*, p. 51.
[41] *Ibid.*

Por todo ello, en Inglaterra no hubo la necesidad de una transformación radical como la ocurrida durante la Revolución Francesa. El cambio se fue haciendo de manera progresiva e incluso la Cámara Alta del Parlamento inglés, la Cámara de los Lores (*House of Lords*), sigue siendo representativa de la nobleza y, hasta la reforma del año 2005, por la que se creó el Tribunal Supremo, también constituía la última instancia judicial[42]. De este modo, la lucha por el reconocimiento de la igualdad de derechos nunca fue un motor jurídico de cambio en Inglaterra, como lo fue la Revolución Francesa. Aunque el país había sido testigo de procesos revolucionarios, como la República de Cromwell, estos se habían consolidado gradualmente en el sistema constitucional inglés.

Otra característica que diferencia al *common law* del Derecho continental y que también está vinculada a su evolución histórica es su carácter casuístico. Uno de los elementos que justifican esta circunstancia es la institución conocida como *writ*[43]. El *writ* era una carta emitida a petición de parte en la que el rey exhortaba al juez o al *sheriff* para que ejecutase ciertas acciones, en su caso, reconociendo lo que solicitaba el demandante. Para cada *writ* se desarrolló un procedimiento específico, ligado a la resolución del caso concreto, sin que ello derivase en un sistema conceptual abstracto por encima de los diversos tipos de causas. La ausencia de una formación jurídica universitaria en Inglaterra conducía también a este mismo resultado. Para el ejercicio de la abogacía no era necesario un título académico. La formación jurídica era de tipo gremial, es decir, bajo la tutela de otros abogados. Solo a partir del siglo XX se generalizaría la exigencia de titulación académica para el ejercicio de la abogacía. Pero para entonces, el *common law* estaba definitivamente marcado por el estilo casuístico, alejado de la dogmática puramente conceptual[44].

### 3.3. FAMILIAS DE NATURALEZA RELIGIOSA

#### 3.3.1. *Definición*

No se trata propiamente una familia, por la razón de que estos sistemas no comparten una tradición jurídica común. La única característica en común radica en la naturaleza religiosa o filosófica de su Derecho. La reli-

---

[42] *Vid. infra* Capítulo 6.

[43] Profundizaremos sobre este aspecto en el Capítulo 6.

[44] Aymerich Ojea, *op. cit.*, p. 52.

gión como fuente del Derecho se encuentra en todos los pueblos y épocas, aunque en la actualidad perviven algunos sistemas jurídicos para los cuales Derecho y religión son prácticamente sinónimos. Casi todos cuentan con un ámbito de aplicación restringido a determinadas materias, como el Derecho de familia, aunque sujeto a la jerarquía de los ordenamientos nacionales. Dentro de estos sistemas jurídicos encontramos, por ejemplo, el Derecho hebreo, el Derecho hindú y el Derecho musulmán. Por razones de espacio, solo nos ocuparemos brevemente de este último, remitiendo a obras doctrinales como la inconmensurable *Grandes Sistemas Jurídicos Contemporáneos*[45], de René David, el estudio más profundo del Derecho islámico y del resto de sistemas religiosos.

### 3.3.2. *El Derecho islámico*

El islam es una religión con cerca de mil millones de fieles en el mundo. Se extiende desde Marruecos hasta Indonesia, pasando por las repúblicas musulmanas de Asia central y de Albania hasta Zanzíbar o a Guinea. También hay importantes minorías musulmanas en China, Estados Unidos o Kenia. Se trata de un Derecho religioso. El islam proporciona una visión integral de la vida, que abarca la esfera religiosa, política, familiar y también jurídica. De ahí que la fuente principal del Derecho islámico sean los textos sagrados[46].

La *Shariah*, como se denomina en árabe a la ley islámica, es el conjunto de preceptos revelados por *Alah*, que todos los fieles musulmanes deben observar a fin de cumplir con los deberes que impone la religión. Las cuatro raíces del Derecho islámico son: (i) el Corán: libro sagrado, escrito por el mismo Alá y revelado a Mahoma. Está dividido en 114 suras o capítulos, que se dividen a su vez en versículos; de los 6.200 versículos, 500 contienen normas jurídicas; (ii) la *Sunna*: enseñanzas basadas en la vida de Mahoma, de gran importancia para interpretar y establecer los preceptos del Corán; (iii) el *Igma* (*idschmâ-al-ammah*): consenso de la comunidad islámica, tanto abogados como legos, en torno a cualquier cuestión relacionada con la doctrina que rige los deberes de los fieles; (iv) y la *Qiya* o analogía: resuelve casos nuevos ampliando el sentido de las normas ya fijadas en el Corán, la *Sunna* o el *Igma*[47].

---

[45] David, *op. cit.*, pp. 329 ss.
[46] *Ibid.*, p. 349.
[47] Aymerich Ojea, *op. cit.*, p. 53.

Pero no debemos confundir Derecho musulmán con Derecho positivo de los países musulmanes, aun cuando la *Shariah* constituya para muchos una fuente material de su Derecho positivo actual. Tal es el caso del estatuto personal y del Derecho de familia, que desde siempre se ha regido por la *Shariah*. Precisamente, el Corán proporciona el mayor número de preceptos en este ámbito. Por el contrario, otras disciplinas del Derecho, como el Derecho de contratos, son de carácter laico o, por lo menos, tienen cierto grado de carácter laico.

De la misma forma, cuando se habla de Derecho musulmán hay que tener en cuenta la existencia de distintas escuelas jurídicas clásicas con prácticas religiosas y jurídicas que difieren entre sí. Por ejemplo, el mundo musulmán sunita u ortodoxo está dividido en cuatro escuelas de pensamiento jurídico: la *hanefítica*, la *malequítica*, la *chafítica* y la *hanbali*, dominantes en distintos países. Por otra parte, en el mundo musulmán heterodoxo (chiítas y kharéjites), se pueden mencionar la escuela *zeydita* y la *dja'farita*[48].

A las diferencias entre escuelas jurídicas se añadieron otros cambios debidos a la expansión colonialista de los países europeos y como consecuencia de la codificación. La codificación ofreció la posibilidad de introducir reformas y modernizar el Derecho tradicional. Así pues, en algunos Estados musulmanes ha ido retrocediendo la poligamia, se ha limitado el divorcio por repudio y ha mejorado la posición jurídica de la mujer en muchos aspectos. El Código más significativo es el Código Civil de Egipto de 1948, que fue compendiado por Al-Sanhuri (con claras influencias del Código de Napoleón). Este Código Civil sirvió de modelo para la nueva codificación de numerosos países árabes, como, por ejemplo, el Código Civil de Irak (1951), de Libia (1953), de Qatar (1971, sustituido por un nuevo Código en el año 2004), de Sudán (1971), de Somalia (1973), de Argelia (1975), de Jordania (1976) y de Kuwait (1980)[49]. En los países del Magreb, por otra parte, se puede apreciar la influencia directa del Código Napoleónico. Argelia adoptó el Código Civil francés en el año 1834 (aunque la nueva codificación de 1975 se basa en el modelo egipcio), mientras que Túnez (1906) y Marruecos (1913) incorporaron el derecho contractual francés en sus *Code des obligations* respectivos (mientras que el derecho de familia y sucesorio, basado en la *Shariah* se codificó bastante después)[50].

[48] David, *op. cit.*, p. 334.

[49] C. Hertel, «Sistemas jurídicos del mundo», *Notarius International* 1-2/2009, pp. 185-200, p. 198.

[50] *Ibid.*

Esta yuxtaposición de regímenes jurídicos y de aplicación complementaria de la *Shariah* y otros Derechos hace que muchos países musulmanes constituyan ejemplos de sistemas jurídicos mixtos, tal como se explica más adelante.

Durante un largo período, la cobertura normativa era proporcionada por el *Mufti* islámico, un erudito en cuestiones jurídicas formado en universidades coránicas, y el Qadí, un juez sin formación académica que resolvía de manera libre las controversias que conocía. Por otra parte, los Califas designaban jueces y tribunales específicos en cuestiones políticas y administrativas[51]. Hoy en día, muchos países musulmanes tienen sistemas judiciales de corte occidental, como el caso de Marruecos, que siguió el modelo continental surgido en Francia tras la Revolución[52].

Es difícil aventurar si el Derecho islámico evolucionará con el tiempo, al tratarse de una concepción inmovilista del Derecho. Si bien está por ver el rumbo que tomarán los ordenamientos positivos, que oscilan entre la evolución social y el florecimiento del islamismo político en algunos países, tras la Primavera Árabe.

### 3.4. Familia de los países del socialismo real

Durante más de setenta años, frente al Derecho continental y al *common law*, el modelo socialista representó la tercera gran familia jurídica. Este sistema era el propio de los Estados del Este de Europa, Corea del Norte, Camboya durante el gobierno de los jemeres rojos, Cuba, Etiopía, etc. Tras la caída del Muro de Berlín en 1989, su importancia es prácticamente residual, siendo de aplicación ya solo en unos pocos casos aislados. Por ello se aborda de manera sucinta.

A pesar de las diferencias internas existentes en los países pertenecientes a esta tradición, la familia del socialismo real representa un sistema diametralmente opuesto al modelo continental y de *common law*, considerados desde el punto de vista socialista como Derecho burgués[53]. Para el marxismo, la igualdad que proclama el Derecho burgués es solamente formal y no real, porque los trabajadores solo pueden participar en la estructura social vendiendo su fuerza de trabajo, pero son los propietarios del capital quie-

---

[51] Aymerich Ojea, *op. cit.*, p. 54.

[52] L. Hanafi, *The Legal System of Morocco*, Konrad-Adenauer-Stiftung e. V., 2020, www.kas.de.

[53] Aymerich Ojea, *op. cit.*, p. 60.

nes se apropian de las plusvalías obtenidas. Por tanto, el Derecho sirve para legitimar la defensa de los intereses de la clase burguesa y perpetuar la injusticia y desigualdad con la clase inferior.

La revolución bolchevique de 1917 permitió llevar estas ideas a la práctica. Para ello se partió de la premisa de que los intereses burgueses debían desaparecer mediante la dictadura del proletariado o dominio de la clase anteriormente explotada. En este nuevo sistema, el Derecho se concebía como medio para conseguir una sociedad sin clases. Era un instrumento que se justificaba por el orden que permitía instaurar y por el contenido de las normas que contenía[54]. Además, la Justicia estaba controlada por el partido, único representante del pueblo, que designaba a los candidatos para la elección a juez, quienes no eran necesariamente juristas[55].

En el sistema socialista se distinguía entre propiedad de los medios de producción y propiedad de los bienes de consumo. La primera solo podía ser colectiva, no así la segunda, que daba derecho a disfrutar de bienes de consumo como la vivienda, a título personal. El control público sobre los medios de producción dio lugar a una economía centralizada y planificada, en la que el partido señalaba las directrices políticas y la Administración pública las llevaba a cabo. En la esfera personal, el Derecho del sistema socialista supuso el reconocimiento de la igualdad de los cónyuges, el divorcio, el carácter laico y monogámico del matrimonio, y la igualdad de hijos legítimos y extramatrimoniales. Estas características están todavía presentes, por ejemplo, en el Derecho de familia cubano[56]. Este es uno de los pocos países que mantienen el modelo socialista junto a China, aunque este último está evolucionando hacia un sistema mixto entre el socialismo y el Derecho burgués; pertenece, por tanto, a la categoría denominada sistemas de Derecho en transición, que será examinada más adelante.

### 3.5. Sistemas jurídicos consuetudinarios

El Derecho consuetudinario es un conjunto de costumbres, prácticas y creencias que una comunidad, pueblo, tribu, etnia o grupo religioso acepta

---

[54] David, *op. cit.*, p. 141.

[55] *Ibid.*, p. 153.

[56] A. M. Álvarez-Tabío Albo, «Visión general de la legislación cubana en materia de Derecho de Familia», 29(1) *Florida Journal of International Law*, Article 34, 2017, disponible en http://scholarship.law.ufl.edu/fjil/vol29/iss1/34.

como normas de conducta obligatorias y que forma parte intrínseca de sus sistemas sociales y económicos y su forma de vida[57].

En realidad, bajo esta rúbrica cabe una multiplicidad de casos diferentes, difícilmente reconducibles a unas características comunes. Generalmente se trata de normas reconocidas y compartidas colectivamente en contraposición a las leyes escritas que emanan de una autoridad política legalmente constituida cuya aplicación incumbe a la autoridad, generalmente al Estado.

Bajo esta familia podemos encontrar, por ejemplo, el Derecho indígena de algunos países de América Latina, que representa una manifestación específica de la autonomía política y social que reclaman algunos pueblos indígenas, con la finalidad de resolver los conflictos entre sus miembros de acuerdo con sus costumbres y tradiciones[58]. El África Subsahariana y Madagascar también han vivido durante siglos bajo el Derecho consuetudinario. Allí la costumbre era observada de forma espontánea. El convencimiento de la obligatoriedad de vivir como habían vivido sus ancestros, el temor a los poderes sobrenaturales y las opiniones prevalecientes bastaban para respetar las formas tradicionales de convivencia. Una organización más o menos compleja permitía el arreglo de controversias o determinar una nueva norma de conducta, si las circunstancias lo exigían[59].

El Derecho consuetudinario no ha llegado en muchos casos a ponerse por escrito, pero sigue siendo operativo, por ejemplo, en cuestiones como la forma de celebración del matrimonio o los modos de adquirir la propiedad. Tampoco se suele diferenciar entre normas sagradas y normas civiles por lo que su estudio está más cerca de la antropología jurídica que del Derecho comparado[60].

Prácticamente no existe ningún país que pertenezca de forma exclusiva a la familia de Derecho consuetudinario. Las normas de tipo tradicional suelen coexistir con las normas incorporadas del islam o el cristianismo,

[57] M. Castillo Gallardo, «Pueblos indígenas y derecho consuetudinario. Un debate sobre las teorías del multiculturalismo», 71 *Nueva Antropología. Revista de Ciencias Sociales*, 2009, pp. 13-29.

[58] F. Guevara y O. G., «Tensiones entre el sistema jurídico estatal y la reconstrucción de un derecho consuetudinario indígena», 16 *Cuadernos de Antropología*, 2006, pp. 71-80; A. Espinoza Collao y D. Alvaro, «El Reconocimiento del Derecho Consuetudinario Indígena como Derechos Humanos: su estado en el Derecho Chileno Moderno», 8 *Cadernos de Dereito Actual* (2017) pp. 413-437; D. Chacón Hernández, «Contribuciones a la proyección y fundamentación del concepto: derecho consuetudinario indígena», *Alegatos*, n.º 89 (enero 2015).

[59] David, *op. cit.*, p. 421.

[60] Aumerich Ojea, *op. cit.*, p. 67.

normas heredadas de la época imperial o colonial y normas promulgadas por el modelo de Estado resultante tras la independencia. Así pues, se trata de «ordenamientos construidos por capas»[61] o de sistemas mixtos, que son objeto de análisis en el siguiente apartado.

## 4. SISTEMAS MIXTOS O HÍBRIDOS

Se conocen como sistemas híbridos o mixtos aquellos ordenamientos jurídicos en los que, en mayor o menor medida, coexisten instituciones o prácticas que provienen de dos o más familias jurídicas distintas. Se trata de sistemas *sui generis* que no se pueden ubicar en ninguna de las grandes familias jurídicas descritas por los comparativistas[62].

En estos sistemas conviven, por tanto, diversos modelos jurídicos dentro del ordenamiento jurídico estatal, que operan de forma simultánea o a veces complementaria. Son producto de los distintos avatares políticos y religiosos en el desarrollo del ordenamiento jurídico de algunos países, como la expansión imperial y colonial, la incorporación de las religiones islámica y cristiana o simplemente la influencia cultural e intelectual de otro modelo jurídico en un momento histórico determinado. Por ejemplo, como ya se ha apuntado, el régimen jurídico de muchas naciones de África del Norte y del Oriente Medio denota una fuerte influencia de la tradición del Derecho continental, pero en algunos aspectos, como los relacionados con las personas, la familia y la propiedad, tienden a seguir la tradición islámica. Por su parte, el ordenamiento jurídico de Israel es una mezcla de los sistemas religiosos hebreo y musulmán con la tradición de Derecho continental y de *common law*[63].

El Derecho japonés también es un sistema mixto, pero bastante peculiar. La influencia de China durante buena parte de su historia se deja notar, sobre todo, en la base confuciana de su sistema social y político tradicional. A mediados del siglo XIX, sin embargo, tras la caída del sistema del Shogun, se produjo una profunda renovación normativa que tomó el modelo alemán como referencia para la adopción de su Código Civil (1898) y del Código de Comercio (1899). Solo algunas cuestiones del Derecho de familia y sucesiones mantuvieron algunas instituciones tradicionales japonesas[64]. Posteriormente, tras la Segunda Guerra Mundial y la ocupación

---

[61] *Ibid.*

[62] N. González Martín, *Sistemas Jurídicos Contemporáneos*, Nostra Ediciones, 2010, p. 29.

[63] M. Mautner, *Law and the Culture of Israel*, Oxford University Press, 2011.

[64] David, *op. cit.*, p. 407 ss.

estadounidense del país, se promulga una constitución inspirada en la de Estados Unidos e introduce una reforma del sistema judicial y la normativa procesal siguiendo el modelo norteamericano[65]. Así pues, se trata de un sistema que combina el *common law* con el sistema continental germánico y la tradición japonesa autóctona.

En la India se advierte, asimismo, la coexistencia del *common law*, herencia del colonialismo británico, y de dos influencias religiosas: la islámica y la hindú, redactada en sánscrito a partir del año 2000 a. C. y que, al margen de cuestiones como la reencarnación, estructura normativamente el orden social en un sistema de castas altamente jerarquizadas[66].

Por su parte, en Filipinas, el Derecho es una mezcla del sistema español y del sistema angloamericano. El Código Civil de Filipinas de 1949 posee la misma estructura del Código Civil español y comparte aproximadamente un poco menos de la mitad de sus preceptos, otro tanto modificados. El resto procede de instituciones propias y del Derecho anglonorteamericano[67].

Por último, en el mundo occidental también existen yuxtaposiciones del sistema de *common law* y del sistema continental, como en Sudáfrica, donde se advierte la combinación del Derecho continental-holandés con el *common law*[68]. En Escocia, asimismo, el ordenamiento contiene elementos de Derecho continental, *common law* e instituciones con raíces en distintas fuentes históricas. En Norteamérica, Quebec tiene una base jurídica de Derecho continental, siendo representativo su voluminoso Código Civil de carácter francés, que coexiste junto a las instituciones del *common law* operante en Canadá. Por su parte, Louisiana, históricamente bajo dominio francés y español, tiene una herencia romanista, también reflejada en un Código Civil que es predominante, sobre todo, en materia de propiedad, contratos, Derecho de familia o procedimiento civil, pero dentro del sistema de *common law* angloamericano[69]. Finalmente, Puerto Rico es otro sistema mixto, donde se da una fusión particular de dos culturas jurídicas, la tradición civilista española y el *common law* angloamericano[70].

---

[65] Aumerich Ojea, *op. cit.*, p. 59.

[66] *Ibid.*, p. 64.

[67] G. García Cantero, «Hacia un subsistema comparado hispano-filipino dentro de la familia romano-germánica-canónica», *Revista Boliviana de Derecho*, n.º 18 jul. 2014, pp. 64-74.

[68] González Martín, *op. cit.*, p. 663 ss.

[69] C. Sirvent Gutiérrez, *Sistemas Jurídicos Contemporáneos*, 14.ª ed., Editorial Porrúa, 2014, p. 105.

[70] E. Rivera García, «El andamiaje legal de Puerto Rico: fusión enriquecida del derecho común anglosajón y la tradición civilista», 82(3) *Revista Jurídica de la Universidad de Puerto Rico*, 2013, pp. 687-704.

## 5. SISTEMAS JURÍDICOS EN TRANSICIÓN

Ante cambios profundos en el contexto socioeconómico o político, muchos países se ven obligados a realizar reformas normativas para adaptarse a las nuevas circunstancias. Algunos de ellos se sirven de modelos externos para remodelar sus instituciones en términos sociales, económicos y legales. A estos ordenamientos jurídicos se les denomina *sistemas en transición* porque, partiendo de una tradición jurídica de salida, se encuentran evolucionando hacia una familia jurídica diferente.

### 5.1. RUSIA Y PAÍSES DE LA ANTIGUA ESFERA SOVIÉTICA

Los ordenamientos jurídicos de los países de la Europa Central y del Este son ejemplos de sistemas en transición, aunque existen diferencias fundamentales entre ellos[71]. Tras la caída del Muro de Berlín estos países se vieron obligados a adaptar su ordenamiento jurídico para hacerlo compatible con la economía de mercado. Para los países centroeuropeos, la evolución no supuso ningún obstáculo considerable, puesto que ya tenían elementos de la tradición continental antes de su sometimiento a la tradición sociocultural y legal socialista[72]. A estos sistemas jurídicos se les presupone, por consiguiente, una vuelta a la tradición jurídica occidental, sin embargo, en realidad, no están evolucionando exclusivamente al Derecho continental, puesto que el prestigio de los modelos del *common law* se han vuelto relevantes en Rusia y en la Europa Central y del Este, después de la desaparición del Derecho socialista[73]. Un claro ejemplo es la introducción de la institución anglosajona del trust en Rusia[74].

Otros países de la antigua esfera soviética están experimentando procesos de adaptación mucho más complejos, sobre todo aquellos que no tuvieron contacto sustancial previo con los sistemas de *common law* o de Derecho continental y que ahora se sirven de ellos como modelos a seguir

---

[71] H. G. Heinrich y L. Lobova (eds.), *Legal Systems in Transition: A Comparison of Seven Post-Soviet Countries*, Peter Lang AG, 2012.

[72] G. Ajani, «By Chance and Prestige: Legal Transplants in Russia and Eastern Europe», 43(1) *American Journal of Comparative Law*, 1995, pp. 93-117, p. 95.

[73] E. Örücü, «Critical Comparative Law. Considering Paradoxes for Legal Systems in Transition», *Preadvies Nederlandse Vereniging voor Rechtsvergelijking*, No. 59 [Preliminary Report for the Dutch Association of Comparative Law] (Kluwer, Deventer 1999). Disponible en www.ejcl.org/41/art41-1.html#N_445_.

[74] *Ibid.*

en sus reformas legislativas[75]. Uzbekistán, por ejemplo, apenas tuvo contacto con elementos del Derecho romano-germánico tras la ocupación rusa de Asia Central y posterior conversión en República Soviética, con la consiguiente sujeción al Derecho socialista[76]. A pesar de ello, las reformas legislativas que ha tenido que acometer este país tras el desmembramiento de la Unión Soviética parecen encaminadas a seguir el modelo de corte continental, dando lugar a dificultosos procesos de transposición y adaptación de instituciones y principios nuevos[77].

De esta manera, podemos encontrar una serie de ordenamientos en la que la sucesión de sistemas y tradiciones pueden dar lugar a interesantes interacciones entre el Derecho tradicional/socialista, socialista/continental, *common law*/socialista y diversas combinaciones entre el *common law* y el Derecho continental[78].

### 5.2. CHINA

Otro ejemplo de sistema jurídico en transición lo constituye China. El Derecho tradicional chino, muy influenciado por la obra de Confucio (551-479 a. C.), parte de la concepción de que el orden social es parte de la armonía cósmica. En las relaciones sociales, esa armonía se refleja en la idea de conciliación y de buscar el consenso. Por ello, se tiende a percibir con gran reticencia la concepción occidental del Derecho, por su rigor y abstracción[79]. A mediados del siglo XIX, el colonialismo europeo llegó a China y tras varias guerras y tratados comerciales que pusieron de manifiesto la incapacidad de la monarquía para adaptarse a las nuevas circunstancias, se instaura una república en 1911. La república intentará modernizar el Derecho siguiendo el modelo del Código civil alemán y suizo, pero la invasión japonesa en 1930 y la posterior Revolución china de 1949, impidieron la instauración del modelo continental. En su lugar se siguió el modelo socialista. Sin embargo, a partir de 1965, durante la denominada *Revolución Cultural*, China decidió apartarse de la corriente dominante en el mundo socialista y quiso realizar una transformación social acelerada que terminó con represión y violencia. Tras la muerte de Mao en 1976, se embarcó en

[75] González Martín, *op. cit.*, p. 634 ss.

[76] A. Saidov, «Le droit comparé et le droit ouzbek», 48(2) *Revue internationale de droit comparé*, 1996, pp. 481-485.

[77] Örücü, *op. cit.*

[78] *Ibid.*

[79] David, *op. cit.*, p. 387.

un proceso de modernización y de crecimiento económico que todavía dura hoy. Este proceso se está realizando mediante la renuncia progresiva de la titularidad estatal de los medios de producción, por lo que China va abandonando el modelo socialista progresivamente[80]. En los años ochenta del pasado siglo se aprobaron varios códigos en materia penal y de procedimiento criminal y civil, así como leyes sobre contratos mercantiles (1981), marcas comerciales y patentes (1982-84), sucesiones (1985) e insolvencia (1986)[81]. Tomando las bases comunes de las leyes anteriores, en 1987 se adoptó un instrumento normativo denominado *Fundamentos del Derecho privado*, fuertemente influenciado por el Código Civil Alemán[82]. En 1998 se comenzó a trabajar en un proyecto de Código Civil destinado a armonizar las leyes existentes y sus interpretaciones judiciales, pero el proyecto fue testigo de posturas enfrentadas entre quienes eran partidarios de un modelo continental y quienes ensalzaban la flexibilidad del *common law* para satisfacer las necesidades de desarrollo de una sociedad moderna. El Primer Proyecto de Código Civil se adoptó en 2002 aceptando una visión pragmática, que combinaba en su base conceptos e instituciones jurídicas del Derecho continental, aunque siguiendo en otros aspectos el modelo del *common law*. Por ejemplo, no contenía un título sobre obligaciones sino sobre contratos y daños. Tras más de una década de suspensión del procedimiento legislativo, la máxima autoridad legislativa china, el Congreso Nacional del Partido Comunista, instó en 2014 a que se retomase la redacción del Código Civil unificado y, finalmente, el 13.º Congreso Nacional Popular aprobó el tan esperado Código Civil el 28 de mayo de 2020. Este lo componen siete títulos, más disposiciones complementarias, 84 capítulos y 1.260 artículos. El Código Civil chino es la legislación más extensa en la historia del país y es la única legislación oficialmente denominada como «código». Aunque posee elementos característicos de la cultura jurídica china, sobre todo en materia de «derechos de la personalidad», el Código Civil chino contiene claras evidencias de trasplantes directos e indirectos de fuentes e instituciones jurídicas extranjeras. Algunos de estos «préstamos» son históricos, como la influencia del Derecho alemán en el sistema chino a principios del siglo XX. Sin embargo, las influencias no se limitan al modelo germano continental; el legislador chino también ha tomado como referencia conceptos y principios de instrumentos internacionales

[80] Aumerich Ojea, *op. cit.*, p. 58.

[81] *Ibid.*

[82] S. Comeau-Gallimore, «Towards a trans-systemic approach to observing Chinese civil law development», 2 *China-EU Law Journal*, 2013, pp. 161-184, p. 174.

sobre derecho de los contratos internacionales y derecho de los negocios, así como del *common law*[83].

Estamos, por tanto, ante un sistema a medio camino entre el socialismo y el Derecho occidental, que seguramente presentará cuestiones interesantísimas de adaptación e interpretación en los años venideros.

[83] M. Zou, «China's first civil code is a milestone», *The Law Society Gazette* (17 de junio de 2020), www.lawgazette.co.uk/commentary-and-opinion/chinas-first-civil-code-is-a-milestone/5104647.article.

CAPÍTULO IV

# EL DERECHO FRANCÉS. ESTRUCTURA E INSTITUCIONES

## 1. EVOLUCIÓN HISTÓRICA

El Código Civil francés constituye el modelo de referencia de la familia jurídica romana. Responde al espíritu de la Revolución Francesa, dirigido a erradicar las instituciones feudales del pasado y sustituirlas por los valores propugnados por la ley natural, de la propiedad, la libertad de contrato, la familia y la herencia familiar[1]. Los acontecimientos revolucionarios de los años que siguieron a 1789 dieron lugar a una transformación social y jurídica importante que se plasmó en el Código, aunque este no solo recoge lo que ocurrió en dicho periodo. El Código Civil francés también absorbe selectivamente los resultados de un largo período histórico, testigo de la combinación de las instituciones legales tradicionales del *droit écrit* del Sur, influidas por el Derecho romano, y el *droit coutumier* del Norte, conformado por el Derecho consuetudinario francogermánico[2]. Así pues, aunque refleja en muchos aspectos el espíritu de la Revolución, también tiene sus raíces en el Derecho anterior, en el denominado *ancien droit*.

La Galia fue receptora del Derecho romano, que no perdió validez tras la caída del Imperio Romano de Occidente en 476. Sobrevivió, especialmente en los reinos de los visigodos y los borgoñones, como el Derecho de los pueblos de origen no germánico[3]. En 506, Alarico II, rey de los visigodos, aprobó una ley, el *Breviarium Alaricianum* o *Lex Romana Wisigothorum*, que contenía un resumen y un comentario del *Codex Theodosianus*, así como de algunas otras fuentes romanas, lo que contribuyó a que quedasen algunos vestigios del Derecho romano en la parte Sur de Francia. En el Norte de Francia, a su vez, los francos trajeron sus propias leyes consuetudinarias de origen germánico, que cristalizarían posteriormente en varias

[1] Zweigert y Kötz, *op. cit.*, p. 83.

[2] *Ibid.*

[3] *Ibid.*

leyes, entre ellas, la *Lex Salica*, que desplazó con ello al Derecho romano[4]. Por otra parte, durante los siglos XI y XII, el renacimiento de los estudios de Derecho romano en el Norte de Italia se extiende a las Universidades de Montpellier y Toulouse, que incorporan el estudio del Corpus Iuris a las actividades académicas en el siglo XII. El Norte del país también recibió gradualmente el conocimiento de las leyes romanas, aunque sin abandonar el Derecho consuetudinario tradicional de los francos. De esta forma, el territorio francés se encontraba dividido jurídicamente hablando en el área del *droit écrit* en el Sur, de influencia romana, y el área del *droit coutumier* basado en los usos germánicos (*coutumes*), en el Norte[5].

La división no era categórica ya que, en el Sur, en las regiones urbanas de Burdeos y Toulouse, había también *coutumes* escritas de origen germánico. Asimismo, en el Norte, algunos aspectos como la regulación de los contratos se remitían habitualmente al Derecho romano; además, se aceptaba recurrir a las fuentes romanas como *ratio scripta* para complementar y explicar las *coutumes* cuando estas no contenían una respuesta para determinadas cuestiones[6]. A diferencia de lo que veremos en el Capítulo 5 respecto a Alemania, al Derecho romano no se le concedía en Francia autoridad ni valor en tanto que institución del Imperio Romano, sino por virtud de sus cualidades intrínsecas, esto es, *non ratione imperii sed imperio rationis*[7].

En los siglos X y XI, los carolingios dieron paso a los capetos y las leyes francas se dividieron en muchos sistemas diferentes, de acuerdo con los territorios, algunos de estos extremadamente pequeños y gobernados por príncipes y prelados. Si el juez desconocía los principios correspondientes a ciertas *coutumes* estaba obligado a determinarlas usando una *enquête par turbe*, en la que se consultaba a un número de habitantes locales para que indicasen su contenido[8]. La proliferación de las *coutumes*, unida a las dificultades que implicaba la expresión de su contenido dieron lugar a una notoria inseguridad jurídica. Por ello, ya en el siglo XV, el rey Carlos VII ordenó en la *Ordonnance de Montils-les-Tours* (1454)[9], que se escribieran

---

[4] *Ibid.*

[5] *Ibid.*

[6] *Ibid.*, p. 84.

[7] *Ibid.*

[8] *Ibid.*

[9] Isambert, *Recueil général des anciennes lois françaises, depuis l'an 420 jusqu'à la Révolution de 1789*, París, 1825, tomo IX, p. 252-253. Texto actualizado por J.-M. Carbasse y G. Leyte, *L'Etat royal XIIe-XVIIIe siècle. Une anthologie*, PuF, París, 2004, pp. 206-208, n.º 98.

los usos de diversos territorios con la cooperación de una comisión real compuesta por expertos en materias jurídicas. Esta intervención del rey fortaleció las leyes consuetudinarias tradicionales frente a la influencia del Derecho romano. En vísperas de la Revolución Francesa, se calculaba que había al menos sesenta leyes consuetudinarias de aplicación general (*coutumes générales*) y alrededor de trescientas *coutumes* de aplicación territorial limitada (*coutumes* locales)[10].

La existencia de diferentes *coutumes* locales se traducía en problemas legales siempre que los casos se relacionaban con más de una región. La respuesta a esta problemática constituyó el germen de la disciplina que hoy conocemos como *Derecho internacional privado*, en la que destacaron especialmente los nombres de Dumoulin (1500-1566) y de D'Argentré (1519-1590)[11]. No obstante, de forma gradual se comenzó a aceptar que la *Coutume de Paris* podía aplicarse en todas partes, aun con preferencia sobre el Derecho romano, con el fin de salvar cualquier diferencia en las leyes regionales. Ello motivó que Dumoulin señalara la presencia de algo llamado *Derecho común* francés, compuesto por el conjunto de principios legales expresados en las diferentes *coutumes*[12]. A ello contribuyó, sin duda, la centralización administrativa y la unificación de la jurisprudencia. En buena parte, porque el rey permitía que los puestos judiciales se vendieran y heredaran, lo que dio lugar al florecimiento de una gran cantidad de familias de rancia tradición jurídica. Ya en los siglos XVII y XVIII encontramos juristas cuyas obras proporcionaron materiales y modelos a los artífices del Código, como Bourjon, Pascal o Domat o Pothier. Estos dos últimos redactaron propuestas de codificación civil que serían empleadas como base para la redacción posterior del Código Civil francés en 1804[13].

Tras la Revolución Francesa se alteró el orden social tradicional con una rapidez y profundidad sin paralelos históricos. Al Derecho creado entre la primera sesión de la Asamblea Constituyente de 1789 y la subida al poder de Napoleón Bonaparte, en 1799, se lo denomina *droit intermédiaire* o Derecho del período revolucionario. Todas las instituciones del *ancien règime* se eliminaron en muy poco tiempo: la monarquía absoluta, las alianzas entre rey, nobleza, clero y judicatura, la antigua división territorial del país

---

[10] Zweigert y Kötz, *op. cit.*, p. 84.

[11] B. Ancel, «Les Conclusions sur les Statuts et Coutumes locaux de Du Moulin, traduites en français», 1 *Revue critique de droit international privé*, 2011, pp. 21-38; Jean Barbey, «Le sort du système de d'Argentré», 19 *Revue historique de droit français et étranger*, 1941, pp. 397-411.

[12] *Ibid.*

[13] Aymerich Ojea, *op. cit.*, p. 40.

en provincias, el régimen feudal de la tierra, el sistema de tribunales y el sistema fiscal[14]. En su lugar, se impuso la visión de la sociedad ilustrada, siguiendo las ideas de Diderot, Voltaire y Rousseau, conforme a las que el hombre es una criatura racional y responsable que goza, desde el nacimiento, del derecho inalienable a la libertad de conciencia, creencia y actividad económica[15]. Pero el individualismo exacerbado y la radicalidad que desprendía este Derecho revolucionario hicieron que algunas posiciones tuvieran que reemplazarse finalmente por decisiones más moderadas en 1804.

Uno de los objetivos más importantes de la Revolución fue la unificación del Derecho privado, como ya adelantó la propia *Assemblée Constituante* al decretar que: «Se forjara un Código de Derecho Civil para todo el reino»[16]. Cambacéres presentó tres borradores de anteproyecto, que fueron rechazados, entre otros motivos, por la inestabilidad política crónica de este período. Tras su ascensión al poder a finales de 1799 y la adopción de la Constitución, Napoleón dedicó todas sus energías a la creación de un Código Civil[17]. Para elaborar el anteproyecto, ordenó que se formara una Comisión de juristas de prestigio que representaran tanto al *droit coutumier* como al *droit écrit*, entre los que ha pasado a la historia sobre todo el nombre de Portalis[18]. Tras cuatro meses, esta Comisión elaboró un borrador que fue rechazado parcialmente por razones políticas. Al cabo de un año, sin embargo, Napoleón puso en marcha nuevamente el proceso legislativo que culminó en 1804 con la adopción del *Code Civil des Français*, también conocido como el Código de Napoleón.

## 2. EL CÓDIGO CIVIL Y LA CODIFICACIÓN

En los últimos años del siglo XVIII y los primeros años del siglo XIX se redactaron otros grandes códigos en la Europa Occidental y Central, como la Ley General de Tierras de los Estados Prusianos (1794) y el Código Civil General de Austria (1811)[19], aunque no cabe duda de que el Código Civil francés es el más significativo de todos ellos.

---

14 Zweigert y Kötz, *op. cit.*, p. 89.

15 *Ibid.*

16 R. Cabrillac, «El derecho civil francés desde el Código Civil», 22 (2) *Revista de Derecho*, 2009, pp. 65-73, p. 66.

17 *Ibid.*

18 *Ibid.*

19 M. A. Glendon *et al.*, *Comparative Legal Traditions*, West Publishing, 2008, p. 36 ss.

El Código de Napoleón se inspira en el Iluminismo de la Razón y es producto del movimiento revolucionario. Solo en Francia se puede hablar de congruencia completa entre la realidad social y la idea de la sociedad en que se fundamentaba el Código en el momento de su adopción[20]. Ciertamente, el Código Civil francés reflejaba los logros más importantes de la Revolución: el principio de la división a partes iguales de las herencias, la secularización absoluta del matrimonio, la abolición total de las servidumbres feudales y la prohibición de las sustituciones fideicomisarias, por mencionar algunos ejemplos. Sin embargo, como ya se ha apuntado, muchos principios del *droit intermédiaire* se eliminaron o atenuaron por parecer demasiado radicales[21].

El Código Civil evitó el riesgo de incurrir en demasiados detalles. Los redactores eran conscientes de que ni el legislador más hábil puede prever y definir todos los problemas que pudieran presentarse, de ahí que había que dar cabida a las decisiones judiciales, a fin de que la ley pudiera aplicarse a casos individuales no previstos y que se adaptara a las cambiantes circunstancias de la sociedad[22]. El ejemplo más significativo son los antiguos arts. 1.382-1.386, relativos a la responsabilidad extracontractual, es decir, solo cinco artículos para regular esta materia, comparados con los cuarenta preceptos del Código Civil General de Austria, o los treinta y uno del Código Civil alemán. Precisamente esa amplitud de formulación ha permitido su desarrollo jurisprudencial y su adaptación a los cambios económicos y tecnológicos que se han sucedido desde 1804, cuando apenas se iniciaba la Revolución Industrial y Francia era todavía una sociedad rural[23].

El Código Civil francés es un código de gran precisión técnica desde el punto de vista jurídico, que responde a las necesidades de la burguesía ascendente y de una sociedad en vías de desarrollo bajo un signo liberal y capitalista[24]. Es, además, una obra maestra desde el punto de vista del estilo y el lenguaje[25]. Destaca por sus frases claras, por la ausencia de jerga legal y de referencias cruzadas, para que pudiera ser leído y entendido por todos los ciudadanos[26]. Se dice que Stendhal leía diariamente partes del Código para perfeccionar su sensibilidad hacia la lengua (*pour prendre le*

---

[20] *Ibid.*, p. 38.
[21] Zweigert y Kötz, *op. cit.*, p. 98.
[22] *Ibid.*, p. 99.
[23] Cabrillac, *op. cit.*, p. 68.
[24] *Ibid.*
[25] Glendon, *op. cit.*, p. 41.
[26] *Ibid.*

*ton)*[27], mientras que Paul Valéry lo definía como «la obra más grande de la literatura francesa»[28]. Ello contrasta con el lenguaje árido y dogmático del Código Civil alemán, como veremos en el Capítulo 5[29].

### 2.1. Estructura del Código

La estructura del Código de Napoleón se basa principalmente en el Código de Justiniano, el Corpus Iuris Civilis[30]. El Corpus Iuris se dividía en cuatro partes, de las cuales una, las Instituciones, se componía a su vez de cuatro libros: el primero, trata de las personas; el segundo, de la división de las cosas, de la propiedad, de los demás derechos reales y del testamento; el tercero, de la sucesión no testada y de las obligaciones que surgen de los contratos; y el cuarto, de las obligaciones y de las acciones.

El Código Civil francés siguió el mismo esquema y está dividido en «Libros», «Títulos» y «Capítulos». El Código está conformado por un Título Preliminar y cuatro Libros (el cuarto, de los procedimientos, fue suprimido y sustituido por un código procesal). El Derecho de familia en el Libro I está inspirado en el *droit coutumier* del Norte, al igual que el Derecho de sucesiones del Libro III. El Libro II, sobre derechos reales, refleja la sociedad agraria y artesana existente en 1804, mientras que el Derecho de contratos, recogido en el Libro III, tiene una influencia indudable del Derecho romano[31].

El Título Preliminar contiene solo seis artículos; el Libro Primero, «*Des Personnes*» [arts. 7-515(13)] regula los derechos civiles, incluyendo la adquisición y la pérdida de la nacionalidad francesa, la situación legal de los extranjeros, el Registro Civil y aspectos como el domicilio, la ausencia, el matrimonio, el divorcio, la filiación, la adopción, las facultades paternas y la tutela[32]. El Libro Segundo [«*Des biens et des Différentes Modifications de la Propriété*», arts. 515(14)-710(1)] contempla preceptos generales en torno a las cosas, distinguiendo entre muebles e inmuebles y estudiando los componentes y los accesorios. En este Libro también se regula la propiedad de

---

[27] Correspondance, t. 3, *La Pléiade*, Gallimard, p. 399, lettre à Balzac.

[28] Zweigert y Kötz, *op. cit.*, p. 100.

[29] Glendon, *op. cit.*, p. 41.

[30] Dufour, *Code Civil avec les sources où toutes ses dispositions ont été puisées*, París, 1806; Dard, *Conférence du Code Civil avec les lois anciennes*, 4 ed., 1827; C. Sumner Lobingier, «Napoleon and His Code», 32 (2) *Harvard Law Review*, 1918, pp. 114-134.

[31] Zweigert y Kötz, *op. cit.*, p. 101.

[32] https://www.legifrance.gouv.fr/codes/texte_lc/LEGITEXT000006070721.

las cosas, sus frutos y utilidades, seguidos de otros derechos reales como el usufructo, los derechos de uso y habitación, así como las servidumbres. No incluye la adquisición de propiedad mediante contrato, ya que el Derecho francés propugna la transmisión consensual del dominio (donación, venta, permuta). Por su parte, el Libro Tercero, con el título «*Des Différentes Maniéres dont on Acquiert la Propriété*» (arts. 711-2278) regula la sucesión, la donación, así como la ley general de contratos, con artículos referidos a la capacidad, la interpretación, consecuencias del incumplimiento, la compensación, los requerimientos formales y las reglas que rigen la presentación de pruebas. Le sigue una sección sobre las obligaciones contraídas sin mediar contrato, la cual se compone de los preceptos sobre enriquecimiento injusto (cuasicontratos), así como la regulación de la responsabilidad extracontractual (delitos). Tras estos preceptos se aborda la propiedad matrimonial y, posteriormente, contratos típicos como la venta, la permuta, los arrendamientos, la contratación de servicios, el de servicio (referido al contrato de trabajo, al igual que en el modelo romano, como un *contrat de louage*) y, por último, la sociedad, el préstamo, el depósito, los contratos aleatorios, el mandato, las transacciones y el convenio arbitral. Finalmente, el Libro Tercero concluye con los derechos de garantía (prenda, hipoteca y embargo) y la prescripción.

### 2.2. Principios inspiradores

El triunfo de la Revolución Francesa trajo una radical transformación social que alcanzó también al ámbito jurídico[33]. Los objetivos básicos del cambio normativo se habían plasmado ya antes de la codificación al proclamarse la Declaración de Derechos del Hombre y del Ciudadano en 1789, declaración que en 1791 se había incorporado a la primera constitución en que se establecía el Estado de Derecho, sometiendo al propio rey a la ley[34]. Además, los cambios están inspirados en las ideas de la Ilustración, corriente de pensamiento que se había extendido a otros países además de Francia y que, precisamente por ello, permitió la fácil recepción del modelo jurídico francés más allá de sus fronteras.

A partir de este momento, se consolida la primacía de la ley como fuente del Derecho, así como la delimitación de competencias de la Administración Pública, eliminando los restos del sistema feudal. El primer signo

[33] Glendon, *op. cit.*, p. 39.
[34] Aymerich Ojea, *op. cit.*, p. 40.

distintivo del cambio jurídico que tiene lugar en Francia es la Constitución, donde la legitimación del poder pasa a estar basada en la Ley y somete al Derecho la creación de toda norma y el establecimiento de los poderes públicos[35]. Asimismo, se asienta la función unificadora de la jurisprudencia a través del Tribunal de Casación y se refuerza la centralización administrativa dando lugar al naciente Derecho administrativo[36]. Pero desde luego, el ejemplo más claro del cambio jurídico será la codificación y, en particular, la codificación civil. El Código de Napoleón proyecta en el ámbito normativo la unificación y racionalización que ya había tenido lugar en el ámbito político y administrativo[37]. Un texto que, sin eliminar totalmente las tradiciones normativas anteriores, renovó muchas instituciones dentro de un sistema coherente de preceptos.

El Código Civil respondía a los intereses de la burguesía que, en la Revolución Francesa, había derrocado al *Ancien Régime* y proyectaba la mentalidad y las preocupaciones de la Francia de 1804. La figura de referencia para los redactores del Código no era el hombre común, el artesano o el obrero, sino el propietario, el hombre responsable con juicio y raciocinio propios. De esta forma, el Código se asienta sobre los principios de libertad, el derecho de propiedad e igualdad[38].

La burguesía dependía de que se garantizara la libertad individual, en especial la libertad para realizar actividades económicas, así como la de adquirir propiedades, en particular, si se trataba de tierras. En consecuencia, el Código proyecta la disolución de los grupos que limitaban tal autonomía (gremios, sindicatos, cofradías, etc.)[39] y recoge en el art. 544 el derecho de propiedad como «el derecho de gozar y disponer de una cosa de la manera más absoluta, siempre que no se haga de ella un uso prohibido por las leyes o por los reglamentos». De igual manera, la libertad contractual domina la regulación de las obligaciones del Código Civil. Así lo establecía el art. 1.134.1, en la actualidad art. 1.103, según el cual «los acuerdos legalmente formados tendrán fuerza legal entre quienes los hayan efectuado», solo sujetando la voluntad de las partes a las normas imperativas. También se consagraba el principio de igualdad, aunque dentro de la familia patriarcal típica de la próspera burguesía de los primeros años del siglo XIX, donde el marido y padre es el cabeza la familia, y solo él puede ejercer poder paterno sobre los hijos. Ello incluía la facultad de impedir el matrimonio

---

[35] *Ibid.*
[36] *Ibid.*
[37] *Ibid.*
[38] Zweigert y Kötz, *op. cit.*, p. 102.
[39] *Ibid.*

de sus hijos varones hasta los veinticinco años y de sus hijas, hasta los veintiuno. El divorcio estaba permitido, aunque el art. 215 original establecía el deber de obediencia de la mujer respecto del marido sin que tampoco esta pudiera, sin la autorización de su cónyuge, celebrar contratos ni ejecutar disposiciones. Asimismo, la injerencia del Estado en la familia se consideraba como algo intolerable, trasladando la supervisión de los tutores y de los jóvenes a un *conseil de famille*, compuesto por parientes[40].

## 3. DEL INDIVIDUALISMO AL ESPÍRITU COLECTIVO. LA EVOLUCIÓN DEL DERECHO CIVIL FRANCÉS

El Código Civil francés de 1804 ha sido testigo de profundos cambios políticos y sociales, pero, sin embargo, no se ha sustituido por otro, ni siquiera cuando se adoptó el BGB alemán en 1896, que acaparó la admiración de la doctrina por sus fórmulas jurídicas. Desde su promulgación, se han introducido numerosas reformas para adaptar los preceptos del Código al nuevo contexto surgido con el progreso industrial y técnico y tecnológico.

En primer lugar, el Código fue concebido para una sociedad rural y solo dedicaba dos artículos al contrato de trabajo, mientras que treinta y uno regulaban el arriendo de ganado para las laborales agrícolas[41]. Esta laguna se hizo patente, sobre todo, en el auge del capitalismo industrial de finales del siglo XIX. Por otro lado, el modelo patriarcal de potestad absoluta del *pater familias* sobre su mujer y sus hijos, de inspiración romana, pronto quedó obsoleto por la evolución de las costumbres y, sobre todo, debido a la emancipación de la mujer[42].

La permanencia en el tiempo del Código Civil francés ha requerido, por tanto, la realización de reformas para adaptar el texto a la Francia surgida de la Revolución Industrial y adecuarlo hacia formas más justas de convivencia. En el ámbito del Derecho de familia y sucesorio, el legislador logró mantener el Código al ritmo de la cambiante realidad social, por ejemplo, reconociendo la capacidad de las mujeres casadas para intervenir en negocios o la igualdad de los hijos nacidos fuera del matrimonio. Asimismo, en materia contractual, el legislador ha ido limitando la autonomía contractual en supuestos que conducen a consecuencias inaceptables para la socie-

---

[40] *Ibid.*, p. 103.
[41] Cabrillac, *op. cit.*, p. 69.
[42] *Ibid.*

dad, principalmente mediante reglamentos especiales. De esta forma, los contratos de arrendamiento, transporte, empleo y seguro están sujetos a un considerable número de preceptos de carácter imperativo, que diluyen la libertad ilimitada para ejecutar y determinar el contenido de los contratos prevista inicialmente por los redactores del Código Civil[43]. Algunas de estas reformas se han llevado a cabo mediante leyes especiales, «descodificación» que, llevada al extremo, corre el riesgo de convertir el Código en un monumento de Derecho muerto[44].

La jurisprudencia también ha sido un factor dinámico que ha contribuido a la adaptación de los principios del Código Civil a las exigencias modernas. Aquí destaca el papel del Tribunal de Casación, uno de los tribunales civiles más respetado del mundo, cuyos breves considerandos y precisas disposiciones son seguidos, a menudo, por los jueces de muchos otros países. Así, desde 1880 hasta 1945, una serie de grandes decisiones del Tribunal de Casación han marcado profundamente el Derecho civil francés, sobre todo, en materia de responsabilidad civil extracontractual. El antiguo art. 1.384 (1) del Código Civil (hoy, art. 1.242) establece como fundamento de la responsabilidad civil la imputación subjetiva, en la que corresponde a la víctima probar la culpa del causante del daño. Sin embargo, el desarrollo industrial y de la automoción pusieron de manifiesto que el obrero o el peatón podían tener dificultades para establecer la culpa del conductor o de su empleador y corrían el riesgo de verse privados de indemnización. Para solventar este problema, el Tribunal de Casación introdujo el principio general de responsabilidad por causa de las cosas, que exime a la víctima de probar la culpa del que guardara la cosa causante del daño[45]. En el ámbito del Derecho laboral, la jurisprudencia también ha generado, con el apoyo del legislador, normas para la protección de trabajadores y empleados como respuesta a la escasa e inadecuada regulación de los arts. 1.780 y ss. del Código, de tal forma que, al igual que en España o en Alemania, esta área se considera como una rama independiente del Derecho civil. Fueron los tribunales los que, por ejemplo, desarrollaron la doctrina del abuso de derechos para limitar el derecho de los titulares a disponer de sus propiedades, despedir a un trabajador, reconocer la capacidad de convocar huelgas, iniciar procedimientos legales y otros derechos[46]. Otros ejemplos de desarrollo jurisprudencial que pueden mencio-

[43] *Ibid.*, p. 104.

[44] R. Cabrillac, *Las codificationes*, Flandes Indiano, Santiago de Chile, 2009, p. 129 ss.

[45] Civ. 16 juin 1896, s 1896, 1, 17, not p. Esmein, d 1897, 1, 433, note r. Saleilles, concl. l. sarrut.

[46] Zweigert y Kötz, *op. cit.*, p. 104.

narse son la formulación de reglas sobre contratación de pólizas de seguros, posteriormente incorporada por el legislador en 1983, la liberalización de la prohibición de la herencia sucesiva contenida en el art. 896 del Código Civil, etc.[47].

El determinante papel de la jurisprudencia en la adaptación del Derecho a las exigencias modernas está detrás del conocido debate sobre si las decisiones judiciales constituyen, propiamente hablando, una fuente del Derecho. Un debate que no es exclusivo de Francia, sino que también ha existido en ordenamientos de inspiración francesa, como el español[48].

La discusión arranca con la concepción revolucionaria que permitió a Robespierre afirmar: «Esta palabra de jurisprudencia de los tribunales... debe ser borrada de nuestro idioma en un Estado que tiene una Constitución, una legislación, la jurisprudencia no es otra cosa sino la ley»[49]. De ahí que en los primeros años tras la promulgación del Código de Napoleón imperara la denominada Escuela de la Exégesis (*école de l'exégèse*). Para los exégetas, el Código Civil debía ser venerado como si fuera un texto sagrado y, en consecuencia, cualquier dificultad debía ser salvada ateniéndose a la letra de la ley[50]. En los años posteriores a la promulgación del Código, la doctrina se limitaba a exponer el texto del Código desde las perspectivas gramatical y lógica, pasando por alto las decisiones judiciales. Sin embargo, el panorama cambió a finales del siglo XIX. Geny, máximo representante de la denominada Escuela de la libre investigación científica del Derecho (*école de la libre recherche scientifique*) afirmó en 1899[51] que el Derecho positivo es una fuente incompleta e imperfecta, por lo que proponía una interpretación más o menos libre de los elementos sociales que se contienen en el Derecho positivo. Gracias a su influencia y a la de Saleilles, se empezó a conceder al juez una mayor libertad para interpretar el Código no solo de manera lógica y sistemática, sino a la luz de los requerimientos de la sociedad a medida que esta cambiaba, de los usos y las prácticas reales en las áreas relevantes del comercio y, asimismo, de las investigaciones de sociólogos e iuscomparatistas[52]. Y más adelante, la doctrina de la solidaridad social, inspirada en los planteamientos de Durkheim, realizará

---

[47] *Ibid.*

[48] A. Ripoll Jaén, «¿Jurisprudencia?, y ¿por qué?, ¿para qué?», *Notarios y Registradores* (7 de marzo de 2019), https://www.notariosyregistradores.com/web/secciones/doctrina/articulos-doctrina/jurisprudencia-por-que-para-que/#fuente.

[49] Citado por Ripoll Jaen, *op. cit.*

[50] Bugnet, *Rapport sur l'enseignement dispensé dans les facultés*, 1857.

[51] F. Geny, *Méthode d' interpretation et sources en Droit privé positif*, 1899.

[52] Zweigert y Kötz, *op. cit.*, p. 105.

una crítica sistemática de las doctrinas individualistas y formalistas subrayando que el Derecho es producto de la vida social, de las mismas necesidades evolutivas de la vida en sociedad y, como tal, ha de interpretarse[53].

Por fortuna, el debate sobre el papel de la jurisprudencia está hoy amortizado, ya que ha quedado claro que la respuesta depende por completo de la definición de fuente de Derecho que apliquemos[54]. En cualquier caso, desde que en 1807 apareció el primer análisis de Maleville, secretario de la comisión redactora del *Code Civil*, todas las diversas escuelas y tendencias jurídicas que han ido surgiendo han girado alrededor de una misma idea: que el Código es uno de los grandes exponentes de la cultura francesa, uno de los mayores logros de su historia y su espíritu[55].

## 4. LA DUALIDAD ENTRE DERECHO CIVIL Y DERECHO MERCANTIL

El Derecho francés y muchos otros ordenamientos jurídicos inspirados en el mismo se caracterizan por la separación entre el Derecho civil (*droit civil*) y el Derecho mercantil (*droit commercial*). El Derecho mercantil no se considera desde esta perspectiva como derecho de los negocios, sino que comprende una serie de normas especiales para la industria, el comercio, la artesanía, el transporte comercial, etc.

El Derecho mercantil se había desarrollado a partir de las costumbres mercantiles y la práctica de los tribunales de comerciantes como una rama específica del Derecho, incluso antes de la codificación. Aun así, la dicotomía entre Derecho civil y mercantil sobrevivió tanto a la codificación como a la centralización de la justicia, gracias principalmente al Código de Comercio francés[56].

El primer código de comercio conocido se creó en Francia en 1807 y fue aprobado por Napoleón Bonaparte[57]. El Código de Comercio francés actual es una reformulación del Código de 1807. Se había vaciado gradualmente de su contenido y contenía solo ciento cincuenta artículos, estando la mayor parte de la legislación comercial dispersa en una multitud de tex-

---

[53] L. Duguit, *Las transformaciones generales del Derecho privado desde el Código de Napoleón,* traducción de C. G. Posada, Francisco Beltrán, Madrid, 1921.

[54] Zweigert y Kötz, *op. cit.*, p. 104.

[55] *Ibid.*

[56] Glendon, *op. cit.*, p. 140.

[57] P. Crabitès, «Napoleon and the French Commercial Code», 16(4) *American Bar Association journal*, 1930, pp. 258-261.

tos. Comenzó a revisarse en el 2000 pero no se completó hasta el 2007[58]. Está dividido en 9 Libros. En el Libro I se incluyen las normas relativas a los comerciantes en general, la obligatoriedad de la inscripción en el Registro Mercantil, los distintos tipos de comerciantes y sus contratos. El Libro II versa sobre las sociedades mercantiles y las agrupaciones de interés económico mientras que el Libro III regula algunas formas de venta y las cláusulas de exclusividad. El Libro IV se ocupa de la libertad de precios y de la competencia; el Libro V de los efectos del comercio y de las garantías; el Libro VI de las dificultades de las empresas, regulando la suspensión de pagos, convenio de acreedores y la quiebra; el Libro VII trata de la organización del comercio, tales como las cámaras de comercio e industria y, finalmente, el Libro VIII se ocupa de algunas profesiones reguladas y el IX de los territorios de ultramar.

Las normas del Código de Comercio se aplican a los denominados *actos de comercio*, concepto jurídico utilizado para diferenciar el campo de la actuación del Derecho mercantil con respecto al Derecho civil (como Derecho común), y que son aquellos celebrados entre comerciantes o donde un comerciante es parte contractual [art. L110(1)]. Comerciantes son aquellos que realizan actos de naturaleza privada que tienen por objeto crear, transferir, modificar o extinguir derechos u obligaciones con el objetivo principal de obtener un lucro, *i. e.*, compra de mercaderías para su reventa [art. L121(1), con relación al art. L110(1)]. Asimismo, el libramiento y circulación de títulos de cambio son actos de comercio, independientemente de quienes intervengan.

En Francia, existen Tribunales Mercantiles (*Tribunaux de commerce*) que conocen de los litigios entre comerciantes, entre entidades de crédito, o entre unos y otras, así como de los litigios relativos a las sociedades mercantiles o a los actos mercantiles en general[59]. Conocen también de los procedimientos relativos a las empresas en dificultades. Los Tribunales Mercantiles están integrados por jueces que no son de carrera, todos ellos comerciantes. Son elegidos por dos o cuatro años por un colegio electoral compuesto por jueces y antiguos jueces de lo mercantil, así como por los delegados mercantiles (*délégués consulaires*), también comerciantes, elegidos entre los de la circunscripción del tribunal con el único propósito de elegir a los jueces del

[58] C. Saint-Alary-Houin (ed.), *Qu'en est-il du code du commerce 200 ans après? États des lieux et projections*. Toulouse, Presses de l'Université Toulouse 1 Capitole, 2008. Disponible en http://books.openedition.org/putc/1126. DOI: https://doi.org/10.4000/books.putc.1126.

[59] J. Raibaut, «Les tribunaux de commerce: une institution au service de la modernité», en Saint-Alary-Houin, *op. cit.*, Disponible en http://books.openedition.org/putc/1189. DOI: https://doi.org/10.4000/books.putc.1189.

tribunal. Su regulación se ha trasladado del Código de Comercio al Código de Organización Judicial (*Code de l'organisation judiciaire*)[60].

## 5. SISTEMA JUDICIAL Y NORMAS DE PROCEDIMIENTO

Desde la Revolución Francesa, el sistema jurisdiccional francés se caracteriza por una estructura piramidal doble. Coexisten dos órdenes distintos: el orden administrativo y el orden judicial. El orden judicial se divide en jurisdicción civil, que resuelve controversias entre particulares, y jurisdicción penal, que entra en escena cuando se infringe la ley penal francesa. El orden administrativo resuelve los conflictos entre los ciudadanos y la autoridad pública (la Administración, autoridad local, persona privada encargada de una misión de servicio público, etc.) o entre administraciones[61].

Cada uno de los órdenes tiene una estructura piramidal: una decisión judicial puede ser impugnada ante la jurisdicción jerárquicamente superior. La jurisdicción única, en cada orden, asegura, en última instancia, la unidad de interpretación de la ley por las jurisdicciones inferiores.

### 5.1. ORGANIZACIÓN JUDICIAL

El orden administrativo está compuesto por los siguientes órganos, divididos en tres instancias[62]:

1) En primera instancia se encuentran los tribunales administrativos (*tribunal administratif*). Sus decisiones son recurribles ante los tribunales de apelación.

2) En segunda instancia están los tribunales administrativos de apelación (*Cour administrative d'appel*), que resuelven los recursos de apelación y dictan una nueva sentencia.

3) Por último, el Consejo de Estado (*Conseil d'Etat*) es, a la vez, un órgano consultivo del gobierno y juez administrativo supremo (sección contenciosa).

---

[60] Code de l'organisation judiciaire, https://www.legifrance.gouv.fr/codes/texte_lc/LEGITEXT000006071164.

[61] S. Muñoz González, «Estudio de Derecho comparado: Introducción al Sistema Jurídico francés», en Marchal Escalona, *op. cit.*, pp. 146-163, p. 150.

[62] http://www.justice.gouv.fr/organisation-de-la-justice-10031/.

También podemos clasificar los órganos judiciales de este orden entre:

*a*) Órganos con competencia general: los tribunales administrativos, los tribunales administrativos de apelación y el Consejo de Estado.

*b*) Órganos con competencia especial: las jurisdicciones financieras (Tribunal de Cuentas, cámaras regionales de cuentas, tribunal de disciplina presupuestaria y financiera) y otros (como las comisiones disciplinarias de los órdenes profesionales).

En el orden judicial encontramos los siguientes órganos, divididos, asimismo, en tres instancias[63]:

1) Órganos de primera instancia:

*i*) En la jurisdicción civil: juzgados de primera instancia, tribunales mercantiles, juzgados de lo social, tribunales paritarios de arrendamientos rústicos y tribunales de la seguridad social.

*ii*) En la jurisdicción penal: tribunal de policía, tribunal correccional y tribunal de lo criminal; tribunales competentes en materia de menores y en materia militar; las jurisdicciones políticas y el tribunal marítimo mercantil.

*iii*) En el orden penal y civil también pueden existir las denominadas jurisdicciones de proximidad. Fueron creadas por ley de 9 de septiembre de 2002 para atender la necesidad de una Justicia más accesible, rápida y capaz de ocuparse mejor de los pequeños litigios de la vida cotidiana. Los jueces de proximidad no son profesionales.

2) En segunda instancia encontramos los tribunales de apelación social, mercantil, civil, penal y correccional.

3) Por último, la última instancia corresponde al Tribunal de Casación (*Cour de cassation*), que se encarga de velar por el respeto de las reglas de derecho aplicadas por las jurisdicciones inferiores. Juzga la forma, no el fondo, al contrario de las jurisdicciones de los dos primeros grados, que juzgan los hechos.

### 5.2. PROCEDIMIENTO

De manera muy general, en Francia y en casi todos los países de la familia romano-germánica, la función judicial da lugar a una carrera, que se

---

[63] *Ibid.*

adopta desde el inicio de la vida profesional; es poco frecuente que los juzgadores, como en los países del *common law*, sean elegidos de entre abogados que gozan de buen prestigio profesional[64]. Asimismo, el Tribunal de Casación cuenta con un equipo de abogados estatales, encabezados por el *procureur général*, quien brinda su cooperación no solo en asuntos penales, sino también en todo lo relacionado con asuntos civiles[65].

### 5.2.1. *El procedimiento civil*

El procedimiento civil se recoge en el *Code de Procédure Civile*[66]. Se trata de un proceso que enfrenta a un demandante, que tiene un interés jurídicamente relevante para actuar ante los tribunales, con un demandado. Asimismo, se convierten en partes del proceso aquellas personas que intervienen voluntariamente, debido a que también poseen una pretensión personal que quieren hacer valer, o bien para apoyar a una de las partes principales, así como aquellas otras a las que alguna de las partes llama para que intervengan de forma obligatoria. Se llaman partes en garantía (*litis denunciatio*) a aquellas que se comprometen con una de las partes[67].

Existen diversas variantes según la jurisdicción ante la cual se dirime la causa, pero todas las instancias siguen los mismos principios básicos: las partes son las que fijan sus pretensiones, que el juez no puede sobrepasar; las partes están obligadas a presentar prueba de todo lo que aleguen y deben comunicar los elementos de aquella a las demás partes (principio de contradicción).

En Francia, el carácter acusatorio del procedimiento civil se vio modificado en el año 1965, cuando se introdujo la figura del «magistrado ponente» adscrito al control de la buena instrucción de las causas complejas hasta el momento de su «visto para sentencia». Para poder cumplir ese objetivo, dicho magistrado puede fijar plazos a las partes, ordenar la adopción de las diligencias que juzgue necesarias, incluso de oficio, decretar el establecimiento de diligencias de instrucción (investigaciones, dictámenes periciales, traslados *in situ* de los magistrados, comparecencia personal de las partes), exigir la presentación de documentos, incluso por parte de terceros, hacer que se cumpla el principio de contradicción o audiencia bila-

[64] Glendon, *op. cit.*, p. 103.

[65] https://www.courdecassation.fr/institution_1/parquet_general_9077/presentation_9078/general_cour_40896.html.

[66] https://www.legifrance.gouv.fr/codes/texte_lc/LEGITEXT000006070716.

[67] Glendon, *op. cit.*, p. 116.

teral y conciliar a las partes. La intervención de los abogados en el proceso en primera instancia y en apelación es verbal, pero en el Tribunal de Casación es por escrito[68].

El Ministerio Público interviene a título principal cuando la ley así lo establece (en los casos de nacionalidad, de estado civil, de ausencia, de protección de menores, de nulidad del matrimonio, de procedimientos concursales mercantiles, etc.) o en defensa del orden público. A veces interviene como parte coadyuvante (en los casos de filiación, de tutela de mayores y menores de edad, etc.). Asimismo, puede dar su propio dictamen en todos los procedimientos, bien de oficio o a petición del tribunal[69].

Los debates de las audiencias para sentencia son públicos, salvo algunas excepciones. En los órganos jurisdiccionales colegiados el voto de los jueces es secreto y las resoluciones se adoptan por mayoría, sin que se publiquen posibles votos disidentes. La parte perdedora es condenada normalmente a pagar las costas[70].

Las resoluciones judiciales tienen que estar fundadas y motivadas. El contenido, la estructura y la fraseología de las decisiones del Tribunal de Casación y, en menor medida, los de los tribunales menores, se caracterizan por el particular estilo del pensamiento jurídico francés. Todas las razones del fallo se exponen en una cadena de cláusulas subordinadas, que comienzan con la fórmula «*attendu que*...» (habida cuenta de), sin que se incluya una sección particular dedicada a las circunstancias de hecho o a la historia del litigio; en realidad solo se alude a los hechos en la medida en que estos sean necesarios para esclarecer las bases sobre las cuales se solicita la revocación (*moyens*), la lógica aplicada por el juzgado menor o el concepto particular del Tribunal de Casación. En consecuencia, las sentencias del Tribunal de Casación rara vez rebasan cuatro o cinco páginas y, en la mayoría de los casos, constan de unas pocas líneas. Por lo general, les caracteriza la elegancia y claridad formales y la perfección en el estilo; aunque también son criticadas a veces por su pedante ritual de formalismo vacío. Por ello, recientemente se han adoptado nuevas normas de estilo[71].

---

[68] *Ibid.*

[69] https://e-justice.europa.eu/content_legal_professions-29-fr-maximizeMS-es.do?member=1.

[70] Glendon, *op. cit.*, p. 117.

[71] Les réformes de la motivation et de la rédaction des décisions de la Cour de cassation, Cour de Cassation, 2019, https://www.courdecassation.fr/institution_1/reforme_cour_7109/reformes_mouvement_8181/redaction_decisions_9223.

### 5.2.2. *El procedimiento penal*

En el procedimiento penal, el ejercicio de las diligencias judiciales corresponde legalmente al Fiscal de la República en lo que respecta a las investigaciones de la policía o de la gendarmería, a las actas o los atestados instruidos por organismos especializados en materia de fraude, de medio ambiente, etc. (a veces, como en materia fiscal o aduanera, es preciso que exista la denuncia o querella de una comisión especializada o del ministro), y a las denuncias de una víctima, o bien en función de elementos que haya recopilado el propio fiscal[72]. Salvo en casos excepcionales, la prueba es libre y la sentencia dictada lo será de acuerdo con la íntima convicción de los jueces quienes, excepto en el tribunal de lo criminal, deben exponer los motivos de sus resoluciones o fallos judiciales, según la categoría del tribunal de que se trate. La determinación de la realidad de los hechos o de la culpabilidad se realiza mediante investigaciones, declaraciones de testigos, interrogatorios, careo de testigos, traslado *in situ* de los magistrados o inspección ocular, y dictámenes periciales, de carácter técnico o psiquiátrico. Las partes no tienen capacidad para elegir a los peritos, sino que son los propios magistrados quienes los seleccionan, generalmente a partir de listas de peritos elaboradas por los tribunales de apelación y el Tribunal de Casación[73].

El sistema descrito recuerda a un procedimiento inquisitorial, aunque poco a poco va perdiendo ese carácter. Las partes, tanto el presunto causante como la víctima, desempeñan una función activa en el procedimiento actual: la persona que ha sufrido la detención preventiva recibe desde el primer momento la visita de un abogado, y cualquiera de las partes puede solicitar que se realicen investigaciones complementarias. Los dictámenes periciales se comunican a las partes, quienes pueden pedir que se examinen por un perito distinto elegido por ellas mismas, con objeto de presentar fundamentos jurídicos para la solicitud de pruebas periciales en contrario. La posibilidad de apelar las resoluciones de los jueces de instrucción es muy amplia, y se pueden solicitar interrogatorios en contrario, tanto durante la fase de instrucción como durante la vista[74].

Las vistas son públicas, salvo en algunas ocasiones (buenas costumbres y orden público). Las víctimas disfrutan de facilidades para consti-

[72] http://www.justice.gouv.fr/multilinguisme-12198/spanish-12201/la-justicia-en-francia-22162.html.

[73] https://e-justice.europa.eu/content_rights_of_defendants_in_criminal_proceedings_-169-fr-maximizeMS-es.do?member=1.

[74] *Ibid.*

tuirse en partes civiles, con objeto de conseguir la reparación de sus daños y perjuicios[75]. El Ministerio Público puede expresarse libremente, utilizando los medios que considere apropiados por el bien de la justicia. La defensa presenta sus alegaciones en último lugar. La deliberación es secreta, y el abanico de resoluciones se ha ampliado notablemente. Tales decisiones judiciales van desde la exención de la pena (si el tribunal considera que el desorden público ya ha cesado, que se garantiza la rehabilitación del autor o que la víctima se ha desinteresado por el caso) hasta la cadena perpetua sin posibilidad de reducción, pasando, en el caso de los delitos, por las penas clásicas (prisión con o sin suspensión de la ejecución de la condena o condicionada a la ejecución de determinadas obligaciones, y multa) y las penas más actuales (privación de libertad de carácter subsidiario, trabajos de interés público, y privación o limitación de determinados derechos)[76].

La ley de 5 de junio de 2000 incluyó al inicio del Código de Enjuiciamiento Criminal una disposición preliminar que establece los principios fundamentales que permiten interpretar la normativa contenida en dicho Código: respeto de los principios de contradicción, de igualdad de las partes, de derechos de las víctimas, de presunción de inocencia, de limitación de las medidas coactivas, de plazos razonables y del derecho de apelación[77].

## 6. LA INFLUENCIA DEL DERECHO FRANCÉS

La gran influencia del modelo jurídico francés en otros países se debe fundamentalmente a la demanda de seguridad jurídica que la codificación proporcionaba, pero también al movimiento ilustrado y la expansión militar de Francia[78]. Efectivamente, la necesidad de seguridad jurídica ante la maraña normativa existente en muchos países parecía tener una solución definitiva por la vía de la codificación. De otro lado, la Ilustración impulsaba la estructuración de la sociedad en torno a la razón y ello casaba bien con la sistematización y modernización del ordenamiento jurídico que perseguía la propuesta codificadora[79]. Además, la perspectiva de una sociedad sin servidumbres y depurada de normas anticuadas fue acogida en muchos lugares. Circunstancias a las que se unió el expansionismo militar francés

---

[75] *Ibid.*

[76] *Ibid.*

[77] *Ibid.*

[78] Aymerich Ojea, *op. cit.*, p. 41.

[79] *Ibid.*

posterior a la Revolución, que terminó imponiendo su Derecho en los territorios que conquistaba[80].

Para comprender el alcance de la gran influencia que ejerció el Código Civil en los siglos XIX y XX conviene insistir en el contexto favorable que rodeó su nacimiento. Como ya se ha mencionado, el Código estaba inspirado por el entusiasmo ilustrado de la Revolución Francesa; fue la primera codificación del mundo en eliminar todos los vestigios del feudalismo[81]. Además, gozaba de autoridad intelectual y de una posición atractiva como el Código de la Gran Revolución que había acabado con el *ancien régime* para presentar una obra legislativa unitaria e igual para los ciudadanos de un Estado nacional organizado de manera centralizada[82]. Su propagación en todo el mundo se debe asimismo a su brillante lenguaje y a su calidad de técnica legislativa. En cualquier caso, en la recepción del Código Civil francés también influyó de manera significativa la expansión militar de la Francia de Napoleón.

La introducción del Código Civil se produjo en primer lugar en Bélgica (entonces parte de Francia, por lo que el código civil entró en vigor en 1804 como en el resto del país) y Holanda. Napoleón había impuesto a su hermano Luis como rey de este último país, y en 1809, el Código francés entró en vigor con ligeras reformas[83]. En 1810, Napoleón ocupa Luxemburgo forzando la adopción del Código en su versión francesa original[84]. Tras la independencia o liberación de estos territorios, se mantuvo el sistema francés, aunque con ligeras modificaciones[85].

En grandes regiones de Alemania y Suiza el Código Civil francés también se impuso por la fuerza. Napoleón había invadido la parte sur de los territorios alemanes, creando una nueva entidad política que pasó a denominarse *Confederación del Rhin*, donde entró en vigor el Código francés[86]. Lo mismo ocurrió en los cantones suizos de Ginebra y Jura, donde, como parte de la República Francesa, se aplicaba el Código Civil desde 1804, sirviendo después de modelo a la Codificación realizada en el resto de los cantones[87].

En Italia, el Código Civil se introdujo con los ejércitos napoleónicos y, aunque se derogó tras la liberación, los distintos territorios italianos adop-

---

80 *Ibid.*

81 Zweigert y Kötz, *op. cit.*, p. 108.

82 *Ibid.*

83 Aymerich Ojea, *op. cit.*, p. 42.

84 Zweigert y Kötz, *op. cit.*, p. 110-111.

85 Aymerich Ojea, *op. cit.*, p. 42.

86 *Ibid.*

87 Zweigert y Kötz, *op. cit.*, p. 113.

taron nuevos códigos civiles basados en el francés. Solo en 1865, al alcanzarse la unificación política del país, se produciría la adopción de un Código Civil italiano que, aunque de herencia francesa, recibía la influencia de juristas italianos como Mancini e incluso de la pandectística alemana[88].

España, por la problemática del Derecho foral, codificaría el Derecho mercantil antes que el civil. El Código de Comercio fue adoptado en 1829, y no sería hasta 1889 cuando se aprobaría el Código Civil. A este respecto, nuestro Código es de clara influencia francesa, aunque contiene instituciones jurídicas propias[89]. De igual manera, Portugal adoptó su Código de Comercio en 1833 y, posteriormente, en 1867, su primera codificación civil[90].

Al otro lado del Atlántico, las antiguas colonias españolas y portuguesas de América apostaron por el modelo francés. Cuando se produjo su independencia aún estaba reciente la Revolución Francesa, y se dejaron inspirar por sus ideas. De ahí que algunos códigos civiles americanos tengan una influencia muy directa del Código francés, como es el caso de Haití (1825), Bolivia (1830) y la República Dominicana (1884). Otros países se apartan más del modelo francés e introducen ideas propias, especialmente, Chile (1855) y Argentina (1869). A este respecto, el código chileno influirá considerablemente en los de Ecuador (1860), Venezuela (1862), Colombia (1873) y Uruguay (1868), entre otros[91]. El Código brasileño (1916) se aparta más del modelo francés y tiene influencia alemana e italiana. Hay también una perceptible influencia del modelo anglosajón en el Derecho mercantil de América Central y del Sur, pero el carácter general del Derecho está adscrito al sistema continental francés.

En Norteamérica hay dos regiones, Louisiana y Quebec, que adoptaron el modelo francés de codificación y donde la tradición legal francesa sigue desempeñando un importante papel. Su carácter de antiguas posesiones francesas hizo que mantuvieran fuertes vínculos culturales con la antigua metrópoli después de su integración respectiva en Estados Unidos y Canadá[92].

Por otra parte, en el siglo XIX, Francia era una de las potencias coloniales más importantes del mundo, con territorios bajo influencia francesa en el Cercano Oriente, África, Indochina y Oceanía[93]. La política de Francia con sus colonias se caracterizaba por tratar de asimilar lo más posible a la población nativa con los propios ciudadanos franceses, reflejando la con-

---

[88] Aymerich Ojea, *op. cit.*, p. 42.
[89] Zweigert y Kötz, *op. cit.*, p. 116.
[90] *Ibid.*, p. 117.
[91] Zweigert y Kötz, *op. cit.*, p. 113.
[92] *Ibid.*, p. 125.
[93] *Ibid.*, p. 118.

vicción profunda sobre la superioridad de la civilización francesa, además de la idea de la igualdad[94]. Todo lo contrario que Gran Bretaña, que mantenía en la medida de lo posible las normas y la Administración de Justicia nativas[95]. Por esta razón, la legislación francesa se incorporó directamente en muchas de sus colonias. Así, en Argelia, Túnez y Marruecos la principal influencia política en el siglo XIX es francesa y sus leyes de comercio y obligaciones están tomadas casi directamente del Derecho francés[96]. Tan solo el Derecho de familia y sucesiones se rige por la tradición islámica[97]. Por otro lado, las colonias francesas más extensas, las del África Subsahariana, también recibieron la recepción de la legislación francesa, en particular, el Código Civil y el Código de Comercio, si bien las leyes familiares y sucesorias están influidas no solo por el derecho islámico, sino también por normas consuetudinarias de la tradición africana[98].

---

[94] Aymerich Ojea, *op. cit.*, p. 43.
[95] *Ibid.*
[96] Zweigert y Kötz, *op. cit.*, p. 121.
[97] Aymerich Ojea, *op. cit.*, p. 43.
[98] Zweigert y Kötz, *op. cit.*, p. 121.

CAPÍTULO V

# EL DERECHO ALEMÁN. ESTRUCTURA E INSTITUCIONES

## 1. EVOLUCIÓN HISTÓRICA

No todas las clasificaciones de las grandes familias jurídicas trazan una línea divisoria entre las familias romana y alemana. Algunas se refieren al Derecho continental como un único tipo, lo que implica que el Derecho germánico se integra en el mismo grupo que el francés. Si bien ambos sistemas comparten importantes características ya descritas en el Capítulo 3, el modelo germánico contiene aspectos que permiten identificarlo singularmente. Este Capítulo solo se centra en las diferencias de evolución, estilo y otras características que justifican el tratamiento diferencial del Derecho alemán.

Uno de los principales elementos diferenciales viene marcado por el hecho de que, en el momento álgido del movimiento codificador, Alemania no era todavía un Estado. El viejo Sacro Imperio Romano Germánico seguía formalmente existiendo, pero no tenía autoridad política relevante sobre el conjunto de territorios, prácticamente independientes[1]. Hasta 1871, con la fundación del *Reich* por Bismarck, los alemanes compartían lengua y tradición cultural, pero no instituciones políticas comunes que mereciesen ese nombre. La reducción del poder imperial en favor de los principados había impedido la existencia de una Administración Pública unificada que, como había sucedido en Francia, aplicase las mismas normas en todo el territorio. Ni había tampoco un Derecho privado alemán, ni un sistema judicial unificado, ni colegios de abogados para todo el territorio[2].

El Derecho germánico histórico era de carácter consuetudinario, aunque pronto aparecen compilaciones escritas, como el Espejo de Sajonia

[1] S. Vogenauer, «An Empire of Light? Learning and Lawmaking in the History of German Law», 64 (2) *The Cambridge Law Journal*, 2005, pp. 481-500, p. 484. http://www.jstor.org/stable/4500806.

[2] Zweigert y Kötz, *op. cit.*, p. 145.

(*Sachsenspiegel*, hacia 1230)[3] o el Espejo Suabo (*Schwabenspiegel*, hacia 1276)[4]. No obstante, la característica principal de este Derecho era su carácter fragmentario y su particularismo local, siendo las leyes muy diferentes entre sí en los diversos pueblos y ciudades[5].

El primer paso hacia el acercamiento normativo en Alemania se produjo con la recepción del Derecho romano a partir del siglo XV. Los juristas educados en la tradición romana enseñaban en las universidades, siguiendo un sistema educativo relativamente semejante en toda Alemania, a pesar de la división política. Además, a finales del siglo XV comenzaron a sustituir a los litigantes no capacitados en el ejercicio de las leyes y llegaron a ocupar puestos judiciales[6]. Posteriormente, en el siglo XVII, el movimiento ilustrado se difunde por Alemania como por el resto de Europa, y con él llega también el concepto de codificación, o idea de que la maraña de leyes tradicionales podía sustituirse por una legislación sistemática y completa, organizada con un orden racional y coherente[7]. En 1814, Thibaut, profesor de Derecho en Heidelberg, publica el ensayo *Sobre la necesidad de un código civil para Alemania*[8], donde defiende seguir el modelo francés de codificación. Thibaut era iusnaturalista y defensor de las ideas revolucionarias. Su propuesta de unificación normativa fue interpretada como el primer paso hacia la unificación política de Alemania, aunque, a diferencia de Francia, sin una Administración Pública unificada, sin un poder político único y careciendo de una Administración de Justicia común, las posibilidades de éxito de su propuesta eran bastantes remotas[9].

El mismo año, Savigny, contestó a la propuesta de Thibaut con un ensayo titulado *Sobre la vocación de nuestro tiempo para la legislación y la jurisprudencia*, en el que se oponía diametralmente a la adopción de un Código Civil en Alemania[10]. Este ensayo se convertiría en el escrito fundacional de la de-

---

[3] E. von Repgow y Hans Christoph Hirsch, *Der Sachsenspiegel (Landrecht)*, De Gruyter, 1936.

[4] E. Balogh, *Schwabenspiegel-Forschung im Donaugebiet: Konferenzbeiträge in Szeged zum mittelalterlichen Rechtstransfer deutscher Spiegel*, De Gruyter, 2015.

[5] Zweigert y Kötz, *op. cit.*, p. 145.

[6] *Ibid.*

[7] *Ibid.*, p. 147.

[8] A. F. J. Thibaut, *Über die Notwendigkeit eines allgemeinen bürgerlichen Rechts für Deutschland*, Mohr & Zimmer, 1814; *Sobre la necesidad de un derecho civil general para Alemania*, Universidad Carlos III de Madrid. Figuerola Institute of Social Science History, 2015.

[9] Aymerich Ojea, *op. cit.*, p. 44.

[10] F. C. von Savigny, *Vom Beruf unserer Zeit für Gesetzgebung und Rechtswissenschaft*, Mohr & Zimmer, 1814, https://reader.digitale-sammlungen.de/de/fs1/object/display/bsb10740690_00005.html

nominada Escuela Histórica, que dominaría en el panorama jurídico alemán durante buena parte del siglo XIX[11]. Savigny era un aristócrata conservador, tradicionalista y contrario a la tendencia igualitaria y el racionalismo antihistórico que inspiraban los códigos. Defendía que el Derecho forma parte de la identidad cultural de cada pueblo y evoluciona junto con él. Al igual que el lenguaje, nadie puede determinar en qué sentido evolucionarán las costumbres, pues son cuestiones que cambian por sí mismas y no porque una dirección política central lo decida. La legislación, a su entender, en tanto que inorgánica y nada científica, no constituía una vía adecuada para construir un Derecho común alemán. Lo que se necesitaba, desde su perspectiva, era el estudio profundo de los materiales legales existentes y registrar cualquier cambio, de tal forma que el conocimiento del estado de evolución del ordenamiento pudiera ser organizado científica y sistemáticamente[12].

La inseguridad jurídica no encontraría solución, en opinión de Savigny, mediante una nueva legislación. El origen de esta inseguridad era la incapacidad de la ciencia jurídica hasta el momento de absorber y exponer en un sistema científico la totalidad de los cambios jurídicos acaecidos. Por consiguiente, en vez de un código, lo que Alemania necesitaba era que la ciencia jurídica fuese capaz de exponer un sistema completo del Derecho vigente, sin necesidad de suprimir las diferencias de cada pueblo (tal como predicaba el universalismo iusnaturalista), sino respetándolas y dando cuenta de cada una de ellas[13].

La propuesta de Savigny tuvo una aceptación mayoritaria entre los juristas alemanes, recepción positiva que se debe, principalmente, a tres razones. En primer lugar, el esquema de Savigny proponía resolver el problema de la inseguridad jurídica sin la intervención del poder político. La solución se encomendaba a la doctrina, lo que permitía superar la carencia de un poder político unificado en Alemania. En segundo lugar, tras el movimiento revolucionario comenzaban a aparecer tendencias a la restauración, que en Alemania adoptaban la forma del romanticismo nacionalista[14]. Como se ha mencionado, Savigny era un aristócrata conservador. Se oponía, por ejemplo, a que los judíos pudiesen alcanzar puestos de profesor universitario. El historicismo legal de Savigny suponía la reafirmación de la identidad nacio-

[11] J. Stern, *Thibaut und Savigny: ein programmatischer Rechtsstreit auf Grund ihrer Schriften über die Notwendigkeit eines allgemeinen bürgerlichen Rechts für Deutschland und Vom Beruf unserer Zeit für Gesetzgebung und Rechtswissenschaft: Zeit für Gesetzbebung und Rechtswissenschaft*, Wissenschaftliche Buchgesellschaft, 1959.

[12] Zweigert y Kötz, *op. cit.*, p. 151.

[13] Aymerich Ojea, *op. cit.*, p. 45.

[14] *Ibid.*

nal alemana frente al sistema jurídico francés[15]. Por último, la profunda recepción del Derecho romano en Alemania servía de base favorable para esta propuesta. Recordemos que Savigny era romanista y que su principal obra lleva por título *Sistema de Derecho romano actual*[16].

El triunfo de Savigny en su pugna con Thibaut supuso que Alemania desestimara la vía de la codificación y emprendiera un camino diferente, el camino que se llamaría *pandectística*.

Puesto que, para Savigny, todas las leyes eran un producto histórico, había de centrarse en el desarrollo histórico de las leyes. De esta forma, se estimuló el estudio del Derecho germánico en Alemania. Sin embargo, Savigny y sus seguidores dirigieron sus estudios de manera exclusiva al Derecho romano, pero no en la forma en la que se había adoptado en la Edad Media, sino en el antiguo Derecho romano, tal como se recogía en el Código de Justiniano, el *Corpus Iuris Civilis*. Ciertamente, esta aproximación era incongruente con el postulado de la Escuela Histórica de que había que prestar la misma atención a todas las fuerzas que hubieran ejercido alguna influencia sobre la historia del Derecho en Alemania[17].

Los tratadistas alemanes centraron sus esfuerzos en la construcción de categorías jurídicas generales que pudiesen abarcar toda la fenomenología del Derecho vigente y, por ello, comenzaron a trabajar en la sistematización de las instituciones y las costumbres jurídicas. El continuador más destacado de Savigny en la Escuela Histórica sería Puchta[18], quien desarrolló un importante trabajo de sistematización del *Corpus Iuris*. De hecho, suele considerarse como punto de inflexión en la línea metodológica de la Escuela Histórica y principal responsable del método jurídico conocido como pandectística[19]. Pero posiblemente, el autor más afamado sea Windscheid, cuyo manual sobre Pandectas (*Lehrbuch der Pandekten*) tuvo una mayor difusión, por publicarse en una etapa ya desarrollada de esta ciencia, y por contar con un número importante de ediciones y traducciones[20]. La pandectística o *Jurisprudencia de Conceptos* se alejaba del iusnaturalismo racionalista, aunque en lo relativo al método la influencia de esta corriente fue de mucha importancia[21]. Dentro de la pandectística los concep-

[15] *Ibid.*

[16] F. C. von Savigny, *System des heutigen Römischen Rechts*. Bd. 3. Berlín, 1840.

[17] Zweigert y Kötz, *op. cit.*, p. 151.

[18] G. F. Puchta, *Lehrbuch der Pandekten*, Barth, Leipzig, 1838.

[19] J. Garrido Martín, «Ciencia del Derecho en la Escuela Histórica y la jurisprudencia de conceptos», *Derechos y Libertades*, Número 37, Época II, 2017, pp. 207-232.

[20] B. Windscheid, *Lehrbuch des Pandektenrechts*, 6. Aufl., Frankfurt a. M., 1887.

[21] Garrido Martín, *op. cit.*, p. 219.

tos jurídicos forman una pirámide que en su base tiene las instituciones jurídicas particulares y, en un grado creciente de abstracción, pasa en sus niveles superiores a conceptos jurídicos más generales. Las distintas formas de relación contractual, por ejemplo, se agrupan en sus tipos principales, y de ahí se llega hasta la definición general de contrato. Las características del concepto superior (por ejemplo, las condiciones generales de validez de los contratos) se aplican a los conceptos inferiores[22]. De esta forma, la escala conceptual mantiene una perfecta coherencia lógica[23].

Este sistema, que puede considerarse como contradictorio respecto del inicial motivo historicista[24], significó en el panorama de la historia jurídica la novedad del valor normativo de los conceptos jurídicos. Por ello, una vez que la ciencia jurídica alemana hubo alcanzado su punto álgido y, tras la unificación política de Bismarck, estaban dadas las condiciones para la codificación, que sería el fruto directo de la pandectística.

## 2. EL BGB

### 2.1. EVOLUCIÓN HISTÓRICA

En 1871, los distintos Estados alemanes fueron unificados bajo el Imperio Alemán. En ese momento, la competencia legislativa sobre materias de Derecho civil correspondía a cada uno de los Estados y no al Imperio (*Reich*) que reunía a todos los Estados. En 1873 se aprobó una enmienda constitucional llamada *Lex Miquel-Lasker* (en referencia a sus autores, los diputados Johannes von Miquel y Eduard Lasker) que transfería la facultad legislativa al *Reich*[25]. En julio de 1874, el Consejo Federal nombró una comisión de once miembros, de los cuales nueve eran juristas prácticos (jueces y altos funcionarios), y dos profesores universitarios, con el objeto de redactar un solo texto, el cual se transformaría en una codificación civil para todo el Imperio, reemplazando la legislación de los Estados. La comisión comenzó sus sesiones en septiembre de 1874, y dedicó seis años a preparar los borradores de las cinco partes del Código. Un primer proyecto, en 1888, no contó con

---

[22] H. Coing, «La Ciencia del Derecho privado en Europa en el siglo XIX», *Glossae, Revista de Historia del Derecho Europeo*, 7-1995, p. 175.

[23] Aymerich Ojea, *op. cit.*, p. 46.

[24] Garrido Martín, *op. cit.*, p. 219.

[25] E. Freund, «The New German Civil Code», 13 (8) *Harvard Law Review*, 1900, pp. 627-637.

apoyo suficiente[26]. Una segunda comisión de veintidós miembros, compuesta tanto por juristas como por representantes de los empresarios, así como de las principales corrientes ideológicas del momento, redactó un segundo proyecto, que finalmente se publicó en 1894. Este segundo proyecto se dirigió al Consejo Federal para su debate en octubre de 1895 y el 17 de enero de 1896 al *Reichstag*, que lo adoptó por mayoría el 1 de julio de ese mismo año[27]. Así, después de dos décadas de trabajo, durante las cuales se recibieron las contribuciones de algunos de los mejores juristas de la época y se observó el trabajo realizado en codificaciones anteriores tales como la francesa, fue finalmente promulgado por el emperador el 18 de agosto de 1986 en la Gaceta Imperial. El Código Civil alemán, el *Bürgerliches Gesetzbuch* o BGB, entró en vigor el 1 de enero de 1900 y constituye el principal cuerpo normativo de Derecho civil de Alemania desde entonces[28].

El paso del imperio a la república, tras la Primera Guerra Mundial, no afectó a su vigencia y aplicación. Sin embargo, en la Alemania Nazi hubo planes de reemplazar el BGB por una nueva codificación que se llamaría *Volksgesetzbuch* («código del pueblo»), el cual debía reflejar la ideología nacionalsocialista. Aunque las denuncias de que el BGB era antialemán, liberal y judeorromano se repetían incesantemente, tales planes no lograron finalmente resultado[29]. En cualquier caso, ciertos principios generales del BGB, como el principio de buena fe (§ 242 BGB), fueron empleados para insertar la ideología nacionalsocialista[30].

Cuando Alemania se dividió en un Estado capitalista en Occidente y uno socialista en el Este después de la Segunda Guerra Mundial, el BGB siguió regulando el Derecho privado de ambas naciones, aunque ya en 1952, durante la Segunda Conferencia del Partido de la Unidad Socialista, Ulbricht sugirió la necesidad teórica de un nuevo código civil. Reiteró su petición en el Quinto Congreso del Partido en 1958, tras lo cual se establecieron comisiones legislativas para trabajar sobre la preparación de un proyecto de código[31]. Además, poco a poco, el Este fue reemplazando las dis-

---

[26] *Ibid.*, p. 629.

[27] *Ibid.*, p. 630.

[28] *Ibid.*

[29] K. Loewenstein, «Law in the Third Reich», 45 (5) *The Yale Law Journal*, 1936, pp. 779-815, p. 785.

[30] H. D. Heller, *Die Zivilrechtsgesetzgebung im Dritten Reich: die deutsche bürgerlichrechtliche Gesetzgebung unter der Herrschaft des Nationalsozialismus-Anspruch und Wirk lichkeit.* (MV-Wissenschaft). Münster: Monsenstein, 2015, u. Vannerdat. https://nbn-resolving.org/urn:nbn:de:0168-ssoar-450022.

[31] I. S. Markovitst, «Civil Law in East Germany-Its Development and Relation to Soviet Legal History and Ideology», 78 (1) *The Yale Law Journal*, 1968, pp. 1-51.

posiciones del BGB por nueva normativa, comenzando por la adopción de un Código de Familia (*Familiengesetzbuch*) en 1965[32], una ley de contratos en 1966 y, finalmente, por un código civil en 1976 (*Das ZGB der DDR*)[33]. Con la reunificación de Alemania en 1990, sin embargo, el BGB fue reinstaurado como normativa aplicable al Derecho privado de toda Alemania.

El alto grado de abstracción en que está redactado el BGB ha posibilitado que los tribunales hayan construido e interpretado las disposiciones del código de diversas maneras a lo largo del tiempo, contribuyendo con ello a la evolución del Derecho civil en Alemania. No obstante, el BGB ha sido modificado varias veces desde su promulgación[34]. El cambio más significativo tuvo lugar en 2002, cuando el Derecho de obligaciones (*Schuldrecht*), el segundo de sus cinco libros, fue reformado profundamente[35]. Con la reforma se reintrodujeron en el BGB muchas materias que habían quedado reguladas fuera del BGB mediante leyes especiales dispersas (recodificación)[36]. Por ejemplo, la legislación sobre arrendamientos urbanos que se encontraba separada en la *Miethöhengesetz* fue incorporada de nuevo al BGB. De la misma forma, la influencia del Derecho de la Unión Europea ha dado lugar a varias modificaciones al BGB. En efecto, el legislador alemán ha aprovechado la transposición de las Directivas europeas para armonizar dichas normas en cuanto a su contenido, para mejorarlas, y para introducirlas en el BGB, *v. gr.*, en materia de suscripción y firma electrónica, condiciones generales de la contratación, etc.[37].

### 2.2. Estructura y principios inspiradores

El BGB es la pieza central del sistema de Derecho privado alemán. Las demás normas descansan en los principios de este. De este modo, en el Código de Comercio alemán solo se encuentran reglas especiales acerca de las sociedades comerciales y sociedades limitadas, pues las reglas generales

[32] I. Markovits, «Marriage and the State: A Comparative Look at East and West German Family Law», 24 (1) *Stanford Law Review*, 1971, pp. 116-199.

[33] Legislation, «The Civil Code of the German Democratic Republic,» *5 (1) Rev. Soc. Law*, 1979, pp. 79-91.

[34] A. Wacke, «Las reformas más importantes del BGB desde su promulgación en 1900, con especial referencia al derecho de obligaciones», *Revista Chilena de Derecho*, vol. 40, n.º 2, 2013, pp. 699-710.

[35] A. Lamarca i Marquès, «Entra en vigor la ley de modernización del derecho alemán de obligaciones», *InDret* 1/2002, https://indret.com/.

[36] Wacke, *op. cit.*, p. 702.

[37] *Ibid.*, p. 703.

sobre sociedades contenidas en el BGB les son aplicables. Su estructura sigue el plan de Savigny y los tratados de Derecho de las Pandectas (por ejemplo, los de Bernhard Windscheid o de Heinrich Dernburg) y consta de cinco libros: Parte general, Obligaciones, Derechos Reales, Derecho de Familia y Sucesiones. Por tanto, su estructura es opuesta a la tradicional sistemática derivada de Gayo (personas, cosas, acciones), sostenida, por ejemplo, en el Código Civil francés y en el Código Civil español; el BGB sitúa el Derecho de Obligaciones por delante de los derechos reales[38].

El BGB tiene un total de 2.385 parágrafos (§§), distribuidos de la siguiente forma:

— La Parte General (*Allgemeiner Teil*), que abarca los §§ 1 a 240 y comprende la regulación de elementos que tienen consecuencias en el resto de las partes del Derecho civil (sobre las personas: físicas y jurídicas, capacidad, nombres, definiciones de consumidor y empresario); sobre bienes y animales; negocios jurídicos (capacidad para obligarse, declaraciones de voluntad, anulación por error, dolo, etc. Forma de los negocios jurídicos, nulidad por defectos de forma, contratos y su formación, oferta y aceptación, interpretación de contratos, condiciones, representaciones); cálculo de plazos y prescripción.

— El Derecho de obligaciones (*Recht der Schuldverhältnisse*), que abarca los §§ 241 a 853, y describe los diferentes contratos o las obligaciones en general, incluyendo el Derecho aplicable a la responsabilidad civil. Contiene una parte general (Regulaciones genéricas sobre retrasos en el cumplimiento de las obligaciones, sobre el incumplimiento de obligaciones, imposibilidades de cumplir, causación de daños en el cumplimiento de obligaciones, así como las condiciones generales de la contratación) y una parte especial (contratos, cuasicontratos/gestión de negocios ajenos sin mandato, posesión sin título, delitos, enriquecimiento injusto).

— El Derecho de bienes (*Sachenrecht*), §§ 854 a 1.296, que regula la posesión, la propiedad y otros derechos reales, y los diferentes modos de adquirirlos.

— El Derecho de familia (*Familienrecht*), §§ 1.297 a 1.921, que regulan el matrimonio, la filiación y demás relaciones de familia.

— El Derecho sucesorio (*Erbrecht*), que gobierna la suerte de los bienes de las personas difuntas, incluyendo los requisitos y efectos del testamento (transmisiones *mortis causa*).

[38] *Ibid.*, p. 699.

— El Derecho internacional privado está regulado en la Ley Introductoria al BGB, el EGBGB (*Einführungsgesetz zum Bürgerlichen Gesetzbuche*). Como en España, hay materias de Derecho privado que están reguladas fuera del BGB, pero hay una tendencia en Alemania a irlas integrando en el Código.

Los principios básicos que inspiran y sobre los que se asienta el BGB histórico son la autonomía de la voluntad, facilidad y seguridad del tráfico jurídico (incluyendo el principio de separación y abstracción, el *numerus clausus* en el derecho de bienes o el principio de publicidad de los derechos reales), el principio de responsabilidad (*pacta sunt servanda* y *neminem laedere*) y la protección de la confianza[39]. Así, por ejemplo, la mayoría de preceptos del Libro Segundo sobre Derecho de obligaciones son dispositivos, aunque no se limita solamente a dicho Libro; en el Derecho de cosas se destila en la propiedad privada y las amplias facultades reconocidas al propietario (§ 903 ss.). A su vez, en el Derecho de sucesiones se reconoce la libertad de testar, limitada por el derecho de legítima. Por el contrario, en el Derecho de cosas, familia y sucesiones, prevalecen las normas imperativas sobre las dispositivas. Por otro lado, el principio de confianza constituye un pilar fundamental en todo el Derecho alemán, especialmente a través del principio de buena fe (*Treu und Glauben*), recogido en el § 242 BGB. Además, en tanto que producto del liberalismo económico, el BGB persigue facilitar y asegurar el tráfico jurídico. Ello se plasma, sobre todo, en el carácter constitutivo de la inscripción en el Registro de la Propiedad y en el principio de abstracción, que distingue claramente entre el contrato como negocio obligatorio y la transmisión del dominio como negocio real (tal como se incide en el apartado 5.6). Finalmente, en cuanto al principio de responsabilidad, el BGB parte de la responsabilidad por actos y omisiones propios, que da lugar a la obligación de indemnizar. En algunos preceptos concretos se modifica el grado de culpa exigido, pero, originariamente, la culpa objetiva solo se imponía respecto del poseedor de animales (§ 833 BGB).

### 2.3. CRÍTICA

El sistema del BGB fue criticado desde el comienzo por su falta de contenido «social»[40]. En los aspectos de lenguaje, método, estructura y concep-

[39] K. A. Prinz von Sachsen Gessaphe, «Nuevas tendencias en el Derecho civil de la República Federal de Alemania», *Jurídica. Anuario del Departamento de Derecho de la Universidad Iberoamericana*, n.º 20, 1990/1991, pp. 567-592.

[40] Glendon, *op. cit.*, p. 48.

tos, el BGB desciende de la tradición profunda, precisa y abstracta del pandectismo alemán, con todas sus ventajas e inconvenientes[41]. No tiene la magnífica dicción del Código Civil francés, ni se dirige directamente al ciudadano, sino al jurista profesional. Los conceptos que emplearon sus creadores, *Verfügung* (disposición), *Vollmacht* (poder), *Einwilligung* (consentimiento), *unverzüglich* (sin demora), *in gutem Glauben* (con buena fe) y muchos otros se usan siempre con la misma acepción. También se evitan repeticiones, indicando en el enunciado de los preceptos referencias a secciones más explícitas. Es, en definitiva, una «máquina del cálculo jurídico»[42], si bien, carece de la elegancia, la concisión y la pasión contenida en el Código Civil francés. Satíricamente, desde un principio, se decía del BGB que su método y presupuestos llevaban al jurista al «cielo de conceptos jurídicos», donde solo se permitía la admisión si se renunciaba a cualquier recuerdo del mundo real[43].

## 3. LA DINAMIZACIÓN DEL DERECHO CIVIL ALEMÁN A TRAVÉS DE LAS CLÁUSULAS GENERALES DEL BGB

El Derecho civil alemán ha evolucionado a través de los cambios efectuados por el legislador, pero también por la labor de la jurisprudencia. Esta posibilidad no había sido prevista originariamente por los redactores del BGB, quienes habrían rechazado otorgar a los jueces y tribunales una libertad excesiva, dado que el objetivo era conseguir la unidad legislativa en Alemania, en aras de la estabilidad. Así pues, el BGB fue redactado mediante la utilización de conceptos concretos que permitiesen la resolución de cualquier asunto simplemente infiriendo el resultado del contenido de estos conceptos, sin tener que razonar si el resultado era justo o no[44]. Sus decisiones tenían que limitarse exclusivamente a la Ley.

Sin embargo, los tribunales se apartaron de esa concepción originaria, en parte, debido al devenir histórico de Alemania[45]. En 1914, el país entró en la Primera Guerra Mundial, que tras cuatro años se tradujo en la mayor

---

[41] Zweigert y Kötz, *op. cit.*, p. 157.

[42] *Ibid.*, en referencia a Schwarz, *Das schweizerische Zivilgesetzbuch in der ausländischer Rechtsentwicklung*, 1950, p. 8.

[43] Glendon, *op. cit.*, p. 47.

[44] O. Lando, *Kort Indføring i komparativ ret*, 2. udgave, Jurist of Økonomsforbundets Forlag, 2004, p. 52.

[45] *Ibid.*

pérdida de vidas humanas producida hasta la fecha, ruina económica, desempleo y una gran inflación. En 1933, el régimen nazi condujo de nuevo a Alemania a otra Guerra Mundial que duró desde 1939 hasta mayo de 1945, convirtiendo en ruinas la mayoría de las grandes ciudades alemanas. Resultó una pérdida aún mayor de vidas humanas que en la Primera Guerra Mundial y dividió al país en dos durante más de cuarenta años. Millones de alemanes del Este escaparon o fueron expulsados de sus lugares de residencia, circunstancias todas ellas que ponían a prueba sin duda la jurisprudencia de conceptos recogida en el BGB[46].

Pero no fueron solamente las catástrofes bélicas las que condujeron a una modificación radical del estilo jurídico alemán, sino la irrupción del Movimiento del Derecho libre (*Freirechtsbewegung*), que se originó como reacción a la jurisprudencia de conceptos[47]. Este movimiento concede al juzgador una gran libertad de decisión y de acción, como la integración de lagunas legislativas o incluso le permite apartarse de la solución prevista en la ley, si esta es dudosa, oscura o injusta. Desde este punto de vista, la actividad del juez es una actividad creadora, libre, que ha de tener en cuenta las demandas de la época y las convicciones sociales del pueblo, así como otorgar una especial consideración a las circunstancias de cada caso. Rechaza, por tanto, todo tipo de interpretación dogmática y racional de los textos legales, incidiendo en la facultad creadora de Derecho[48]. A partir de dicha irrupción la jurisprudencia alemana se aparta del estricto mundo conceptual y se acerca a las necesidades reales de la sociedad[49]. Con esta nueva dirección, la doctrina alemana comenzó a desarrollar métodos que terminaron asociándose con la jurisprudencia de intereses, el realismo jurídico y las escuelas sociológicas del pensamiento jurídico[50]. Estas nuevas formas de pensamiento tuvieron un gran impacto en la doctrina norteamericana a través de los escritos de Holmes y Pund, así como en los trabajos de Karl Lewellyn[51].

---

[46] Glendon, *op. cit.*, p. 47.

[47] K. Riebschläger, *Die Freirechtsbewegung. Zur Entwicklung einer soziologischen Rechtsschule*, Berlin, Duncker-Humblot,1968; D. Moench, *Die methodologischen Bestrebungen der Freirechtsbewegung auf dem, Wege zur Methodenlehre der Gegenwart*, Frankfurt am Main, Atháneum, 1971; J. Schmit, *Das 'Prinzipielle' in der Freirechtsbewegung*, Bonn, H. Bouvier, 1968.

[48] M. Segura Ortega, «El movimiento del Derecho libre», *X Anuario de Filosofía del Derecho*, 1993, pp. 423-455.

[49] Lando, *op. cit.*, p. 52.

[50] Glendon, *op. cit.*, p. 48.

[51] *Ibid.*

Así pues, algunos preceptos del BGB terminaron concediendo a los tribunales un papel más relevante de lo que estaba previsto en un principio. De haber sido concebidos como simples preceptos, pasaron a la categoría de *cláusulas generales*, adquiriendo un amplio ámbito de aplicación que ha servido incluso para cambiar o modificar otros preceptos del BGB. Dos de estos preceptos «estrella» son los §§ 157 y 242. Según el § 157, la interpretación de los contratos deberá efectuarse en concordancia con los requisitos de la fidelidad y de la buena fe, teniendo en consideración los usos del tráfico (*Treu und Glauben mit Rücksicht auf die Verkehrssitte*). Por su parte, el § 242 estipula que el deudor está obligado a efectuar la prestación de acuerdo con los requisitos de la fidelidad y buena fe, teniendo en consideración los usos del tráfico. Este principio se ha aplicado para aplicar requisitos éticos y sociales allí donde la norma no alcanza, por ejemplo, cuando el marco alemán se derrumbó en 1923. En ese momento préstamos concluidos para financiar la compra de inmuebles unos años atrás podían devolverse en su totalidad por los prestatarios sin menor problema, puesto que, debido a la inflación extrema, la cantidad ya no alcanzaba ni para comprar un sello de correos. Pero los tribunales comenzaron a aplicar la cláusula general del § 242 con objeto de conceder al acreedor un reembolso justo[52].

Ciertamente, el § 157 y, en especial el § 242, han permitido a los tribunales alemanes dar respuesta a las nuevas necesidades provocadas por un contexto cambiante desde el punto de vista económico, social y cultural durante los últimos cien años, incluida la adopción de un Constitución alemana que establece un Estado federal democrático y social[53]. Pero estos preceptos también tienen su peligro. El amplio margen de flexibilidad que otorga el § 242 a los tribunales fue utilizado tras 1933 para fomentar la ideología nazi. A partir de una interpretación según la cual dicha cláusula general era la expresión del «sano sentimiento jurídico del pueblo» se anularon contratos celebrados por judíos, a quienes también se desahució de los inmuebles que tenían alquilados y vieron cómo sus pensiones fueron reducidas[54]. Estos abusos, unidos a otros fallos judiciales posteriores algo desacertados han provocado que algunos juristas alemanes desconfíen del amplio margen de acción que otorgan las cláusulas generales y recomienden mesura en su aplicación[55].

---

[52] Lando, *op. cit.*, p. 53.

[53] M. Senftleben, «The Perfect Match: Civil Law Judges and Open-Ended Fair Use Provisions», 33 (1) *American University International Law Review*, 2017, Article 5. https://digitalcommons.wcl.american.edu/auilr/vol33/iss1/5.

[54] Lando, *op. cit.*, p. 53.

[55] *Ibid.*

En cualquier caso, las cláusulas generales han sido necesarias para mantener la vigencia de los muchos rígidos y obsoletos preceptos del BGB. Después de la Segunda Guerra Mundial, el legislador ha consolidado y desarrollado las normas introducidas por la jurisprudencia en distintos campos, como la práctica jurisprudencial desarrollada por los tribunales sobre las condiciones abusivas de la contratación, convertida en ley en 1976[56] e incorporada posteriormente al BGB en la reforma del Derecho de obligaciones del 2001. Esa ley fue el modelo de referencia que siguió la UE, por ejemplo, en la adopción de la Directiva 93/13/CEE del Consejo, de 5 de abril de 1993, sobre las cláusulas abusivas en los contratos celebrados con consumidores[57].

Otras reformas legislativas y la jurisprudencia han estado, a su vez, inspiradas en la doctrina alemana, quien ya hace tiempo abandonó el mundo conceptual de la pandectística y bajo la influencia del movimiento del Derecho libre ha evolucionado hacia el realismo y la conciencia social[58]. Ello a pesar de la fuerte y estricta coraza que el BGB impone a los juristas alemanes.

## 4. LA DUALIDAD ENTRE DERECHO CIVIL Y DERECHO MERCANTIL

El Derecho alemán, al igual que el Derecho francés, contempla la distinción entre Derecho civil (*Bürgerliches Recht*) y Derecho mercantil (*Handelsrecht*).

En Alemania, el Derecho civil está recogido generalmente en el BGB y el Derecho mercantil en el *Handelsgesetzbuch* (HGB). Este Código tiene su precedente en el *Allgemeine Deutsche Handelsgesetzbuch* (ADHGB) de 1861, y al igual que el BGB, entró en vigor el 1 de enero de 1900.

Como en Francia, el Derecho mercantil es un Derecho especial respecto del Derecho civil, cuyas normas sobre obligaciones y contratos, por ejemplo, también son de aplicación en las relaciones comerciales[59]. El

---

[56] Ley alemana de Condiciones Generales (ABG). *Gesetz zur Regelung des Rechts der Allgemeinen Geschäftsbedingungen* (AGB-Gesetz) vom 09.12.1976, BGBl. I 1976 S. 3317. P. Ulmer, «Diez años de la Ley Alemana de Condiciones Generales de los Contratos: retrospectiva y perspectivas», 3 *Anuario de Derecho Civil*, 1988, pp. 763-788.

[57] Directiva 93/13/CEE del Consejo, de 5 de abril de 1993, sobre las cláusulas abusivas en los contratos celebrados con consumidores, OJ L 95, 21.4.1993, pp. 29-34.

[58] Lando, *op. cit.*, p. 54.

[59] *Ibid.*, p. 61.

HGB contiene reglas generales sobre los comerciantes, incluidas normas sobre contabilidad, agentes e intermediarios, sociedades mercantiles, agentes comerciales, comisión, expedición, depósito, normas sobre transporte por ferrocarril y carretera, algunas reglas especiales sobre compraventa mercantil, y derecho marítimo. Según el HGB, se considera comerciante al que lleva a cabo una actividad mercantil o que se encuentra inscrito como tal en el registro mercantil. A este respecto, existen varios tipos de comerciantes en Alemania. No solo se trata de personas naturales, sino también de tipos de sociedades que por forma tienen la consideración de comerciantes.

Las normas del HGB, por lo general, van dirigidas a que el comercio se desarrolle rápidamente y sin trabas. Por ello muchos de los requisitos de forma del BGB no son aplicables entre comerciantes[60]. Una fianza, por ejemplo, no necesita estar recogida por escrito para tener validez. De igual manera, en la compraventa comercial, el comprador que quiera hacer valer defectos de la cosa entregada debe reclamar al vendedor más rápidamente que en la compraventa civil[61].

## 5. SISTEMA JUDICIAL Y NORMAS DE PROCEDIMIENTO. JERARQUÍA NORMATIVA

### 5.1. ORGANIZACIÓN JUDICIAL

La organización judicial en Alemania se regula, entre otros, por la Ley del Poder Judicial, *Gerichtverfassungsgesetz* (GVG)[62], la Ley de Enjuiciamiento Civil, *Zivilprozessordnung* (ZPO)[63] o la Ley de Enjuiciamiento Criminal, *Strafprozeßordnung* (StPO)[64]. El sistema judicial alemán está estructurado federalmente, debido al régimen federal del país. El ejercicio de la jurisdicción se encomienda a órganos jurisdiccionales federales y a órganos jurisdiccionales de los dieciséis Estados federados (*Länder*). La mayor carga de la Administración de Justicia recae sobre los Estados federados.

---

[60] *Ibid.*

[61] *Ibid.*

[62] Gerichtsverfassungsgesetz in der Fassung der Bekanntmachung vom 9. Mai 1975 (BGBl. I S. 1077).

[63] Zivilprozessordnung in der Fassung der Bekanntmachung vom 5. Dezember 2005 (BGBl. I S. 3202; 2006 I S. 431; 2007 I S. 1781).

[64] Strafprozeßordnung in der Fassung der Bekanntmachung vom 7. April 1987 (BGBl. I S. 1074, 1319).

El sistema judicial alemán consta de cinco jurisdicciones especializadas independientes[65]:

— jurisdicción ordinaria;
— jurisdicción laboral;
— jurisdicción contencioso-administrativa;
— jurisdicción económico-administrativa; y
— jurisdicción social.

Junto a ellas se encuentra la jurisdicción constitucional, a cargo del Tribunal Constitucional Federal y los tribunales constitucionales de los Estados federados (*Länder*).

Las líneas que siguen exponen brevemente la organización de la jurisdicción ordinaria y la constitucional. La organización del resto de jurisdicciones en Alemania puede ser consultada, entre otros, en el Portal *E-Justice* de la Unión Europea[66].

### 5.1.1. *La jurisdicción ordinaria*

La jurisdicción ordinaria engloba la jurisdicción civil y penal y está constituida por los siguientes órganos jurisdiccionales:

1) Primera Instancia[67]: encontramos el Tribunal Cantonal (*Amtsgericht*) y el juez único (*Schoffengericht*) para asuntos penales; el Tribunal Regional (*Landgericht*, para asuntos superiores a diez mil euros) y su Gran Sala Penal (*grosse Strafkammer*), que es competente para las infracciones donde la pena es mayor a cuatro años. Finalmente, la Sala Penal Especial (*Schwurgericht*) es competente para los delitos sobre la vida (homicidios, etc.)

2) Apelación[68]: en esta instancia el tribunal competente contra las decisiones de los tribunales cantonales es el Tribunal Regional, excepto en materia de Derecho de familia, donde es competente el Tribunal Regional Superior (*Oberlandesgericht*). En asuntos penales, la Pequeña Sala Penal del Tribunal Regional (*kleine Strafkammer*) conoce de apelaciones contra

[65] https://e-justice.europa.eu/content_judicial_systems_in_member_states-16-de-es.do?member=1.
[66] https://e-justice.europa.eu.
[67] *Ibid.*
[68] *Ibid.*

los juicios de juez único y de concejales; el Tribunal Regional Superior (*Oberlandesgericht*) conoce de apelaciones a decisiones de tribunales cantonales que se refieren a asuntos de Derecho familiar y apelaciones contra decisiones de Primera Instancia dadas por el Tribunal Regional. En materia penal no hay apelación contra decisiones dadas por el *Schwurgericht* o la *große Straffkammer*.

3) Revisión[69]: la competencia recae sobre el Tribunal Supremo Alemán o BGH (*Bundesgerichtshof*), con sede en Karlsruhe. Tiene cinco salas penales y doce civiles. Está comformado por una Gran Sala Civil (*Großer Zivilsenat*) y una Gran Sala Penal (*Großer Strafsenat*) y funcionan cuando hay contradicción de jurisprudencias. Las Dos Grandes Salas Reunidas (*Vereinigte Große Senate*) se reúnen cuando se ponga en duda la protección a una garantía individual dada por una anterior jurisprudencia. En materia civil, el Tribunal Supremo revisa las decisiones de los Tribunales Regionales superiores dictadas en apelación. Si hay casación, el asunto se reenvía al Tribunal Regional Superior que dictó la decisión. En materia penal, el Tribunal Supremo se puede pronunciar sobre decisiones dadas en Primera Instancia en los *Landesgerichte*.

### 5.1.2. *La jurisdicción constitucional*

En materia constitucional, el máximo órgano es el Tribunal Constitucional Federal (*Bundesverfassungsgericht*), que tiene su sede en Karlsruhe[70]. Es el encargado de velar por los derechos fundamentales. Lo componen 16 jueces, repartidos en dos salas. El Tribunal Constitucional Federal se pronuncia sobre todos los asuntos relativos a la interpretación y aplicación de la Constitución. Es competente para decidir los litigios entre poderes públicos y entre los *Länder* y la *Bund*. Asimismo, controla la constitucionalidad de las leyes (*Konkrete Normenkontrol*) y decide sobre los recursos de los particulares sobre violaciones de los derechos fundamentales por actos de autoridad (*Verfassungsbeschwerde*, recurso de amparo).

Además, cada Land tiene su propia Constitución y su jurisdicción constitucional (*Staatsgerichtshof*, *Verfassungsgerichtshof*), con competencia variable según el Land, pero todos se asemejan al modelo federal instaurado por la Constitución alemana (denuncias de un *Landtag* contra un miembro del Gobierno regional, contencioso electoral en el *Lantag*, litigios constitucionales entre los órganos supremos, etc.).

---

[69] *Ibid.*

[70] https://www.bundesverfassungsgericht.de/DE/Homepage/homepage_node.html.

## 5.2. Procedimiento

### 5.2.1. *Proceso civil*

El proceso civil, de inspiración austríaca, es público. Los litigios se dirimen de modo oral, pero el tribunal puede dictar sentencia sin que medie una vista oral siempre que los litigantes lo consientan expresamente[71]. En el proceso civil alemán, el juez dirige desde el principio del juicio y debe dar forma al proceso de acuerdo con las normas procesales, aunque también, en varias cuestiones, siguiendo su propia discreción. El juez debe asistir a las partes, discutiendo los aspectos fácticos y jurídicos del asunto con ellas, asegurándose de que estas se pronuncian respecto a todas las circunstancias relevantes y que presentan pretensiones adecuadas. Si hay un punto que el juez o tribunal considera importante y que las partes han pasado por alto o no le han dado la importancia suficiente, ha de llamarse la atención de estas y darles la oportunidad de manifestarse al respecto antes de que se dicte sentencia (§ 139 ZPO)[72].

La parte ganadora suele ser indemnizada con las costas del juicio y con las costas de los abogados hasta un límite razonable[73].

### 5.2.2. *Proceso penal*

El proceso penal se divide en tres fases: instrucción, fase intermedia y plenario (que incluye la fase de recurso y la ejecución de sentencia)[74]:

1) Instrucción (*Ermittlungsverfahren*): la fiscalía o la policía inicia la instrucción de un sumario si sospecha que se ha cometido un delito. Con él se pretende dilucidar si la sospecha está fundada o no. A tal fin, se pueden adoptar diferentes medidas de investigación, como por ejemplo el registro domiciliario. Una vez concluida la instrucción, la fiscalía decide si sobresee el procedimiento por falta de pruebas o si presenta una acusación.

2) Fase intermedia (*Zwischenverfahren*): en la fase intermedia, el tribunal examina la acusación y decide si archiva la causa o la continúa. Si, a la

---

[71] Lando, *op. cit.*, p. 63.

[72] *Ibid.*

[73] *Ibid.*

[74] https://e-justice.europa.eu.

vista de las pruebas disponibles, aprecia que es probable un resultado condenatorio, inicia el procedimiento plenario.

3) Plenario (*Hauptverfahren*): en el procedimiento plenario, el tribunal prepara y lleva a cabo la vista oral. Los cargos de la acusación se examinan en una vista oral mediante las pruebas disponibles (testigos, documentos, etc.). También se le ofrece al acusado la posibilidad de exponer los hechos de que se le acusa desde su punto de vista o de manifestarse al respecto. Si se confirman los cargos, se le impone una pena. Si no se confirman, se le absuelve. La sentencia condenatoria se puede recurrir en unos plazos determinados.

En el procedimiento de apelación, se repite la vista oral ante un tribunal superior, mientras que, en casación, solamente se examinan posibles errores jurídicos en la sentencia[75].

Existen variantes de este procedimiento. Las principales son el procedimiento sumario (*Strafbefehlsverfahren*), el sobreseimiento del proceso (*Einstellung des Verfahrens*) y el procedimiento acelerado (*beschleunigtes Verfahren*).

Finalmente, si la sentencia se ha dictado por un órgano colegiado, no se publican los votos particulares en contra, a excepción de las sentencias del Tribunal Constitucional[76].

### 5.3. Jerarquía normativa

En Alemania, al igual que en el resto del continente europeo, la ley es la principal fuente del Derecho. En orden jerárquico, la Constitución Federal se sitúa en primer lugar, seguida del Derecho de la UE, las leyes federales, los tratados internacionales, resto de normas federales, las constituciones de los *Länder*, el resto de las normas de los *Länder*, los estatutos y convenios colectivos. Los usos y la costumbre también son fuente del Derecho. Por su parte, la jurisprudencia no puede apartarse de la ley escrita, aunque esta es susceptible de ser interpretada de forma cambiante. Finalmente, la doctrina es citada frecuentemente en las sentencias, tanto si es a favor, como en contra de la posición que adopte el Tribunal[77].

---

[75] *Ibid.*

[76] Lando, *op. cit.*, p. 63.

[77] *Ibid.*

## 6. INSTITUCIONES CARACTERÍSTICAS DEL DERECHO ALEMÁN. EL PRINCIPIO DE ABSTRACCIÓN

El *principio de abstracción* (*Abstraktionsprinzip*) es un elemento particularmente importante y distintivo en el Derecho alemán, aunque esta denominación no aparece de forma expresa en el BGB[78]. Refleja la separación entre título y modo, que es una de las características más peculiares del Derecho alemán, frente a los códigos de inspiración romana.

En el sistema alemán, el dominio, como en la antigua Roma, no se transfiere consensualmente, como ocurre en la mayoría de los sistemas que siguieron al Código Civil francés. Un contrato de compraventa, por ejemplo, solamente obliga al vendedor a transferir la propiedad de la cosa al comprador, mientras que este se obliga a pagar el precio pactado. Pero el comprador no resulta inmediatamente propietario en virtud del contrato, ni el vendedor adquiere el dinero. Tal como establece el § 433 BGB, el vendedor y el comprador solo adquieren derechos (y acciones para exigirlos) recíprocos, mientras que la transmisión del dominio se verifica por otro negocio jurídico, la tradición, que se regula en los §§ 929 y siguientes. Así, una venta de un bien mueble que se paga en efectivo, implica según el BGB la realización de (al menos) tres negocios jurídicos distintos: el contrato de compraventa, que obligará al vendedor a transferir la propiedad del bien al comprador, y a este a pagar el precio; la tradición por la cual se transmite la propiedad al comprador y por la cual el vendedor cumple su obligación; y el pago que transfiere el dinero del comprador al vendedor y por el cual el comprador cumple con su obligación.

Se hace una distinción, por tanto, entre el negocio obligacional (*Verpflichtungsgeschäft*) y el negocio de disposición (*Verfügungsgeschäft*)[79]. Esta distinción entre obligación y disposición está regida por el llamado *principio de separación* (*Trennungsprinzip*)[80], que establece que, en el tráfico jurídico, el negocio obligacional queda separado de su ejecución o cumplimiento real, o sea, de la disposición[81].

Por otra parte, la validez de los negocios consensuales y dispositivos no está interconectada en el Derecho alemán, por lo que la falta de validez del negocio obligacional no afecta a la transmisión de la propiedad. A ello

---

[78] K. Larenz, *Allgemeiner Teil des deutschen bürgerlichen Rechts*, 7.ª ed., Beck, 1989

[79] Larenz, *op. cit.*, p. 319.

[80] K. Bayerle, «Trennungs- und Abstraktionsprinzip in der Fallbearbeitung», 12 *Juristische Schulung* (JuS), 2009, pp. 1.079-1.082.

[81] *Ibid.*

hace referencia el *principio de abstracción*[82]. Si un contrato es nulo y se entrega la cosa (mediando la voluntad de transmitir), no solo se transmite la posesión, sino también la propiedad. Por ejemplo, si un menor de edad firma un contrato de compraventa con otra persona y le entrega la cosa al comprador, el Derecho alemán entiende que basta con que el menor y el comprador estuvieran de acuerdo en que la cosa debía pasar a la esfera del comprador a título de propietario, para transmitir el dominio, independientemente de la validez del contrato. Por tanto, el vendedor en un contrato de compraventa declarado nulo no podrá ejercitar la acción reivindicatoria, aunque sí podrá demandar al comprador por enriquecimiento injusto bajo el § 812(2) BGB[83].

A modo de comparación, en el Derecho español rige el principio de causalidad, de tal forma que, cuando dos personas convienen en un negocio jurídico traslativo de la propiedad (por ejemplo, una donación o una compraventa) existen dos elementos fundamentales[84]: (i) un título o causa: este elemento se identifica en el Derecho español con el contrato mismo (que ha de ser válido) y (ii) el modo o tradición, que es la entrega del objeto del negocio, por ejemplo, por parte del vendedor al comprador. La entrega de la cosa es un negocio de disposición cuya causa natural es el título. Aquí es necesario que el vendedor pierda totalmente la posesión (que no la propiedad, pues la propiedad solo se pierde si el negocio obligacional es válido) y que el comprador adquiera la posesión (dominio físico sobre la cosa y tenga la voluntad de poseer).

Dados estos dos requisitos la propiedad queda transmitida. Así pues, el modo o tradición es siempre dependiente de la validez del título. O, dicho de otra forma, el título es en el Derecho español la causa natural del modo[85].

[82] O. Jauernig, «Trennungsprinzip und Abstraktionsprinzip», 9 *Juristische Schulung* (JuS), 1994, pp. 721-727; Jens Petersen, «Das Abstraktionsprinzip», 2 *Jura Heft*, pp. 98-102. E. Sirgado Díaz, «El negocio jurídico, la abstracción y el Derecho civil alemán», 6 *Revista de Derecho. Escuela de Postgrado*, 2014, pp. 49-68.

[83] *Ibid.*, p. 62.

[84] *Vid.* en este sentido, entre otras, las STS 20 julio 2004 (Tol 483416) y SAP de Ciudad Real de 28 octubre 2010, en las que se señala: «El contrato de compraventa se perfecciona por el consentimiento, y no requiere como elemento estructural la entrega de la cosa, generando únicamente la obligación de entregarla (art. 1.461 CC). Es un título idóneo para la transmisión del dominio, si bien en nuestro sistema no lo transmite «per se», al ser necesaria la «traditio» —modo— (arts. 609, párrafo segundo y 1.095, inciso segundo, CC) la cual puede tener lugar en cualquiera de las modalidades previstas en el Código Civil, y otras similares (atípicas)».

[85] L. Díez-Picazo y Ponce de León, «La tradición y los acuerdos traslativos en el Derecho español», *Anuario de Derecho Civil*, 1966, pp. 555-573; https://www.*BOE*.es/biblioteca_juridica/anuarios_derecho/abrir_pdf.php?id=ANU-C-1966-30055500574.

Si el título es inválido, la tradición no transmite la propiedad, sino la posesión. Si un menor de edad firma un contrato de compraventa con otra persona y le entrega la cosa al comprador, el comprador no adquiriría la propiedad de anularse el contrato. Sin causa legal para el modo o tradición, el comprador no se convierte en propietario, sino en mero poseedor.

## 7. LA INFLUENCIA DEL DERECHO ALEMÁN

Durante el siglo XIX, la Escuela Histórica y el pandectismo ejercieron una gran influencia que se extendió mucho más allá de las fronteras alemanas, impactando de lleno en la doctrina de numerosos países europeos, especialmente, en Italia, Francia, Austria y, hasta cierto punto, Inglaterra[86]. De esta forma, cuando el BGB entró en vigor en 1900, suscitó incluso más interés en el extranjero que en Alemania, puesto que su finalidad era recoger legislativamente los logros metodológicos y conceptuales del pandectismo[87]. Sin embargo, su recepción legislativa en otros países fue mucho menor que la del Código Civil francés un siglo antes. Posiblemente, influyera su complicada estructura y lenguaje conceptualista abstracto, producto típico de la mentalidad alemana. Pero la razón fundamental fue que los Estados más avanzados del mundo, fuera de la familia del *common law*, ya habían adoptado sus propios códigos civiles durante el siglo XIX, por lo que no tenían necesidad de importar modelos extranjeros[88].

En cualquier caso, en los años que siguieron a su promulgación, el BGB ejerció gran influencia en diversas regiones del mundo, hoy disminuida o borrada por los cambios políticos que han sucedido desde entonces. Por ejemplo, en el Lejano Oriente, Japón adoptó la mayor parte del BGB y de la Ley de Enjuiciamiento Civil (ZPO) en los primeros años del siglo XX. A través de Japón, la influencia del Derecho alemán pasó a Corea[89]. Siam y China introdujeron códigos civiles entre 1925 y 1935, los cuales, con excepción de las leyes familiares y sucesorias, también se basaban en gran medida en el Derecho alemán[90].

---

[86] Zweigert y Kötz, *op. cit.*, p. 166.

[87] *Ibid.*

[88] Lando, *op. cit.*, p. 67.

[89] Glendon, *op. cit.*, p. 51.

[90] Zweigert y Kötz, *op. cit.*, p. 168.

El Este y Sudeste de Europa también fueron receptores del Derecho alemán. Tras su independencia del Imperio Austrohúngaro, Hungría derogó el Código Civil General austríaco en 1861 y, en lo sucesivo, jueces y tribunales aplicarían elementos del Derecho alemán, junto con las antiguas leyes consuetudinarias nacionales y principios del Derecho austríaco[91]; asimismo, la influencia alemana inspiró los reglamentos sobre Derecho comercial y procedimientos civiles[92]. Los Estados bálticos también quedaron bajo la órbita del Derecho alemán, de la misma manera que Checoslovaquia y Yugoslavia cuando nacieron como Estados nacionales en 1918, aunque la principal influencia de estos últimos fue el Derecho austríaco. Polonia y Rumanía, por el contrario, pertenecían entonces a la familia jurídica romana[93]. Como resultado del clima político que siguió a la Segunda Guerra Mundial, la influencia del Derecho alemán en el continente europeo disminuyó cuando los países socialistas de Europa del Este introdujeron nuevos códigos civiles. Algunos de estos códigos conservaron muchas características germánicas, pero la imposición del Derecho público socialista hizo que los Países del Este pasaran a formar parte de la familia jurídica socialista. Con la caída de los regímenes de estilo soviético, sin embargo, la mayoría de las naciones de Europa del Este están volviendo a la tradición del Derecho civil[94].

Por otro lado, tanto el pandectismo como el BGB ejercieron una influencia considerable en el Código Civil de Grecia. Tras la Guerra de Liberación de 1821-1827 y la independencia del dominio turco, arrancaron los planes de un código civil para este país, aunque sin un modelo concreto. Tras varios intentos fallidos, los trabajos preliminares llegaron a una fase decisiva en 1930, en la que se acordó tomar el BGB como modelo, pues este representaba la fuente más próxima del Derecho romano. El Código Civil griego se promulgó finalmente en 1940, pero la participación en la Segunda Guerra Mundial y la ocupación alemana retrasó su entrada en vigor hasta 1946[95].

Las nuevas codificaciones de Italia (1942), Portugal (1967) y los Países Bajos (1992) también se han inspirado en el Derecho germánico, en mayor o menor medida. Además, las similitudes culturales con Austria y con la

---

[91] *Ibid.*
[92] *Ibid.*
[93] *Ibid.*
[94] Glendon, *op. cit.*, p. 52.
[95] Zweigert y Kötz, *op. cit.*, p. 168.

mayor parte de Suiza han llevado a que los ordenamientos jurídicos de estos países se hayan acercado al Derecho alemán[96].

Por último, al otro lado del Atlántico, tanto el antiguo Código Civil brasileño de 1916, como el nuevo de 2002, la «Parte general» bebe directamente del sistema de las Pandectas, introducido en el Derecho brasileño mucho antes de la promulgación del BGB[97].

---

[96] Lando, *op. cit.*, p. 67.

[97] J. P. Schmidt, «Der Ursprung des Allgemeinen Teils im brasilianischen Privatrecht», en C. Baldus & W. Dajczak (eds.), *Der Allgemeine Teil des Privatrechts: Erfahrungen und Perspektiven zwischen Deutschland, Polen und den lusitanischen Rechten*, Peter Lang, 2013, pp. 247-263.

CAPÍTULO VI

# EL *COMMON LAW*. ESTRUCTURA E INSTITUCIONES

## 1. EVOLUCIÓN HISTÓRICA

El conocimiento de la historia es indispensable cuando se estudia el *common law*. Esta familia se formó en Inglaterra de manera totalmente autónoma, y solo recibió puntual y limitadamente la influencia del continente europeo. No percibió el redescubrimiento del Derecho romano en la Edad Media, ni experimentó la renovación por la codificación, como sí lo hicieron el Derecho francés y los otros Derechos de la familia romano-germánica[1]. Por ello, el jurista inglés se complace de la continuidad histórica de su Derecho, no perturbada por ninguna revolución. Esta circunstancia ha devenido en el orgullo y admiración del jurista inglés hacia la gran sabiduría del *common law*, de sus facultades de adaptación, de su valor permanente y de la calidad de sus juristas[2].

Se pueden distinguir en la historia del Derecho inglés cuatro períodos principales[3]. El primero es el período anglosajón, anterior a la conquista normanda de 1066. El segundo, va desde 1066 hasta la subida de la dinastía de los Tudor al poder (1485). En este período se forma el *common law* como un sistema de Derecho nuevo, común a todo el reino, que sustituye a las costumbres locales. El tercer período, de 1485 a 1832, está principalmente marcado por el desarrollo, paralelamente al *common law*, de la *equity*, un sistema complementario y con el que compite ocasionalmente. El cuarto período empieza en 1832 y continúa hasta la actualidad. Se trata de un período en el quc cl *common law* ha debido afrontar un desarrollo sin precedentes de la actividad legislativa, de la Administración y adaptarse constantemente al Derecho europeo. Tras la salida definitiva del Reino

[1] David, *op. cit.*, p. 211.
[2] *Ibid.*
[3] *Ibid.*

Unido de la Unión Europea, quizás comience un nuevo período de reafirmación de su tradición normativa.

En este punto es importante resaltar el caso de Escocia, que durante más de doscientos años fue aliada de Francia y estuvo influenciada por este país desde el punto de vista cultural y jurídico. En Escocia, al contrario que en Inglaterra, sí se recibió el Derecho romano en los siglos XIV y XV, por lo que hoy día el Derecho escocés ofrece una interesante mezcla de ambas tradiciones jurídicas[4].

### 1.1. PERÍODO ANGLOSAJÓN

La dominación romana duró cuatro siglos en Inglaterra, desde el Emperador Claudio hasta principios del siglo V, pero no dejó ninguna huella considerable en su Derecho.

La historia del Derecho inglés comienza según los historiadores cuando, habiendo cesado la dominación romana, diversas tribus de origen germánico, sajones, jutes, anglos y daneses, se extendieron por su territorio. El Derecho anglosajón no es muy conocido. Contenía elementos de las tradiciones y costumbres tribales teutónicas[5] y se sabe que algunas leyes fueron promulgadas después de la conversión al cristianismo de estas tribus, como sucedió en Europa continental. La originalidad del Derecho anglosajón residía en que, a diferencia de otras leyes bárbaras, estaban redactadas en su propio idioma, y no en latín[6].

Como las otras leyes bárbaras, las leyes anglosajonas regulaban aspectos muy limitados de las relaciones sociales. Así, por ejemplo, las leyes de Aethelbert, rey de Kent, redactadas alrededor del año 600, constaban solamente de 90 frases breves. Las leyes del rey danés Canute (1017-1035), cuatro siglos más tarde, ya estaban, sin embargo, más elaboradas, y preludiaban el paso de la era de las tribus a la del feudalismo[7]. El principio de personalidad de las leyes anglosajonas daba lugar a una ley territorial. Por ello, aun cuando el país estaba en la época sometido a un solo soberano, el Derecho continuaba siendo un Derecho estrictamente local, por lo que no puede hablarse de un Derecho común para toda Inglaterra hasta después de la conquista normanda[8].

---

[4] Morán, *op. cit.*, p. 518.
[5] Glendon, *op. cit.*, p. 179.
[6] David, *op. cit.*, p. 212.
[7] *Ibid.*
[8] *Ibid.*

## 1.2. La conquista normanda. La formación del *common law*

La conquista normanda tras la Batalla de Hastings (1066), convierte a Guillermo el Conquistador en rey de Inglaterra y constituye un acontecimiento capital en la historia del Derecho inglés, ya que introduce un poder fuerte, centralizado y con gran experiencia administrativa. Con la conquista de los normandos, el reino de las tribus desapareció y la feudalidad se instaló en Inglaterra.

Guillermo confiscó todas las tierras y las distribuyó entre sus adeptos, señores normandos que se instalaron en un país cuyo idioma ignoraban y cuyos habitantes y costumbres merecían todo su desprecio. El Conquistador procuró no constituir ningún gran feudo, de tal forma que ningún «barón» pudiera rivalizar con el poder real. Guillermo había logrado su objetivo de investidura real en Westminster, pero Normandía también exigía su atención y, por ello, estableció un gobierno centralizado que permitiese gobernar sobre un gran número de sajones con relativamente pocos normandos. Un ejemplo de la eficiencia administrativa de El Conquistador es el *Domesday* de 1086, un inventario de los 15.000 dominios (*manors*) y los 200.000 hogares existentes en ese entonces en Inglaterra, que se realizó con motivos recaudatorios. Los tributos eran escrupulosamente revisados por la *Curia Regis*, un consejo compuesto por el rey y sus consejeros. Este carácter militar, casi de ejército de ocupación, organizado, de la feudalidad inglesa, es uno de los elementos que va a permitir el desarrollo del *common law*[9].

Al principio, Guillermo dirimía los conflictos de interés real en Westminster, mientras que los asuntos locales eran todavía resueltos en los tribunales de los *Shires* y *Hundreds*. Estos tribunales serían paulatinamente reemplazados por jurisdicciones señoriales de una nueva especie (*Courts Baron*, *Court Leet*, *Manorial Courts*), que seguirán aplicando un Derecho consuetudinario eminentemente local[10].

### 1.2.1. *Los Tribunales Reales*

En los comienzos de la Inglaterra normanda no existía la separación de poderes. El rey, actuando con sus asesores cercanos, ejercía poderes judiciales, ejecutivos y legislativos en un consejo, la denominada *Curia Regis*[11].

---

[9] Glendon, *op. cit.*, p. 180.
[10] David, *op. cit.*, p. 213.
[11] Glendon, *op. cit.*, p. 180.

En realidad, la intervención de la *Curia Regis* en asuntos civiles y penales fue provocada por motivos tributarios. Los contribuyentes importantes eran los terratenientes más prominentes y, en consecuencia, la *Curia Regis* tenía un interés especial en conocer de los pleitos por haciendas cuantiosas. Si se deseaba recaudar impuestos de manera regular, era necesario imponer la paz en el reino. En consecuencia, el rey se adjudicó la jurisdicción exclusiva sobre todos los delitos graves. De esta forma, en los siglos XII y XIII se desarrolló la Justicia Real[12].

Algunas funciones fueron delegadas más tarde a instituciones de nueva creación. De la *Curia Regis* emanaron tres tribunales centrales permanentes, operados por jueces profesionales, facultados para decidir en usencia del rey y asentados en Westminster. Su jurisdicción se estableció hacia 1300 y perduró inalterada hasta el siglo XVII.

El Tribunal del Erario (*Court of Exchequer*), fue el primer tribunal del *common law*. Reflejaba el interés primordial del rey en la solución eficiente de las disputas tributarias[13].

El Tribunal de Alegatos Comunes (*Court of Common Pleas*) tenía potestad sobre los pleitos entre personas privadas que no implicaban el interés directo del rey, de ahí el nombre «alegatos comunes». Los pleitos generalmente versaban sobre la titularidad de las tierras, o acciones personales de deuda, convenios o retenciones indebidas (*detinue*)[14]. Estaba facultado para supervisar e inspeccionar a los tribunales menores, los cuales eran administrados desde 1066 por funcionarios reales denominados *sheriffs*.

El Tribunal de la Real Magistratura (*Court of King's Bench*) se ocupaba principalmente de los asuntos de cierta enjundia con interés directo del rey. Además, enviaba «jueces itinerantes» (*iusticiarii itinerantes*) a las provincias, con frecuencia mayor a partir del siglo XII, donde reemplazaban a los *sheriffs* y celebraban las audiencias en representación del monarca. El *King's Bench* emitía escritos de *mandamus*, prohibición, *certiorari* y *habeas corpus*, para controlar los actos de los funcionarios públicos, convirtiéndose, posteriormente, en una importante instancia de control de los abusos de prerrogativas reales[15].

Comenzaba así un proceso que, en los siglos siguientes, conduciría a la centralización de la justicia y la unificación del Derecho inglés. A partir de aquí la importancia de los tribunales locales y feudales disminuyó sensible-

---

12 *Ibid.*

13 *Ibid.*, p. 181.

14 *Ibid.*

15 *Ibid.*

mente, no solo por el prestigio y la autoridad de los magistrados reales, sino también porque el procedimiento de las cortes reales era mucho más moderno y progresista, como demuestran las formas de acción creadas por la administración real[16]. De esta forma, Inglaterra alcanzó muy pronto la unidad jurídica, denominada por ello *common law*, mientras que países como Francia o Alemania no comenzaron a desarrollar principios comunes hasta el siglo XVI o XIX, respectivamente (el *Gemeines Recht* no se aplicó en Alemania hasta el siglo XIX, a la luz de la teoría pandectista)[17].

### 1.2.2. *El sistema de* writs

El acceso a los Tribunales Reales estaba severamente limitado por un sistema de *writs*. Someter una controversia a los Tribunales Reales no era un derecho de los particulares. Era un privilegio que se tenía que solicitar y que la autoridad real solo acordaba conforme a su buen entendimiento. En principio, quien solicitaba este privilegio debía dirigirse al Canciller de la Corona, a quien se pedía, previo pago, la emisión de un *writ* (*breve*). El *writ* era una orden del rey dirigida a un funcionario, juez o magistrado, que se componía de una breve explicación del pleito legal, seguida de una instrucción para que el destinatario citara al acusado en su tribunal y resolviera el problema en presencia de las partes. De esta forma, solo se podía acceder a los Tribunales Reales cuando se disponía de un *writ* específico («*where there is no writ, there is no right*»). Como muchas de las demandas por las que se solicitaba un *writ* eran similares, el texto de los *writs* no tardó en estandarizarse y solo había que escribir el nombre y domicilio de las partes y los abogados requerían unas pocas palabras para conocer la naturaleza de las demandas[18]. A finales del siglo XII, el Canciller emitía alrededor de setenta y cinco tipos aceptados de *writs*, una cantidad que aumentó considerablemente en los siglos XIII y XIV. Se reunían en compilaciones semioficiales, conocidas como *Writ Registry*, las cuales circulaban intensivamente.

El sistema era ciertamente rígido. El demandante tenía que considerar seriamente qué tipo de *writ* se adaptaba mejor a la sustancia de la controversia y podía llevar la demanda a buen término. Esta decisión entrañaba una gran importancia, ya que, si escogía el *writ* equivocado, la demanda era

[16] Zweigert y Kötz, *op. cit.*, p. 196.

[17] *Ibid.*

[18] *Ibid.*, p. 197.

inadmitida. La decisión era, además, complicada, pues cada grupo de hechos tenía su propio *writ* y la distinción entre los diferentes conjuntos de hechos se tornaba cada vez más compleja a medida que aumentaba la cantidad de causas[19].

Por otra parte, el procedimiento que se seguía ante los Tribunales Reales variaba según el tipo de *writ* utilizado. A cada *writ* le correspondía un procedimiento específico que determinaba la secuencia de los actos procesales, la posibilidad de representación de las partes, las condiciones de recepción de las pruebas, las modalidades de su administración y las medidas para ejecutar las sentencias. El procedimiento determinaba, asimismo, la terminología que debía emplearse para referirse a la parte actora y a la parte demandada. De emplearse la misma terminología en otra clase de procedimiento, se llegaba inevitablemente a resultados totalmente equivocados. Ciertos tipos de *writs* implicaban un procedimiento con la intervención de un jurado, mientras que en otros no existía jurado, pero se admitía la prueba por testigos de cargo, quienes deberían corroborar su credibilidad bajo juramento. Para aumentar aún más la jurisdicción de los Tribunales de *common law*, se comenzaron a construir ficciones para ampliar el ámbito de aplicación de los *writs* existentes. El procedimiento generalmente utilizado era el que determinaba el *writ of trespass*, que se consideraba como el *writ* más moderno y el más satisfactorio[20].

### 1.3. La rivalidad con la *equity* (1485-1832)

El sistema de *writs* se tornó rígido a principios del siglo XV. El demandante incapaz de obtener un *writ* adecuado quedaba desprotegido, por lo que el rey y, posteriormente, el Canciller, comenzaron a aceptar y resolver peticiones de justicia en equidad, con base en las prerrogativas reales, lo que dio origen a una nueva jurisdicción denominada *equity*[21]. Estas «prerrogativas reales» serían utilizadas extensivamente por el régimen absolutista de la dinastía de los Tudor en el siglo XVI. En materia penal, por ejemplo, la casa Tudor contribuyó de modo eficaz a la transformación del *King's Council* al crear Enrique VII *the Court of Star Chamber*, con una amplísima jurisdicción criminal, que incluía conspiración, traición y perjurio bajo un procedimiento inquisitorial de origen romano canónico. Por otra parte,

[19] *Ibid.*
[20] Glendon, *op. cit.*, p. 183.
[21] Sobre la *equity*, *vid.* 6.2.

en materia civil, la jurisdicción de la *equity* del Canciller también adquirió una extensión considerable. Con el tiempo, sin embargo, el establecimiento del Parlamento como cámara legislativa separada del rey reforzó la autonomía de este, restringiendo las prerrogativas reales progresivamente. Finalmente, el tumultuoso período de los Estuardo supuso la alteración de instituciones políticas y jurídicas[22], pero a diferencia de Francia, donde surgió un nuevo ordenamiento jurídico como consecuencia de la Revolución, el *common law* inglés sobrevivió, al igual que su monarquía[23].

### 1.4. Período moderno

Los siglos XIX y XX representan una etapa de transformación fundamental en la historia del Derecho inglés.

En el siglo XIX, el Derecho inglés será objeto de reformas estructurales y sociales. Jeremy Bentham fue especialmente consciente de la necesidad de una reforma jurídica que respondiera a las necesidades sociales de la época y con ello se generó un movimiento codificador que, sin embargo, no encontró la respuesta necesaria entre los órganos de poder[24]. Ni el conservador poder judicial ni los abogados deseaban una reforma, ni creían que la legislación debía ser utilizada para ello. Así, el Parlamento impulsó el cambio social, promulgando leyes que ampliaban la educación, reformaban las leyes sobre el trabajo infantil, etc., pero sin codificar el Derecho. Simplemente aprobó leyes sobre cuestiones específicas destinadas a complementar, que no a reemplazar el *common law*. En cualquier caso, sí que llegó a buen término la reforma de la Administración de Justicia, destinada a poner fin a una estructura judicial fragmentada, mediante los *Judicature Acts* 1873-1875, que supusieron la creación de la *High Court of Justice* (posteriormente redefinida en 1971) y la reestructuración de la *House of Lords* en 1876[25].

En el siglo XX el movimiento modernizador continuó, aunque con nuevas características. La corriente socialista reclamaba establecer la sociedad con nuevas bases sociales, cuestionando la capacidad del *common law* para crearlas, ya que los procedimientos de elaboración casuística y jurisprudencial no permitían realizar profundas y rápidas transformaciones[26]. Durante este siglo y hasta la actualidad, el Derecho inglés también experimentó

---

[22] Glendon, *op. cit.*, p. 189.

[23] *Ibid.*

[24] *Ibid.*, pp. 191-192.

[25] Glendon, *op. cit.*, p. 193. Sobre la estructura judicial *vid. infra* 6.4.

[26] *Ibid.*

la incidencia del Derecho europeo tras la adhesión del Reino Unido a la Comunidad Europea en 1973 y al Convenio Europeo de Derechos Humanos, por su pertenencia al Consejo de Europa[27]. Ello ha supuesto un gran esfuerzo de adaptación y transposición de fuentes legislativas escritas y de conceptos y principios desconocidos por este sistema jurídico[28]. Además, el desarrollo industrial y tecnológico ha hecho necesario reglamentar la vida de los ciudadanos y las actividades de las empresas, incrementando, con ello, el protagonismo de la legislación[29].

Con la salida del Reino Unido de la Unión Europea, se inicia un nuevo período cuyas consecuencias jurídicas están aún por determinar[30].

## 2. LA DUALIDAD DEL SISTEMA: *COMMON LAW* Y *EQUITY*

El *common law* se desarrolló con una estricta dependencia de los procedimientos formalistas y, con el paso del tiempo, dio muestras de anquilosamiento. Por ello, después de haber experimentado una expansión significativa en el siglo XIII, a principios del siglo XV se desarrolló paralelamente un sistema rival, que en algún momento terminaría por asfixiar y suplantar al *common law*, de forma semejante a la del antiguo Derecho civil en Roma que, en la época clásica, se vio suplantado por el Derecho pretoriano[31]. Ese nuevo orden normativo es la *equity*.

Según John Austin, la *equity* surgió en Inglaterra por «el enojo y la obstinación de los tribunales de *common law*, que se negaron a adaptarse a los cambios que se produjeron en la opinión, y en las circunstancias de la sociedad»[32]. A finales del siglo XIV, el procedimiento de los tribunales de

---

[27] Convenio para la protección de los derechos humanos y las libertades fundamentales. *Vid. Human Rights Act 1998.* D. McGoldrick, «The United Kingdom's Human Rights Act 1998 in Theory and Practice», 50 (4) *International & Comparative Law Quarterly*, 2008, pp. 901-953.

[28] *Vid.* Teubner, *op. cit.*; G. Beck, «The English Courts and the Application of Community Law», 12 *Irish Journal of European Law*, 2005, pp. 184-216; G. Drewry, «The Jurisprudence of British Euroscepticism: A Strange Banquet of Fish and Vegetables», 3 (2) *Utrecht Law Review*, 2007, pp. 101-115.

[29] David, *op. cit.*, p. 227.

[30] *Vid.* D. Lloyd Jones, «Brexit and the future of English Law», 49 *Victoria University of Wellington Law Review*, 2018, pp. 1-23.

[31] David, *op. cit.*, p. 221.

[32] R. Campbell, *John Austin, Lectures on Jurisprudence, Or The Philosophy of Positive Law*, Henry Holt and Company, 1875, p. 311.

*common law* dio muestras de ser demasiado rígido y fragmentario. Las demandas se perdían por causa de errores técnicos, porque se sobornaba a los testigos o por la influencia política del adversario[33], quedando un número significativo de controversias sin una solución justa. A la parte que había perdido una demanda ante los tribunales de *common law* o que no podía obtener un *writ* adecuado, le asistía una última posibilidad de obtener justicia: recurrir directamente al rey, fuente de toda justicia y de gracia. Se entendía que los Tribunales Reales no habían administrado correctamente la justicia, por lo que el monarca, en consecuencia, debía reparar esa situación. Así, ya en el siglo XIV, las partes afectadas comenzaron a solicitar al monarca que emitiera una orden mediante la cual se conminara al adversario a conducirse de acuerdo con los dictados de la moral y la buena conciencia y no con base en los preceptos estrictos del *common law*[34]. El rey solía remitir dichas peticiones al Canciller, quien conocía el *common law* y sus instituciones a la perfección, ya que era el encargado de emitir los *writs*. De ahí que, como «guardián de la conciencia real» y clérigo prominente, fuera el más idóneo para decidir si en cada caso debía concederse el favor que se solicitaba «por el amor de Dios y por vía de la caridad»[35]. A partir del siglo XV, estos recursos se enviaban directamente al Canciller, quien se transformó en un juez autónomo. Sus decisiones se convirtieron en un conjunto de preceptos legales especiales a los cuales se sigue llamando, como desde el siglo XV, *equity* (equidad).

En el siglo XVI, durante el régimen absolutista de la dinastía de los Tudor, la jurisdicción de la *equity* adquirió una extensión considerable en materia penal y civil. El Canciller examinaba las peticiones bajo un procedimiento basado en el Derecho canónico y que era completamente diferente al procedimiento que se seguía en los tribunales del *common law*. Ciertamente, los principios de fondo que inspiraban la impartición de justicia por el Canciller eran similares a los del sistema de Derecho romano y al sistema de Derecho canónico[36]. En ese momento histórico, en pleno Renacimiento, estos principios parecían proporcionar una mayor satisfacción al interés social y de búsqueda de justicia que las reglas arcaicas y obsoletas del *common law*[37]. Instituciones como el trust, la protección por incumplimiento anticipado (*injunctions*), la ejecución específica de las prestaciones (*specific*

---

[33] Zweigert y Kötz, *op. cit.*, p. 200.
[34] *Ibid.*, p. 200.
[35] *Ibid.*
[36] David, *op. cit.*, p. 222.
[37] *Ibid.*

*performance*) o el derecho de sociedades, están inspirados en las normas de la *equity*[38].

A finales del siglo XVI, las actividades del Canciller adquirieron perfiles más judiciales y su oficina se independizó con el nombre de Tribunal de la Cancillería (*the Court of Chancery*)[39]. Al principio, el Canciller era el juez único, pero, a partir de 1730 se le une un colaborador, el *master of the Rolls*. Ya en el siglo XVIII las decisiones del Tribunal de la Cancillería seguían el precedente y se convertían en *legal rules* de la misma forma que los principios del *common law*[40].

Por su celo de justicia y de buena administración, los soberanos ingleses mostraron en esa época su preferencia por la jurisdicción del Canciller, aunque, tal vez, esta preferencia también fuera de orden político. El procedimiento de la *equity* era un procedimiento escrito, secreto e inquisitorio, en el que no participaba un jurado, lo que lo hacía más atractivo a ojos de los monarcas celosos de su autoridad que los procedimientos orales y públicos del *common law*. Pero, sobre todo, quizás influyese la convicción de que el Derecho romano, en el que se fundamentaba el procedimiento aplicado por el Canciller, casaba mejor con el absolutismo real[41]. Asimismo, pudo influir la idea de que era más fácil elaborar un nuevo sistema, absolutamente necesario en la época, que efectuar reformas dentro del sistema del *common law*[42].

El Derecho inglés estuvo muy próximo en esa época a unirse a la familia de Derecho continental. El desarrollo de la *equity* pudo haber provocado el desuso de los tribunales de *common law*, al igual que tres siglos atrás lo habían hecho los Tribunales de los *Shire* y las *Hundred Courts*. Pero ello no llegó a materializarse, fruto de un compromiso para dejar subsistente, en un cierto equilibrio de fuerzas, los tribunales del *common law* y la jurisdicción del Canciller. Los tribunales del *common law* iniciaron una alianza con el Parlamento, en defensa de su posición y de las causas contrarias al absolutismo real, que resultó en el Compromiso de 1616, según el cual la jurisdicción del Canciller subsistiría, pero sin expandir su competencia a expensas de los tribunales del *common law*. La naturaleza de la *equity* se transformaría, asimismo: el Canciller no impartiría justicia en lo sucesivo en nombre de la ley moral, sino como un jurista. Además, a partir de 1621

---

[38] Glendon, *op. cit.*, p. 186.

[39] *Ibid.*, p. 185.

[40] Zweigert y Kötz, *op. cit.*, p. 201.

[41] David, *op. cit.*, p. 222.

[42] *Ibid.*

las decisiones del Tribunal de la Cancillería quedaron sujetas al control de la Cámara de los Lores (*House of Lords*)[43].

A finales del siglo XIX, las Leyes de la Judicatura (*Judicature Acts* 1873-1875) terminaron con la dualidad de jurisdicción y fusionaron los tribunales de *common law* y los de *equity* en el denominado *High Court of Justice* (Alto Tribunal de Justicia). A partir de ese momento existe un solo orden jurisdiccional en Inglaterra. En la *Queen's Bench Division* del *High Court* se sentencia conforme al procedimiento oral y contradictorio del *common law*, mientras que en la *Chancery Division* del mismo Tribunal, se resuelve conforme a un procedimiento escrito e inquisitorio inspirado en el procedimiento de la *equity*[44].

En la actualidad, la distinción entre *common law* y *equity* continúa siendo una distinción fundamental del Derecho inglés, comparable con la distinción entre Derecho público y Derecho privado del Derecho continental[45]. La *equity* incluye en su ámbito los derechos reales, el trust, las sociedades mercantiles, las insolvencias, al igual que las cuestiones relativas a la interpretación de las disposiciones testamentarias y de liquidación de sucesiones. Algunas de estas disciplinas pertenecen históricamente a la *equity*; pero en otras se estimó oportuno que fueran desarrolladas conforme al procedimiento y a los métodos de la *equity*, en vez de someterlos al procedimiento y a los métodos del sistema del *common law*[46].

## 3. FUENTES DEL DERECHO: EL *LEGAL RULE* Y EL PRECEDENTE FRENTE A LA LEGISLACIÓN. LAS FUENTES SECUNDARIAS

El Derecho inglés, elaborado históricamente por los tribunales del *common law* y por el Tribunal de la Cancillería, es un Derecho marcadamente jurisprudencial. Ello no solo se debe a su antigüedad, sino también al hecho de que no se vio influenciado por las universidades y a que fue inmune a la codificación. Se trata de un Derecho que no ha alterado sus características originales y conserva sus fuentes del Derecho y su propia estructura[47].

A diferencia del Derecho continental, donde la ley escrita es la principal fuente del Derecho, la ley (*statute*) ha tenido tradicionalmente una función

---

43 *Ibid.*, pp. 223-224.
44 Lando, *op. cit.*, p. 90.
45 David, *op. cit.*, p. 336.
46 *Ibid.*, p. 241.
47 *Ibid.*, p. 255.

secundaria en el Derecho inglés. El Reino Unido ni siquiera tiene una constitución escrita[48].

El papel de la ley ha estado limitado a corregir o complementar la jurisprudencia, si bien es verdad que, en la actualidad, en Inglaterra, la ley y los reglamentos (*delegated legislation*) cada vez gozan de mayor importancia. Por otra parte, si las comparamos con la jurisprudencia y la ley escrita, otras fuentes del Derecho como la costumbre, la doctrina o la razón desempeñan en el Derecho inglés una función secundaria.

### 3.1. La jurisprudencia

En el Derecho continental la jurisprudencia desempeña normalmente una función secundaria; tiene cierta autoridad, pero no se la considera, salvo casos excepcionales, como fuente formal del Derecho. Esta visión se fundamenta en la consideración de que el ordenamiento jurídico se basta por sí mismo. Si la ley escrita o la costumbre no prevén una solución expresa para un supuesto concreto, jueces y tribunales deberán buscar la solución en los principios del Derecho que inspiran el ordenamiento, como se hacía en la antigüedad bajo el *Corpus Iuris Civilis*, y en la actualidad con la codificación[49].

La situación es totalmente diferente en Inglaterra, donde la jurisprudencia es la principal fuente del Derecho. La función de la jurisprudencia no está limitada a la aplicación de la ley, sino que, también, va dirigida a la creación normativa. De esta forma, las reglas creadas por las decisiones judiciales deben ser aplicadas por jueces y tribunales para garantizar la certeza del sistema y no comprometer la existencia misma del *common law*.

#### 3.1.1. *El precedente*

El fundamento del sistema es la doctrina de *stare decisis* y la obligatoriedad de respetar el *precedente* judicial. El principio sobre el que descansa la autoridad de las decisiones judiciales como precedentes en decisiones posteriores se recoge en la máxima «*stare decisis et non quieta movere*», esto es, acatar los precedentes y no perturbar lo ya establecido[50]. Su significado

---

[48] Lando, *op. cit.*, p. 91.

[49] David, *op. cit.*, p. 265.

[50] H. Campbell Black, «The Principle of Stare Decisis», 34 (12) *The American Law Register* (1852-1891), 1886, pp. 745-57. Doi:10.2307/3304831.

es que, una vez que una cuestión jurídica haya sido solemne y necesariamente resuelta mediante la decisión de un tribunal competente, ya no puede ser reexaminada o sujeta a una nueva resolución, ni por el mismo tribunal ni por aquellos otros que están obligados a seguirlo[51].

En Inglaterra la regla del precedente atiende a tres proposiciones sencillas: (i) las decisiones del Tribunal Supremo son precedentes obligatorios, cuyas reglas deben ser observadas por todos los tribunales, excepto y, en forma excepcional, por él mismo; (ii) las resoluciones de la *Court of Appeal* (Tribunal de Apelación) constituyen precedentes obligatorios para todos los tribunales inferiormente jerárquicos y para la misma *Court of Appeal* y (iii) las resoluciones pronunciadas por un juez de la *High Court of Justice* son obligatorias para las jurisdicciones jerárquicamente inferiores de este. Para otros tribunales no dependientes jerárquicamente no son estrictamente obligatorias, pero gozan de un gran valor de persuasión y son generalmente observadas por las diferentes divisiones de la *High Court of Justice* y por la *Crown Court* (*vid. infra* sobre la organización judicial en Inglaterra)[52].

La aplicación de la regla del precedente requiere el análisis de los comentarios de las resoluciones judiciales. En los *reasons* invocados por el juez se debe distinguir entre lo que constituye la motivación y fundamentación de la sentencia, la *ratio decidendi* de la resolución, y aquello que se considera *obiter dictum*, que consiste en otros argumentos que el juez ha expuesto sin que tuviera que hacerlo. Solo la *ratio decidendi* se convierte en precedente. Las *obiter dicta*, por el contrario, carecen de esta autoridad[53]; solo tienen valor persuasivo dependiendo del prestigio del juez que pronunció la sentencia, de la exactitud de su análisis y de un gran número de otras circunstancias variables[54].

La dificultad está en identificar la *ratio decidenci* de una sentencia, ya que se encuentra envuelta en razones *obiter dicta* y no se menciona de forma expresa[55]. Por tanto, es el juzgador ulterior, al que se le alegue la obligatoriedad de aplicar un precedente, quien deberá buscar la *ratio decidendi* de la sentencia invocada y una vez identificada, deberá ponderar si se encuentra o no vinculado por ella[56]. Para ello, tendrá que analizar los hechos que justificaron la decisión que se alega como precedente. Si el juez consi-

---

[51] *Ibid.*, p. 745.

[52] David, *op. cit.*, p. 266.

[53] Black, *op. cit.*, p. 750.

[54] David, *op. cit.*, p. 267.

[55] J. Stone, «The Ratio of the Ratio Decidendi», 22 (6) *The Modern Law Review*, 1959, pp. 597-620.

[56] Lando, *op. cit.*, p. 97.

dera que los hechos sobre los que tiene que resolver difieren de los de la sentencia invocada, por tener alguna peculiaridad, el precedente anterior no es un precedente obligatorio. Esta operación se denominada *distinguishing* y permite la adaptación y evolución gradual del Derecho[57]. Otras formas de apartarse del precedente son el *reversing*, que sucede cuando un tribunal superior se aparta de la decisión de un tribunal inferior en apelación[58] y *overruling*[59], que consiste en dejar sin valor un precedente de un tribunal inferior por un órgano jurisdiccional de mayor jerarquía.

#### 3.1.2. *El* legal rule

La vinculación de la *ratio decidenci* con los hechos sitúan a la norma jurídica, el *legal rule*, a nivel del caso concreto. Por ello, la norma jurídica inglesa solo es comprensible en todo su alcance cuando se conocen todos los elementos del litigio, lo que la hace diferente a la norma continental que se caracteriza por su generalidad, sin que vaya dirigida a un litigio en particular[60].

### 3.2. La ley

En el Derecho inglés la ley escrita es una fuente secundaria. Comprende los *Statutes, Acts of Parliament*, así como una variedad de disposiciones reglamentarias que hacen posible la ejecución de la ley por las autoridades competentes, lo que se denomina «legislación delegada» o «legislación subsidiaria»[61]. La ley no hace más que corregir y añadir algunos aspectos al conjunto normativo del Derecho inglés, constituido por el Derecho jurisprudencial. Ciertamente, aunque la ley es la expresión del Parlamento soberano y merece un total respeto y obediencia, en Inglaterra la ley no aporta más que excepciones al *common law* y de conformidad con el adagio *exceptio eststrictissimae interpretationis*, ha de ser interpretada restrictiva-

---

[57] *Vid.* Balfour *v.* Balfour [1919] 2 KB 571 y Merritt *v.* Merritt [1970] 1 WLR 1211. J. L. Montrose, «Distinguishing Cases and the Limits of Ratio Decidendi», 19 (5) *The Modern Law Review*, 1956, pp. 525-530.

[58] *Vid.* Gillick *v.* West Norfolk & Wisbeck Area Health Authority [1986] AC 112.

[59] *Vid.* R *v.* R [1991] 3 WLR 767. J. W. Harris, «Towards Principles of Overruling-When Should a Final Court of Appeal Second Guess?», 10 (2) *Oxford Journal of Legal Studies*, 1990, pp. 135-199.

[60] David, *op. cit.*, p. 268.

[61] *Ibid.*, p. 270.

mente[62]. Ello porque en la concepción tradicional inglesa, la ley no se considera como la expresión normal del Derecho, sino como un elemento extraño. Es más, la norma que contiene la ley no será plenamente incorporada al Derecho inglés hasta en tanto haya sido aplicada e interpretada por los tribunales y en la forma y en la medida en que se haya llevado a cabo esa aplicación e interpretación. En Inglaterra no se suele mencionar el texto de una ley, sino que se hace referencia a las sentencias que han aplicado la ley en cuestión[63]. Únicamente es a través de estas sentencias donde el jurista inglés puede establecer efectivamente el significado exacto de una ley, esto es, en el momento en el cual puede identificar la norma jurisprudencial.

Por otra parte, la interpretación de las leyes se lleva a cabo de manera restrictiva y sin tomar en cuenta la historia legislativa (*exclusionary rule*)[64]. Solo gracias a la decisión de la Cámara de los Lores (*The House of Lords*) en *Pepper* v. *Hart*[65], se le puede dar consideración, aunque de forma restringida, a algunas partes de los debates parlamentarios[66].

En cualquier caso, en los últimos años, el Derecho inglés ha experimentado desarrollos importantes de origen legislativo, que provienen de las leyes relativas a la restitución de poderes, de la promulgación de la *Human Rights Act* de 1998, y de la influencia del Derecho europeo[67]. El estilo de esta legislación, procedente del continente, va aparejado a los métodos de interpretación del Derecho continental, introduciendo con ello instituciones y conceptos jurídicos continentales, tales como la buena fe, la proporcionalidad y los derechos del hombre[68]. Con ello, de cierta manera, los jueces ingleses se han visto obligados a adaptarse a la forma de pensar de los juristas continentales.

El texto de las leyes inglesas puede encontrarse en la colección *Statutes* de los *Law Reports* o en la colección *Halsbury's Statutes of England*, que completa *Halsbury's Statutory Instruments*. Asimismo, puede localizarse en la web de los Archivos Nacionales, dependiente del Gobierno Británico y desarrollada en colaboración con *The Stationery Office*[69]. Curiosamente, no existe un Diario o Gaceta Oficial en Inglaterra.

---

62 *Ibid.*, p. 271.

63 *Ibid.*

64 Lando, *op. cit.*, p. 92.

65 Pepper (Inspector of Taxes) v Hart [1992] UKHL 3.

66 Lando, *op. cit.*, p. 93.

67 David, *op. cit.*, p. 273.

68 *Vid.* Teubner, op. cit; Beck, *op. cit.*, pp. 184-216; Drewry, *op. cit.*, pp. 101-115.

69 https://www.legislation.gov.uk.

### 3.3. La costumbre

Junto a la jurisprudencia y a la ley, la costumbre (*custom*) también se considera como fuente del Derecho en Inglaterra[70]. La importancia de esta tercera fuente de Derecho es secundaria, y no puede compararse a las dos primeras.

### 3.4. La doctrina (*Jurisprudence*)

*Jurisprudence* es una expresión ambigua y significa dos cosas: *a*) doctrina científica, y *b*) la Filosofía del Derecho referida a la función judicial[71].

La doctrina es una fuente indirecta, pero importante, del Derecho. En Inglaterra la doctrina tiene más valor cuanto más antigua sea y más antiguos sean los juristas que las pronunciaron, *v. gr.*, desde Sir William Blackstone, pasando por Jeremy Bentham y John Austin hasta los actuales.

Mientras que los sistemas de Derecho continental son sistemas cerrados, el *common law* es un sistema abierto en el que continuamente se crean nuevas normas. Cuando se carece de un precedente, de un precepto legislativo o de una costumbre obligatoria, aplicable a un supuesto determinado, los tribunales deberán alcanzar una solución razonable y que esté en armonía con el Derecho existente. A estos fines se puede recurrir a la doctrina, y de igual manera en Inglaterra, a las *obiter dicta* de los jueces y a las decisiones judiciales que no tienen el carácter estricto de precedentes obligatorios[72].

## 4. NORMAS DE PROCEDIMIENTO

El interés de los juristas del continente europeo tradicionalmente se ha centrado sobre las normas de fondo (Derecho sustantivo), mientras que el procedimiento no ha merecido la atención debida; este proporciona simplemente las «reglas de juego» para garantizar que el Derecho sustantivo se aplica correctamente por los tribunales[73]. La preeminencia del Derecho

---

[70] W. Jethro Brown, «Customary Law in Modern England», 5 (8) *Columbia Law Review*, 1905, pp. 561-583; Neil Duxbury, «Custom as law in English law», 76 (2) *Cambridge Law Journal*, 2017, pp. 337-359.

[71] David, *op. cit.*, p. 277.

[72] *Ibid.*, p. 278.

[73] Lando, *op. cit.*, p. 99.

sustantivo sobre el procedimiento proviene de la antigüedad: ya en Roma se distinguía entre los *prudentes*, únicos jurisconsultos y los abogados (*oratores*), estos últimos de inferior dignidad y rango. La formación de juristas en las universidades consolidó esa dualidad: el jurista era aquel que había estudiado el modelo racional del Derecho romano, al contrario que al abogado practicante, que conocía las normas de procedimiento y los reglamentos locales, pero que carecía de la cultura general de los juristas e ignoraba los principios[74].

Pues bien, el Derecho inglés no es Derecho surgido en las universidades ni un Derecho de principios; es un Derecho de procedimiento y de litigantes[75]. El jurista clave en Inglaterra no es el profesor universitario, sino el juez, quien destaca entre los abogados practicantes. Antiguamente, muy pocos juristas tenían una formación universitaria; tampoco ninguno de los grandes jueces que marcaron el desarrollo del Derecho inglés hasta el siglo XIX. Los juristas se formaban en la práctica, siguiendo las enseñanzas de los jueces y participando en el trabajo de los abogados[76].

### 4.1. Características del procedimiento

Lo esencial hasta el siglo XIX en Inglaterra era encontrar una forma de acción que permitiera acudir a los Tribunales Reales y evitar los obstáculos que surgían de un procedimiento muy formalista, con normas muy exigentes, algunas de las cuales se siguen aplicando en la actualidad[77]. Si el proceso llegaba a buen término, quizás el jurado hiciera justicia. Lo complicado era, por tanto, sortear los obstáculos de toda clase que aparecían en el camino[78].

Un elemento decisivo que explica muchas peculiaridades del procedimiento en el Derecho anglosajón es la existencia del jurado. Por ello se desarrollaron reglas muy estrictas de prueba, que resultaban necesarias si se querían obtener veredictos razonables por parte de jurados analfabetos y expuestos fácilmente a la emotividad[79]. Además, todos los procesos, tanto civiles como penales, adoptan la forma de una sola y continua audiencia oral, que puede durar muchas horas y hasta días. En consecuencia, los

---

[74] *Ibid.*
[75] David, *op. cit.*, p. 246.
[76] Lando, *op. cit.*, p. 99.
[77] *Ibid.*
[78] David, *op. cit.*, p. 246.
[79] *Ibid.*

abogados anglosajones tradicionalmente emplean muchísima energía en la preparación del juicio[80].

De ahí el dicho comúnmente utilizado por los juristas anglosajones de «*Remedies precede rights*», esto es, que «la acción crea el derecho», que hace referencia a que son los procedimientos judiciales interpuestos antes los tribunales los que dan pie a las decisiones de los jueces que, a su vez, crean el Derecho. Desde antiguo comprendieron que carecía de sentido tener razón, si no se podía lograr que se hiciera justicia. De esta forma, el Derecho sustantivo inglés apenas se desarrolló hasta el siglo XIX[81].

En la actualidad, la presencia del jurado, al menos en Inglaterra, es excepcional en materia civil y también en materia penal (a diferencia de los Estados Unidos, donde es lo normal). No obstante, el procedimiento es sustancialmente similar al que se desarrollaba cuando la presencia del jurado era habitual, salvo en el Tribunal de la Cancillería. Así pues, el procedimiento se prepara cuidadosamente al objeto de que los puntos de desavenencia aparezcan claramente entre las partes, y puedan ser resueltos mediante una respuesta afirmativa o negativa. El procedimiento culmina con una audiencia pública, *the day in Court*, donde los puntos de desavenencia se resuelven mediante una técnica de prueba completamente oral, la audición de testigos, que son interrogados sucesivamente por los abogados de las dos partes (*examination-in-chief y cross-examination*)[82].

La controversia no tiene expediente alguno; todo debe desahogarse oralmente en la audiencia, donde el jurado debe formarse su criterio. Esta característica parte de épocas anteriores cuando los miembros del jurado eran analfabetos y presentar pruebas escritas hubiera resultado inútil[83]. Asimismo, tanto en materia civil como penal, se excluyen ciertas pruebas que podrían influir indebidamente al jurado, al que se supone todavía ignorante. De esta forma, el Derecho inglés se caracteriza por la riqueza y por la tecnicidad de su sistema probatorio.

La preparación de la audiencia y la decisión de los planteamientos que se van a llevar ante el juez queda a cargo de las partes. Estas asumen la iniciativa, el seguimiento y determinan el ritmo del proceso. Se trata de un proceso «adversario», donde el juez resulta un tanto pasivo. El juez no sabe nada del caso al inicio del proceso y recurre a los abogados, quienes le presentarán de manera oral todos los pormenores del caso. También son los

[80] Zweigert y Kötz, *op. cit.*, p. 287.
[81] David, *op. cit.*, p. 246.
[82] *Ibid.*, p. 247.
[83] Glendon, *op. cit.*, p. 275.

abogados quienes deciden a cuáles y cuántos testigos llamar, el orden en que estos deberán presentarse y son los abogados lo que interrogan a sus propios testigos y a los de la otra parte[84]. La función del juez se centra, por tanto, en la gestión del desarrollo del litigio, en el *case management*, por ejemplo, limitando los retrasos creados por las partes para intentar inducir a la parte económicamente más débil a aceptar compromisos que le son adversos[85].

*The rules of natural justice*, según los cuales el inculpado debe ser tratado con lealtad e imparcialidad en un procedimiento equitativo (*fair trial y rule against bias*), constituyen los postulados centrales del Derecho inglés[86], principios conceptuados desde una perspectiva esencialmente contenciosa y que parecen ocuparse más de la administración de la justicia, que de la justicia misma[87].

### 4.2. Organización judicial

La estructura judicial en Inglaterra ha sufrido cambios importantes a partir de los *Judicature Acts* 1873-1875 y varias reformas desde principios de la década de 1970. A pesar de ello, los tribunales todavía conservan características estructurales del sistema que se formó en los tres siglos posteriores a la conquista normanda de 1066. El sistema judicial inglés sigue siendo un sistema unitario: todos los tribunales, tanto civiles como penales, remiten al Tribunal de Apelación y a la Cámara de los Lores, y desde 2009, al Tribunal Supremo del Reino Unido. La excepción principal, la división de la *equity* bajo la jurisdicción del Tribunal de Cancillería, fue una circunstancia transitoria[88].

Los tribunales ordinarios en Inglaterra generalmente se clasifican como superiores o inferiores. La jurisdicción de los tribunales inferiores está limitada tanto geográficamente como de acuerdo con la naturaleza de los asuntos que dirimen, e incluye a los tribunales civiles y penales que deciden la gran mayoría de las controversias, los tribunales del condado (*County courts*) y de los magistrados (*Magistrates' courts*). Los tribunales superiores ejercen su jurisdicción para todo el país. A esta categoría pertenecen el

---

[84] Zweigert y Kötz, *op. cit.*, p. 288.

[85] David, *op. cit.*, p. 248.

[86] J. Jowell y A. Le Sueur (eds.), «Procedural Fairness: Introduction, History and Comparative Perspectives», en *De Smith's Judicial Review* (6th ed.), Sweet & Maxwell, Londres, 2007, pp. 317-354.

[87] David, *op. cit.*, p. 248.

[88] Glendon, *op. cit.*, p. 217.

Tribunal de la Corona (*Crown Court*), el Tribunal Superior (*High Court*), el Tribunal de Apelaciones (*Court of Appeal*) y el Tribunal Supremo (*Supreme Court*). Los tribunales especiales más importantes incluyen el Comité Judicial del Consejo Privado (*Judicial Committee of the Privy Council*) y el Tribunal de Prácticas Restrictivas (*Restrictive Practices Court*)[89].

La organización es la siguiente:

Los asuntos penales de Inglaterra y Gales se tratan en los órganos jurisdiccionales de los magistrados (*Magistrates' courts*), el Tribunal de la Corona (*Crown Court*) y la sala de lo penal del Tribunal de Apelación. A su vez, los asuntos civiles se tratan en los tribunales comarcales (*county courts*), el Tribunal Superior (High Court) y la sala de lo civil del Tribunal de Apelación[90].

El Tribunal Supremo es el órgano último de apelación de recursos en materia penal y civil en el Reino Unido, aunque los casos penales de Escocia no se pueden recurrir en apelación al Tribunal Supremo. El Tribunal fue establecido por el Acta de Reforma Constitucional del año 2005 (*Constitutional Reform Act of 2005*)[91], que se hizo efectiva el 1 de octubre de 2009. Asumió las funciones que hasta ese momento pertenecían a la Cámara de los Lores (*House of Lords*), la cual, históricamente, aparte de tener funciones legislativas, también tenía competencias judiciales.

Tradicionalmente solo un número restringido de decisiones judiciales era objeto de publicación. En la actualidad, la publicación de las decisiones judiciales está mucho más extendida, existiendo numerosas compilaciones. Además, las decisiones de los tribunales superiores se publican sistemáticamente en forma electrónica[92].

## 4.3. Abogados y jueces

En relación con el sistema judicial inglés, es importante resaltar la diferencia entre *solicitors* y *barristers*.

Los *solicitors* son profesionales del Derecho que inicialmente se encargan del trabajo legal fuera de los juzgados, asesorando a los clientes, redactando contratos, participando en transacciones, preparando testamentos o

[89] *Ibid.*, p. 218.

[90] https://www.gov.uk/government/organisations/hm-courts-and-tribunals-service.

[91] Constitutional Reform Act 2005, de 24 marzo de 2005, https://www.legislation.gov.uk/ukpga/2005/4/contents.

[92] David, *op. cit.*, p. 270.

divorcios. Tienen capacidad de representación de su cliente. Pueden comparecer ante el juez, pero solo en los tribunales inferiores. Desarrollan sus labores asociándose o individualmente, y pueden trabajar para empresas o autoridades[93]. El término *solicitor* se utilizó inicialmente para referirse a un abogado que comparecía en el Tribunal de la Cancillería; ese mismo papel se llamaba *proctor* en los tribunales de almirantazgo y eclesiásticos. Estos abogados, *solicitors* y *proctors*, todos ellos denominados más tarde *solicitors*, fueron alojados junto a los *barristers* (*vid. infra*) en los *Inns of Court*, se les expulsó a finales del siglo XVI, tras lo cual organizaron su propia asociación, la *Law Society*[94].

Los *barristers*, por su parte, se encargan del trabajo jurídico como expertos en áreas legales especializadas y pueden comparecer ante todos los juzgados, y especialmente ante los tribunales de mayor jerarquía gracias a los *rights of audience* (que no poseen los *solicitors*). Ejercen en solitario y se organizan en *chambers* (cámaras). Cada cámara puede especializarse en distintas áreas. Para colaborar con los *solicitors*, las *chambers* emplean a *clerks* (secretarios) que sirven de nexo entre ellos y distribuyen el trabajo que reciben de los primeros. Estos profesionales no tienen una relación contractual directa con el cliente (no tratan con él), ya que siempre trabajan a través de la petición de los *solicitors*. Responden colectivamente ante el *Bar Council* (Consejo de Colegiación, literalmente). Otro nombre con el que se puede hacer referencia a los *barristers* es *counsel*. Tradicionalmente, los *barristers* se han formado a través de las *Inns of Court*, que surgen como hospedaje de los *apprentices at law* que acudían a Londres cuando los tribunales estaban reunidos, alojándose en estas posadas. En el siglo XIV, se transformaron en auténticas asociaciones de abogados y ya en el siglo XV de entre ellas se elegían a jueces y *serjeants at law*. Hoy día son aún las principales asociaciones de abogados ingleses (*Inner Temple*, *Middle Temple*, *Gray's Inn*, *Lincoln's Inn*)[95].

En Inglaterra, los *barristers* más prestigiosos son designados *Queen's Counsels* (Q. C.), entre los que, a su vez, se eligen a los jueces del Tribunal Supremo[96]. En Inglaterra y Gales no existe una carrera judicial funcionarial. Normalmente, se selecciona a profesionales del Derecho formados ya en la práctica, cuando están en el punto álgido de su carrera profesional[97].

---

93 Zweigert y Kötz, *op. cit.*, p. 226.
94 Glendon, *op. cit.*, pp. 249-250.
95 Zweigert y Kötz, *op. cit.*, pp. 228-229.
96 Lando, *op. cit.*, p. 101.
97 Glendon, *op. cit.*, pp. 255 ss.

## 5. NOCIONES E INSTITUCIONES CARACTERÍSTICAS DEL *COMMON LAW*

Tradicionalmente los juristas continentales se dividen entre privatistas y publicistas y, más concretamente, entre civilistas, mercantilistas, administrativistas, penalistas, etc. Ello no sucede en el Derecho inglés. Por razones históricas, las grandes divisiones del Derecho que encontramos en este sistema son completamente diferentes de las nociones de los sistemas de Derecho romano-germánicos. El sistema inglés utiliza una nomenclatura en la que destacan términos como *contract* (contrato), *torts* (daño), *real property* (derechos reales), *personal property* (propiedad personal), *companies* (sociedades mercantiles), *bailement* (transporte), *restitution* (restitución), *local government* (gobierno local) o *conflicts of law* (Derecho internacional privado)[98]. Además, pueden observarse diferencias estructurales, como la división entre el *common law* y la *equity*, así como el rechazo o desconocimiento de conceptos e instituciones básicas para el Derecho continental, por ejemplo, las nociones de dolo, buena fe o usufructo[99].

Por otra parte, en el Derecho inglés encontramos nociones e instituciones que no tienen una equivalencia, a veces ni siquiera funcional en el Derecho continental. Las siguientes líneas explican brevemente algunas de las nociones e instituciones más características.

### 5.1. EL TRUST

La noción del trust es una noción fundamental del Derecho inglés y la creación más importante de la *equity*. El trust es un negocio jurídico privado utilizado para la transmisión de bienes o derechos de una persona a otra para que esta última los administre en su nombre y en beneficio de un tercero o terceros[100]. Sus orígenes pueden encontrarse en el fideicomiso del Derecho romano, aunque la mayoría de los autores coinciden en que comienza tras la conquista normanda con el *use*, generalizado tras el *Statute of Mortmain* (ley de manos muertas) que impedía a las comunidades religiosas poseer bienes inmuebles. Para salvar esta prohibición, los monjes transferían o adquirían a través de un tercero *feoffe to use* la propiedad de un inmueble destinado a beneficiar a la comunidad, *cestui to use*. Quien

---

[98] David, *op. cit.*, p. 233.

[99] *Ibid.*

[100] M. Checa Martínez, *El trust angloamericano en el Derecho español*, Ed. McGrawHill, 1998, p. 6; E. Estrada Alonso, *El fideicomiso y los fondos sin personalidad jurídica*, Editorial Universitaria Ramón Areces, 2010, p. 41.

constituía el *use* era llamado *feoffor to use* o *settlor*[101]. Pero es en el siglo XII, durante la época de las cruzadas, cuando comienza a desarrollarse en Inglaterra[102]. La razón se encuentra en el interés de los nobles y caballeros que partían a Tierra Santa para luchar en las cruzadas por proteger sus bienes y asegurar el disfrute de estos por parte de sus familiares. Para ello, el caballero depositaba su confianza (trust) en otra persona a la que encomendaba la gestión y administración de sus bienes en favor de su esposa y sus descendientes, quienes entonces no disponían de la capacidad jurídica necesaria para ser titulares de dichos bienes por sí mismos. Así, estos últimos podían disfrutar de dichos bienes en su ausencia o en caso de su fallecimiento[103].

En algunas ocasiones no se cumplía lo pactado. Pero el *common law* desconocía esta institución y solo reconocía como propietario al cesionario; consideraba que la familia no tenía ningún derecho sobre la tierra y, por tanto, carecía de protección legal si el cesionario incumplía su promesa y administraba la tierra en su propio beneficio. La promesa era solamente vinculante moralmente y solo quedaba esperar que el cesionario fuera un hombre de honor[104].

En los siglos XIV y XV el Canciller fue el encargado de aplicar normas basadas en la *equity*, para proteger a la familia, y ordenaría al cesionario llevar a cabo los términos de su promesa. El trust es, en consecuencia, una institución desarrollada por la *equity* y por el Tribunal de la Cancillería[105].

El trust se estructura, de forma general, sobre el esquema siguiente: una persona que es quien constituye el trust (*settlor of the trust*), acuerda que ciertos bienes sean administrados por uno o varios *trustees* en el interés de una o varias personas, los beneficiarios (*beneficiaries*)[106].

Debido a sus particulares orígenes históricos y a su posterior desarrollo, el trust está considerado como una de las instituciones jurídicas más genuinas y características de los ordenamientos anglosajones (Reino Unido, Estados Unidos o los países de la Commonwealth). Su utilización es muy frecuente dentro del Derecho de familia y sucesiones (la protección de los incapaces se asegura por este medio)[107]. Además, esta figura se emplea para

---

[101] C. Casilla, «Características del Trust en el derecho anglosajón», en Autores varios, *El fideicomiso y los proyectos de infraestructura*, Universidad Nacional Autónoma de México (UNAM), 1996, p. 7.

[102] N. Stockwell y R. Edwards, *Trusts and Equity*, 7.ª ed., Pearson, Longman, 2005, p. 6.

[103] *Ibid.*

[104] *Ibid.*

[105] *Ibid.*

[106] Checa, *op. cit.*, p. 6.

[107] Stockwell, *op. cit.*, pp. 73 ss; S. Martín Santiesteban, «La figura del trust en los Estados Unidos de América. Sus aplicaciones en el derecho de familia», *InDret* 2/2008, https://indret.com/wp-content/themes/indret/pdf/536_es.pdf.

la administración de sucesiones y planificaciones patrimoniales[108]. Por otro lado, el trust tiene cada vez más importancia en temas mercantiles, incluyendo sociedades y aplicándose a productos financieros, tales como fondos de pensiones o de inversiones, mutualidades, etc.[109]. Por el contrario, su aplicación en los países del Derecho continental es muy escasa[110], quizás con la excepción de los Países Bajos, así como en una serie de países considerados como paraísos fiscales.

### 5.2. *CONSIDERATION*

La doctrina de la *consideration* es otra noción propia del Derecho inglés. La *consideration* es uno de los elementos necesarios para celebrar el contrato; es aquello que permite distinguir una promesa cuyo cumplimiento es exigible legalmente de una promesa gratuita sin efectos jurídicos. Es, por tanto, la contraprestación o el motivo por el que la otra parte ha celebrado el contrato y que le otorga el derecho a exigir su cumplimiento. En *Dunlop Pneumatic Tyre Co Ltd* v. *Selfridge & Co Ltd* [1915], la *House of Lords* adoptó la siguiente definición: «*an act or forbearance of one party, or the promise thereof, is the price for which the promise of the other is bought, and the promise thus given for value is enforceable*».

Para el *common law*, la *consideration* no tiene por qué ser adecuada (*adequate*), pero debe ser suficiente (*sufficient*)[111], esto es, debe ser real, tangible y tener algún tipo de valor desde el punto de vista jurídico[112] (¡aunque sea un granito de pimienta!).

### 5.3. *PAROL EVIDENCE RULE*

La *parol evidence rule* (doctrina de inadmisión de pruebas extrínsecas) tampoco tiene parangón en el Derecho continental. Según esta doctrina, si existe un contrato escrito, deberá interpretarse que este incluye todos los

---

[108] Stockwell, *op. cit.*, pp. 60 ss; *Evaluating Your Estate Plan: Trusts as an Estate Planning Tool*, *Iowa State University*, 2014, https://www.extension.iastate.edu/agdm/wholefarm/pdf/c4-59.pdf.

[109] *Ibid.*

[110] L. Smith (ed.), *Re-imagining the Trust. Trusts in Civil Law*, Cambridge University Press, 2012.

[111] White *v.* Bluett 23 LJ Ex 36.

[112] Thomas *v.* Thomas (1842) 2 QB 851; 114 ER 330.

pactos y, en consecuencia, no se podrán admitir pruebas externas al texto del contrato para modificar lo acordado (por ejemplo, para demostrar que había pactos adicionales, que no se quería estipular exactamente lo que consta en el contrato etc.)[113]. El origen de esta doctrina se remonta a la Inglaterra medieval, donde el documento tenía valor por sí mismo, una vez que había sido lacrado y estampado con sellos representativos de las partes contratantes. Esta práctica, que al principio solo se relacionó con el sello del Rey, alrededor de 1200 ya se había extendido a toda la población[114].

En la actualidad, se discute su alcance[115]. Algunos autores defienden que no es más que una presunción de que el contrato incluye todo lo pactado, pero que admite prueba en contrario. La jurisprudencia también ha incorporado diversas excepciones a la doctrina, de modo que la ha flexibilizado bastante. El planteamiento original garantizaba una seguridad jurídica mayor (las partes sabían que el contrato escrito era lo que se iba a aplicar), pero las relaciones jurídicas son complejas y resultó ser demasiado estricto para el mundo real. En el Capítulo 7 se examinará esta doctrina y la de la *consideration* con mayor detenimiento.

### 5.4. *PUNITIVE DAMAGES*

En materia de responsabilidad civil extracontractual sobresale la institución de los *punitive damages*. Tradicionalmente, en los ordenamientos jurídicos de origen romano-germánico rige el principio compensatorio de la reparación del daño[116]. Esto es, persiguen que la reparación del daño coloque a la víctima en la situación en que se encontraba antes del acaecimiento del hecho, pero en ningún caso puede implicar un incremento patrimonial que no corresponda estrictamente a los perjuicios ocasionados[117].

---

[113] T. Cole, «The Parol Evidence Rule: A Comparative Analysis and Proposal», 26 (3) *University of South Wales Law Journal*, 2003, pp. 680-702.

[114] *Ibid.*, p. 684.

[115] J. Sweet, «Contract Making and Parol Evidence Diagnosis and Treatment of a Sick Rule», 53 (6) *Cornell Law Review*, 1968, pp. 1036-1068. https://scholarship.law.cornell.edu/clr/vol53/iss6/3; S. F. Ross, «The Modern Parol Evidence Rule and its Implications for New Textualist Statutory Interpretation», 87 *Georgetown Law Journal*, 1995, pp. 195-242; E. A. Posner, «The Parol Evidence Rule, the Plain Meaning Rule, and the Principles of Contractual Interpretation», 146 (2) *University of Pennsylvania Law Review*, 1998, pp. 533-77.

[116] Pablo Salvador Coderch, «Punitive Damages», *InDret* 01/2000, p. 3, www.raco.cat; J. Carrascosa González, «Daños Punitivos. Aspectos de Derecho Internacional Privado Europeo y Español», en M. Herrador Guardia (coordinador), *Derecho de Daños*, Aranzadi, 2013.

[117] H. Koziol y V. Wilcox (eds.), *Punitive Damages: Common Law and Civil Law Perspectives*, Springer, 2009.

Por su parte, el *common law* ha desarrollado el concepto de daño punitivo o pena privada (*punitive damages*, *punitory damage* o *vindictive damages*), el cual constituye una institución de gran uso, principalmente en los Estados Unidos de América (en el Derecho inglés está más limitada)[118].

Los daños punitivos son un mecanismo destinado a sancionar la conducta socialmente inadmisible del causante de un daño. Persiguen un objetivo disuasorio y ejemplarizante, esto es, reformar o impedir que el demandado u otros lleven a cabo una conducta similar a la que forma la base de la demanda[119].

Los daños punitivos exceden claramente los límites de una indemnización compensatoria, por lo que solo se otorgan en determinados supuestos, sobre todo, en materia de responsabilidad extracontractual (*law of torts*), excluyéndose, por lo general, en los litigios de carácter contractual[120]. Algunos Estados de los Estados Unidos han abolido los daños punitivos[121], limitado su extensión[122], o incluso introducido preceptos que obligan al demandante a pagar una parte de la cantidad obtenida al Estado[123].

Uno de los casos más sonados en esta materia fue el de *Liebeck* v. *McDonald's Restaurants* en el que un jurado popular civil de Nuevo México otorgó una indemnización de 2,86 millones de dólares a la Sra. Stella Liebeck, quien sufrió quemaduras de tercer grado al derramarse un café demasiado caliente de McDonald's[124].

Los *punitive damages* volverán a examinarse en el Capítulo 8.

## 5.5. *CLASS ACTIONS*

Una *class action* (acción de clase o acción colectiva) es un tipo de demanda que permite la combinación de múltiples pretensiones y de múltiples demandados en un solo proceso. Los demandantes o demandados

---

[118] A. Sebok, «Punitive Damages: From Myth to Theory», 92 *Iowa Law Review*, 2007, pp. 957-1034.

[119] Restatement of Torts, Second § 908(l).

[120] Comunale v. Traders & General Ins. Co., 50 Cal. 2d 654, 328 P.2d 198, 68 A.L.R. 2d 883 (1958), y Gruenberg *v.* Aetna Ins. Co., 9 Cal. 3d 566, 108 Cal. Rptr. 480, 510 P.2d 1032 (1973).

[121] *Vid.* el §507:16 de los *Revised Statutes* de New Hampshire.

[122] *Vid.* los §56.35, §1785.31 y §3333.2 (b) del Código Civil de California.

[123] §51-12-5.1 (e)(1)(2) del Código Anotado de Georgia (el 75 % es para el Estado). *Vid.* Sebok, *op. cit.*

[124] Liebeck *v.* McDonald's Restaurants, P.T.S., Inc., Bernalillo County, N. M. Dist. Ct. August 18, 1994.

deben formar una clase y estar afectados de forma similar. Por tanto, se trata de un grupo de personas que se representan colectivamente por un miembro del grupo[125].

La acción se originó en los Estados Unidos y aún es predominante allí, aunque varios países europeos han realizado reformas legislativas en los últimos años para permitir a las organizaciones de consumidores interponer demandas en nombre de los consumidores afectados[126]. A diferencia de una demanda tradicional, donde todas las partes están presentes en el proceso, en una *class action* suelen estar ausentes. En vez de que cada afectado interponga su propio pleito, la acción de clase permite que todas las reclamaciones de todos los miembros de la clase, sepan o no que son afectados, puedan resolverse en un solo procedimiento.

Este mecanismo procesal ofrece la posibilidad de promover casos de responsabilidad civil en los que una sola víctima se abstendría de iniciar acciones legales por la escasa cuantía del daño. La víctima solitaria carece de interés racional, pero una acción de clase supone un incentivo para el abogado ante la perspectiva de obtener honorarios contingentes, a partir de una recaudación de toda la clase[127].

En los tribunales federales de Estados Unidos, las acciones colectivas se rigen por la regla 23 del Federal Rules of Civil Procedure (FRCP) y el § 1332(d) 28 USCA[128]. En España, una de las novedades más significativas de la reciente Ley de Cooperación Jurídica Internacional en materia civil[129] es que señala en su art. 47 las condiciones particulares en las que una reso-

---

[125] R. Mulheron, *The Class Action in Common Law Legal Systems: A Comparative Perspective,* Oxford: Hart Publishing, 2004.

[126] Christopher Hodges, *The Reform of Class and Representative Actions in European Legal System: A New Framework for Collective Redress in Europe,* Hart Publishing, 2008; Christopher Hodges, «Collective Redress in Europe: The New Model», *Civil Justice Quarterly* 2010/7.

[127] Ulrich Magnus, «Why is US Tort Law so Different? 1 (1) *Journal of European Tort Law,* 2010, pp. 102-124, p. 116.

[128] United States Code Annotated. A través de este tipo de acción la Justicia estadounidense condenó, por ejemplo, a la compañía Red Bull a pagar 13 millones de dólares a miles de consumidores por publicidad engañosa (Benjamin Careathers *v.* Red Bull North America Inc & Wolf, *et al. v.* Red Bull GmbH *et al.*, 2015 U.S. Dist). En efecto, durante el período de 2002 a 2014 la compañía estuvo afirmando que «Red Bull te da alas» y que «revitaliza cuerpo y mente» debido a su mezcla única de ingredientes que supuestamente podría mejorar el funcionamiento fisiológico y mental del consumidor, mientras que, tal como alegaron los demandantes, Red Bull no es más eficaz que una taza de café o una píldora de cafeína.

[129] Ley 29/2015, de 30 de julio, de cooperación jurídica internacional en materia civil, *BOE* n.º 182 de 31 de julio de 2015.

lución extranjera derivada de una «acción de clase» o colectiva puede ser reconocida en nuestro país.

### 5.6. *Discovery*

También dentro del ámbito procesal se encuentra la institución denominada *discovery*, muy peculiar y significativa, cuyo objetivo es permitir a las partes la preparación de un proceso mediante el requerimiento de todo tipo de información[130].

El *discovery* ofrece a las partes la posibilidad de reclamar en la fase prejudicial la mayor información posible sobre la controversia y, así, evaluar la solidez de sus respectivas posiciones y reducir al máximo el factor sorpresa. De esta forma, las partes pueden ir fijando y depurando continuamente sus posturas y alegaciones, recopilar pruebas para el posterior proceso judicial e, incluso, llegar a acuerdos que lo eviten completamente[131]. En Estados Unidos aproximadamente el 90 % de todas las demandas son retiradas o acaban en un acuerdo antes de llegar a juicio[132].

En los EE. UU. el *discovery* está regulado en las reglas 26 a 37 del Federal Rules of Civil Procedure (FRCP) y se compone de diversos mecanismos. Los más importantes son la aportación de documentos y las denominadas *depositions*, testimonios orales extrajudiciales. Se trata de interrogatorios de testigos o de partes, bajo juramento y sin la presencia del juez, que quedan registrados y posteriormente son transcritos para su empleo en el juicio. La negativa a suministrar información puede dar lugar una *motion to compel*, en la que se solicita al juez que requiera a la parte contraria para que aporte la información[133]. El incumplimiento de este mandato judicial puede desencadenar importantes sanciones y la aplicación de la *adverse inference*, en la que el juez considerará que la información solicitada y no suministrada perjudicaba a la parte requerida[134].

Aunque las denominadas *fishing expeditions*[135] puras están limitadas, una de las mayores críticas al sistema de *discovery* es que, en algunas oca-

130 D. Brown, *Evidence Disclosure and Discovery in Common Law Jurisdictions*, The Oxford Handbook of Criminal Process, 2018, *Virginia Public Law and Legal Theory Research Paper* No. 2018-25, Disponible en SSRN: https://ssrn.com/abstract=3165520

131 *Ibid.*, p. 19.

132 Lando, *op. cit.*, p. 127.

133 R. Castrillo Santamaría, *La preparación del proceso civil: las diligencias preliminares*, J. B. Bosch, Barcelona, 2018, p. 60.

134 *Ibid.*

135 Solicitudes de descubrimiento de documentos mucho más amplias de lo que la ley permite, con la esperanza de encontrar en ellas algo que pueda resultar relevante.

siones, la cantidad de documentación que se ha de examinar conlleva un coste tal, que hace más ventajoso para las partes un mal acuerdo[136].

En España, existe la posibilidad de solicitar diligencias preliminares, reguladas en los artículos 256 a 263 LEC[137], pero estas se solicitan al juez, por lo que difieren del carácter extrajudicial que caracteriza al *discovery*. También existe el deber de exhibición documental en los artículos 328 a 334 LEC, pero una vez dentro del proceso[138].

## 6. LA INFLUENCIA DEL *COMMON LAW*

Casi la tercera parte de los habitantes del mundo vive en regiones donde el sistema jurídico ha sido influenciado por el *common law* en mayor o menor medida[139]. Pero la influencia de la tradición inglesa no siempre fue voluntaria, sino que, sobre todo, es fruto del colonialismo británico a partir del siglo XVI[140]. Según Dicey[141], en la distribución del *common law* hay que distinguir entre países de «asentamiento» (*v. gr.*, India, Hong Kong), países de «colonización» (*v. gr.*, Estados Unidos y Australia) y países de «conquista» (*v. gr.*, Sudáfrica).

En América del Norte, cuando las colonias británicas se independizaron en 1776 crearon su sistema jurídico propio a partir del sistema inglés, aunque la incorporación de territorios sometidos a la influencia española o francesa también supondrá la convivencia entre el *common law* y del Derecho continental en Estados como Louisiana[142]. En Canadá, la adquisición de las áreas de colonización francesa por Gran Bretaña en 1763 no supuso la fusión de sus sistemas jurídicos. El Parlamento Británico dividió Canadá en secciones angloparlantes y francoparlantes, cada una con su propio parlamento, y posteriormente sustituidos en 1840 por un parlamento común. Con la incorporación de los territorios del Noroeste y de la British Columbia en 1869 y 1871, respectivamente, Canadá pasó a estar fuertemente in-

---

136 Magnus, *op. cit.*, p. 117.

137 Ley 1/2000, de 7 de enero, de Enjuiciamiento Civil, *BOE* n.º 7 de 8 de enero de 2000.

138 R. Bellido Penadés y M. Ortells Ramos, Introducción. Finalidad y técnicas de delimitación de las diligencias preliminares, Guías Jurídicas Wolters Kluwer, https://guiasjuridicas.wolterskluwer.es/Content/Documento.aspx?params=H4sIAAAAAAAEAMtMSbF1jTAAAUsDMxNLtbLUouLM_DxbIwNDY0MjQ2OQQGZapUt-ckhlQaptWmJOcSoAOojFKjUAAAA=WKE.

139 Zweigert y Kötz, *op. cit.*, p. 233.

140 Glendon, *op. cit.*, p. 197.

141 A. Dicey, *Introduction to the Study of the Law of the Constitution*, Londres, 1924, citado por Glendon, *op. cit.*, p. 198.

142 Morán, *op. cit.*, p. 518.

fluenciada por las estructuras administrativas económicas y sociales británicas[143]. Quebec preservó, no obstante, su sistema de Derecho continental, especialmente en el área del Derecho privado[144]. La interacción entre la tradición de Derecho continental y el *common law* continúa en la actualidad y así, por ejemplo, el Tribunal Supremo de Canadá aplica ocasionalmente el Código Civil de Quebec cuando actúa como instancia superior de los tribunales provinciales[145].

Otros países con una influencia netamente anglosajona son Irlanda, Sudáfrica, la India, Pakistán, Birmania, Malasia, Nigeria, Kenia, Uganda, Tanzania, Australia y Nueva Zelanda, lo que pone de manifiesto la importancia y expansión de la tradición del *common law* en el mundo[146].

## 7. EL DERECHO NORTEAMERICANO

Los Estados Unidos de América ocupan un lugar de especial importancia en la familia del *common law*, por lo que requiere un análisis detallado.

Ello por varias razones. Estados Unidos es unos de los países más poderosos del mundo en términos de influencia política, económica, militar e incluso cultural. Además, en sus más de doscientos años de historia, el Derecho norteamericano se ha desarrollado de manera propia, apartándose en algunos aspectos del modelo inicial de Derecho inglés. Así, por ejemplo, a diferencia de Inglaterra, Estados Unidos tiene una Constitución escrita que establece un sistema federal y que contiene un catálogo de derechos fundamentales que no pueden ser infringidos[147]. Otros factores distintivos son los ideales políticos particulares de los Padres Fundadores[148], la diversidad de la población en términos de raza, religión y cultura[149], la vasta extensión de su territorio (cincuenta Estados con más de trescientos millones de habitantes), que se extiende de océano a océano, y su gran dinamismo en muchos

---

[143] Glendon, *op. cit.*, p. 201.

[144] Glendon, *op. cit.*, p. 201.

[145] *Ibid.*

[146] Lando, *op. cit.*, pp. 109 ss.

[147] Zweigert y Kötz, *op. cit.*, p. 253.

[148] R. B. Bernstein, *The founding fathers: a very short introduction*, Oxford University Press, 2015; N. Cousins, *«In God we trust»: the religious beliefs and ideas of the American founding fathers*, Harper, 1958.

[149] A las colonias llegaron anglicanos, baptistas, hugonotes, judíos, presbiterianos, puritanos, cuáqueros y católicos romanos, que se unieron a los indios nativos con su propia religión. Entre las mayorías inglesas de colonos había grupos de africanos, holandeses, franceses, alemanes, irlandeses, escoceses, españoles, suecos y suizos.

aspectos[150]. Todo ello ha contribuido a que el Derecho estadounidense haya desarrollado novedosos métodos y soluciones que quizás despiertan mucho mayor interés que el Derecho inglés, excesivamente anclado en la conservación de sus tradiciones[151].

### 7.1. Evolución histórica

Los primeros asentamientos ingleses en lo que es actualmente el territorio de los Estados Unidos de América se remontan al siglo XVII, fecha en la que se fundan las colonias de Jamestown, Virginia (1607), Plymouth, Massachusetts (1620), Maryland (1632), Nueva York, fundada inicialmente por los holandeses, pero que se convirtió en inglesa en 1664, y la de Pensilvania, cuyo origen fue sueco, pero se convirtió en inglesa en 1681. De esta forma, emergen las trece colonias que fueron constituidas en 1722[152].

El *common law* migra con los súbditos ingleses, pero solo «en la medida en que estas reglas fuesen apropiadas a las condiciones de vida prevaleciente en esas colonias» (caso Calvin, 1608)[153]. En realidad, las normas del *common law* de Inglaterra no se ajustaban bien a las condiciones de vida de los primeros colonos. Las rudimentarias circunstancias en los asentamientos americanos eran poco atractivas para los abogados ingleses y pocos migrantes habían recibido formación jurídica[154]. A la escasez de abogados se unía la profunda religiosidad de los primeros colonos, quienes, desde su óptica puritana, obedecían más la Ley de Dios que la Ley del *common law*. Por otro lado, no había autonomía de la función judicial al igual que en Inglaterra, pues eran los gobernadores de las colonias quienes aplicaban el *common law*. Por tanto, en esta primera etapa, el Derecho que se aplicaba en las colonias era una mezcla de *common law* alimentado por la práctica, por las costumbres y por la Biblia y donde campeaba la discrecionalidad de los jueces. Es decir, era un *common law* más flexible[155].

A principios del siglo XVIII, el Derecho de las colonias comenzó a refinarse, coincidiendo con una mayor influencia de la jurisprudencia inglesa. Con el crecimiento del comercio y de la población aumentó el número de aboga-

---

150 A. Farnsworth, *An Introduction to the Legal System of the United States*, 4.ª ed., Oxford University Press, 2010, p. 4.

151 Zweigert y Kötz, *op. cit.*, p. 253.

152 David, *op. cit.*, 285.

153 Calvin's Case (1608), 77 ER 377, (1608) Co Rep 1a.

154 Farnsworth, *op. cit.*, p. 10.

155 David, *op. cit.*, p. 286.

dos y los tribunales comenzaron a ser pilotados por juristas profesionales. Algunos eran abogados ingleses que habían emigrado, mientras que otros eran abogados nativos que habían estudiado en Londres o se habían formado en los despachos de abogados de las colonias. Los libros de Derecho ingleses, como los de Sir Edward Coke[156], comenzaron a estar disponibles en territorio americano. Incluso cuando llega la Guerra de la Independencia, los *Comentarios sobre las Leyes de Inglaterra* de William Blackstone[157], publicados por primera vez entre 1765 y 1770, había vendido casi tantas copias en Estados Unidos como en Inglaterra[158].

La Independencia americana, proclamada en 1776 y consumada definitivamente en 1783, trajo a las antiguas colonias inglesas, ya convertidas en los Estados Unidos de América, condiciones completamente novedosas. Francia se convirtió en un amigo y aliado, mientras que Inglaterra despertaba hostilidad. La nueva situación supuso un revés para el *common law* en algunos Estados, donde incluso se llegaron a adoptar leyes que prohibían citar decisiones inglesas posteriores a la Independencia[159]. En ese momento aparece el postulado de que el Derecho del nuevo Estado debía alinearse con la independencia política recientemente adquirida y ser autónomo[160]. Pero ni siquiera había un cuerpo adecuado de jurisprudencia estadounidense que pudiera ser utilizado por los jueces con la capacidad y la inclinación de hacerlo. Aunque existían repertorios de jurisprudencia autóctona desde finales del siglo XVIII, el número de decisiones era todavía escaso. Ante la necesidad de ampliar la base del Derecho estadounidense hubo una cierta inclinación a mirar al Derecho francés y romano-germánico, e incluso se comenzó a citar la doctrina europea en materias como el Derecho del comercio y el Derecho internacional privado[161]. Por otro lado, el ideal republicano y el sentimiento de Derecho natural parecían favorecer la codificación[162]. Sin embargo, la lengua inglesa y la población originaria inglesa en los Estados Unidos de América mantuvieron a ese país en la familia del

---

[156] Sir Edward Coke (1552-1634) fue un abogado y juez inglés, que participó personalmente en el establecimiento de algunas de las colonias inglesas en América. Sus opiniones y libros de leyes, especialmente, sus *Informes e Institutos* constituyeron el núcleo de la mayoría de las bibliotecas jurídicas en las colonias y su influencia se mantuvo hasta mucho después de la Independencia.

[157] Sir William Blackstone, *Commentaries on the Laws of England*, Clarendon Press, Oxford, 1765-1770.

[158] Farnsworth, *op. cit.*, p. 11.

[159] *Ibid.*, p. 12.

[160] David, *op. cit.*, p. 286.

[161] Farnsworth, *op. cit.*, p. 12.

[162] David, *op. cit.*, p. 286.

*common law*[163]. Las obras magistrales de ciertos juristas, entre las cuales conviene citar en primer plano a Kent con sus *Comentarios sobre Derecho Americano* (1826-1830)[164] y los trabajos de Story (1832-1845), aseguraron la adhesión de EE. UU. a la familia de *common law*[165]. En cualquier caso, muchas de las normas del *common law* nunca fueron incorporadas en los EE. UU., ya que no se adaptaban bien a las condiciones prevalecientes en territorio americano[166].

La influencia directa del Derecho inglés contemporáneo en Estados Unidos es insignificante hoy en día. Los jueces norteamericanos no suelen citar decisiones inglesas recientes y aún menos recurren al Derecho inglés para integrar cuestiones por resolver. Sin embargo, ambos ordenamientos comparten el enfoque fundamental, gran parte del vocabulario y muchos de los principios y conceptos del *common law*, *v. gr.*, *equity*, *torts*, *bailment*, *trusts*. Además, un número relativamente pequeño de decisiones inglesas se siguen analizando en las Escuelas de Derecho norteamericanas como parte de su «tradición docente»[167]. Y, en cualquier caso, aunque los abogados y jueces estadounidenses no suelan referirse al Derecho inglés de modo directo, siguen condicionados por muchas ideas inglesas que fueron introducidas en el Derecho estadounidense hace más de dos siglos. Entre ellas destacan el sometimiento a la Ley, la tradición del precedente y la visión del procedimiento como un concurso que se sustancia en un juicio, frecuentemente ante un jurado, en el que las partes enfrentadas son las que toman la iniciativa y el juez es más un árbitro que un inquisidor. Esto es, se sigue un procedimiento contradictorio (*adversarial*) y no inquisitorio[168].

### 7.2. Características principales del Derecho estadounidense

Hoy, los Estados Unidos permanecen dentro de la órbita del *common law*, pero de una forma peculiar. Tras la Independencia se adoptó el *common law* y el sistema de precedentes, tanto en el Derecho privado como en el Derecho penal, pero se apartó notablemente de la tradición inglesa respecto al Derecho público y el Derecho constitucional, ya que en Norteamérica se ha producido una constitucionalización del Derecho público más pronunciada[169].

[163] *Ibid.*, p. 287.
[164] James Kent, *Commentaries on American Law*, O. Halstead (1826-1830).
[165] Farnsworth, *op. cit.*, p. 13.
[166] David, *op. cit.*, p. 287.
[167] Farnsworth, *op. cit.*, p. 15.
[168] *Ibid.*
[169] Lando, *op. cit.*, p. 116.

### 7.2.1. *Federalismo y distribución de competencias*

Los norteamericanos son promotores del modelo y referente del constitucionalismo moderno y contemporáneo. Es la existencia de una ley fundamental, con un contenido orgánico y dogmático, que determina la forma de Estado Federal y la forma de Gobierno Republicana, el establecimiento de derechos humanos, y un principio de legalidad que rige en materia civil y penal, así como el *judicial review*, que tuvo sus orígenes en el caso *Marbury* v. *Madison*, en 1803[170].

Además, una diferencia fundamental con Inglaterra es la relativa a la distinción, que se hace en EE. UU., entre el Derecho federal y el Derecho de los Estados federados. Estados Unidos es un Estado federal del que se ha dicho posee «la estructura jurídica más complicada que se haya creado alguna vez y puesto en vigor en un esfuerzo del hombre por gobernarse a sí mismo»[171].

La distribución de competencias entre los Estados y la Federación quedó claramente delimitada en la *Décima Enmienda* de la Constitución de los Estados Unidos, en 1791: «Los poderes que la Constitución no delegue a los Estados Unidos, y que no prohíbe a las entidades federativas ejercer, se reservan a cada una de las entidades federativas respectivamente o al pueblo». Así pues, la competencia legislativa de las entidades federativas es la regla general y la competencia de las autoridades federales, la excepción. Además, esta excepción debe estar mencionada expresamente en la Constitución[172]. De acuerdo con esta, el Congreso estadounidense goza de competencias solo en determinadas áreas: divisas y moneda, recaudación de tributos, asuntos exteriores y de defensa, la ciudadanía, la protección del comercio y los derechos de autor, la quiebra, el Derecho marítimo y, por último, el control de la actividad comercial con países extranjeros y entre los Estados.

Así pues, la totalidad del Derecho privado y el resto de las leyes que regulan el comercio son competencia de cada uno de los cincuenta Estados[173]. Pero incluso cuando el Congreso tiene competencia legislativa bajo la Constitución, esta puede no ser exclusiva, sino compartida con la de los Estados, que pueden legislar hasta que se adopte legislación federal en la materia[174].

---

[170] Marbury *v.* Madison (5 U. S. 137 1803). David, *op. cit.*, p. 317 ss.

[171] Zweigert y Kötz, *op. cit.*, p. 264, citando a Griswold, *Law and Lawyers in the United States, The Common Law Under Stress*, 1964, p. 3.

[172] H. Murray, *Limiting federal powers: The Tenth Amendment*, Enslow Publishing, 2018; G. W. Brown, I. McLean y A. McMillan, *Tenth Amendment*, The Concise Oxford Dictionary of Politics and International Relations, Oxford University Press, 2018.

[173] Zweigert y Kötz, *op. cit.*, p. 264.

[174] Farnsworth, *op. cit.*, p. 72.

### 7.2.2. *Fusión del* common law *con la* equity

En Estados Unidos se originó un movimiento con gran impacto en la familia del *common law*, que fue la fusión con la *equity*. En el período colonial existieron dos sistemas, uno en el que los gobernadores ejercían de manera indistinta ambas jurisdicciones, y otro en el que los gobernadores ejercían una de las jurisdicciones y una oficina local, parecida a la Cancillería, ejercía la otra jurisdicción. Finalmente se optó por unir ambas jurisdicciones y hacer desaparecer las diferencias entre las mismas. Este movimiento fue impulsado en Nueva York gracias a David Dudley Field II, un prominente jurista que elaboró un proyecto de unificación de los procedimientos de ambos sistemas, el *Field Code de 1850*, que fue copiado por el resto de la Unión[175]. Solo a partir de este momento, Inglaterra inició el debate sobre la conveniencia de fusionar estas dos jurisdicciones, que culminó con la unión de la *equity* y el *common law* mediante los *Judicature Acts* 1873-1875.

### 7.2.3. *Fuentes del Derecho*

El Derecho de los Estados Unidos de América, al igual que el Derecho inglés, es un Derecho eminentemente jurisprudencial[176]. Sin embargo, existen diferencias notables entre ambos sistemas respecto a la función de los precedentes judiciales como fuente de Derecho. En la visión de estricta técnica jurídica, los Tribunales Supremos (Tribunal Supremo de los Estados Unidos y Tribunales Supremos de los Estados) no se han considerado nunca vinculados por sus propios precedentes[177].

El principio de *stare decisis* está matizado, esto es, se puede modificar con razones justificativas (*overruling*). Existe un *stare decisis vertical* (obligación de seguir la *ratio decidendi* de un tribunal superior jerárquicamente y ante el que las decisiones del tribunal inferior son susceptibles de apelación) y *stare decisis horizontal* (obligación de seguir las propias decisiones anteriores). En el *stare decisis* vertical, por ejemplo, un tribunal del Estado de Illinois está vinculado por las decisiones de los tribunales de apelación del Estado de Illinois (porque sus decisiones pueden ser apeladas ante esos tribunales) y por las decisiones del Tribunal Supremo de los Estados Uni-

175 *Ibid.*, p. 77, pp. 104 ss.

176 David, *op. cit.*, p. 305.

177 Farnsworth, *op. cit.*, p. 59.

dos (porque sus decisiones también en última instancia pueden ser apeladas ante ese tribunal), pero no estará vinculado por las decisiones del Tribunal de Apelaciones de Estados Unidos para el séptimo circuito, a pesar de que ese tribunal tiene su sede en Illinois, ni (en general) estará vinculado por las decisiones de los tribunales estatales de cualquier otro Estado[178]. Respecto al *stare decisis horizontal*, el Tribunal Supremo de los Estados Unidos se ha considerado tradicionalmente obligado por sus decisiones anteriores, pero ha habido ocasiones en las que ha alterado su posición, en particular, cuando la decisión anterior ha resultado inviable o ante la presencia de cambios sociales significativos. No obstante, cualquier decisión de anular el precedente se suele realizar con cautela[179]. *Brown* v. *Board of Education*[180] es probablemente el caso más famoso en el que no se aplicó el *stare decisis* de manera horizontal. En esta sentencia, el Tribunal Supremo de los Estados Unidos declaró que las leyes estatales que establecían escuelas separadas para estudiantes afroamericanos y blancos negaban la igualdad de oportunidades educativas. En consecuencia, el tribunal optó por renunciar al precedente de la doctrina *separate-but-equal* (separados, pero iguales) y en su lugar estableció la inconstitucionalidad de la segregación racial[181].

Como veremos en el siguiente apartado, en las áreas centrales del Derecho privado la competencia de los tribunales estatales es amplísima. Esto significa que no solo la Legislatura de cada uno de los cincuenta Estados puede promulgar leyes, sino que también los jueces gozan de un amplio margen para desarrollar el Derecho estatal en diferentes direcciones[182]. No obstante, pese a todas las variantes locales y el caudal de precedentes judiciales, se puede determinar una base jurisprudencial unitaria, al menos en determinadas materias. A este respecto cabe mencionar el trabajo de una asociación privada, el American Law Institute (ALI)[183], cuyo propósito es exponer, de manera sistemática, las reglas del *common law norteamericano*. Bajo la rúbrica *Restatement of the Law*, el ALI ha publicado numerosos volúmenes en materias muy diversas: contratos, agencia, conflictos de leyes, responsabilidad civil (*torts*), derechos reales (*property*), garantías (*se-*

---

[178] *Ibid.*

[179] Farnsworth, *op. cit.*, p. 59.

[180] Brown *v.* Board of Education of Topeka, 347 U.S. 483 (1954).

[181] K. H. Smith, «The Jurisprudential Impact of Brown *v.* Board of Education», 81 (1) *North Dakota Law Review*, Article 4, 2005, pp. 115-143.

[182] Zweigert y Kötz, *op. cit.*, p. 265.

[183] https://www.ali.org/.

*curity*), cuasicontratos (*restitution*) y *trusts*, entre otros[184]. Cada regla adopta la forma de artículo, seguido de un comentario con ejemplos y citas jurisprudenciales y doctrinales. En aquellas materias donde no es posible encontrar una regla común, el ALI ha optado por la que se considera mejor (*better law approach*)[185]. Los *Restatements* tienen una especial relevancia en aquellas disciplinas en las que las intervenciones del legislador han sido escasas, como en materia contractual o de responsabilidad civil, porque exponen, de la manera más exacta posible, las soluciones que están más en armonía con el *common law* norteamericano. Por ello, sobre todo los *Restatements on Torts* y los *Restatements on Contracts* han tenido una influencia considerable en la jurisprudencia norteamericana[186].

Respecto a otras fuentes del Derecho, la ley (*statute*) generalmente se percibe como un elemento secundario, que se limita a añadir o corregir la jurisprudencia en aspectos muy concretos. Obviamente, esto no es aplicable a la Constitución de los Estados Unidos de América, que no solamente es su carta política, sino el acta fundacional de ese país[187]. La Constitución norteamericana organiza las instituciones políticas del país, inspirada por las ideas de la escuela de Derecho natural, específicamente por el postulado del contrato social[188], estableciendo los límites de los poderes que le atribuye a las autoridades federales en sus relaciones con las entidades federativas y con los ciudadanos. Esos límites fueron establecidos de manera expresa por las diez primeras enmiendas, aprobadas en 1789, que constituyen la Declaración de Derechos (*Bill of Rights*) del ciudadano americano[189]. Su papel de norma fundamental se garantiza mediante el principio de control judicial de la constitucionalidad de las leyes, incluidas las leyes federales, tal como estableció el Tribunal Supremo de los Estados Unidos de América en 1803, en el caso *Marbury* v. *Madison*[190].

Por otro lado, hay que destacar el cuerpo legislativo conformado por los *Acts of Congress* y el *regulatory law*, normativas que provienen de las agencias gubernamentales y que son similares a los reglamentos[191].

---

[184] *Ibid.*

[185] Lando, *op. cit.*, p. 118.

[186] *Ibid.*

[187] David, *op. cit.*, p. 317.

[188] *Ibid.*

[189] https://billofrightsinstitute.org/founding-documents/bill-of-rights.

[190] W. E. Nelson, *Marbury* v. *Madison: The Origins and Legacy of Judicial Review*, 2.ª ed., University Press of Kansas, 2018; G. E. White, «The Constitutional Journey of 'Marbury *v.* Madison'», 89 (6) *Virginia Law Review*, 2003, pp. 1.463-1.573; Mrll Kelly, «Marbury *v.* Madison - an Analysis», 1 (2) *The High Court Quarterly Review*, 2005, pp. 58-141.

[191] Farnsworth, *op. cit.*, p. 169.

En el segundo tercio del siglo XX surgen, además, dos movimientos muy importantes[192], uno codificador, que desemboca en la adopción de códigos civiles en algunos Estados y una corriente que promueve la armonización legislativa, bajo el paraguas de la *National Conference of Commissioners on Uniform State Law*[193]. Uno de sus mayores logros es el *Uniform Comercial Code*[194], que es una codificación parcial del Derecho comercial de los Estados Unidos. Se realizó con la participación de representantes de cada Estado y adopta la forma de Código modelo, que deja a cada Estado la potestad de incorporarlo a su legislación en la forma que estime más conveniente, para preservar de esta forma la autonomía de las entidades federativas. El primer Estado en adoptarlo fue Pensilvania en 1952, recién publicada la primera edición. En la actualidad, ya está incorporado en la legislación de los cincuenta Estados, más el Distrito de Columbia y las Islas Vírgenes[195].

## 7.3. Organización judicial

El sistema judicial de los Estados Unidos de América es un sistema dual, que engloba por una parte la jurisdicción federal, y por otra, las jurisdicciones estatales[196].

### 7.3.1. *Jurisdicción federal*

Los tribunales federales conocen causas en materia civil y penal, disputas de Derecho privado y de Derecho público, causas relacionadas con sociedades mercantiles y entidades gubernamentales, apelaciones de decisiones de las agencias administrativas y asuntos de Derecho y de equidad[197]. No existen los tribunales constitucionales, porque todos los tribunales y jueces federales pueden resolver asuntos en lo referente a la constitucionalidad de las leyes federales y otras acciones gubernamentales que surjan de las causas que conocen (*control de constitucional difuso*, *vid. supra*)

El orden jurisdiccional federal tiene tres instancias: los tribunales de distrito (*district courts*), los tribunales de apelaciones (*courts of appeals*) y

---

[192] Zweigert y Kötz, *op. cit.*, pp. 267-268.
[193] https://www.uniformlaws.org/home.
[194] J. J. White y R. S. Summers, *Uniform Commercial Code*, 6.ª ed., West, 2010.
[195] Lando, *op. cit.*, pp. 118-119.
[196] Farnsworth, *op. cit.*, p. 43.
[197] *Ibid.*, p. 45.

el Tribunal Supremo (*U. S. Supreme Court*). También existen tribunales especiales de jurisdicción limitada como el Tribunal de Reclamaciones Federales de los Estados Unidos (*U. S. Court of Federal Claims*), el Tribunal de Comercio Internacional (*U. S. Court of International Trade*) y el Tribunal Tributario de los Estados Unidos (*U. S. Tax Court*).

Los tribunales de distrito son los tribunales de primera instancia de competencia general en el orden jurisdiccional federal. Sus resoluciones son recurribles ante los tribunales de apelaciones. Las decisiones de los trece tribunales de apelaciones son, por su parte, susceptibles de recurso ante el Tribunal Supremo de los Estados Unidos. Los noventa y cuatro distritos judiciales están organizados en doce circuitos regionales, cada uno de los cuales tiene un tribunal de apelaciones de los Estados Unidos[198]. La tarea de los tribunales de apelaciones es determinar si la Ley se aplicó correctamente por el tribunal de primera instancia; están compuestos por tres jueces y no utilizan jurado. Los tribunales de apelaciones resuelven los recursos sobre las decisiones de los tribunales federales ubicados dentro de su distrito, así como también apelaciones de agencias administrativas federales. Además, un decimotercer tribunal, el Tribunal de Apelaciones del Circuito Federal (*Federal Circuit Court*), tiene competencia nacional para conocer apelaciones en causas especializadas, tales como las referentes a leyes de patentes y las causas resueltas por el Tribunal de Comercio Internacional y el Tribunal Tributario de los Estados Unidos[199].

El Tribunal Supremo de los Estados Unidos es el tribunal de mayor instancia en el orden jurisdiccional federal. Creado por el artículo III de la Constitución de los Estados Unidos, lo componen un presidente y ocho magistrados asociados[200]. El Tribunal Supremo siempre preside *en banc* (en pleno), con los nueve magistrados conociendo y decidiendo las causas juntos. No hay jurado ni se interroga a testigos.

La competencia del Tribunal Supremo es casi completamente discrecional y para ser ejercida en el conocimiento de una causa se requiere el acuerdo de por lo menos cuatro de los magistrados. Como regla general, el Tribunal Supremo accede a decidir causas cuando existe una división de opiniones entre los tribunales de apelación o cuando surge una pregunta constitucional importante o asunto sobre una ley federal que necesita ser aclarado[201].

---

198 https://www.uscourts.gov/.

199 *Ibid.*

200 https://www.supremecourt.gov.

201 Farnsworth, *op. cit.*, p. 49.

### 7.3.2. *Jurisdicción estatal*

Aunque hay tribunales federales en cada Estado, la gran mayoría de litigios se dirimen ante la jurisdicción estatal establecida en cada uno de los cincuenta Estados. Las cincuenta jurisdicciones se regulan por las propias constituciones y leyes estatales y la falta de uniformidad hace que sea imposible dar una descripción detallada que abarque a todos los Estados. En cualquier caso, la mayor parte de ellos, al igual que el orden jurisdiccional federal, tiene tribunales de primera instancia de competencia general, tribunales de apelación y un tribunal supremo estatal (aunque en algunos Estados se conoce con otro nombre, como el *New York Court of Appeals* o el *Massachusetts Supreme Judicial Court*). También encontramos tribunales inferiores especializados, tribunales de condado, municipales, tributarios de menor cuantía o juzgados de paz que se encargan de asuntos menores. Los tribunales estatales tienen competencia sobre una variedad más amplia de disputas en comparación con los tribunales federales. A los tribunales estatales, por ejemplo, les incumben prácticamente todos los asuntos de divorcio y tutela de menores, testamentarios y de herencia, cuestiones de bienes raíces y asuntos de menores de edad, así como también la mayor parte de las causas de materia penal, disputas por contratos, infracciones de tránsito y causas de daños personales[202].

### 7.3.3. *Distribución de competencias entre jurisdicciones*

Los tribunales federales deciden las causas relacionadas con el gobierno de los Estados Unidos o sus funcionarios, la Constitución de los Estados Unidos o leyes federales, o controversias entre Estados o entre los Estados Unidos y gobiernos extranjeros[203]. Asimismo, una causa puede interponerse ante un tribunal federal, aun si no surge ninguna cuestión relacionada con las leyes federales, si los litigantes son ciudadanos de distintos Estados o la disputa surge entre ciudadanos de los Estados Unidos y ciudadanos de otro país[204].

En las etapas iniciales de cualquier demanda, el demandante debe indicar la base jurídica de la competencia del tribunal, tras lo que el tribunal decidirá sobre si tiene o no competencia para conocer del asunto. Si la de-

---

[202] *Ibid.*

[203] *Ibid.*, pp. 47 ss.

[204] *Ibid.*

manda se interpone inicialmente ante un tribunal federal, pero este declina su competencia, la causa deberá ser desestimada. Bajo ciertas circunstancias, sin embargo, la demanda incorrectamente interpuesta puede ser «remitida» al tribunal estatal competente. En caso contrario, esto es, que se interponga una demanda ante un tribunal estatal en un asunto que es de competencia federal, el tribunal estatal puede remitirla, si se reúnen ciertos requisitos, a un tribunal federal[205].

Los tribunales federales y estatales tienen la obligación de conceder *full faith and credit* a las decisiones dictadas por cada uno de ellos[206]. No hay ninguna disposición específica que otorgue a los tribunales federales competencia de revisión judicial sobre el Derecho estatal[207]. Sin embargo, de conformidad con la cláusula de supremacía (*supremacy clause*), prevista en el artículo VI (2) de la Constitución de los Estados Unidos, en caso de conflicto entre una ley federal y otra estatal, incluso aunque se trate de la Constitución de un Estado, la ley federal prevalecerá sobre esta. Esta cláusula también obliga a los tribunales estatales[208].

Por su parte, la Oficina del Abogado General de los Estados Unidos (*Office of the Attorney General*), a diferencia de su homólogo el *attorney general* inglés, que es un mero empleado del gobierno, cumple las funciones de un verdadero Ministerio Público. A cada tribunal federal está adscrito un U. S. *attorney*, que interviene como *amicus curiae* en todos aquellos procesos donde se plantean cuestiones de constitucionalidad de una ley federal[209].

### 7.4. Abogados y formación jurídica

La división entre *barrister* o *solicitor* no existe en los EE. UU., donde los abogados no se forman en los tribunales, sino en la Universidad. Este modelo de formación se desarrolla hacia la segunda mitad del siglo XIX, cuando, por un lado, se empiezan a crear importantes universidades, públicas o privadas, y por otro lado empiezan a surgir las Escuelas de Derecho.

En 1829, Joseph Story reorganizó la Escuela de Derecho de Harvard, doce años después de su establecimiento[210] y, para el año de 1850, todas estas escuelas se habían incorporado al ámbito universitario. Se considera

[205] Lando, *op. cit.*, p. 116.
[206] Farnsworth, *op. cit.*, p. 131.
[207] *Ibid.*, p. 7.
[208] *Ibid.*
[209] https://www.justice.gov/ag/about-office.
[210] Farnsworth, *op. cit.*, p. 19.

que el fundador de la moderna educación jurídica norteamericana fue Christopher Columbus Langdell, decano de la Universidad de Harvard entre 1870-1895[211].

En el modelo de formación estadounidense, el grado universitario en Derecho no existe como tal; el *juris doctor* (JD) es un posgrado que se cursa tras obtener un grado universitario y es prerrequisito para acceder al examen del colegio de abogados (*bar exam*) y ser admitido a la práctica como *lawyer* o *attorney*[212]. En las grandes escuelas de Derecho se enseña Derecho federal y cuestiones jurídicas de interés general, dejando a un lado el estudio de los Derechos estatales[213]. En el caso de que existan diferencias de entidad entre las legislaciones estatales, se indican y se analizan, pero, sobre todo, los alumnos aprenden a abordar de forma crítica las distintas posibles soluciones. El método seguido es el *método socrático*, donde el estudiante expone a todo el grupo, bajo la conducción del profesor, el resultado de sus lecturas, los planteamientos que ha podido percibir, los intereses involucrados en la controversia, etc. El profesor, por su parte, interroga al alumno u otros estudiantes, al objeto de apuntar los vínculos entre el problema analizado, así como la aproximación a otra problemática[214].

---

211 Lando, *op. cit.*, p. 124.

212 Farsnworth, *op. cit.*, p. 24.

213 Lando, *op. cit.*, p. 124.

214 David, *op. cit.*, p. 312; J. Dickinson, «Understanding the Socratic method in law school teaching after the Carnegie Foundation's educating lawyers», 31 (1) *Western New England Law Review*, 2009, pp.97-113, https://digitalcommons.law.wne.edu/cgi/viewcontent.cgi?article=1004&context=lawreview.

CAPÍTULO VII

# EL DERECHO DE LOS CONTRATOS ANTE LA REVOLUCIÓN DIGITAL: UNA PERSPECTIVA COMPARADA

## 1. LA TECNOLOGÍA *BLOCKCHAIN* Y LOS *SMART CONTRACTS*

En este capítulo se analizan algunos de los retos que plantea la aparición de tecnologías disruptivas llamadas a facilitar o incluso a sustituir a los contratos como instrumentos vehiculares tradicionales para la realización de transacciones. La irrupción de herramientas tecnológicas como la *DLT/Blockchain* y su aplicación a través de los denominados contratos inteligentes o *smart contracts*, no solo pone en duda el monopolio del Estado en la legislación y la aplicación de la fuerza, sino que origina una serie de cuestiones relacionadas con la naturaleza jurídica de estas tecnologías y su interacción con el Derecho contractual clásico. La utilidad del Derecho comparado en este sentido es incuestionable, tanto por la necesidad del legislador de abordar la regulación de estas tecnologías de forma coordinada, como por el hecho de que los contratos inteligentes son transfronterizos por naturaleza.

### 1.1. *BLOCKCHAIN*

El origen de la *blockchain* o *distributed ledger technology* (DLT) como tecnología disruptiva se remonta al protocolo de la criptomoneda *Bitcoin* creado bajo el seudónimo de Satoshi Nakamoto en 2009[1]. *Blockchain* es una base de datos descentralizada, organizada en bloques de transacciones relacionados entre sí de forma matemática y distribuida entre diferentes participantes llamados nodos[2].

---

[1] S. Nakamoto, «Bitcoin: A Peer-to-Peer Electronic Cash System», *Bitcoin Project*, http://bitcoin.org/bitcoin.pdf.

[2] M. Swan, *Blockchain, Blueprint for a New Economy*, O'Reilly Media, 2015, Prefacio VIII.

En la *blockchain*, las transacciones se llevan a cabo *peer to peer* o de usuario a usuario, están encadenadas unas con otras y no pueden separarse, de forma que el acceso a una determinada transacción permite conocer todo su historial previo. Efectivamente, cada operación se registra irreversiblemente en un bloque de datos que almacena varias operaciones y cuyo contenido se encripta a través de un algoritmo llamado «hash». La clave de encriptado de cada transacción está basada en la transacción anterior. La clave es crucial para desencriptar la información y poderla leer de nuevo. Por ello, si se ha manipulado la transacción anterior, la transacción actual no será legible[3].

Los bloques se distribuyen entre los diferentes nodos, de forma que cada transacción se registra uniformemente entre los participantes, una vez ratificada la validez de la operación en base a transacciones anteriores. Puesto que la información contenida en una cadena de bloques no puede ser suprimida o alterada sin el consenso de la red, se ha afirmado que la cadena de bloques es «simultáneamente resistente, transparente e inviolable»[4].

Una transacción se inicia en la *blockchain* cuando el remitente introduce una clave digital única que permanece en secreto para él («clave privada») y la clave públicamente conocida del destinatario («clave pública») a una cadena de firmas digitales en Internet[5]. Todas las transacciones son públicas, pero se consideran anónimas porque nada relaciona a individuos u organizaciones con las cuentas identificadas en las transacciones.

Desde que Satoshi Nakamoto creó *Bitcoin* han surgido diferentes tipos de cadenas de bloques. La *blockchain* original es abierta/pública (sin permiso), pero también hay cadenas de bloques cerradas/privadas (autorizadas) y semipúblicas (consorcios o permisionadas). Las cadenas de bloques públicas como *Bitcoin*[6], *Ethereum*[7], *Stellar*[8] o *Dash*[9] están abiertas a cualquier persona y la confianza se crea a través de herramientas matemáticas y el mecanismo de consenso. Son transparentes porque cualquier persona con el *software* necesario puede ver la información registrada en la cadena de bloques, aunque solo la información de la transacción es abiertamente visible,

---

[3] A. Rangone, *Managing Corporate Innovation. Determinants, Critical Issues and Success Factors*, Springer Nature, 2019, p. 78.

[4] B. Carron y V. Botteron, «How smart can a contract be?» en D. Kraus *et al.* (eds.), *Blockchains, Smart Contracts, Decentralised Autonomous Organisations and the Law*, Edward Elgar Publishing, 2019, pp. 101, 106.

[5] S. Nakamoto, *op. cit.*, p. 2.

[6] https://bitcoin.org.

[7] https://ethereum.org.

[8] https://www.stellar.org.

[9] https://www.dash.org.

no así quienes son *traders* o usuarios. Por el contrario, las cadenas de bloques privadas, como *Hyperledger Fabric*[10] de IBM, limitan el acceso a las personas autorizadas y se gestionan de forma centralizada. Los participantes de una red *blockchain* privada se conocen entre sí y los permisos de escritura están restringidos a la organización. En cambio, los de lectura pueden estar abiertos al público o restringidos en la medida que se desee. Este modelo no desintermedia por completo, pero puede ser adecuado simplificar flujos complejos de administración de datos y reducción de costes. Por último, las cadenas de bloques semipúblicas o consorciadas contienen algunas de las mismas características criptográficas de las cadenas públicas, pero permiten un control mucho mayor desde unos pocos nodos específicos. Un ejemplo de *blockchain* consorciado es *Quorum Blockchain*[11].

La información susceptible de ser registrada en la *blockchain* puede ir referida a transacciones, contratos, activos, identidades o prácticamente cualquier cosa que pueda ser referenciada de manera digital. Al ser un sistema difícil de hackear y capaz de proporcionar información segura, lo hace ideal para aplicaciones en las que haya que probar la autenticidad o la cadena de custodia. La aparición de *blockchain* supone, ciertamente, la posibilidad de compartir y gestionar el valor de activos o bienes de una forma digital y descentralizada, sin la necesidad de depender de una entidad de confianza que centralice el proceso, lo que se ha denominado el Internet del Valor frente al Internet de la Información[12].

Aunque el potencial y alcance de esta nueva tecnología todavía está por determinar, su aplicación no es exclusiva del sector financiero, pues cada vez son más los campos que exploran todo su potencial, como, por ejemplo, los seguros, las telecomunicaciones, la energía, la industria 4.0, la salud, las pymes, el juego online, los medios, las ONG, el sector público, etc. Las aplicaciones actuales con más presencia y reconocimiento se pueden dividir en dos grandes grupos: (i) aplicaciones de registro y (ii) aplicaciones contractuales. Las primeras van dirigidas a almacenar información de forma inmutable en la *blockchain*, generando así un registro distribuido inalterable. Su utilidad es grande, tanto en el sector público como en el privado. Por ejemplo, registros de datos e historial médico de pacientes; registro de la propiedad (como ya se está probando en países como Suecia o Japón); registro de vehículos; registro de empresas; registro civil, incluyendo naci-

[10] https://www.ibm.com/blockchain/hyperledger.

[11] https://www.goquorum.com.

[12] A. J. Ehrenberg y J. Leslie King, «"Blockchain" in Context», 22 (1) *Information Systems Frontiers*, 2019, pp. 29-35.

mientos y defunciones, matrimonios, divorcios, etc. (Estonia permite a los ciudadanos con identidad digital registrar sus partidas de nacimiento y matrimonio en la *blockchain*); registro de antecedentes penales; registros contables, bancarios etc. Por otra parte, la posibilidad que ofrece esta tecnología de intercambiar representaciones de todo tipo de activos físicos o digitales existentes externamente por *tokens* digitales, valiosos por sí mismos y existentes solo en la *blockchain*, favorece su utilización en aplicaciones transaccionales y contractuales, como las criptomonedas o la posibilidad de crear *smart contracts* (contratos inteligentes).

A medida que el desarrollo de la tecnología *blockchain* avanza, habría que analizar vías para corregir y mejorar algunos puntos que se antojan problemáticos. Por ejemplo, el registro global y universal de información en la cadena de bloques, que es inmutable, conlleva que todas las transacciones queden almacenadas para siempre y, por lo tanto, que no tenga cabida el derecho al olvido o a una segunda oportunidad. Además, aunque se trata de un sistema que impide manipulaciones, no es totalmente inmune a hackeos, como el robo de 3.600 millones de criptomonedas *Ethereum* de la Organización Autónoma Descentralizada (DAO), un nuevo tipo de fondo de inversión basado en la cadena de bloques[13]. O el costo de construir y mantener la cadena de bloques, que implica una infraestructura subyacente de ordenadores y redes de datos, con el consiguiente consumo de electricidad. A medida que el tamaño de la cadena va aumentando se hace necesario encontrar formas menos costosas de validar y añadir nuevos bloques. Sin olvidarnos de las implicaciones jurídicas que conlleva esta tecnología, por ejemplo, quién asume qué responsabilidad dentro de la cadena de bloques.

### 1.2. LOS *SMART CONTRACTS* O CONTRATOS INTELIGENTES

La tecnología *blockchain* como soporte de aplicaciones contractuales tiene un potencial enorme, más allá de las transacciones de criptomonedas. En este aspecto cabe destacar los denominados *smart contracts*.

El término *smart contracts* o contratos inteligentes ya fue acuñado por el informático y jurista Nick Szabo en 1994 como aquellos acuerdos contractuales en los que la verificación, aplicación y ejecución de los términos del contrato está automatizada[14], por ejemplo, una máquina expendedora

---

[13] U. R. Rodrigues, «Law and the Blockchain», 104 *Iowa Law Rev*, 2019, pp. 679-729.

[14] N. Szabo, *Smart Contracts*, 1994, disponible en: https://www.fon.hum.uva.nl/rob/Courses/InformationInSpeech/CDROM/Literature/LOTwinterschool2006/szabo.best.vwh.net/smart.contracts.html.

de bebidas. En los últimos años, el término ha empezado a utilizarse en referencia a programas informáticos que eliminan la discreción humana en la ejecución del contrato. Con ello se garantiza el cumplimiento de los términos contractuales sin tener que recurrir a jueces y tribunales[15], puesto que el programa tiene el control sobre aquellos objetos físicos o digitales necesarios para realizar la ejecución. Ejemplos de *smart contracts* son un programa instalado en un vehículo que evita su puesta en marcha si los términos del alquiler no se cumplen o un *software* bancario que transfiere automáticamente dinero si se cumplen ciertas condiciones. La aparición de la tecnología *blockchain* supone, además, que los términos del contrato y las condiciones relacionadas con su ejecución pueden ser programadas en la cadena de bloques y con ello garantizar la confianza que supone su inmutabilidad y neutralidad. De esta forma se obtiene un programa que siempre va a actuar de la misma manera sin requerir de la buena voluntad de otra parte o de un tercero.

La plataforma pionera en ofrecer soluciones para desarrollar *smart contracts* fue *Ethereum*[16] en 2014, utilizando *Solidity* como lenguaje de programación, aunque ya han surgido muchas otras plataformas basadas en la tecnología de la cadena de bloques, como, por ejemplo, *Hyperledger*[17], *Counterparty*[18], *RSK*[19] o *Corda*[20].

Entre las ventajas destacables de la utilización de contratos inteligentes se suelen mencionar[21]: (i) autonomía: se puede prescindir de abogados, notarios o cualquier otro intermediario para firmar un contrato o acuerdo; (ii) confianza: la encriptación y la validación descentralizada y mediante consenso hace casi imposible que los documentos se puedan perder o cambiar; (iii) seguridad: el encriptado y la información validada en varios bloques a la vez limita las posibilidades de hackeos; (iv) rapidez: al ser acuer-

---

[15] M. Raskin, «The Law and Legality of Smart Contracts», 1 *Georgetown Law Technology Review*, 2017, pp. 305-341.

[16] https://ethereum.org.

[17] https://www.hyperledger.org/.

[18] https://counterparty.io/.

[19] https://www.rsk.co/.

[20] https://www.corda.net/.

[21] A. Ortega Giménez, *«Smart Contracts»* y *Derecho Internacional Privado*, Navarra, Thomson Reuters Aranzadi, 2019, pp. 30-31. A. E. Vilalta Nicuesa, *Smart legal contracts y blockchain: la contratación inteligente a través de la tecnología blockchain*, Madrid, Wolters Kluwer España, 2019, cap. 4; A. Legerén-Molina, *Revista de Derecho Civil*, vol. V, n.º 2, abril-junio 2018, pp. 193-241, pp. 205 ss.; C. Argelich Comelles, «*Smart contracts* o *Code is Law*: soluciones legales para la robotización contractual», *Indret*, vol. 2, 2020, pp. 1-41. DOI: 10.31009/InDret.2020.i2.01.

dos autoejecutables no se necesita laacción de la otra parte o la intervención de terceros, por lo que hay inmediatez; (v) ahorro: al ser autoejecutables, se elimina la necesidad de tener que pleitear para hacer cumplir lo que está recogido en el contrato y (vi) exactitud: el lenguaje computacional es extremadamente preciso, lo que permite asegurar que se va a ejecutar exactamente lo que dice el contrato, eliminando posibles errores ligados a la intervención de personas para llevar a cabo las acciones que conllevan.

No obstante, estas herramientas también llevan aparejadas algunos inconvenientes, como pueden ser su posible incompatibilidad con la normativa sobre protección de datos, dado que los distintos actores (propietarios de la red, desarrolladores de la tecnología, nodos participantes en la red o los propios interesados) tienen acceso a los datos personales y se sitúan en un plano de igualdad en la red, dificultando con ello la determinación de la condición de responsable y encargado de tratamiento entre los mismos, tal como exige el Reglamento General de Protección de Datos (RGPD)[22]. De la misma manera, los contratos inteligentes dificultan el ejercicio de los derechos de supresión y rectificación, ya que operan dentro de una red que es, en principio, inmutable. Dicho carácter inmutable imposibilita, a su vez, la modificación del acuerdo ante cambios sobrevenidos en la relación contractual. Por último, aunque los contratos inteligentes están formulados con precisión, estos programas son delicados y no son inmunes a errores de programación (*bugs*) o posibles hackeos, tal como ocurrió con la DAO en 2016.

Aunque los *smart contracts* existen y se ejecutan exclusivamente dentro de la red, hay herramientas informáticas que permiten actualizar el estado del contrato inteligente con la incorporación de información externa. Son los denominados «oráculos» (*oracles* en inglés)[23], instrumentos indispensables para que un *smart contract* pueda interactuar con el mundo real, por ejemplo, obtener la cotización de una acción o divisa o si un paquete ha sido enviado por la empresa de transportes. Dicho esto, no todos los *smart contracts* existen exclusivamente en la cadena de bloques. Podemos encontrar contratos inteligentes puros, que solo operan en la red, pero también «traducciones» de contratos tradicionales a contratos inteligentes, así como contratos inteligentes combinados, en los que parte del articulado existe en la vida real y otra parte opera como código informático. Estos *smart contracts* híbridos incluyen los denominados *contratos ricardianos*

---

[22] Reglamento (UE) 2016/679 del Parlamento Europeo y del Consejo, de 27 de abril de 2016, relativo a la protección de las personas físicas en lo que respecta al tratamiento de datos personales y a la libre circulación de estos datos y por el que se deroga la Directiva 95/46/CE (Reglamento General de Protección de Datos), DO L 119 de 4 de mayo de 2016, p. 1/88.

[23] Corrales, *op. cit.*, p. 21.

(*Ricardian contracts*), término empleado por primera vez por el criptógrafo financiero Ian Grigg a mediados de los noventa del pasado siglo, en honor al economista inglés David Ricardo[24]. Se trata de contratos digitales que definen los términos y condiciones de una interacción entre dos o más partes, firmados y verificados criptográficamente. En los contratos ricardianos las cláusulas de lenguaje natural van «atornilladas» a un contrato inteligente. Es decir, la información de un texto legal se convierte a un formato que puede ser ejecutado por una computadora. En consecuencia, son legibles tanto para los humanos como para las máquinas[25].

Los contratos inteligentes suponen un reto para el Derecho en muchos sentidos. El primero de ellos es determinar si estamos o no ante verdaderos contratos y, en ese caso, si la teoría general del Derecho de contratos es aplicable o, por el contrario, encontramos elementos en estos instrumentos tecnológicos que hacen descartar esa opción. Pero es que, además, los contratos inteligentes no se encuentran físicamente en ningún sitio, puesto que *blockchain* consiste en una red mundial basada en la confianza de sus integrantes. Ello puede dar lugar a una serie de conflictos legales porque ¿qué ordenamiento jurídico es aplicable para validar la existencia y operatividad de estos contratos? ¿Hay tradiciones jurídicas que responden mejor que otras a los retos planteados por esta tecnología? ¿Estamos verdaderamente ante contratos autoejecutables y autosuficientes sin que sea necesaria la intervención del monopolio jurídico del Estado? ¿Cómo se resuelven posibles fricciones entre los contratos inteligentes y la normativa estatal?

Algunas de estas cuestiones son difíciles de resolver a día de hoy y muchas de las respuestas tienen una naturaleza puramente especulativa. Pero un buen punto de partida es comenzar por la teoría general del Derecho de contratos desde una perspectiva comparada.

## 2. ¿SON LOS *SMART CONTRACTS* CONTRATOS? CONCEPTO Y NATURALEZA VINCULANTE DE LAS OBLIGACIONES CONTRACTUALES

La primera pregunta a la que hay que dar respuesta es si los *smart contracts* son verdaderos contratos y, para ello, debemos establecer previamente qué se entiende por contrato. A este respecto no existe una definición

---

[24] J. Lampič, «Ricardian contracts: A smarter way to do smart contracts?», *Schoenherr Blog* (enero 2019), https://www.schoenherr.eu/publications/publication-detail/ricardian-contracts-a-smarter-way-to-do-smart-contracts.

[25] Corrales, *op. cit.*, p. 82 ss.

unívoca en los distintos ordenamientos jurídicos, aspecto que complica aún más el análisis de la naturaleza contractual de los *smart contracts*.

¿Significa lo mismo *Vertrag*, *contrat* o *contract*, que contrato? A la hora de definir qué es un contrato los distintos ordenamientos jurídicos se centran en determinados aspectos como la existencia de una transacción, el intercambio de promesas, la disponibilidad de derechos y acciones en caso de incumplimiento, la noción de negocio jurídico, etc. Por ejemplo, en la tradición de *common law*, un contrato es una promesa o acuerdo jurídicamente vinculante cuyo incumplimiento lleva aparejado una acción legal[26]. En Derecho francés, es un acto de voluntad bilateral que produce efectos en materia de obligaciones[27]. Por su parte, el Código Civil alemán prescribe que «para el nacimiento de una relación obligacional mediante un negocio jurídico, así como para toda modificación del contenido de una relación obligacional se exige un contrato celebrado entre las partes, salvo que la ley disponga de otro modo»[28].

A pesar de las distintas definiciones, dos elementos están siempre presentes en todos los sistemas: la voluntad de las partes y los límites que, en su caso, imponga la ley, aunque también existen discrepancias. Por ejemplo, existen discrepancias sobre si las donaciones entran dentro del concepto de contrato[29] o si las promesas, en tanto que declaraciones unilaterales de voluntad, pueden generar obligaciones de carácter contractual[30].

---

[26] «*A contract is a promise or a set of promises for the breach of which the law gives a remedy, or the performance of which the law in some way recognizes as a duty*». Restatement (First) of Contracts § 1 (1932). «*A contract is an agreement giving rise to obligations which are enforced or recognised by law*», G. Treitel, *The Law of Contract*, Sweet & Maxwell, 2003, p. 1.

[27] Según el art. 1.101 del Código Civil francés, «*Le contrat est un accord de volontés entre deux ou plusieurs personnes destiné à créer, modifier, transmettre ou éteindre des obligations*».

[28] § 311(1) Código Civil alemán (BGB): «*Zur Begründung eines Schuldverhältnisses durch Rechtsgeschäft sowie zur Änderung des Inhalts eines Schuldverhältnisses ist ein Vertrag zwischen den Beteiligten erforderlich, soweit nicht das Gesetz ein anderes vorschreibt*».

[29] En el Derecho francés las donaciones encajan en el concepto de contrato resultando, además, en transmisión consensual de la propiedad de la cosa donada (art. 938 CC francés); en el Derecho alemán también entran dentro del concepto de contratos, pero no transfieren la propiedad (§ 516 BGB); en el *common law* las donaciones no se consideran como contratos, a menos que se haya aportado una *consideration* u otorgado una escritura, en el caso de bienes inmuebles (*deed*). J Beatson, *Anson's Law of Contract*, OUP, 2002, p. 73, «*English law does not regard a bare promise or agreement as legally enforceable but recognises only two kinds of contract, the contract made by deed, and the simple contract*». En el derecho norteamericano las donaciones son consideradas como contratos con fundamento en la doctrina del *promissory estoppel* (§ 90 *Second Restatement on Contracts*).

[30] En el Derecho francés las promesas pueden crear un vínculo contractual, mientras que en el Derecho alemán, solo si se trata de una promesa de recompensa (§§ 657 ss. BGB); en el *common law* no generan vínculos contractuales, con la excepción del caso *Carlill* v. *Carbolic Smoke Ball Company* ([1892] EWCA Civ 1). En este asunto se estableció que existe

La normativa que regula la noción de contrato, sus elementos, formación, interpretación, cumplimiento, etc. suele encontrarse en los países de Derecho continental en los códigos. Por ejemplo, en Francia se encuentra recogida principalmente en el *Code Civil*, donde el contrato es uno de los modos de adquirir la propiedad (Libro III, Título III)[31]; en Alemania, el BGB regula la materia contractual a lo largo de su articulado con preceptos abstractos aplicables en una especie de círculos concéntricos; en Inglaterra, por el contrario, los contratos se rigen por el *common law*, suplementado o atenuado por la *equity*[32].

### 2.1. Elementos esenciales del contrato

Para que se pueda hablar de contrato se exige la presencia de una serie de elementos esenciales. Por ejemplo, según el art. 1.261 del CC español no hay contrato sino cuando concurren consentimiento, objeto y causa. No obstante, estos tres requisitos no se exigen en todos los sistemas jurídicos y, además, podemos encontrar ordenamientos que requieren la presencia de otros elementos esenciales distintos.

#### 2.1.1. *Consentimiento*

Los ordenamientos jurídicos coinciden en que las partes han de tener la intención de quedar vinculadas contractualmente. En una mayoría de sistemas esa intención se presume si el acuerdo va referido a intereses patrimoniales. Por el contrario, los compromisos sociales o las obligaciones morales no son vinculantes legalmente[33]. Una problemática particular en este sentido se plantea respecto a las denominadas cartas de patrocinio (*letters of intent* o *letters of confort*), cuyo tratamiento suele variar en los distintos sistemas. En los ordenamientos de Derecho continental su carácter vincu-

---

vinculación contractual SOLO si el destinatario conocía la promesa o recompensa desde el principio y actuó de conformidad con ella (*contract accepted by performance)*. En otros ordenamientos jurídicos la situación no está definida con claridad.

[31] El Derecho de obligaciones y contratos francés ha sido recientemente reformado mediante la Ordenanza n.° 2016-131, de 10 de febrero de 2016. Las principales reformas se indican puntualmente.

[32] No obstante, también existen leyes en materia contractual, como el *Sale of Goods Act* (1979); el *Unfair Contract Terms Act* (1977); el *Contracts (Rights of Third Parties) Act* (1999), etc. https://www.legislation.gov.uk/.

[33] *Vid.* Balfour *v.* Balfour, [1919] 2 KB 571.

lante depende, en la mayoría de los casos, de las expresiones que se utilicen y de las circunstancias, mientras que en el *common law*, generalmente, estos documentos solo reflejan una obligación moral[34].

La intención de una parte de quedar vinculada contractualmente no se establece de la misma forma en todos los ordenamientos. En el Derecho inglés, resulta de las declaraciones de esa parte o de su conducta si dicha intención pudo ser razonablemente inferida por la otra parte, aunque no tuviese la mínima intención de vincularse contractualmente[35]. La misma solución se da en Alemania, en base al principio de buena fe. Por el contrario, el Derecho francés solo vincula a una persona contractualmente si esa fue realmente su intención (pero puede ser condenada a resarcir a la otra parte por daños y perjuicios si actuó con negligencia)[36].

De otra parte, el acuerdo debe ser *suficiente*: las partes han cerrar el acuerdo en términos lo suficientemente definidos para poder cumplir el contrato. En la mayoría de los ordenamientos, si las partes no han alcanzado un acuerdo respecto a un término considerado como de carácter fundamental, no se puede hablar de contrato y deberán seguir negociando hasta fijar dicho término. Si se trata de contratos típicos (compraventa, suministro, seguro), basta con acordar el tipo contractual respectivo y algunos términos básicos como, por ejemplo, el tipo de mercancía y la cantidad. Si, por el contrario, el término en cuestión no es considerado como fundamental, se puede hablar de contrato (a menos que una de las partes insista en alcanzar un acuerdo respecto a ese término)[37] y el término que falta deberá ser completado con las normas de Derecho dispositivo correspondientes.

#### 2.1.2. *Objeto*

Como es sabido, los sistemas de Derecho continental exigen que el contrato tenga un objeto (tradicionalmente la cosa o servicio y el precio), tal como prescribe el art. 1.261 de nuestro Código Civil; de no existir el contrato sería nulo. Además, en los arts. 1.271 a 1.273 del Código Civil español se establece que el objeto ha de ser real, lícito y determinado o determina-

---

[34] H. Beale *et al.*, *Cases, Materials and Text on Contract Law*, Hart Publishing, 2002, pp. 90 ss.

[35] Smith *v.* Hughes (1870), LR 6 QB 597.

[36] Beale, *op. cit.*, pp. 90 ss.

[37] § 154 BGB, Eccles *v.* Bryant [1948] Ch 93.

ble y no estar fuera del comercio de los hombres[38]. Sin embargo, en el *common law* no hay una regulación pormenorizada sobre el contenido mínimo que ha de fijarse en un acuerdo, ni sobre lo que conocemos como el «objeto» del contrato propio de los sistemas continentales, sino que es suficiente con que el convenio pueda ser ejecutado y, en su caso, pueda dar fundamento a una reclamación judicial.

### 2.1.3. *Causa*

La causa es mencionada como elemento esencial del contrato en los ordenamientos de Bélgica, Luxemburgo, Italia, España y Austria, entre otros. Sin embargo, no es posible presentar una definición de causa contractual que sea de aceptación general en estos sistemas. Parte de la doctrina distingue entre una causa objetiva y abstracta, que es la función económico-social del contrato, por ejemplo, en un contrato de compraventa obtener la propiedad o el dinero y una causa subjetiva o concreta, referida a lo que motiva la celebración del contrato, por ejemplo, el vendedor vende una propiedad para pagar una deuda[39].

No hay contrato si la causa no existe. En los contratos onerosos ha de haber una causa objetiva y subjetiva; la mera intención de concluir un contrato no es suficiente, constituyendo la causa la promesa de una cosa o servicio por la otra parte. En los contratos aleatorios, donde el contenido de la obligación de una de las partes es variable y puede que ni siquiera acaezca, la causa es el riesgo, pero no existe contrato si el riesgo no es genuino[40]. En los contratos gratuitos la causa es la mera liberalidad del bienhechor, pero no existe si el motivo último estaba fundado en un error, por ejemplo, una persona se compromete a mantener a un niño bajo la creencia errónea de que es su padre biológico.

Además, la causa ha de ser lícita, por lo que no existe contrato si lo que motiva la celebración del contrato es un propósito ilícito, aunque el objeto del contrato sea lícito, por ejemplo, el alquiler de un inmueble como sede de una organización terrorista.

Francia ha abandonado recientemente la causa de la obligación, sustituyéndola por el contenido del contrato, tras la reforma del Código Civil

---

[38] L. Díez-Picazo *et al.*, *Los principios del Derecho europeo de contratos*, Civitas, 2002, p. 179.

[39] B. S. Markesinis, «Cause and Consideration: A Study in Parallel», 37(1) *The Cambridge Law Journal*, 1978, pp. 53-75.

[40] Tribunal de Casación, 18 de abril de 1953; Bale, *op. cit.*, p. 133.

realizada en 2016. Su erradicación se ha justificado por lo confuso de esta noción, lo que la hacía ser percibida como un factor de inseguridad jurídica[41]. Ello pone al Derecho francés en órbita con otros sistemas como el *common law* o el Derecho nórdico, donde la causa no existe. En Alemania el papel que juega la causa se ha transferido de la formación del contrato a materia de enriquecimiento injusto[42].

### 2.1.4. Consideration

Los sistemas de *common law* exigen la presencia de la denominada *consideration* como elemento esencial del contrato[43]. Una promesa o declaración de voluntad que carezca de *consideration*, por lo general, no es vinculante, a menos que se formalice en una escritura pública (*deed*). La doctrina de la *consideration* es compleja y poco clara, pero, en esencia, se refiere a que una promesa o declaración de voluntad, incluso si es seria y aceptada por el destinatario, no será vinculante, a menos que este dé o haga algo o prometa dar o hacer algo como contraprestación. Por ello, una promesa respecto a un acto que ya se ha llevado a cabo no es vinculante, tal como se estableció en el conocido asunto *Re McArdle*: «*Past consideration is no consideration*»[44].

Este requisito responde a la idea subyacente en el *common law* de que toda promesa es obligatoria siempre que vaya referida a un negocio (*bargain*)[45]. La *consideration* no tiene por qué ser adecuada, es decir, de valor equivalente; incluso un granito de pimienta basta; en algunas ocasiones, además, los tribunales parecen que la inventan fijándola como alguna acción o la posibilidad de la misma hecha por el destinatario y tratándola como contraprestación por la promesa, por ejemplo, la promesa hecha por un periódico de dar a sus lectores consejos financieros fue considerada como vinculante contractualmente porque el periódico tenía derecho a publicar las dudas de los lectores, si así lo deseaba[46].

---

[41] E. Savaux, «El nuevo Derecho francés de obligaciones y contratos», *Anuario de Derecho Civil*, tomo LXIX, 2016, fasc. III, p. 730.

[42] Enriquecimiento sin causa, *ohne Grund*, § 812 BGB; Bale, *op. cit.*, p. 153.

[43] H. Kötz, «Comparative Contract Law», en Reimann, M. y Zimmermann, R. (eds.) The Oxford Handbook of Comparative Law, 2.ª ed., *op. cit.*, pp. 910-911.

[44] Re McArdle [1951] Ch 669.

[45] H. Beale *et al.*, *Cases, materials and text on Contract law* (Hart Publishing, Oxford, 2010), p. 44.

[46] De la Beare *v.* Pearson Ltd., [1904-7] All ER Rep 755, [1908] 1 KB 280.

Al igual que la causa en el Derecho continental, esta institución tradicional del Derecho inglés ha sido objeto de crítica por parte de la doctrina. Según Atiyah, «la doctrina de la *consideration* es incoherente y no significa más que la existencia de una buena razón para cumplir una promesa»[47]. A este respecto, es importante destacar que, aunque el Derecho angloamericano ha recibido la doctrina de la *consideration*, también considera como vinculantes las promesas gratuitas en las que el destinatario ha podido confiar razonablemente[48]. Por otra parte, ni Escocia ni los países de Derecho continental conocen esta doctrina.

### 2.1.5. *Requisitos de forma*

La mayoría de los ordenamientos europeos consagran la libertad de forma en materia contractual, *v. gr.*, el § 125 BGB o el art. 1.258 del CC español. En algunos contratos específicos, sin embargo, es frecuente que se exija la forma escrita o incluso el otorgamiento de escritura notarial para que el acuerdo sea válido[49]. Por ejemplo, los contratos de fianza o la compraventa de bienes inmuebles requieren el otorgamiento de escritura en Alemania (§ 313 BGB) y España (art. 1.280 del Código Civil). En las donaciones también se suele exigir la forma escrita e incluso el otorgamiento de escritura en algunos países, a excepción de Dinamarca, único país de la UE donde las donaciones no requieren formalidad alguna[50]. Otros tipos contractuales donde generalmente se exigen determinadas formalidades son los contratos con consumidores, préstamos, compraventa de vehículos a motor, contratos de empleo o alquileres. Además, los convenios arbitrales deberán figurar por escrito, tal como establece el art. II del Convenio de Nueva York de 1958 sobre reconocimiento y ejecución de sentencias arbitrales extranjeras[51].

Para finalizar esta sección es importante apuntar que las compilaciones modernas del Derecho de los contratos han eliminado algunos de los requisitos presentes en los sistemas tradicionales, como la causa o la *consideration* y van encaminadas a simplificar las condiciones para conclusión de

[47] P. S. Atiyah, *Atiyah's Essays in Contract*, Clarendon Press, 1986, p. 179.

[48] § 90 Restatement 2nd Contracts.

[49] Beale, *op. cit.*, pp. 154-175; Kötz, *op. cit.*, pp. 912-913.

[50] O. Lando y H. Beale, *Principles of European Contract Law*, Parts I and II, Kluwer Law International, 2000, p. 143.

[51] Convenio sobre reconocimiento y ejecución de sentencias arbitrales extranjeras, hecho en Nueva York el 10 de junio de 1958, *BOE* de 11 de julio de 1977.

un contrato. Así, por ejemplo, el art. 2:101 de los Principios del Derecho Contractual Europeo (PECL) establece que:

1) El contrato se perfecciona, sin necesidad de ninguna otra condición, cuando

*a*) las partes tienen la intención de obligarse legalmente y
*b*) alcanzan un acuerdo suficiente.

2) El contrato no necesariamente se debe concluir ni hacer constar por escrito y no queda sujeto a ninguna otra exigencia de forma. Se puede probar su existencia por todos los medios posibles, incluida la prueba testifical.

### 2.2. Naturaleza contractual de los *smart contracts*

Si tenemos en cuenta las diferentes definiciones de contrato y los elementos esenciales que se suelen exigir por los distintos ordenamientos para otorgarles fuerza vinculante, descubrimos de forma inmediata que los contratos inteligentes plantean una serie de problemas con relación a los principios e instituciones tradicionales del Derecho contractual. En el *common law*, por ejemplo, lo que diferencia a un contrato de meros acuerdos sociales o morales es la posibilidad de acudir a los tribunales en caso de incumplimiento. Es decir, un contrato es un acuerdo cuya infracción da lugar a acciones legales. Sin embargo, en un *smart contract* la ejecución no está asegurada mediante los mecanismos coercitivos del Estado, sino por los términos y mecanismos establecidos en el programa informático que le da origen[52]. Por otra parte, dado que las transacciones en la cadena de bloques se pueden llevar a cabo de forma seudónima, en caso de controversia, puede ser imposible identificar al demandado para iniciar acciones legales en su contra[53].

Por otra parte, los contratos inteligentes no crean obligaciones en sentido jurídico. La noción de obligación, que se origina en el Derecho romano y es clave en el Derecho de contratos del sistema continental, es ajena a los *smart contracts*. Según la clásica definición de Justiniano, «La obligación es un vínculo jurídico por el que somos constreñidos con la necesidad de

[52] Raskin, *op. cit.*, p. 322.
[53] Norton Rose Fulbright, «Can smart contracts be legally binding contracts?» (noviembre 2016), http://www.nortonrosefulbright.com/knowledge/publications/144559/can-smart-contracts-be-legally-binding-contracts.

pagar alguna cosa según las leyes de nuestra ciudad»[54]. Es decir, es el vínculo establecido entre dos personas (o grupos de personas), por el que una de ellas puede exigir de la otra la entrega de una cosa o el cumplimiento de un servicio o de una abstención[55]. Los elementos clave de la obligación son, por tanto, (1) su orientación hacia el futuro y (2) un componente de «voluntad». Dado que el vínculo obligacional existe en la medida en que ciertas acciones u omisiones deban llevarse a cabo en el futuro y el deudor tenga cierta discreción para realizarlo o para no realizarlo, si nada depende de la voluntad del deudor, como en los *smart contracts*, donde el cumplimiento se ejecuta automáticamente, entonces no se puede hablar de obligación del deudor respecto del acreedor. Aunque los distintos ordenamientos suelen dar cobertura a contratos que se ejecutan instantáneamente en el momento de su celebración (*v. gr.*, *executed contracts* en el Derecho angloamericano), según la doctrina, es más correcto afirmar que la principal consecuencia de la celebración de un *smart contract* no es la de dar origen a obligaciones, sino la *autolimitación de ciertos derechos por medios técnicos*[56]. Así pues, existe un vínculo entre las partes, pero ese vínculo es de carácter técnico y mucho más sólido que un vínculo jurídico.

### 2.2.1. *Consentimiento*

El elemento consensual presente en la mayoría de definiciones de contrato también da pie a problemas en el caso de los *smart contracts*, dado que se trata de *scripts* (códigos informáticos) escritos con lenguajes de programación. Esto quiere decir que los términos del contrato son puras sentencias y comandos en el código que lo forma, elaborados por un desarrollador y aceptados por la otra parte, independientemente de que los comprenda o no. En el mundo real, las partes no entienden habitualmente el lenguaje de programación de un *smart contract*, un lenguaje que tiene similitudes técnicas con *Java*, como *Python* o *Solidity*, con una sintaxis orientada materialmente que solo puede ser ejecutada en la Máquina Virtual de Ethereum (EVM). Legalmente, por tanto, la cuestión que se plantea es si el hecho de que una parte no comprenda el código fuente de un *smart*

[54] «Obligatio est iuris vinculum, quo necessitate adstringimur alicuius solvendae rei secundum nostrae civitatis iura». Inst. iii, 13, pr.

[55] *V. gr.*, art. 1.088 del Código Civil español.

[56] A. Savelyev, «Contract law 2.0: "Smart" contracts as the beginning of the end of classic contract law», 26(2) *Information & Communications Technology Law*, 2017, pp. 116-134, p. 130.

*contract* tiene efectos en el acto de voluntad bilateral que ha de estar en la base de todo contrato. Según la doctrina, las partes que celebran un *smart contract* aceptan la fuerza vinculante de sus términos técnicos, aunque realmente no entiendan todos los detalles tecnológicos[57]. En definitiva, que cuando se acepta un *smart contract*, las partes están dando su consentimiento implícito al código de programación subyacente. Por otra parte, puesto que la tecnología *blockchain* mantiene en secreto las identidades de los usuarios, también puede permitir operar a aquellos que legalmente no tienen permitido dar su consentimiento o incurrir en una prohibición legal (arts. 1.263 y 1.264 CC español).

### 2.2.2. *Objeto*

La necesidad de la existencia de un objeto lícito, posible y determinado se aplica a los contratos inteligentes de la misma manera, aunque el objeto debe referirse a una obligación que tenga un respaldo digital. Es decir, la obligación debe poder cumplirse dentro del ámbito digital. En este sentido es importante destacar que el Internet de las Cosas (IoT) y la tokenización de activos está incrementando la conexión de objetos comunes a Internet y gradualmente posibilitando respaldar obligaciones dentro de un ámbito digital en un contrato inteligente. Lo que está claro es que los *smart contracts* no puede servir para violar las leyes o comerciar con cosas que están fuera del comercio[58].

### 2.2.3. *Causa y* consideration

La exigencia de *consideration* de los ordenamientos anglosajones no parece plantear ningún problema en el caso de los contratos inteligentes. La doctrina de la *consideration* está basada en la idea de que el elemento transaccional sirve para distinguir un contrato de una donación, que no proporciona a las partes los mismos mecanismos de acción judicial en caso de incumplimiento. Dado que los términos del contrato inteligente se establecen de marea explícita y los deberes y beneficios de cada parte son inmediatamente aparentes, la presencia de *consideration* en estas herramientas

---

[57] R. H. Weber, «Blockchain technology, smart contracts and cirtual currencies», en A. De Franceschi y R. Schulze (eds.), *Digital Revolution- New Challenges for Law*, C. H. Beck, Nomos, 2019, pp. 299-312, p. 304.

[58] T. Tulsidas, «Smart Contracts from a Legal Perspective» (2018), https://rua.ua.es/dspace/bitstream/10045/78007/1/Smart_Contracts_from_a_Legal_Perspective_Utamchandani_Tulsidas_Tanash.pdf, p. 21.

digitales estaría justificada[59]. Sin embargo, no hay nada que impida la codificación de una promesa de donación en la cadena de bloques. Tal promesa se ejecutaría irrevocablemente de la misma manera que cualquier otro contrato inteligente, aun sin mediar *consideration*[60].

El elemento causal tampoco presenta mayores obstáculos, siempre y cuando la celebración de un contrato inteligente no vaya orientada a ir contra la Ley, como simular operaciones inexistentes o evadir el pago de impuestos[61].

### 2.2.4. *Forma*

El aspecto formal cobra una importancia destacada en los contratos inteligentes, puesto que los códigos informáticos no solo prueban la existencia del contrato, sino que también determinan su eficacia hasta el punto de hacer que pierda efecto cuando los códigos no están formulados correctamente o haciendo el cumplimiento imposible. Efectivamente, si no se concretan las acciones o beneficios de las partes, los códigos no pueden producir un resultado no programado. Además, *blockchain* claramente añade valor al facilitar la verificabilidad del contenido de los documentos contractuales. A este respecto es necesario traer a colación la Ley Modelo de la Comisión de las Naciones Unidas para el Derecho Mercantil Internacional (CNUDMI) sobre Comercio Electrónico[62], que establece el principio de *equivalencia funcional*, es decir, la equivalencia entre los documentos en formato papel y los documentos en formato electrónico a efectos de cumplimentar el requisito de forma escrita. Este principio ha sido consagrado en España, entre otras normas, en el art. 23 de la Ley 34/2002, de 11 de julio[63], que dispone que los contratos celebrados por vía electrónica producirán todos los efectos previstos en el ordenamiento jurídico, cuando concurran el consentimiento y los demás requisitos necesarios para su validez. Más recientemente, la Ley Modelo de la CNUDMI sobre Documentos Electrónicos Transferibles[64], recoge

---

[59] Raskin, *op. cit.*, p. 322.

[60] K. Werbach y N. Cornell, «Contracts Ex Machina», 67 *Duke Law Journal*, 2017, pp. 313-382, p. 370.

[61] *Ibid.*

[62] Ley Modelo de la CNUDMI sobre Comercio Electrónico (1996). Artículo 5 bis aprobado en 1998.

[63] Ley 34/2002, de 11 de julio, de Servicios de la Sociedad de la Información y de Comercio Electrónico, *BOE* n.º 166, de 12 de julio de 2002.

[64] Ley Modelo de la CNUDMI sobre documentos transmisibles electrónicos (2017).

el principio de equivalencia funcional a la vez que adopta el principio de *neutralidad tecnológica*. Ello permite incorporar el uso de cualquier método o tecnologías, incluido el *blockchain*[65].

No obstante, habría que estar atentos a determinados requisitos de forma *ad solemnitatem* recogidos en los distintos ordenamientos jurídicos, cuya inobservancia puede afectar a la validez del contrato. Algunos contratos exigen la forma escrita, lo que significa que las partes han de firmar el acuerdo. Así pues, tendría que hacerse utilizando una firma digital. Además, habría que estar a la normativa sobre condiciones generales de la contratación y sobre la defensa de consumidores y usuarios[66], si bien la mayoría de *smart contracts* son transacciones simples B2B con ejecución simultánea, con poca incidencia en materia de consumo. Por otra parte, cuando se trata de transmisiones de derechos reales, se ha puesto en cuestión la capacidad de los *smart contracts* para trasladar más allá de la posesión, sin ningún otro requisito formal adicional[67]. Ello, porque no todos los titulares de derechos en activos reales son usuarios de *blockchain*; por tanto, cualquier procedimiento de transmisión requiere mecanismos adicionales para asegurar que los intereses de estos titulares de derechos estén bien representados[68]. Sin el cumplimiento de otros mecanismos adicionales, la transmisión no tendría efectos *erga omnes*, sino meramente *inter partes*.

### 2.2.5. *Conclusiones*

Podemos concluir que los *smart contracts* no son necesariamente contratos desde el punto de vista legal en el Derecho comparado. Solo en los su-

---

[65] T. Lemay, «UN Commission on International Trade Law adopts the UNCITRAL Model Law on Electronic Transferable Records», Informe de Prensa de la CNUDMI, 17 julio 2017, http://www.unis.unvienna.org/unis/en/pressrels/2017/unisl251.html.

[66] En el caso de España, *vid.* Ley 7/1998, de 13 de abril, sobre Condiciones Generales de la Contratación; Real Decreto Legislativo 1/2007, de 16 de noviembre, por el que se aprueba el texto refundido de la Ley General para la Defensa de los Consumidores y Usuarios y otras leyes complementarias, así como la Directiva 93/13/CEE del Consejo, de 5 de abril de 1993, sobre las cláusulas abusivas en los contratos celebrados con consumidores; Directiva 1999/44/CE del Parlamento Europeo y del Consejo, de 25 de mayo de 1999, sobre determinados aspectos de la venta y las garantías de los bienes de consumo y la Directiva 2011/83/UE del Parlamento Europeo y del Consejo, de 25 de octubre de 2011, sobre los derechos de los consumidores.

[67] B. Arruñada, «Limitaciones de *blockchain* en contratos y propiedad», *Revista Crítica de Derecho Inmobiliario*, n.º 769, 2018, pp. 2465-2493, p. 2477.

[68] *Ibid.*

puestos en los que un contrato inteligente presente el contenido y los términos de un contrato tradicional exigidos por los ordenamientos estatales estaríamos ante un verdadero contrato. En caso contrario, se trataría de un mero programa computacional, sin eficacia legal. Esta diferencia viene reflejada en los términos *smart contract* y *smart legal contract*[69]. El primero va referido al código informático que, presentes una condición o condiciones específicas, se ejecuta en *blockchain*. El segundo es un contrato desde el punto de vista tradicional que puede incluir un código o componentes de contratación inteligentes. A su vez, los *smart legal contracts* pueden resultar de la traducción a lenguaje computacional de todo o parte de un contrato en lenguaje natural preexistente, u originarse directamente en la cadena de bloques.

## 3. PERFECCIONAMIENTO DEL CONTRATO, ¿CUÁNDO ES UN *SMART CONTRACT* VINCULANTE PARA LAS PARTES?

El modelo de oferta y aceptación es el prototipo seguido para la perfección del contrato en la mayoría de ordenamientos jurídicos *v. gr.*, art. 1.262 Código Civil español, §§ 145-150 BGB, arts. 1.326-1.329 Código Civil italiano, §§ 2.204-2.207 *Uniform Comercial Code* (UCC) o los arts. 14-24 de la Convención de Viena sobre compraventa internacional de mercaderías (en adelante, CISG)[70]. Generalmente la oferta debe reflejar la intención del oferente de quedar obligado por el contrato y ser lo suficientemente definida para poder constituir un contrato ejecutable[71].

### 3.1. La oferta

De la oferta debe desprenderse claramente que el oferente tiene la intención de quedar obligado si se acepta; en caso contrario, no se puede hablar

[69] V. M. García, «La regulación aplicable al *smart contract* y sus subtipos: *smart code contract & smart legal contract*», *FinTech & RegTech* (4 de enero de 2019), www.medium.com; J. Stark, «How Close Are Smart Contracts to Impacting Real-World Law?», CoinDesk (11 de abril de 2016), https://www.coindesk.com/blockchain-smarts-contracts-real-world-law.

[70] Convención de las Naciones Unidas sobre la Compraventa Internacional de Mercaderías, Viena, 11 de abril de 1980, Tratado de compraventa con número de documento 98-9 (1984), Número de documento de las Naciones Unidas A/CONF 97/19, 1489 UNTS 3.

[71] B. Bix, *Contract Law: Rules, Theory, and Context*, Cambridge University Press, 2012, p. 19.

de oferta, sino de una invitación a realizar una oferta. Algunas veces, la propia propuesta indica que es «*sans engagement*, *senza impegno*, *freibleibend*, *without obligation*», o con otras palabras similares al mismo efecto. En ausencia de tal indicación, dependerá del entendimiento que una persona razonable tenga en la misma posición que el destinatario[72]. Por otra parte, las propuestas hechas para el público en general no tienen la misma fuerza vinculante en todos los ordenamientos[73]. En el Derecho italiano, por ejemplo, son efectivas como oferta, a menos que se desprenda lo contrario de la misma o de usos que sean de aplicación (art. 1.336.1 Código Civil italiano). Los tribunales franceses, de la misma forma, han interpretado que las propuestas al público en general son ofertas, salvo que el oferente quiera saber con quién está contratando (*contratos intuitus personae*) como en el caso de contratos de empleo o de alquiler de vivienda. Contrariamente, en Inglaterra y Escocia, se ha interpretado que estas propuestas solo son meras invitaciones a realizar una oferta[74], aunque pueden considerarse como oferta si se trata de un contrato unilateral[75].

Como ya se ha indicado, la oferta ha de ser definida y debe especificar los aspectos esenciales del negocio propuesto con la suficiente precisión para la formación de un contrato si el destinatario acepta. En algunos sistemas, la oferta ha de contener el precio, *v. gr.*, art. 1.583 Código Civil francés.

La oferta surte efecto cuando *llega* al destinatario[76] en ordenamientos como el alemán (§ 130 BGB), los nórdicos (§ 7 de la Ley Nórdica de Contratos)[77] o el art. 14 CISG. En España (art. 1.262 CC) e Italia (art. 1.335 CC) la oferta no es efectiva hasta que no llega a conocimiento del destinatario. Por otro lado, la oferta se extingue al finalizar el plazo durante el que ha de producirse la aceptación. Si el oferente no ha fijado un plazo para la aceptación, se extingue tras un plazo razonable[78].

---

[72] *Vid.* Clifton *v.* Palumbo, [1944] 2 All ER 497; Bigg *v.* Boyd-Gibbins Ltd. [1971], 2 All ER 183.

[73] Beale, *op. cit.*, pp. 185 ss.

[74] Pharmaceutical Society of Great Britain *v.* Boots Cash Chemists [1953] 1 QB 401.

[75] Carlill *v.* Carbolic Smoke Ball Company [1892] EWCA Civ 1.

[76] A. Farnsworth, «Comparative Contract Law», en M. Reimann y R. Zimmermann (eds.), *The Oxford Handbook of Comparative Law*, 1.ª ed., 2006, DOI: 10.1093/oxfordhb/9780199296064.013.0029.

[77] Bekendtgørelse af lov om aftaler og andre retshandler på formuerettens område, LBK n.º 193 de 2 de marzo de 2016, https://www.retsinformation.dk/eli/lta/2016/193.

[78] *V. gr.*, § 147(2) BGB, art. 5(5) Ley Suiza de Obligaciones, § 3.1 Ley Nórdica de Contratos, Manchester Diocesan Council of Education *v.* Commercial and General Investments Ltd [1969] 3 All ER 1593.

La posibilidad de revocar la oferta suscita soluciones discrepantes en los distintos ordenamientos[79]. Aquí encontramos: (i) ordenamientos donde la oferta es revocable, pero puede convertirse en irrevocable, como Italia o Escocia[80]; (ii) ordenamientos, como Francia, en los que el oferente puede hacer una oferta irrevocable, pero si, a pesar de ello, decide revocarla, solo incurrirá en responsabilidad precontractual[81]; (iii) ordenamientos en los que, incluso aunque la oferta indique que es irrevocable, esta puede revocarse. Por ejemplo, en el *common law* la oferta es revocable hasta que el destinatario haya enviado la aceptación (*mailbox rule*), incluso aunque el oferente hubiera indicado que era irrevocable[82]. Sin embargo, en el Derecho norteamericano esta doctrina ha sido abandonada hasta cierto punto[83]; (iv) ordenamientos donde la oferta es, por lo general, irrevocable y se mantiene con carácter vinculante hasta que se extingue. Este es el caso de Alemania, Suiza o los países nórdicos[84]. En cualquier caso, el oferente puede retirar la oferta antes de que esta llegue al destinatario. Una aceptación hecha a su debido tiempo sirve para perfeccionar el contrato, aunque la oferta haya sido revocada.

### 3.2. La aceptación

La aceptación es toda declaración u acto del destinatario que indique el asentimiento a una oferta[85]. Excepcionalmente, la aceptación puede mani-

---

[79] Beale, *op. cit.*, pp. 195 ss.

[80] En Italia, según el art. 1.328 CC italiano el oferente puede revocar la oferta hasta que conozca la aceptación del destinatario. Sin embargo, la revocación no tiene efecto si el oferente se comprometió a mantener la oferta durante un período de tiempo (art. 1.329). Si el destinatario ha actuado de buena fe confiando en la oferta, el oferente puede revocarla, pero puede llegar a estar sujeto a responsabilidad precontractual. En Escocia (Mc Bryde, Contract 68-71) y en la Convención de Viena sobre Compraventa internacional de mercaderías, CISG (art. 16) la oferta es generalmente revocable hasta que la aceptación se haya enviado.

[81] Cour de Cassation (ch.civ. 1ere sect. Civ.) 17 diciembre de 1958. http://www.casebooks.eu/contractLaw1/chapter2/excerpt.php?excerptId=2653.

[82] Dickinson *v.* Dodds (1876) 2 Ch D 463.

[83] Según el § 2.205 Uniform Commercial Code, una oferta hecha por un comerciante y firmada en un documento asegurando que no se revocará, es irrevocable, pero durante un plazo máximo de tres meses. Además, en ese país la doctrina del *estoppel* se aplica para mitigar los efectos de la revocabilidad amplia de las ofertas (§ 87.2 Second Restatement of Contracts): si el oferente pudo razonablemente esperar que la oferta indujera a una acción o inactividad fundamental por parte del destinatario, la oferta se considera irrevocable en la medida necesaria para evitar una injusticia.

[84] *Vid.* § 130 BGB, art. 5 de la Ley Suiza de Obligaciones, § 7 Ley Nórdica de Contratos. No obstante, el oferente puede especificar en su oferta que esta es revocable *v. gr.*, § 145 BGB, § 9 Ley Nórdica de Contratos, art. 3 Ley Suiza de Obligaciones.

[85] Beale, *op. cit.*, pp. 212 ss.

festarse mediante silencio o inactividad[86]. Para que sea efectiva, la aceptación ha de realizarse a tiempo y coincidir con los términos de la oferta, pero, en determinadas condiciones, el contrato puede perfeccionarse, aunque la aceptación no coincida totalmente con la oferta o aunque esta llegue fuera de plazo.

### 3.2.1. *Efectos*

La declaración de aceptación solo es efectiva si expresa la intención del aceptante de quedar obligado contractualmente en los términos contenidos en la oferta. La declaración de aceptación no es válida si el destinatario se limita a confirmar que ha recibido la oferta o modifica los términos de esta. La mayoría de ordenamientos establece que: (i) la aceptación surte efectos cuando llega al oferente *i. e.*, art. 23 CISG, § 130 BGB, art. 5 Ley Suiza de Obligaciones o §§ 2 y 3 de la Ley Nórdica de Contratos; (ii) en Inglaterra, Irlanda y Escocia la aceptación surte efectos cuando es enviada (*mailbox rule*); (iii) en Italia (arts. 1.326.1 y 1.335 CC italiano) y España (art. 1.262 CC) el conocimiento del oferente es decisivo, aunque se presume que este ha conocido la aceptación cuando esta llega al oferente. Sin embargo, en contratos celebrados entre comerciantes la aceptación es efectiva cuando se envía (art. 54 del Código de Comercio español). Asimismo, en los contratos celebrados mediante dispositivos automáticos hay consentimiento desde que se manifiesta la aceptación (art. 1.262 CC español). En Francia, esta cuestión no está resuelta de forma general; el Tribunal de Casación ha considerado que es un aspecto a determinar por los tribunales inferiores, los cuales parecen tener preferencia por la doctrina del envío[87].

### 3.2.2. *Aceptación mediante ejecución, inacción o silencio*

La oferta también puede aceptarse mediante la realización de alguna conducta por el destinatario, *v. gr.*, el envío de la mercancía, a menos que el oferente haya requerido una declaración de aceptación[88]. La conducta que indica la aceptación ha de manifestarse al mundo exterior para surtir efecto, a menos que el oferente renuncie o la conducta siga los usos de la práctica comercial[89].

---

[86] *Ibid.*, p. 216.

[87] Cass.com, 7 January 1981. l'Aigle/Comase. http://www.casebooks.eu/contractLaw1/chapter2/excerpt.php?excerptId=2657.

[88] Beale, *op. cit.*, p. 215.

[89] § 151 BGB, art. 1327.1 Código Civil Italiano, Weatherby *v.* Banham (1832) 172 E.R. 950, § 54.1 Restatement 2nd.

El silencio o inactividad en sí no equivale a aceptación, pero puede surtir efecto como aceptación si previamente a la realización de la oferta el oferente ha indicado o ha hecho creer al destinatario que el silencio de este surtirá efecto como aceptación[90]. Asimismo, el destinatario quedará obligado por su silencio, si la oferta se realizó tras una invitación a realizarla por parte del destinatario, si las partes han establecido una práctica entre ellas a este respecto o si resulta de los usos del comercio[91]. El § 362 del Código de Comercio alemán (HGB) es destacable en este sentido. Según este precepto, que solo es de aplicación entre comerciantes, si la actuación de una parte es requerida por otra en el marco de una relación profesional, o cuando la oferta se produce tras una invitación del destinatario, si la oferta no es de interés, habrá de ser rechazada sin demora; de lo contrario, el silencio surtirá efecto como aceptación[92].

### 3.2.3. *Plazo*

La aceptación debe realizarse dentro del plazo establecido para ello por el oferente o en su defecto, dentro del plazo que normalmente se establece de conformidad con la naturaleza de la transacción o los usos de la práctica[93]. Una aceptación fuera de plazo puede, sin embargo, surtir efecto si el oferente sin demora indica al destinatario que da la aceptación por válida[94].

### 3.2.4. *Alteración de los términos de la oferta*

Generalmente, una declaración de aceptación que incluye o presupone términos adicionales o diferentes que alterarían sustancialmente los térmi-

---

[90] M. Hogg, *Promises and Contract Law - Comparative Perspectives*, Cambridge University Press, 2011, p. 219.

[91] *Vid.* § 9 Ley Nórdica de Contratos, § 69 Restatement 2nd.

[92] En el mismo sentido se pronuncia el art. 395 de la Ley Suiza de Obligaciones.

[93] Beale, *op. cit.*, pp. 220 ss.

[94] *Vid.* art. 21.1 CISG y el art. 1.326.3 CC italiano. En algunos ordenamientos una aceptación tardía se considera como una nueva oferta que requiere la aceptación del oferente originario (§ 4.1 Ley Nórdica de Contratos, § 150 BGB). En el Derecho nórdico (§ 4.2 Ley Nórdica de Contratos) y germánico (§ 149 BGB), si una carta u otro documento que contiene una aceptación tardía indica que esta fue enviada en circunstancias que de haber seguido una transmisión normal hubiera llegado a tiempo, la aceptación surte efecto a menos que sin demora alguna el oferente comunique al destinatario que la oferta ya se había extinguido por haber transcurrido el plazo para su aceptación. En el Reino Unido, donde la aceptación surte efecto cuando se envía, el oferente es el que corre con el riesgo de demora en la transmisión, a menos que la demora sea imputable a la negligencia del destinatario [Jacobsen Sons & Co *v.* Underwood & Son Ltd (1894) 21 R 654].

nos de la oferta, se considera como un rechazo que constituye una nueva oferta[95]. Cuando las modificaciones no son sustanciales, sin embargo, encontramos soluciones divergentes en los distintos ordenamientos. En la jurisprudencia francesa, española, escocesa, en el art. 19.2 CISG y § 2.207 UCC, se considera que se ha concluido un contrato en los términos añadidos por el destinatario, a menos que el oferente sin demora injustificada objete la discrepancia[96]. Por el contrario, Alemania (§ 150.2 BGB), la jurisprudencia inglesa[97], Irlanda, Italia y los países nórdicos parecen requerir una coincidencia total entre oferta y aceptación (*mirror image rule*), por lo que incluso modificaciones no sustanciales en la contestación del destinatario impiden la perfección del contrato[98]. Sin embargo, una aceptación no conforme puede «salvarse» por la conducta posterior de las partes, *v. gr.*, ejecución por una parte, con el consentimiento de la otra[99].

*La batalla de los formularios*

A menudo ocurre que las partes tienen la intención de concluir un contrato, pero utilizan condiciones generales de la contratación que son contradictorias. Ninguna de las partes desea someterse a las condiciones generales de la otra y, sin embargo, quieren quedar vinculadas contractualmente. En este caso se origina la denominada *batalla de los formularios* o *battle of forms*[100].

La primera cuestión que resolver es si se ha perfeccionado el contrato y aquí los distintos ordenamientos difieren en cuanto a las soluciones que ofrecen. Un primer grupo de países aplican la regla clásica de la oferta y la aceptación. El contrato solo puede considerarse perfeccionado si una de

---

[95] Beale, *op. cit.*, p. 233 ss.; art. 19 CISG, § 6.1 Ley Nórdica de Contratos, § 150.1 BGB; art. 1.326.5 CC italiano.

[96] *Ibid.*

[97] Hyde *v.* Wrench (1840) 49 ER 132.

[98] Lando, Principles of European Contract Law, *op. cit.*, p. 180. En el Derecho nórdico (§ 6.2 Ley de Contratos), el *mirror image rule* no se aplica si *a*) el destinatario creyó que su respuesta era conforme a la oferta y *b*) el oferente era consciente de ello. En ese caso, si el oferente no desea quedar vinculado por la aceptación debe indicárselo al destinatario sin demora injustificada.

[99] *Vid.* la decisión del Tribunal Supremo danés (U.1990.295 H) o Uniroyal Ltd *v.* Miller & Co., 1985 SLT 101, en Escocia.

[100] A. D. M. Forte, «The Battle of Forms», *European Contract Law*, Edinburgh University Press, 2012, p.98-122; E. H. Hondius y Ch. Mahé, «The Battle of Forms: Towards a Uniform Solution», *Journal of Contract Law*, 1998, pp. 268-276; M. D. Martín Rodríguez, «Soluciones a la batalla de los formularios según el derecho internacional», 15 *Universitas Estudiantes*, 2017, pp. 121-130.

las partes así lo ha entendido y ha ejecutado sus obligaciones. Un segundo grupo de países tiene normativa específica para la batalla de los formularios donde, generalmente, se da por concluido el contrato, a menos que el oferente, sin demora injustificada, objete la aceptación[101]. Si no lo hace, el contrato queda perfeccionado, incluso antes de ejecutarse[102].

La segunda cuestión por resolver es en qué términos se ha perfeccionado, en su caso, el contrato. Aquí encontramos también distintas soluciones: (i) *the first shot rule*: según esta teoría, la parte que haya realizado la última comunicación ha tenido la oportunidad de aclarar la situación de discrepancia; si no lo hace y acepta sin condicionar la aceptación a la aplicación de sus propios términos de la contratación, se considera que conscientemente corre el riesgo de quedar vinculada a los términos de la otra parte[103]; (ii) *the last shot rule*: según esta aproximación, cada comunicación en la que una parte hace referencia a sus términos de la contratación se considera como un rechazo a los términos de la otra parte y constituye una contraoferta. La parte que ha hecho la última mención a sus términos de la contratación normalmente ganará la batalla, en caso de ejecución del contrato, ya que dicha ejecución se puede considerar como una aceptación mediante conducta[104]; (iii) *the knock out rule*: las condiciones de la contratación forman parte del contrato, pero solo en la medida en que sean sustancialmente coincidentes. Los términos en conflicto se eliminan mutuamente, ya que ninguna de las partes desea someterse a los de la otra y, por tanto, ninguno de los términos en conflicto debe prevalecer. En este caso, los tribunales deberán completar el hueco dejado por los términos eliminados con las normas de Derecho dispositivo[105].

---

[101] Beale, *op. cit.*, p. 235.

[102] § 2.207.1 UCC.

[103] Esta solución es seguida por el art. 6:225.3 CC holandés y por el § 2.207.2 UCC.

[104] Esta es la visión que prevalece en Inglaterra [British Road Services Limited *v.* Arthur Crutchley & Co Limited (1968) 1 All ER 811], Escocia (Stair vol. 15 § 636) y la Convención de Viena, arts. 19(1) y 18(3) CISG, cuando los términos en conflicto alteran sustancialmente la oferta y cuando no, art. 19(2).

[105] Esta doctrina es la seguida por los tribunales alemanes (STS Tribunal Supremo alemán de 20.3.1985 y 23.1.1991) y el Derecho norteamericano (§ 2.207.3 UCC), cuando la conducta de ambas partes reconoce la existencia del contrato. Los Principios de Derecho Contractual Europeo (art. 2:209) y los Principios de UNIDROIT sobre los Contratos Comerciales Internacionales (art. 2.22) también recogen esta postura. En el Derecho francés el contrato se concluye en la medida en que los términos en conflicto no afectan a elementos esenciales del contrato. En ese caso, las condiciones generales no se aplican y las normas de derecho dispositivo completarán el acuerdo. http://www.casebooks.eu/contractLaw1/chapter2/.

### 3.3. Responsabilidad precontractual o culpa *in contrahendo*

Las partes pueden negociar libremente y dejar las negociaciones sin incurrir en responsabilidad[106]. Sin embargo, existe la necesidad de que el Derecho desincentive el comportamiento deshonesto indemnizando los daños sufridos por una parte en la preparación de un acuerdo. El primero que subrayó dicha necesidad fue el jurista alemán Rudolph von Ihering, quien en un famoso artículo publicado en 1861 señaló que una parte debe quedar obligada por negociar negligentemente[107]. Esta doctrina fue desarrollada posteriormente en Italia, siendo el Código Civil italiano (1942) el primer código en contener un precepto específico sobre la buena fe precontractual (art. 1.337)[108]. Por tratarse de una problemática que habitualmente se resuelve bajo el paraguas de la responsabilidad por daños, remitimos al Capítulo 8.

### 3.4. Perfeccionamiento de un *smart contract*

Es poco probable que el carácter electrónico de los *smart contracts* presente problemas en relación con la formación del contrato en los distintos ordenamientos.

Australia, Sudáfrica y China han adoptado legislación relativa a la formación de los contratos electrónicos, lo que resulta muy útil para analizar la situación jurídica de los contratos inteligentes[109]. Varios países de *common law* han aplicado, asimismo, principios jurisprudenciales existentes para analizar transacciones electrónicas por correo electrónico y otros medios[110].

El artículo 9 de la Directiva sobre Comercio Electrónico[111] obliga a los Estados Miembros de la UE a permitir la celebración de contratos por vía

[106] *Vid.* art. 2:301 PECL o art. 2.15 Principios de UNIDROIT.

[107] R. von Ihering, «Culpa in contrahendo oder Schadenersatz bei nichtigen oder nicht zur Perfection gelangten Verträgen», *Jahrbücher für die Dogmatik des Heutigen römischen und deutschen Privatrechts*, 1861, vol. 4, p. 1-112. El texto original en alemán puede consultarse en la biblioteca virtual del Max-Planck-Institut para el Derecho privado comparado e internacional privado: http://dlib-zs.mpier.mpg.de/pdf/2084719/04/1861/20847190418610005.pdf.

[108] T. Febbrajo, «Good Faith and Pre-Contractual Liability in Italy: Recent Developments in the Interpretation of Article 1337 of the Italian Civil Code», 2 *The Italian Law Journal*, 2016, pp. 291-312.

[109] Norton Rose Fullbright, *op. cit.*, p. 16. https://perma.cc/XMC9-7MRH.

[110] *Ibid.*

[111] Directiva 2000/31/CE del Parlamento Europeo y del Consejo, de 8 de junio de 2000, relativa a determinados aspectos jurídicos de los servicios de la sociedad de la información, en particular el comercio electrónico en el mercado interior.

electrónica y a garantizar que el régimen jurídico aplicable al proceso contractual no entorpezca la utilización real de los contratos por vía electrónica, ni conduzca a privar de efecto y de validez jurídica a este tipo de contratos en razón de su celebración por vía electrónica. No obstante, la Directiva no regula la formación de los contratos electrónicos, por lo que se ha de estar a la normativa interna de cada Estado Miembro[112].

### 3.4.1. *Intención de contratar*

Como se ha apuntado, la mayoría de los ordenamientos jurídicos regula la perfección del contrato a través del modelo de oferta y aceptación. Una oferta es una declaración de intención con un contenido específico, en la que el oferente manifiesta su intención de quedar obligado en caso de aceptación. Esa intención puede ser emitida de forma expresa o tácita, lo que unido al principio de libertad de forma generalmente reconocido resulta en que nada impide que el oferente realice su oferta a través de un código informático. Un contrato inteligente, por tanto, constituye una oferta si dicho código informático describe los términos del acuerdo que el destinatario puede concluir aceptando[113].

### 3.4.2. *Destinatario de la oferta*

Una oferta escrita enteramente en código puede ir dirigida a una persona o grupo de personas determinado, que como hemos visto, es un requisito exigido en algunos ordenamientos para distinguir las ofertas de invitaciones a realizar una oferta. Esto se puede lograr enviando mensajes directos a la otra parte a través de *blockchain*. Por ejemplo, AXA, una aseguradora francesa, lanzó hace unos años un producto llamado *Fizzy*, un seguro por retraso de vuelos basado en la *blockchain* pública de Ethereum que almacenaba y procesaba pagos a través de contratos inteligentes. Si un cliente compraba un seguro de retraso de vuelo en la plataforma *Fizzy*, se creaba un *smart contract* conectado a bases de datos globales de tráfico aéreo, por lo que tan pronto como se observaba un retraso de más de dos horas en el vuelo, la compensación se activaba automáticamente. Obviamente, los códigos de contrato inteligente de la compañía gestionaban ofertas dirigidas a perso-

---

[112] Norton Rose Fullbright, *op. cit.*, p. 22.
[113] Carron, *op. cit.*, p. 124.

nas determinadas, de lo contrario, no hubiera sido posible realizar pagos automatizados a clientes específicos[114].

### 3.4.3. *Revocación de la oferta*

La inmutabilidad de los *smart contracts* imposibilita la revocación de la oferta. Una vez que la oferta está integrada en la cadena de bloques es irrevocable y no se puede cambiar ni eliminar. Ello contrasta con la posibilidad que tiene todo oferente en los sistemas de *common law* de revocar la oferta antes de que el destinatario envíe su aceptación o las limitaciones temporales que establecen algunos ordenamientos jurídicos para declarar una oferta irrevocable. La solución que ofrece la cadena de bloques estaría más en línea con los ordenamientos de tradición germánica y escandinava, donde las ofertas son irrevocables. Ahora bien, la realización de ofertas a través de *blockchain* ni siquiera permite la retirada de la oferta antes de que esta llegue al destinatario, como sí hace la mayoría de ordenamientos: una vez que la oferta se inserta en la cadena de bloques, la oferta es intocable.

### 3.4.4. *Aceptación*

En el ámbito de los contratos inteligentes, a diferencia de los contratos tradicionales, la aceptación siempre se realiza mediante la ejecución del acuerdo. Incluso aunque el acuerdo exista fuera de la cadena de bloques como contrato tradicional, hasta que el programa informático no se inicia, no hay ningún contrato inteligente. No obstante, el código informático se puede registrar en la cadena de bloques como oferta. Una vez que se ejecuta una acción para iniciar la aceptación, por ejemplo, cediendo el control sobre una cierta cantidad de dinero al código, podemos entender perfeccionado el contrato. Esto no tiene por qué plantear ningún tipo de problema ya que, como se ha apuntado más arriba, la mayoría de ordenamientos jurídicos prevé la aceptación de la oferta mediante la ejecución de la prestación contractual.

Por otra parte, en un contrato inteligente, la oferta se asemeja a los contratos de adhesión. No cabe alterar los términos de la oferta. El destinata-

[114] Esta plataforma ha sido abandonada por no encontrar, según la compañía, los canales adecuados de distribución. M. Wood, «AXA withdraws blockchain flight delay compensation experiment», *Ledger Insights*, noviembre 2019, https://www.ledgerinsights.com/shinhan-bank-blockchain-platform-sme-loans/.

rio no puede añadir o sugerir términos distintos a los propuestos por el oferente. Por tanto, solo cabe aceptar en los mismos términos enviando los datos requeridos a la dirección del contrato inteligente, ya sea una determinada cantidad de criptomonedas, *tokens* o cualquier otro tipo de información plasmada en código computacional. Ello elimina posibles conflictos sobre qué términos integran el contrato y la batalla de los formularios, aunque puede plantear otros problemas de validez contractual si, por ejemplo, las cláusulas que integran la oferta son abusivas. Las líneas que siguen analizan estos aspectos.

## 4. VALIDEZ DEL CONTRATO

Un contrato puede resultar nulo o inejecutable a pesar de haber sido concluido voluntariamente por las partes. En realidad, todos los ordenamientos se reservan el derecho de declarar la nulidad del contrato si este ofende a la moralidad, es contrario al orden público o implica la comisión de un acto ilícito[115]. En la mayoría de los casos, sin embargo, los límites de lo permisible no están claramente definidos y corresponde al juez dilucidar si siguiendo los estándares actuales de moralidad y orden público, el contrato tiene validez o no[116]. Los ejemplos que pueden darse en la práctica son múltiples: (i) conflictos con la moral sexual y vida familiar; (ii) limitaciones injustificadas de la libertad personal o económica; (iii) contratos que infringen un precepto legal.

Por otro lado, el principio de libertad de contratación que proclama la mayoría de ordenamientos jurídicos no impide que se cuestione la validez de un contrato en cuya celebración haya mediado algún vicio del consentimiento, como error, dolo, violencia, etc.[117].

### 4.1. DOLO

Un contrato se concluye mediando dolo o fraude cuando una parte induce a error a la otra a través de maquinaciones insidiosas[118]. La mayoría de ordenamientos que contemplan esta figura requieren que exista la inten-

---

115 Beale, *op. cit.*, p. 295; §§ 134 y 138 BGB; arts. 6, 1.131, 1.133 CC francés; art. 1.343 CC italiano; art. 1.275 CC español, etc.

116 *Ibid.*

117 Kötz, *op. cit.*, p. 916.

118 Beale, *op. cit.*, p. 335.

ción de engañar a la otra parte, aunque sin exigirse necesariamente la intención de causar un daño[119].

En la familia romanista el silencio también puede dar lugar a dolo, referido a la obligación de facilitar información[120]. En el Derecho inglés, la mera omisión de informar sobre un hecho no constituye dolo[121], sin embargo, cualquier declaración hecha durante las negociaciones debe ser precisa y se considera imprecisa si es engañosa por ser incompleta. Además, si una declaración veraz hecha durante las negociaciones pierde ese carácter con posterioridad, la parte que la realizó debe corregirla cuando tenga conocimiento de este hecho. También existe una obligación amplia de proporcionar información en los contratos de seguro y en aquellos donde la relación jurídica se basa en la confianza, *v. gr.*, relación abogado-cliente[122].

El contrato solo puede anularse por dolo si una parte fue engañada para celebrar el contrato, pero no si hubiera celebrado el contrato de todas formas, aunque en mejores términos. A este respecto se suele distinguir entre dolo grave y dolo incidental[123], que solo obliga al que lo empleó a indemnizar daños y perjuicios, pero no posibilita la anulación el contrato. Por otra parte, no se permite la anulación del contrato por dolo cuando el engaño es cometido por un tercero ajeno a la relación contractual, a menos que la otra parte fuera consciente del engaño y quiera sacar provecho de la situación[124].

### 4.2. Error

La mayoría de sistemas permiten anular un contrato celebrado por error de una o de ambas partes[125]. Normalmente se exigen los siguientes requisitos, aunque las condiciones pueden variar de un ordenamiento a otro: (i) *causalidad*: un contrato es anulable si la parte que sufre el error «no hubiera celebrado el contrato de haber conocido los hechos y entendido la situación»[126]; (ii) *conocimiento* por la otra parte: los ordenamientos

---

[119] § 123 BGB, art. 1.116 CC francés, Derry *v.* Peek [1889] UKHL.

[120] Beale, *op. cit.*, p. 337.

[121] Smith *v.* Hughes (1871) LR 6 QB 597.

[122] Beale, *op. cit.*, p. 339.

[123] *Ibid.*, p. 339; *v. gr.*, art. 1.440 CC italiano y art. 1.270(2) CC español.

[124] *Ibid.*, § 123 BGB; art. 28.2 Ley de Obligaciones suiza; art. 1.439 CC italiano; art. 86(2) CC polaco o § 30.1 Ley de contratos nórdica.

[125] Beale, *op. cit.*, p. 343.

[126] *Ibid.*, pp. 344-345. *V. gr.*, § 119.2 BGB. En Italia (arts. 1.429 y 1.431 CC) y España (art. 1.266 CC), se exige que el error sea esencial o sustancial referido a la cosa que fuere

continentales más tradicionales no exigen que la otra parte haya tenido conocimiento del error. Por el contrario, los ordenamientos nórdicos solo permiten la anulación de contrato, si la otra parte conocía o debiera haber conocido el error[127]. A su vez, en el *common law*, el error no es causa de anulación, a menos que el error sea común o que una de las partes haya provocado el error (*misrepresentation*, ver *infra*).

### 4.2.1. *Tipos de error*

La mayoría de los ordenamientos no contempla la anulación del contrato si se trata de un error de *motivo*[128].

El error de *valor* tampoco es causa de anulación en el Derecho continental, a menos que se trate de un error sobre las cualidades esenciales del objeto del contrato que puede afectar al valor del mismo[129]. En el Derecho inglés, el mero error sobre el valor del objeto nunca convierte el contrato en nada «*essentially different from what parties supposed it to be*»[130].

Por otro lado, el Derecho continental posibilita la anulación del contrato si la *identidad* de una persona concreta hubiese sido la causa principal del contrato[131]. En el Derecho inglés, el error debe recaer sobre la identidad de la otra parte, más que de sus atributos, por ejemplo, el error sobre la solvencia económica solo puede invalidar el contrato si el error es común a ambas partes o ha sido originado por una declaración incorrecta de la otra parte (*misrepresentation*)[132].

El hecho de que una de las partes claramente haya corrido el *riesgo* de que los hechos no se desarrollasen como se esperaba no suele constituir causa de anulación. En Francia, por ejemplo, la jurisprudencia ha resuelto que un contrato de compraventa de un cuadro «atribuido a Fragonard» no puede ser anulado por el vendedor si, con posterioridad, expertos conclu-

---

objeto del contrato o sobre aquellas condiciones que principalmente hubiesen dado motivo a celebrarlo. En Francia, además, se requiere que la otra parte conociese o hubiese debido conocer que dicho aspecto era importante para la celebración del contrato (art. 1.110 CC francés). En Inglaterra el error debe ser fundamental [Solle *v.* Butcher (1950) 1 KB 671].

127 § 33 Ley de Contratos nórdica.

128 Kötz, *op. cit.*, p. 921

129 Caso Poussin. Sentencia de la Corte de Casación de 13 de febrero de 1983 y Cour d'appel, Versailles, de 7 de enero de 1987. http://www.casebooks.eu/contractLaw1/chapter3/.

130 Lando, *Principles of European Contract Law*, *op. cit.*, p. 239.

131 *Ibid.*, art. 1.134 CC francés; art. 1.266 CC español; arts. 1.429(3) CC italiano; § 119 BGB y la interpretación del § 32 Ley de Contratos nórdica.

132 Beale, *op. cit.*, p. 346. Redgrave *v.* Hurd (1881) 20 Ch D 1.

yen que el cuadro fue pintado por el mismo Fragonard, ya que tanto vendedor como comprador sabían que el cuadro podía o no ser genuino[133].

En el caso de un error *compartido*, la mayoría de ordenamientos prevé la anulación del contrato, pero solo si se trata de un error sustancial[134]. También se contempla la anulación cuando el error es provocado por la declaración de una parte[135]. Excepcionalmente, los tribunales ingleses condenan discrecionalmente a la indemnización por daños y perjuicios en lugar de anular el contrato si la parte que causó la confusión no lo hizo de forma consciente o negligente, tal como recoge la Sección 2.2 del *Misrepresentation Act* de 1967[136].

#### 4.2.2. *Consecuencias*

La anulación es la acción más habitual que recogen los ordenamientos jurídicos, aunque los plazos para ejercitarla varían de uno a diez años[137]. Asimismo, el Derecho italiano y el Derecho alemán permiten adaptar el contrato en caso de error[138]. En el Derecho inglés, el *common law* y la *equity* se solapan en este aspecto. Así, en el *common law* el contrato es nulo por error, mientras que bajo la *equity* es anulable a instancias de la víctima[139]. Si un contrato es anulable bajo la *equity* por error fundamental, el juez o tribunal puede imponer términos a la parte que solicita la anulación[140]. Por el contrario, el Derecho francés no permite la adaptación del contrato[141].

---

[133] Lando, *Principles of European Contrac Law*, *op. cit.*, p. 240; Sentencia del Tribunal de Casación de 24 de marzo de 1987. En Alemania los tribunales han adoptado la misma postura (AG Coburg, 24 abril 1992, *Cuadernos de Mozart*), http://www.casebooks.eu/contractLaw1/chapter3/.

[134] Kötz, *op. cit.*, p. 922; Beale, *op. cit.*, p. 384; art. 24.1 Ley de Obligaciones suiza; Bell *v.* Lever Brothers Ltd [1931] UKHL 2; ST Tribunal Supremo alemán 13 de noviembre de 1975, http://www.casebooks.eu/contractLaw1/chapter3/.

[135] *V. gr.*, art. 1.139 CC francés; § 119.2 BGB, art. 49.1 CC checo o art. 84.1 CC polaco.

[136] Beale, *op. cit.*, p. 403.

[137] Un año (art. 21 Ley de Obligaciones suiza); cuatro años desde la celebración del contrato (art. 1-301 CC español); desde el descubrimiento del error (art. 1.144 CC francés) o 10 años desde la declaración de voluntad, aunque debe ser ejercitado sin demora injustificada en el momento que se descubra el error (§ 121 BGB).

[138] Beale, *op. cit.*, p. 422; art. 1.432 CC italiano; ST Tribunal Supremo 13 noviembre 1975, *Bundesliga*, http://www.casebooks.eu/contractLaw1/chapter3/.

[139] Lando, Principles of European Contract Law, *op. cit.*, p. 241.

[140] Solle *v.* Butcher [1950] 1 KB 671.

[141] Beale, *op. cit.*, p. 423.

También se suelen otorgar daños y perjuicios cuando la víctima fue inducida a error por la conducta negligente de la otra, por ejemplo, proporcionando información errónea[142]. En Alemania, la indemnización se fija con arreglo a la doctrina de la *culpa in contrahendo*[143], mientras que el Derecho nórdico aplica la «doctrina de las expectativas» (*forudsaetningslaeren*)[144]. En Francia se puede argumentar que el acuerdo carecía de objeto y de causa.

Finalmente cabe recordar en este punto que varios ordenamientos continentales mantienen normas especiales para el caso de vicios en la cosa vendida[145], que prevalecen sobre las generales en caso de conflicto.

### 4.3. Violencia e intimidación

Todos los sistemas reconocen que, en un contrato celebrado bajo una amenaza ilegítima, el consentimiento no existe o está viciado, aunque las condiciones para el ejercicio de tal derecho pueden variar de un ordenamiento a otro[146]. Cuando se ha celebrado bajo violencia física absoluta realmente no hay consentimiento; mientras que en el caso de intimidación, la amenaza debe ser de tal entidad como para influenciar a una persona de la misma edad, sexo y condición[147]. Además, la amenaza debe inspirar el temor a recibir un daño físico o económico, incluido un daño moral y financiero. En este sentido, el Derecho inglés ha reconocido la anulabilidad del contrato por *economic duress* (coacciones económicas), supuesto no permitido en el Derecho irlandés o escocés[148]. Cuando la amenaza proviene de un tercero, el Derecho inglés solo permite la anulación del contrato si la otra parte tenía conocimiento de la amenaza o es el principal del tercero amenazante[149]. Por su parte, los Derechos francés (art. 1.142 CC) e italiano (art. 1.434 CC) exigen que la amenaza realizada por un tercero sea seria y que el temor de la víctima esté justificado (criterio subjetivo), mientras que si las amenazas son proferidas directamente por la otra parte, se aplica un

---

[142] *Ibid.*

[143] *Ibid.*, p. 419.

[144] M. Bryde Andersen, «Nordisk formueret mellem pragmatisme og principfasthed», 1 *Tidsskrift for Rettsvitenskap*, 2020, pp. 39-72.

[145] *V. gr.*, § 459 ss BGB; arts. 1.641-1.649 CC francés; arts. 1.484-1.499 CC español.

[146] Beale, *op. cit.*, pp. 433 ss.

[147] Lando, *Principles of European Contract Law*, *op. cit.*, p. 259.

[148] North Ocean Shipping *v.* Hyundai Construction (The Atlantic Baron) [1979] QB 705.

[149] Lando, *Principles of European Contract Law*, *op. cit.*, p. 260.

criterio objetivo. En el Derecho alemán el contrato puede anularse por las amenazas de un tercero, aunque la otra parte actuase de buena fe[150].

### 4.4. Abuso de circunstancias

Todos los Estados miembros de la UE permiten la anulación del contrato si han mediado abusos en la formación del consentimiento. Algunos, además, contemplan la anulación del contrato cuando su contenido es injusto en sí mismo[151].

De esta forma, se suele permitir la anulación cuando una parte se ha aprovechado de la situación de vulnerabilidad de la otra para celebrar el contrato. La jurisprudencia francesa, por ejemplo, trata la explotación de un estado de necesidad económica o circunstancias similares como una forma de violencia[152]. En Italia, un contrato celebrado en circunstancias de angustia económica puede anularse, pero solo si las obligaciones que emanan del contrato son desproporcionadas en una ratio de 1:2 (art. 1.448 CC) o si el contrato se celebró en una situación de peligro y necesidad (art. 1.447 CC)[153]. El Derecho escocés permite *facility and circumvention* cuando la ventaja se ha obtenido de una parte «*facile*», *v. gr*,. ancianos o enfermos[154].

Bajo la doctrina del *undue influence*, el Derecho inglés permite la anulación del contrato cuando una parte ha ejercitado o está en posición de ejercitar un alto grado de dominación y control sobre la otra, si la independencia mental de la víctima se encontraba debilitada (*actual undue influence*) o si las partes se encontraban en una relación de confianza[155]. En *common law*, además, el contrato se puede anular bajo la doctrina de la *unconscionable bargain*, en la que una parte deliberadamente se aprovecha de la pobreza e ignorancia de la otra para adquirir una propiedad a un valor muy por debajo de su valor real[156].

Por otro lado, también son susceptibles de anulación los contratos con un contenido injusto, en los que una parte ha obtenido una ventaja excesi-

---

[150] *Ibid.*
[151] *Ibid.*, p. 263.
[152] *Ibid.*, p. 264.
[153] *Ibid.*
[154] *Ibid.*
[155] Beale, *op. cit.*, p. 474.
[156] *Ibid.*, p. 476; §§ 137 y 138 Consumer Credit Act de 1974; The Port Caledonia and The Anna [1903] P. 184, Probate Division.

va. Ello independientemente de la situación de vulnerabilidad o no de la otra parte. El Derecho alemán, por ejemplo, permite la anulación de aquellos contratos que impliquen una disparidad excesiva contraria a la buena fe y la moral[157]. En Francia y España se contempla la rescisión del contrato por lesión en determinados supuestos[158]. Finalmente, en el Derecho inglés, la transacción debe ser manifiestamente desventajosa para que pueda ser anulada por *undue influence*[159].

### 4.5. Condiciones abusivas

Las condiciones generales de la contratación son términos formulados de antemano por las empresas para ser utilizadas en un número indefinido de contratos de un tipo determinado, sin negociación individual entre las partes[160]. Con el objeto de controlar la justicia material de dichos términos, muchos ordenamientos han desarrollado durante años jurisprudencia y legislación basadas en la máxima *contra preferentem*, las exigencias de la buena fe o la presencia de fraude, negligencia grave o incumplimiento esencial del contrato por el profesional[161]. Desde 1993, sin embargo, una directiva de la UE proporciona estándares comunes para el control de cláusulas abusivas en los contratos celebrados por los consumidores.

La Directiva sobre cláusulas abusivas[162] requiere a los Estados Miembros de la UE establecer legislación que permita a jueces y tribunales anular condiciones de la contratación que no hayan sido negociadas individualmente si, «pese a las exigencias de la buena fe, causan en detrimento del consumidor un desequilibrio importante entre los derechos y obligaciones de las partes que se derivan del contrato» (art. 3). Se trata de una Directiva de mínimos, por lo que los Estados Miembros pueden ofrecer a los consumidores un grado de protección superior al recogido en la Directiva. A este respecto, algunos Estados han retenido el sistema de protección más

[157] § 138.1 BGB.

[158] *Vid.* arts. 1.674-1.685 CC francés. El art. 1.291 CC español permite rescindir el contrato en determinados supuestos si se ha sufrido lesión en más de la cuarta parte del valor de las cosas que hubieren sido objeto de aquellos.

[159] Lando, *Principles of European Contract Law*, *op. cit.*, p. 260.

[160] J. Alfaro Águila-Real, *Las condiciones generales de la contratación*, Civitas, 1991.

[161] Beale, *op. cit.*, p. 495; en Alemania (§ 242 BGB y § 2 AGBG); Italia (art. 1.341 CC); en Inglaterra, Interfoto Picture Library Ltd *v.* Stiletto Visual Programs Ltd [1987] EWCA Civ 6 y Photo Production Ltd *v.* Securicor Transport Ltd [1980] UKHL 2.

[162] Directiva 93/13/CEE del Consejo, de 5 de abril de 1993, sobre las cláusulas abusivas en los contratos celebrados con consumidores, DO L 95, 21 de abril de 1993, pp. 29-34.

amplia que tenían antes de la adopción de la Directiva, *v. gr.*, § 36 Ley de Contratos nórdica[163]. La Directiva solo va referida a las condiciones generales de la contratación (art. 3.1) y no se aplica a los términos que se hayan negociado individualmente, además, su ámbito de aplicación solo son los contratos de compraventa de bienes y prestación de servicios.

El estándar que se aplica para controlar las cláusulas es el de «abusiva». Una condición es abusiva si (i) causa un desequilibrio importante entre los derechos y obligaciones de las partes que se derivan del contrato, es (ii) en detrimento del consumidor y (iii) contraria a las exigencias de la buena fe (art. 3.1). En el Anexo a la Directiva se contiene una lista indicativa y no exhaustiva de condiciones que pueden considerarse como abusivas (art. 3.3). La apreciación del carácter abusivo de las cláusulas supone su falta de vinculación (art. 6.1). En España, el art. 83 del Real Decreto Legislativo 1/2007[164] sostiene que, conforme al Derecho de la Unión, los jueces nacionales están obligados únicamente a dejar sin aplicación la cláusula contractual abusiva, sin tener potestad para modificar el contenido de esta[165].

### 4.6. VALIDEZ DE LOS *SMART CONTRACTS*

La tecnología *blockchain* impide la reversibilidad de las transacciones, por lo que la ejecución no se puede detener si el programa contiene alguna ilegalidad o vicio del consentimiento.

#### 4.6.1. *Inmoralidad o ilegalidad*

Si un contrato inteligente va destinado a blanquear dinero, en el mundo real es nulo por ser contrario a la ley (*v. gr.*, art. 6.3 CC español), pero en la cadena de bloques la transacción se ejecuta sin mayor problema. Hay que tener en cuenta que el carácter anónimo de la cadena de bloques incrementa el riesgo de que la tecnología *blockchain* sea utilizada para celebrar

---

[163] K. Steensgaard, *Control of Price Related Terms in Standard Form Contracts in Denmark: Pragmatism and General Clauses*, Springer, 2019.

[164] Real Decreto Legislativo 1/2007, de 16 de noviembre, por el que se aprueba el texto refundido de la Ley General para la Defensa de los Consumidores y Usuarios y otras leyes complementarias, *BOE* n.º 287 de 30 de noviembre de 2007.

[165] M. J. Sande Mayo, «El ejercicio de la acción de cesación frente a las condiciones generales de la contratación», 21 *Anuario da Facultade de Dereito da Universidade da Coruña*, 2017, pp. 314-333.

contratos ilegales. Es más, uno de los objetivos detrás de la aparición de los *smart contracts* fue precisamente evitar la aplicación de normas estatales[166].

Cuando, después de celebrado un *smart contract*, una de las partes descubre que se trata de un acuerdo ilegal y quiere retirarse del mismo, puede acudir a los tribunales y reclamar responsabilidad extracontractual, incluida la reivindicación[167] o enriquecimiento injusto[168]. Sin embargo, el problema es que en algunos ordenamientos jurídicos no existe derecho a la restitución respecto a cualquier cosa dada con el fin de producir un resultado ilegal o inmoral[169]. Por ejemplo, de conformidad con el § 817.2 BGB los tribunales alemanes rechazan la restitución si la conducta del demandante fue consciente y deliberadamente ilícita o inmoral. En Francia, los tribunales normalmente niegan la restitución en los casos de inmoralidad, pero no si el contrato es meramente ilícito[170]. En Inglaterra, los tribunales, por lo general, no admiten demandas fundadas en un acto inmoral o ilícito[171], sin embargo, pueden ordenar la restitución si el demandante es relativamente inocente o necesita protección[172].

Por otro lado, el anonimato de la cadena de bloques puede hacer que a una parte le resulte más dificultoso identificar a la persona a quien reclamar objetos ya entregados o el valor de los servicios ya prestados.

El principal problema está, sin embargo, en que los contratos inteligentes se ejecutan independientemente de la Ley. Los términos de los *smart contracts* se llevan a cabo sin *input* o control externo. En el supuesto de insolvencia o quiebra de una de las partes, por ejemplo, si el contrato inteligente contiene términos codificados que afectan a los pagos y las entregas entre las partes durante un período de tiempo, esos términos seguirán ejecutándose a pesar de entrar en conflicto con la legislación concursal.

El legislador, en futuras reformas, deberá, en consecuencia, delimitar las políticas públicas que deben integrarse en el código de un contrato inteligente y hacerlo de forma lo suficientemente flexible para operar de conformidad con las mismas y las sucesivas modificaciones legislativas[173].

---

[166] T. C. May, *The Crypto Anarchist Manifesto* (1989), https://www.activism.net/cypherpunk/crypto-anarchy.html.

[167] *V. gr.*, art. 641 del Código Civil suizo.

[168] Carron, *op. cit.*, p. 132.

[169] Francisco J. Infante y Francisco Oliva, «Los contratos ilegales en el derecho privado europeo», *InDret* 3/2009, www.indret.com.

[170] Beale, *op. cit.*, p. 326 ss.

[171] Holman *v.* Johnson (1775) 1 Cowp 341.

[172] Beale, *op. cit.*, p. 326 ss.

[173] S. Farrell, H. Machin y R. Hinchliffe, «Lost and found in smart contract translation - considerations in transitioning», King & Wood Mallesons, 2017, p. 3. https://www.unci

#### 4.6.2. *Vicios del consentimiento*

Como se ha mencionado en líneas anteriores, en la vida real, la mayoría de los ordenamientos permiten solicitar la anulación de un contrato si se ha producido un error fundamental (salvo en el *common law*), si el error es común a ambas partes, si fue inducido por la otra parte o un tercero, o si el contrato se ha celebrado bajo la coacción de la otra parte o de un tercero. Normalmente, la parte que solicita la anulación del contrato ha de indemnizar con daños y perjuicios a la otra, si el error es atribuible a su propia negligencia, a menos que la otra parte conociese o debiera haber conocido el error.

En el caso de los *smart contracts*, es bastante plausible que se cometan errores, puesto que el código informático no es fácilmente comprensible para la mayoría de las partes y el conocimiento de dicho código es inaccesible para el público en general. Por lo tanto, puede haber numerosas ocasiones en las que una parte alegue, ya sea en el curso de la ejecución o después de ella, que no entendía el contrato tal como se ejecutó en la cadena de bloques. Es verdad que la inmutabilidad de *blockchain* es un incentivo para que las partes sean extraordinariamente cuidadosas en la formulación del acuerdo, pero técnicamente es casi imposible para el programador de un contrato inteligente anticipar todo tipo de errores fundamentales potenciales en los que puedan incurrir las partes[174]. De la misma forma, es difícil imaginar que un código informático pueda distinguir entre un error fundamental genuino y otro tipo de error que no afecta a la validez del contrato. Como resultado, debido a que el contrato inteligente no puede identificar posibles defectos en el consentimiento de las partes, cumplirá automáticamente el acuerdo, sin que la parte afectada pueda detener el mecanismo de ejecución del contrato, incluso si se da cuenta de su error desde el principio y comunica su intención de anular el contrato. Frente a esta situación, la víctima del error no tiene más remedio que esperar y solicitar de la otra parte o de un juez que se le restituyan los bienes o dinero entregado, o que se le compense por los servicios prestados que no pueden ser restituidos[175]. Ello implica la posibilidad de reclamar daños y perjuicios, la reivindicación de los bienes o reclamar enriquecimiento injusto en aquellos ordenamientos que así lo prevean.

---

tral.org/pdf/english/congress/Papers_for_Programme/14-FARRELL_and_MACHIN_and_HINCHLIFFE-Smart_Contracts.pdf.

[174] Carron, *op. cit.*, p. 137.

[175] *Ibid.*

El mismo razonamiento y solución son aplicables para el resto de los supuestos de vicios del consentimiento. Como solución preventiva, sin embargo, la doctrina propone considerar la implementación por los Estados de una norma que obligue a los diseñadores de contratos inteligentes a incluir un oráculo en el código del programa que se ocupe de las posibles «anomalías» en la formación del contrato como, por ejemplo, las ilegalidades o los vicios de la voluntad, cambiando, aprobando o incluso cancelando la transacción[176]. Ello requeriría una acción coordinada por parte de los legisladores nacionales, cuando todavía son escasos los países que han adoptado normativa en materia de contratos inteligentes (*vid.* Capítulo 9).

### 4.6.3. *Condiciones abusivas*

Mención especial merece la posible incidencia de la normativa en materia de cláusulas abusivas en los *smart contracts* ya que, por su naturaleza, se trata de contratos de adhesión. Bien es verdad que la mayoría de los contratos inteligentes son transacciones simples B2B con ejecución simultánea, así como transacciones altamente estandarizadas (*v. gr.*, comercio de instrumentos derivados), que escapan al ámbito de aplicación de las Directivas europeas. En ese caso, habríamos de remitirnos a las doctrinas jurisprudenciales tradicionales y normativas internas de cada Estado al objeto de controlar la justicia material de posibles términos abusivos. No obstante, ya existen algunas tecnologías que pueden utilizarse contra una autoejecución no deseada, por ejemplo, la tecnología de verificación multifirma (*multising*), que permite detener la ejecución de un contrato inteligente hasta que varias partes hayan firmado la transacción con sus claves privadas[177]. Estos pueden incluir no solo a las partes en el contrato inteligente, sino también a un tercero externo (llamado árbitro). También aquí se ha propuesto la utilización de oráculos que, en conexión con el mundo «offline», permitan modificar los términos contractuales o resolver posibles controversias al respecto[178]. De cualquier forma, hasta que estas tecnologías estén lo suficientemente testadas, la ejecución de las cláusulas insertas en los *smart contracts* seguirá su curso y el control habrá de ser necesariamente *ex post* y judicial.

---

176 Weber, *op. cit.*, p. 307.
177 Werbach, *op. cit.*, p. 345.
178 Weber, *op. cit.*, p. 309.

## 5. INTERPRETACIÓN DEL CONTRATO

Interpretar un contrato consiste fundamentalmente en averiguar y comprender el sentido y alcance del consentimiento de las partes y, por ende, de la voluntad de estas a la hora de celebrar el acuerdo[179]. Algunos ordenamientos contienen preceptos detallados sobre la interpretación de los contratos[180], *v. gr.*, arts. 1.188-1.192 CC francés, arts. 1.362-1.371 CC italiano, arts. 1.281-1.289 CC español. Otros ordenamientos se limitan a establecer un principio general, como los §§ 133 y 157 BGB. En los países nórdicos, las normas de interpretación de los contratos se encuentran en la jurisprudencia y en la doctrina. Por su parte, en el Derecho inglés, escocés e irlandés las normas sobre interpretación de los contratos son jurisprudenciales y no son claramente distinguibles de las normas sobre la prueba y el error, por lo que al menos en Escocia, su Comisión Legislativa (*Law Commission*) propuso una sistematización de las normas sobre interpretación basadas en los Principios de UNIDROIT y los PECL[181].

### 5.1. MÁXIMAS INTERPRETATIVAS

El proceso de interpretación puede realizarse siguiendo dos aproximaciones diferentes, una que ensalza la voluntad de las partes y otra que da preferencia a la externalización de dicha voluntad[182]. El principio que tiene mayor aceptación en el Derecho continental es el de la voluntad común de las partes. De este modo, si las palabras de las partes parecieren contrarias a la intención evidente de los contratantes, prevalecerá esta sobre aquellas[183]. A este respecto, las declaraciones y otros actos de una parte deberán interpretarse conforme a su intención cuando la otra parte haya conocido o no haya podido ignorar cuál era esa intención[184]. El principio de interpretación objetiva tiene, por el contrario, más peso en otros ordenamientos, sobre todo, en los anglosajones[185]. Según este principio las declaraciones y

---

179 Beale, *op. cit.*, p. 555.

180 Lando, *Principles of European Contract Law*, *op. cit.*, p. 290.

181 *Ibid.*

182 Kötz, *op. cit.*, p. 914.

183 Beale, *op. cit.*, p. 556; *vid.* art. 1.188 CC francés, § 133 BGB, art. 1.362 CC italiano o el art. 1.281 CC español.

184 *Vid.* § 119 BGB, § 32.1 de la Ley de Contratos nórdica, art. 1.258 CC español o el art. 8.1 CISG.

185 Beale, *op. cit.*, p. 556.

otros actos de una parte deberán interpretarse conforme al sentido que les habría dado en igual situación una persona razonable de la misma condición que la otra parte. En el Derecho continental, la interpretación objetiva está formulada en segundo término[186], bien de forma expresa, como en el art. 1.188 del CC francés tras la reforma del 2016, bien bajo el principio de buena fe en preceptos como los arts. 1.366, 1.367-1.371 CC italiano y el art. 1.258 CC español.

Todos los ordenamientos proveen a jueces y tribunales con máximas o normas de interpretación de los contratos, aunque en general estas normas solo se limitan a reproducir nociones de sentido común[187]. En los ordenamientos romanísticos los códigos incluyen máximas interpretativas como las siguientes: (i) si alguna cláusula admitiere diversos sentidos, prevalecerá el más adecuado para que produzca efecto[188]; (ii) cualquiera que sea la generalidad de los términos de un contrato, no deberán entenderse comprendidos en él cosas distintas y casos diferentes de aquellos sobre que los interesados se propusieron contratar[189]; (iii) las cláusulas de los contratos deberán interpretarse las unas por las otras, atribuyendo a las dudosas el sentido que resulte del conjunto de todas;[190] (iv) si una cláusula es ambigua habrá de ser entendida en aquella forma que sea más conforme a la naturaleza y objeto del contrato[191]; (v) Regla *contra proferentem*: las cláusulas ambiguas de un contrato no pueden favorecer a la parte que hubiese ocasionado la ambigüedad, por lo que han de interpretarse en contra de esta[192].

### 5.2. Interpretación integradora

Aunque la intención de las partes esté clara, en muchas ocasiones es necesario completar el contenido del contrato en aquellos aspectos sobre

[186] Kötz, *op. cit.*, p. 914.

[187] Lando, *Principles of European Contract Law*, *op. cit.*, p. 290.

[188] *Vid.* arts. 1.191 CC francés, 1.367 CC italiano y 1.284 CC español.

[189] *Vid.* arts. 1.364 CC italiano y 1.283 CC español.

[190] *Vid.* arts. 1.189 CC francés, 1.363 CC italiano y 1.285 CC español.

[191] *Vid.* arts. 1.369 CC italiano y 1.286 CC español.

[192] *Vid.* arts. 1.190 CC francés, 1.370 CC italiano, § 38.*b*) Ley de Contratos nórdica y § 305(c)(2) BGB. Este principio interpretativo también se encuentra recogido en el Derecho inglés: Hollier *v.* Rambler Motors (AMC) Ltd [1971] EWCA Civ 12.

los que las partes no se han pronunciado de forma expresa y añadir otros efectos y consecuencias previstos por la Ley[193].

Normalmente, los Derechos continentales remiten a los códigos y a la legislación especial en busca de las normas dispositivas, *règles supplétives*, *dispositives Recht*, *deklaratoriske regler*[194]. En este sentido la jurisprudencia alemana utiliza la noción de *ergänzendes Vetragsauslegung* cuando las partes han omitido algún término, situación en la que el juez «deberá descubrir y considerar aquello que, a la luz del propósito del contrato en su totalidad, las partes hubieran acordado, actuando de conformidad con el principio de buena fe y la buena práctica negocial»[195]. Además, en algunos ordenamientos continentales como el francés y el español la integración consiste en añadir a lo acordado por las partes los efectos y consecuencias que se derivan de la ley, los usos normativos y la buena fe[196].

Los sistemas anglosajones, por el contrario, son más reacios a añadir contenido al contrato que no haya sido expresamente pactado por las partes. En Inglaterra, por ejemplo, se distingue entre *terms implied by law* y *terms implied in fact*[197]. Los *term implied by law* sirven para integrar el contenido del contrato y como normas imperativas para invalidar cláusulas abusivas o que producen desequilibrios en la relación contractual[198]. Las fuentes de estos términos son determinadas leyes del Parlamento, la costumbre y la jurisprudencia. Otras veces, ante la existencia de un aspecto que las partes no han acordado de forma expresa, los tribunales ingleses pueden integrar el contrato mediante un término implícito de hecho (*term implied in fact*). Se trata de términos tan obvios que, si un observador hubiera advertido a las partes de su omisión, estas hubieran aceptado que se incluyera en el contrato sin la menor duda. En cualquier caso, hay que volver a insistir en que los sistemas de *common law* son muy reticentes a incluir términos implícitos en el contrato y que solo lo harán si es obvio y estrictamente necesario para dotar al acuerdo de eficacia suficiente[199].

---

[193] Beale, *op. cit.*, p. 570.

[194] Lando, *Principles of European Contract Law*, *op. cit.*, p. 290.

[195] Kötz, *op. cit.*, p. 916. ST TS alemán de 18 de diciembre de 1954, http://www.casebooks.eu/contractLaw1/chapter4/excerpt.php?excerptId=3075.

[196] Según el art. 1.104 CC francés los contratos deben ser negociados y ejecutados conforme al principio de buena fe. El art. 1.258 CC español establece que los contratos obligan, no solo al cumplimiento de lo expresamente pactado, sino también a todas las consecuencias que, según su naturaleza, sean conformes a la buena fe, al uso y a la ley.

[197] Beale, *op. cit.*, pp. 572 ss.

[198] Por ejemplo, la §11 del Unfair Contract Terms Act (1977) prohíbe la inclusión de cláusulas de exención de responsabilidad en contratos entre profesionales si estas no son razonables.

[199] The Moorcock (1889) 14 PD 64.

### 5.3. *MERGER CLAUSES*

Un claro ejemplo de las reticencias de los sistemas anglosajones respecto a la inclusión de términos contractuales no expresamente pactados es el principio de la *parol evidence*[200]. Tradicionalmente el Derecho inglés prohibía la utilización de *parol evidence*, es decir, de pruebas sobre la existencia de términos no incluidos en el documento contractual para añadir, modificar o contradecir un contrato por escrito[201]. Sin embargo, en el supuesto de que aparecieran evidencias claras de que las partes habían alcanzado un acuerdo respecto a una condición no incluida en el documento, los tribunales interpretaban que el contrato no se había celebrado por escrito en su totalidad, por lo que la *parol evidence* no era de aplicación[202]. Escocia ha derogado la *parol evidence*, aunque en Inglaterra existe la presunción de que los documentos escritos contienen todos los términos del contrato[203].

Reforzando esta postura, las partes pueden estipular que el contrato escrito contiene el acuerdo en su totalidad y que declaraciones y otros actos anteriores no han de ser tenidos en cuenta (*merger clause*). Si se negocia individualmente, una *merger clause* impedirá a las partes invocar declaraciones y acuerdos previos no recogidos en el contrato. Si se incluye como condición general de la contratación, solo establecerá una presunción refutable de que las partes han excluido declaraciones previas del acuerdo definitivo[204].

En los Estados Unidos, de conformidad con la § 2-202 del Uniform Commercial Code (UCC), la *parole evidence* no puede contradecir un escrito destinado a ser la expresión final del acuerdo entre las partes, aunque puede aclarar o completar este último con (i) prácticas contractuales, usos comerciales o de ejecución y con (ii) pruebas de términos adicionales coherentes con el contrato, a menos que lo pactado por escrito también estuviera destinado a ser una declaración completa y exclusiva de los términos del

---

[200] A. L. Corbin, «Interpretation of Words and the Parol Evidence Rule», 50 *Cornell Law Quarterly*, 1965, pp. 161-190, disponible en: http://scholarship.law.cornell.edu/clr/vol50/iss2/3 ; Peter Linzer, «The Comfort of Certainty: Plain Meaning and the Parole Evidence Rule», 71 *Fordham Law Review*, 2002, pp. 799-839.

[201] G. H. Treitel, *The Law of Contract*, 11.ª ed., 2003, p. 346.

[202] Lando, *Principles of European Contract Law*, *op. cit.*, p. 153.

[203] *Ibid.*

[204] *Ibid.*, T. H. White, «Parol Metadata: New Boilerplate Merger Clauses and the Admissibility of Metadata under the Parol Evidence Rule», 4(1) *Journal of law, technology & the Internet*, 2012, pp. 237-274.

acuerdo[205]. Sin embargo, en Florida, Colorado y Wisconsin[206] se aplica el principio de la *parole evidence* de forma taxativa y se prohíbe utilizar cualquier evidencia extrínseca para interpretar el contrato.

### 5.4. INTERPRETACIÓN DE UN *SMART CONTRACT*

Durante la vida del contrato, la interpretación de los términos del acuerdo es fuente habitual de controversias. La voluntad de las partes de quedar vinculadas no implica necesariamente que tuvieran la misma intención respecto a las disposiciones contractuales concretas. Por ejemplo, en un conocidísimo caso del *common law*[207] las partes habían pactado un envío de algodón a bordo de un buque llamado *Peerless*. El problema es que dos buques llamados *Peerless* podían cumplir los términos del acuerdo y, mientras que una parte tenía en mente uno de los buques, la otra parte creía que el acuerdo iba referido al otro.

El lenguaje natural es ambiguo y complejo, particularmente en el mundo del Derecho, donde se tiende a utilizar frases largas y tecnicismos antiguos. Muchos contratos son documentos extensos que contienen una gran cantidad de términos y de interdependencia textual incluyendo cláusulas generales, modificaciones, anexos, etc. Por otra parte, si se trata de una transacción transfronteriza, el contrato puede estar redactado en un lenguaje predominante (ya sea o no el inglés) y establecer una traducción en paralelo o tener referencias integradas específicas en otros idiomas que no coincidan exactamente. Sin olvidar que los contratos transfronterizos pueden estar sujetos a distintos ordenamientos que impactan en la interpretación, ya que un término o cláusula puede tener varios significados en función de la ley aplicable. La agregación de estos factores hace que los contratos no sean precisamente instrumentos eficientes de comunicación entre las partes[208].

El lenguaje de programación contribuye a minimizar el número de conflictos relativos a la interpretación del contrato. En efecto, aunque ciertamente pueden existir ambigüedades en los lenguajes de programación, estas ambigüedades son menores que en el mundo real debido simplemente al hecho de que hay menos términos inteligibles para una computadora de

---

[205] En este sentido también se pronuncia el § 213 del Restatement (Second) of Contracts.

[206] M. A. Lawrence, «Comment, The Parol Evidence Rule in Wisconsin: Status in the Law of Contract, Revisited», *Wisconsin Law Review*, 1991, pp. 1071-1100.

[207] Raffles *v.* Wichelhaus [1864] EWHC Exch J19.

[208] Corrales, *op. cit.*, p. 38.

los que son reconocibles para un humano[209]. No obstante, «entrenar» a las máquinas para que implementen términos y cláusulas jurídicas no está exento de complicaciones.

A la hora de interpretar los términos y cláusulas de un *smart contract*, tenemos que distinguir entre (i) aquellos contratos que solo operan en la cadena de bloques y (ii) los que existen en todo o parte en lenguaje natural.

(i) Los contratos inteligentes que meramente digitalizan un proceso concreto, pero no incluyen ni operan juntamente con términos contractuales (expresos o implícitos) no son susceptibles de ser interpretados siguiendo los métodos tradicionales, en especial el método literal o el histórico (por ejemplo, en aplicación de los arts. 1.281 y 1.282 CC español). Los posibles términos ambiguos en un programa automatizado tampoco pueden ser interpretados *contra proferentem*, tal como recogen, entre otras, algunas Directivas europeas y preceptos nacionales[210]. Por ello, se ha sugerido estandarizar los *smart contracts* siguiendo los esfuerzos ya emprendidos en esa dirección por Australia o Alemania y empresas como *Ethereum Alliance*, *Mattereum*, *Open Law*, *Common Accord*, *Legalese* y *R3 Consortium*, pioneras en el desarrollo de estándares computacionales de conducta jurídica[211].

(ii) Cuando estemos ante contratos que combinan términos contractuales que existen tanto en lenguaje natural como en lenguaje computacional, hay que tener en cuenta un problema adicional, esto es, las potenciales contradicciones entre uno y otro. En ese caso, se ha propuesto la creación de normas especiales de conflicto para solucionar las posibles divergencias[212].

Por otra parte, muchos contratos han de ser integrados en aquellos puntos que no han sido acordados de forma expresa por las partes. Lo mismo

---

[209] Raskin, *op. cit.*, p. 324.

[210] Directiva 93/13/CEE del Consejo, de 5 de abril de 1993, sobre las cláusulas abusivas en los contratos celebrados con consumidores; Directiva 1999/44/CE del Parlamento Europeo y del Consejo, de 25 de mayo de 1999, sobre determinados aspectos de la venta y las garantías de los bienes de consumo; Directiva 2011/83/UE del Parlamento Europeo y del Consejo, de 25 de octubre de 2011, sobre los derechos de los consumidores, por la que se modifican la Directiva 93/13/CEE del Consejo y la Directiva 1999/44/CE del Parlamento Europeo y del Consejo y se derogan la Directiva 85/577/CEE del Consejo y la Directiva 97/7/CE del Parlamento Europeo y del Consejo.Texto pertinente a efectos del EEE, así los arts. 1.190 CC francés, 1.370 CC italiano, § 38 b Ley de Contratos nórdica y § 305(c)(2) BGB.

[211] Weber, *op. cit.*, pp. 307-308.

[212] F. Möslein, «Legal Boundaries of Blockchain Technologies: Smart Contracts as Self-Help?», en A. De Franceschi y R. Schulze (eds.), *Digital Revolution - New Challenges for Law*, *op. cit.*, pp. 313-326, p. 317.

sucede con los contratos inteligentes, ya que es imposible contemplar todas las contingencias que se puedan presentar a la hora de programar el contrato, en el sentido de especificar un resultado para cada situación posible. En la vida real los tribunales pueden integrar el contrato remitiendo a las normas dispositivas cuando la intención de las partes no se ha manifestado o no está clara. Lo mismo sucede con otros efectos y consecuencias que pueden derivarse de la ley, los usos normativos y la buena fe (esta última en algunos ordenamientos continentales). Sin embargo, en el caso de la contratación inteligente, la interpretación integradora no es viable[213]. Ni siquiera en los sistemas de *common law*, donde la interpretación es más bien textual que contextual y donde los tribunales son reacios a la inclusión de contenido no pactado expresamente por las partes. Por muy simplista que parezca la aproximación anglosajona al método interpretativo frente a los ordenamientos continentales, hay varios factores importantes que impiden aplicarla de manera binaria en el desarrollo de un método general aplicable a los contratos inteligentes. Por ejemplo, como ya hemos visto, la *parol evidence* y las *merger clauses* tienen distinto alcance en los diferentes países y jurisdicciones. Los efectos de las *merger clauses* dependen, además, de su redacción y puede que no excluyan la aplicación de *implied terms* (*vid. supra*) o que no eximan de responsabilidad por *misrepresentation* (*vid. supra*). Sin olvidar que, ante la ausencia de dichas cláusulas, los usos o prácticas comerciales pueden constituir un contexto relevante que ha de ser tenido en cuenta por el intérprete.

En definitiva, la interpretación de los *smart contracts*, la interacción del lenguaje natural y computacional y la mayor o menor importancia del contexto en el que se desenvuelve el contrato constituyen retos considerables que habrán de superarse en los próximos años si se quiere consolidar el éxito de esta herramienta digital y garantizar su aplicación a más sectores, si cabe. Sobre todo, los desarrolladores deberán tener un conocimiento lo suficientemente profundo de cada sector desde el punto de vista legal para poder añadir al código la mayoría de posibles contingencias que puedan suscitarse o simplemente centrarse en las partes autoejecutables del contrato que no se ven afectadas por el contexto[214]. Una vez celebrado el contrato, sin embargo, se ha propuesto articular mecanismos de resolución de conflictos a través de un directorio arbitral conectado a través de un oráculo, que interprete los términos y envíe de vuelta la solución al ordenador, para

---

[213] Werbach, *op. cit.*, p. 369.
[214] Corrales, *op. cit.*, p. 40.

que continúe con la ejecución[215]. Esta solución, de ser viable, también tendría que ser rápida; en caso contrario, no será compatible con la efectividad y celeridad que se persigue con la contratación inteligente.

## 6. CAMBIOS SOBREVENIDOS EN LA RELACIÓN CONTRACTUAL

En el Derecho comparado se identifican distintas situaciones en las que, como consecuencia de un cambio grave de las circunstancias tenidas en cuenta por las partes al contratar, se alteran las bases sobre las que se celebró el contrato. En la mayoría de los supuestos, la parte que invoca una situación de fuerza mayor o de onerosidad sobrevenida (*hardship*) es el proveedor de bienes o servicios. Menos frecuentemente concierne a la parte que tiene que pagar un precio; no obstante, esta última también está expuesta a bajadas drásticas de precios o circunstancias sobrevenidas que le pueden hacer perder el interés en recibir la prestación (*Coronation cases*)[216].

Las consideraciones socioeconómicas que llevan a contemplar la incidencia del cambio de las circunstancias sobre las obligaciones son varias. Se aduce, por ejemplo, que cuando el deudor ha de soportar en solitario el riesgo de catástrofes y desastres imprevistos, los costes de asegurar esos riesgos terminan por ser repercutidos en los precios. Además, si se le obliga a acarrear económicamente con la excesiva onerosidad sobrevenida, podrían darse situaciones de insolvencia inmerecida que no interesan a la sociedad[217]. Por otra parte, como consideraciones contrarias al tratamiento de estas incidencias circunstanciales, se suele mencionar la certeza y predictibilidad que han de presidir la ejecución de los contratos (*pacta sunt servanda*); la frecuente imposibilidad de verificar las excusas alegadas por el deudor o que el deudor es a menudo la parte que puede asegurar a menor coste las incidencias sobrevenidas[218].

Los cambios sobrevenidos pueden causar una situación de «fuerza mayor» que hace imposible el cumplimiento del contrato, pero también pueden acaecer situaciones de onerosidad excesiva o «*hardship*», en las que el cumplimiento del contrato es posible, pero excesivamente gravoso. Distin-

---

[215] Weber, *op. cit.*, p. 312.

[216] Krell *v.* Henry (1903) 2 K.B. 740; Chandler *v.* Webster (1904) 1 KB 493; Herne Bay Steamboat Co *v.* Hutton (1903) 2 K. B. 683; Hobson *v.* Pattenden & Co (1903) 19 TLR 186; Clark *v.* Lindsay (1903) 19 TLR 202; Griffith *v.* Brymer (1903) 19 TLR 434.

[217] Beale, *op. cit.*, p. 591.

[218] *Ibid.*

guir entre una situación u otra es a veces difícil, de la misma manera que es complicado determinar qué ordenamientos solo contemplan la fuerza mayor para exonerar al deudor de responsabilidad por la falta de cumplimiento de sus obligaciones y cuáles otros también aceptan las situaciones de onerosidad excesiva como circunstancias que pueden resolver o modificar las obligaciones del deudor.

### 6.1. Fuerza mayor

La mayoría de los ordenamientos reconoce que la imposibilidad de cumplir el contrato ha de exonerar al deudor de responsabilidad, aunque con variaciones considerables de un Derecho a otro[219]. En Francia las condiciones son muy estrictas. El art. 1.218 del Código Civil francés dispone que «Existe fuerza mayor en asuntos contractuales cuando un evento fuera del control del deudor, que no podría haberse previsto razonablemente al final del contrato y cuyos efectos no pueden evitarse con las medidas apropiadas, impide el cumplimiento de su obligación por el deudor»[220]. Se exige, por tanto, que el cumplimiento sea imposible por circunstancias que no hubieran podido preverse o, que, previstas, fueran inevitables por estar fuera del control del deudor (*cause étrangère*)[221]. El art. 1.105 CC español contiene una norma muy parecida[222], al igual que la doctrina de la imposibilidad recogida en los arts. 1.218 y 1.256 CC italiano[223]. Las consecuencias de la fuerza mayor son la exoneración al deudor de su deber de cumplimiento, así como de la indemnización de daños y perjuicios. Cuando la ejecución es imposible con carácter temporal, la exoneración del deudor es tan solo momentánea[224].

En el Derecho alemán el concepto de imposibilidad (*Unmöglichkeit*) juega un importante papel en estos supuestos, distinguiéndose varias categorías, aunque con relación a las situaciones de fuerza mayor, ha de resaltarse la imposibilidad sobrevenida no atribuida al deudor, § 275 BGB. El concepto

---

[219] Lando, *Principles of European Contract Law*, *op. cit.*, p. 323.

[220] «*Il y a force majeure en matière contractuelle lorsqu'un événement échappant au contrôle du débiteur, qui ne pouvait être raisonnablement prévu lors de la conclusion du contrat et dont les effets ne peuvent être évités par des mesures appropriées, empêche l'exécution de son obligation par le débiteur*», https://www.legifrance.gouv.fr/codes/section_lc/LEGITEXT000006070721/LEGISCTA000006150254/#LEGISCTA000032041441.

[221] Beale, *op. cit.*, p. 595.

[222] J. A. Tamayo Carmona, *Derecho Civil II, Obligaciones y Contratos*, 4.ª ed., Tirant lo Blanch, 2019, p. 117.

[223] Beale, *op. cit.*, p. 602.

[224] *Ibid.*, p. 604.

alemán de imposibilidad es más amplio que la noción francesa de fuerza mayor, incluyendo, por ejemplo, la imposibilidad económica[225]. Además, el § 275 BGB no requiere que la situación sea imprevisible. La consecuencia principal de la imposibilidad sobrevenida es la exoneración del deudor[226].

El Derecho inglés se sitúa entre la solución francesa y alemana. El deudor está normalmente obligado a cumplir sus obligaciones y tendrá que indemnizar con daños y perjuicios si no lo hace[227]. Sin embargo, cuando el cumplimiento se torna imposible sin mediar culpa del deudor, *v. gr.*, destrucción del objeto del contrato, se le puede exonerar del cumplimiento en aplicación de la doctrina de la frustración (*frustration*), como se estableció en el conocido asunto de *Taylor* v. *Caldwell*[228]. Esta doctrina contempla la situación que transforma al contrato en «algo radicalmente diferente de lo que habían contemplado las partes». Pero, a diferencia de lo que ocurre en el Derecho alemán, el Derecho inglés no permite a los tribunales adaptar el contrato[229]. La terminología es en cualquier caso fluida y diferentes expresiones se utilizan para referirse a esta imposibilidad sobrevenida: frustración del propósito, imposibilidad, acto de Dios, o exoneración por ilicitud sobrevenida, aunque sus consecuencias son las mismas, esto es, la desaparición del contrato[230].

Por su parte, en la compraventa internacional de mercaderías, el art. 79 CISG establece como requisitos para invocar un supuesto de fuerza mayor los siguientes: (i) que el cumplimiento haya devenido imposible debido a (ii) un impedimento que cabía esperar razonablemente que el deudor tuviese en cuenta; (iii) que es ajeno a su voluntad y (iv) cuyo riesgo no ha asumido expresa o implícitamente[231]. El art. 8:108 PECL también está inspirado en dicho precepto[232].

### 6.2. EXCESIVA ONEROSIDAD SOBREVENIDA O *HARDSHIP*

Los distintos sistemas resuelven de manera diferente el problema de los cambios de circunstancias que convierten a las obligaciones de una parte en

[225] *Ibid.*, p. 603.
[226] *Ibid.*
[227] *Ibid.*, p. 607.
[228] Taylor *v.* Caldwell (1863) 3 B & S 826.
[229] Beale, *op. cit.*, p. 607.
[230] *Ibid.*
[231] D. P. Flambouras, «Comparative Editorial Remarks On CISG Article 79 And PECL Articles 6.111, 8.108», 2002, disponible en: http://www.cisg.law.pace.edu/cisg/text/peclcomp79.html.
[232] *Ibid.*

excesivamente onerosas, aunque sin llegar a constituir un supuesto de fuerza mayor. Algunos contemplan esta situación como supuesto que permite la modificación del contrato, mientras que otros ordenamientos no lo hacen. En Francia, bajo la doctrina de la *imprévision*, recogida en el art. 1.195 del Código Civil tras la reforma del 2016, en caso de cambio de circunstancias que resulte imprevisible en el momento de la conclusión del contrato, haciendo excesivamente oneroso su cumplimiento para la parte que no hubiese aceptado ese riesgo, esta podrá pedir una renegociación del contrato. En caso de rechazo o de fracaso de la renegociación, las partes contratantes podrán acordar la resolución del contrato o solicitar al juez que proceda a su adaptación. A falta de acuerdo en un período razonable, el juez podrá, a petición de una de las partes, revisar el contrato o ponerle fin[233].

El Derecho alemán ha contemplado tradicionalmente el principio general de que el contrato puede ser modificado cuando «mantener el contrato originario produzca resultados intolerables incompatibles con el Derecho y la Justicia»[234]. Esta jurisprudencia estaba basada en el principio de buena fe recogido en el § 242 BGB, toda vez que en aquellas situaciones en las que la base del negocio ha desaparecido, sería contrario a la buena fe mantener el contrato intacto. Sin embargo, tras la reforma del Derecho de obligaciones en 2002, el § 313 BGB ahora regula expresamente la excesiva onerosidad sobrevenida, tomando como base la teoría de la alteración de las bases del negocio jurídico (*Wegfall der Geschäftsgrundlage*)[235], unida al reparto legal o convencional de los riesgos del contrato. El precepto consagra en apartados separados la desaparición de la base objetiva [§ 313(1)] y subjetiva [§ 313(2)] del negocio (aunque este último apartado va referido al ámbito del error). Se exige que hayan cambiado sustancialmente las circunstancias después de la celebración del contrato, de tal manera que las partes no habrían celebrado el contrato o lo habrían celebrado con otro contenido, si hubieran podido prever tales cambios. Por otra parte, la aplicación de este apartado requiere que no sea exigible al contratante continuar vinculado en los términos en que el contrato se pactó, teniendo en cuenta las circunstancias concretas concurrentes y, especialmente, el reparto contractual o legal del riesgo[236]. Cuando no sea posible, o no sea exigible a una parte una adaptación del contrato, la parte

---

[233] *Vid.* E. Savaux, *op. cit.*, p. 732.

[234] ST TS alemán de 25 de mayo de 1977, http://www.casebooks.eu/contractLaw1/chapter5/excerpt.php?excerptId=3083

[235] P. Oertmann, *Die Geschäftsgrundlage: ein neuer Rechtsbegriff*, Erlangen, 1921.

[236] Beale, *op. cit.*, p. 633.

perjudicada puede resolver el contrato. En los contratos duraderos, la resolución no produce efectos retroactivos. En cualquier caso, el § 313(1) BGB solo se aplica en defecto de norma específica y siempre que el cambio de circunstancias quede fuera del ámbito del consentimiento de las partes y sea de importancia o entidad[237].

Por otro lado, el art. 1.467 CC italiano prevé que, en los contratos de ejecución continuada, periódica o con ejecución diferida, si la prestación de una de las partes deviene en excesivamente onerosa por el acaecimiento de acontecimientos extraordinarios e imprevisibles, el deudor puede solicitar la resolución del contrato. El acreedor puede evitar la resolución del contrato ofreciendo una modificación equitativa de las condiciones de este, aunque no se prevé la revisión judicial del contrato[238].

El Derecho inglés[239], sin embargo, parece rechazar cualquier incidencia por circunstancias sobrevenidas que no constituya una imposibilidad. A su vez, la Convención de Viena sobre compraventa internacional de mercaderías (CISG) tampoco contempla ningún precepto al respecto[240], al contrario que los principios europeos (art. 6:111 PECL) y los Principios de UNIDROIT (arts. 6.2.1-6.2.3)[241].

Por su parte, la jurisprudencia española ha permitido la resolución del contrato aplicando la máxima *rebus sic stantibus*, en ausencia de una medida menos radical para preservarlo. Más recientemente, se ha hecho eco de las soluciones previstas en el Derecho comparado, como la sentencia del Tribunal Supremo (Civil) de 30 de junio de 2014, que defiende el «necesario ajuste o adaptación de las instituciones a la realidad social del momento y al desenvolvimiento doctrinal consustancial al ámbito jurídico», y «la nueva configuración que de esta figura (la cláusula *rebus sic stantibus*) ofrecen los principales textos de armonización y actualización en materia de interpretación y eficacia de los contratos (Principios Unidroit, [...])»[242].

---

[237] *Vid.*, M. Paniagua Zurera y A. M. López Rodríguez, «La excesiva onerosidad sobrevenida en la contratación o "hardship", en los sistemas jurídicos», en M. Romero Velasco (coord.), *Nuevos horizontes y perspectivas para el Derecho en el siglo XXI*, Ed. Aranzadi, Pamplona, 2018, pp. 331-344, p. 333.

[238] Beale, *op. cit.*, p. 637.

[239] Davis Contractors Ltd *v.* Fareham Urban District Council [1956] UKHL 3.

[240] Beale, *op. cit.*, p. 630. Este punto es, sin embargo, controvertido y una parte de la doctrina es favorable a su inclusión en el art. 79 CISG. *Vid.* CISG Advisory Council Opinion n.º 20, 2020, sobre hardship, http://cisgac.com/file/repository/Opinion_No_20_CISG_and_Hardship_Official_.pdf.

[241] Lando, *Principles of European Contract Law*, *op. cit.*, p. 322.

[242] STS 333/2014, 30 de junio de 2014.

### 6.3. Los cambios sobrevenidos en los contratos inteligentes

Como hemos visto, la mayoría de los ordenamientos contempla actualmente la adaptación o resolución del contrato cuando se producen cambios sobrevenidos. Sin embargo, esta posibilidad no es viable en el caso de los contratos inteligentes por dos razones fundamentales. En primer lugar, porque es prácticamente imposible formular un código informático con capacidad para prever y resolver automáticamente los casos de alteración de las circunstancias, puesto que los potenciales supuestos son demasiado diversos para ser «codificados». Así pues, aunque se produzcan cambios sobrevenidos, el contrato inteligente proseguirá con la ejecución y no adaptará el contenido a la luz de las nuevas circunstancias[243].

En segundo lugar, la adaptación de un *smart contrat* es una *contradictio in terminis*, dada la inmutabilidad de la cadena de bloques, que precisamente está construida a prueba de manipulaciones. En consecuencia, cualquier adaptación o corrección solo es posible *a posteriori* y fuera de *blockchain*, aunque esta tecnología puede ser necesaria, por ejemplo, para efectuar cualquier restitución de cantidades debida[244].

Por tanto, el principio *pacta sunt servanda* se cumple a la perfección en el caso de los *smart contracts*. La ejecución sigue estrictamente el código del programa, sin posibilidad de modificar ningún parámetro del contenido acordado en el contrato. Doctrinas como la *rebus sic stantibus* o el *hardship* no pueden ser aplicadas en la cadena de bloques. Solamente sería posible adaptar el contrato directamente en caso de excesiva onerosidad sobrevenida, si el código de programación incluye un oráculo que así lo permitiese[245]. O si el programa informático da la opción de insertar otros códigos en un momento posterior[246]. Pero en el estado actual de desarrollo tecnológico, los *smart contracts* no son una herramienta apropiada para contratos a largo plazo, por estar altamente expuestos a los cambios sobrevenidos de circunstancias.

## 7. INCUMPLIMIENTO CONTRACTUAL

### 7.1. Noción de incumplimiento en el Derecho comparado

No existe una noción común de incumplimiento contractual en el Derecho comparado[247]. Por ejemplo, en el Derecho inglés, el término *breach of*

---

[243] Carron, *op. cit.*, p. 121.

[244] *Ibid.*

[245] Weber, *op. cit.*, p. 308.

[246] Raskin, *op. cit.*, p. 327.

[247] Farnsworth, «Comparative Contract Law», *op. cit.*, p. 11.

*contract* va referido a aquellos supuestos de inejecución del contrato en los que el acreedor puede solicitar una indemnización por daños y perjuicios, esto es, todo incumplimiento que no está exento de responsabilidad[248]. Además, la responsabilidad contractual es una responsabilidad estricta (objetiva) y se incurre en ella en la mayoría de supuestos de inejecución del contrato, aunque no haya mediado culpa o negligencia por parte del deudor[249]. No obstante, en los contratos de prestación de servicios la obligación del deudor no es estricta, sino de cuidado y habilidad (§ 13 Supply of Goods and Services Act 1982). De la misma manera, existen supuestos en los que se aplica un concepto de responsabilidad absoluta, en los que ni siquiera se aplica la doctrina de la *frustration*, *v. gr.*, la entrega de mercancía genérica[250].

En otros sistemas, como en el ordenamiento español, el acreedor solo dispone de derechos y acciones contra el deudor, si el incumplimiento es imputable a este último, esto es, en casos de actuación negligente, dolosa o de responsabilidad objetiva[251].

En el Derecho alemán, de conformidad con la nueva Ley de Obligaciones alemana, promulgada en el 2002 e incorporada posteriormente en el BGB, la noción de incumplimiento contractual (*Pflichtverletzung*) cubre todos los supuestos de inejecución[252]. La imposibilidad inicial se considera ahora como incumplimiento [§ 311.ª (1) BGB]; por su parte, los derechos y acciones contra el incumplimiento ya no se hacen depender del comportamiento negligente del deudor [§ 433(1) párr. 2 BGB][253]. El Derecho francés, tras la reforma del Código Civil de 2016, se desarrolla en términos similares[254].

Tanto el nuevo Derecho alemán como el Derecho francés tras la reforma se han apoyado claramente en el modelo establecido en la Convención de Viena sobre compraventa internacional de mercaderías (CISG), de clara inspiración anglosajona. La Convención recoge una noción de incumplimiento (arts. 45-52, 61-65 y 75-80) que cubre cualquier inejecución del contrato, incluida la *mora creditoris*. La responsabilidad es objetiva y solo puede exonerarse en supuestos de fuerza mayor (art. 79)[255]. La imposibili-

---

[248] *Ibid.*

[249] Raineri *v.* Miles [1980] 2 WLR 847.

[250] Beale, *op. cit.*, p. 665.

[251] STS 1, 011/1999, 30 de noviembre de 1999. En general, *vid.* F. Gómez Pomar, «El incumplimiento contractual en Derecho español», *InDret* 3/2007, pp. 9 ss.

[252] Lamarca y Marquès, *op. cit.*, p. 5.

[253] *Ibid.*

[254] Savaux, *op. cit.*, pp. 723 ss.

[255] Flechtner, H., «Article 79 of the United Nations Convention on Contracts for the International Sale of Goods (CISG) as Rorschach Test: The Homeward Trend and Ex-

dad inicial se considera como incumplimiento (no anula el contrato) y el incumplimiento no está vinculado a la obtención de daños y perjuicios. Los PECL han adoptado el mismo modelo que la Convención de Viena (arts. 8:101 y 8:108)[256].

### 7.2. Incumplimiento en la contratación inteligente

En la *blockchain* no es posible la intervención de terceras personas y ninguna de las partes tiene los medios para retrasar la ejecución o intercambiar ningún parámetro del contenido acordado del contrato inteligente, es decir, la probabilidad de un cumplimiento contractualmente conforme es alta.

La inejecución no debería ocurrir en la práctica, ya que la ejecución es automática. Lo mismo ocurre con posibles retrasos en la entrega, dado que nociones como entrega dentro de un plazo razonable no existen en la cadena de bloques. Por el contrario, sí que podrían darse casos de fallos en el código informático o de imposibilidad, por ejemplo, si la mercadería referenciada digitalmente no existe (imposibilidad original) o no puede ser entregada (imposibilidad sobrevenida)[257].

## 8. CONSECUENCIAS DEL INCUMPLIMIENTO

Ante un incumplimiento contractual, el Derecho otorga distintas posibilidades de reacción a la parte perjudicada. Entre las acciones legales efectivamente disponibles para el acreedor en los distintos sistemas, solemos encontrar la ejecución forzosa o cumplimiento específico; la indemnización por daños y perjuicios; la resolución del contrato; la reparación o sustitución de la prestación no conforme o la reducción del precio[258].

### 8.1. Cumplimiento específico

El derecho a solicitar la ejecución forzosa de la obligación que el deudor ha incumplido es reconocido en la mayoría de los sistemas, aunque las

---

emption for Delivering Non-Conforming Goods», 19 *Pace International Law Review*, 2007, pp. 29-51.

[256] Beale, *op. cit.*, pp. 668-669.

[257] A. Duke, «What Does the CISG Have to Say about Smart Contracts: A Legal Analysis», 20 (1) *Chicago Journal of International Law*, 2019, pp. 141-177.

[258] Beale, *op. cit.*, pp. 674 ss.

condiciones que se exigen para obtener este derecho son distintas en cada país[259].

Por lo que concierne a obligaciones no pecuniarias existen importantes diferencias entre el *common law* y el Derecho continental, al menos teóricamente. En el Derecho continental, el derecho del acreedor a exigir el cumplimiento específico se reconoce de forma general[260]. En el *common law*, el derecho a exigir el cumplimiento específico es un remedio discrecional, que solo se concede si la indemnización por daños y perjuicios resultase inadecuada[261]. Por su parte, la Convención de Viena sobre compraventa internacional de mercaderías (CISG) concede al comprador en su art. 46 el derecho a exigir el cumplimiento, aunque el tribunal no estará obligado a ordenar el cumplimiento específico a menos que lo hiciere, en virtud de su propio derecho, respecto de contratos de compraventa similares no regidos por la Convención (art. 28)[262]. A su vez, en el Derecho continental se suele reconocer el derecho del acreedor a la reparación o sustitución de la prestación no conforme[263], mientras que en el Derecho inglés y escocés no parece existir el derecho a la reparación (*right to cure*)[264]. No obstante, las diferencias mencionadas son más teóricas que reales, puesto que en los países de Derecho continental existen importantes excepciones al derecho a la prestación específica, ya que en Francia, Italia y España el cumplimiento específico es discrecional, pudiendo ser rechazado si es desproporcionado atendiendo a las circunstancias y se extingue cuando es imposible[265]. Tampoco es exigible cuando el cumplimiento consiste en una prestación de servicios u obra de carácter personal o se basa en una relación personal[266].

---

[259] Lando, *Principles of European Contract Law*, *op. cit.*, p. 399.

[260] *V. gr.*, § 241 BGB, art. 1.453.1 CC italiano. En Francia, el derecho al cumplimiento específico se subraya especialmente en los arts. 1.221 y 1.222 CC y el art. 1 de la Ley de 9 de julio de 1991 de reforma del proceso civil bajo la que cualquier acreedor puede exigir al deudor la ejecución de sus obligaciones. Esta posición se refuerza con el uso discrecional del denominado *astreinte*, por el que se sanciona económicamente al deudor que demora el cumplimiento de una orden judicial.

[261] Farnsworth, «Comparative Contract Law», *op. cit.*, p. 15; § 345 b, 357-369 US Restatement of Contracts 2.nd

[262] S. Herman, «Specific Performance: a Comparative Analysis», 7(1) *Edinburgh Law Review*, 2003, pp. 5-26 y 7(2), 2003, pp. 194-217.

[263] *V. gr.*, §§ 437, 439, 634 y 635 BGB; arts. 1.482.2, 1.512.2 y 1.668.1 CC italiano; arts. 1.166, 1.484 ss., 1.553 y 1.591 CC español, jurisprudencia francesa y arts. 41 y 46 CISG.

[264] Lando, *Principles of European Contract Law*, *op. cit.*, p. 401.

[265] Art. 1.221 CC francés; arts. 1.256 y 1.463 CC italiano; arts. 1.182 y 1.184 CC español. En Alemania, por el contrario, no existe discrecionalidad (§ 241 BGB).

[266] Beale, *op. cit.*, p. 700. *V. gr.*, arts. 1.098 y 1.911 CC español; § 888.2 Código Procesal Civil alemán (ZPO).

### 8.2. DERECHO A SUSPENDER LA EJECUCIÓN

Este derecho viene referido al derecho de una parte a suspender la ejecución de su prestación hasta que la otra parte haya ofrecido el cumplimiento de su obligación o la haya cumplido efectivamente (*exceptio non adimpleti contractus*)[267]. No todos los ordenamientos definen el derecho a suspender la prestación como remedio frente al incumplimiento contractual, aunque en la práctica opera como remedio temporal.

En los sistemas continentales el derecho a suspender la ejecución se reconoce por lo general[268], mientras que en el *common law*, solo se puede suspender la ejecución en las mismas condiciones que la resolución del contrato.

### 8.3. RESOLUCIÓN DEL CONTRATO

La noción de resolución del contrato puede comprender diferentes supuestos en los ordenamientos de los distintos países[269]. Por ejemplo, en el Derecho francés (*résolution*) comprende (i) el rechazo justificado de la parte perjudicada a ejecutar su propia prestación; (ii) el rechazo justificado de la parte perjudicada a aceptar una ulterior ejecución por la otra parte y (iii) la restitución de las prestaciones ya ejecutadas o su valor (aunque la parte perjudicada puede obtener daños y perjuicios)[270]. A su vez, cuando un contrato se ha venido ejecutando durante un período de tiempo y la restitución de las prestaciones es impracticable, los tribunales franceses pueden proceder a la rescisión del mismo (*résiliation*)[271]. En el Derecho inglés, por el contrario, la resolución (*termination*) implica los puntos (i) y (ii), pero el contrato no deja de existir, si bien la obligación de ejecutar de la parte incumplidora es desplazada por la obligación de indemnizar por

---

[267] Beale, *op. cit.*, p. 724.

[268] *V. gr.*, § 320 BGB; art. 1.460 CC italiano; arts. 1.466 y 1.502 CC español; art. 58.1 CISG, art. 9:201.1 PECL. Sin embargo, del acuerdo de las partes o de las circunstancias puede desprenderse que una de las partes ha de ejecutar o comenzar la ejecución del contrato en primer lugar. Además, en algunos ordenamientos se excluye el derecho a suspender la ejecución si resultase contrario al principio de buena fe, *i. e.*, § 320.2 BGB, art. 1.460.2 CC italiano y la jurisprudencia francesa y española (SSTS, 1.ª, 21.3.1991, 8.6.1996 y 16.12.2005).

[269] Beale, *op. cit.*, pp. 744 ss.

[270] *Ibid.*, p. 745.

[271] *Ibid.*

daños y perjuicios[272]. Por su parte, en el Derecho alemán, la resolución (*Rücktritt*) ya no implica tratar el contrato como si nunca se hubiera celebrado y origina la obligación mutua de restituir los beneficios recibidos. Antes de la reforma legislativa del 2002 la resolución era incompatible con una indemnización por daños y perjuicios, pero ahora se asemeja al modelo anglosajón (*vid.* § 325 BGB)[273].

Por otro lado, existen diferencias procesales. Mientras que algunos sistemas permiten la resolución del contrato unilateralmente por cuenta y riesgo del acreedor, otros contemplan la necesidad de obtener una autorización judicial para poder resolver el contrato[274]. Por ejemplo, en el *common law* o, más recientemente, en el Derecho francés[275], el contrato se puede declarar resuelto con la mera notificación a la parte incumplidora sin demora injustificada[276]. En el Derecho italiano (art. 1.453 CC), se requiere la intervención judicial para resolver el contrato[277]. En Derecho español, la resolución la puede realizar en declaración no sujeta a forma (salvo en el caso del art. 1.504 CC) la parte perjudicada[278], pero si se discute por la otra parte, se requiere declaración judicial previa acción (art. 1.124 CC) o reconvención de la parte perjudicada por el incumplimiento[279]. El Derecho alemán, antes del 2002, requería la notificación del incumplimiento al deudor fijando un plazo suplementario de duración razonable para el cumplimiento, transcurrido el cual no aceptaría la ejecución (*Nachfrist*). Tras la promulgación de la nueva Ley de Obligaciones, el *Nachfrist* no se considera necesario en casos de incumplimiento esencial, § 323 BGB[280].

### 8.3.1. *Gravedad del incumplimiento*

La mayoría de los ordenamientos solo permite la resolución del contrato en casos de incumplimiento grave[281]. A este respecto, el art. 1.224 del Código Civil francés solo establece consideraciones generales de que el incum-

---

[272] *Ibid.*

[273] Lamarca y Marquès, *op. cit.*, p. 6.

[274] Lando, *Principles of European Contract Law*, *op. cit.*, p. 415.

[275] Savaux, *op. cit.*, p. 734.

[276] El Derecho danés (§§ 27, 32 y 52 Ley de Compraventa), los arts. 49 y 64 CISG y el art. 9:303 PECL también siguen la misma línea.

[277] Lando, *Principles of European Contract Law*, *op. cit.*, p. 415.

[278] SSTS, 1.ª, 17 de enero de 1986, 15 de noviembre de 1999 y 6 de octubre 2005.

[279] SSTS, 1.ª, 15 de noviembre de 1999, 10 de julio de 2003 y 29 de octubre de 2003.

[280] Lamarca y Marquès, *op. cit.*, p. 6.

[281] Kötz, *op. cit.*, p. 928.

plimiento ha de ser lo suficientemente serio, mientras que el Derecho alemán distingue entre el incumplimiento de una obligación principal (*Hauptflicht*) y una accesoria (*Nebenpflicht*)[282]. El Derecho inglés, por su parte, emplea una serie de test. El enfoque tradicional divide el contrato en condiciones esenciales que «*go to the root of the contract*» y garantías (*warranties*), que no lo son[283]. Un enfoque más flexible consiste en determinar si la parte perjudicada ha recibido sustancialmente aquello que había acordado o ha sido privada del mismo[284]. En este aspecto es importante subrayar que el Derecho inglés no conoce la doctrina de la buena fe o abuso del derecho, por lo que a menudo un incumplimiento leve del contrato es suficiente para resolver el contrato[285].

### 8.3.2. *Resolución anticipada*

El Derecho inglés, el alemán (§ 323.4 BGB), el art. 72.1 CISG y el art. 9:304 PECL[286] autorizan a la parte perjudicada a resolver el contrato y exigir una indemnización por daños y perjuicios si antes de la fecha de cumplimiento fuere patente que la otra parte incurrirá en incumplimiento esencial del contrato. Por el contrario, en el Derecho francés, el contrato no puede resolverse hasta que termine el plazo para el cumplimiento[287].

### 8.3.3. *Restitución de las prestaciones tras la resolución*

Tras la resolución del contrato, el acreedor tiene derecho a la restitución de su prestación o, alternativamente, a una indemnización por daños y perjuicios[288]. El Derecho inglés distingue, en este aspecto, tres situaciones distintas: (i) entrega de una cantidad de dinero: el deudor puede normalmente recuperar lo que ha pagado, si no ha recibido nada a cambio, a menos que el dinero entregado fuera una sanción o constituya un pago por la prestación realizada por la parte perjudicada; (ii) transmisión de una cosa:

---

[282] Beale, *op. cit.*, p. 764. ST TS alemán 3 abril 1996.

[283] Bentsen *v.* Taylor, Sons & Co [1893] 2 QB 274.

[284] Hong Kong Fir Shipping Co Ltd *v.* Kawasaki Kisen Kaisha Ltd [1961] EWCA Civ 7.

[285] El Derecho nórdico, el art. 25 CISG o el art. 9:301 PECL también exigen que el incumplimiento sea esencial.

[286] Lando, *Principles of European Contract Law*, *op. cit.*, p. 418. En el Derecho inglés, *vid.* Hochster *v.* De La Tour (1853) 2 E & B 678.

[287] Savaux, *op. cit.*, p. 737.

[288] Beale, *op. cit.*, p. 795.

el deudor solo puede recuperar su valor y (iii) prestación de servicios por la parte incumplidora con anterioridad a la resolución del contrato: a menos que el contrato pueda ser separado en unidades, cada una con su precio y un cumplimiento ya ejecutado, no se reconoce a la parte incumplidora ningún derecho a restitución[289].

### 8.4. Daños y perjuicios

Como característica común a la mayoría de los sistemas, destaca la posibilidad de reclamar daños y perjuicios por incumplimiento del contrato, siempre que la responsabilidad del deudor no estuviese exonerada[290]. Los denominados daños punitivos (*punitive damages*) no se suelen reconocer en el Derecho continental (*vid.* Capítulos 6 y 8). Por otro lado, varios ordenamientos contemplan indemnizaciones por daños no pecuniarios, si bien en el Derecho italiano y danés esto solo es posible si así lo prevé una ley[291]. No es el caso del Derecho alemán, donde los daños no pecuniarios no se reconocen si la base de la demanda es un mero incumplimiento contractual[292].

#### 8.4.1. *Notificación*

El *common law* no requiere que el acreedor notifique el incumplimiento a la parte incumplidora como condición para poder reclamar daños y perjuicios[293]. En cambio, en Alemania (§ 377 Código de Comercio, HGB), Dinamarca (§ 52 Ley de Compraventa), Francia (art. 1.648 CC), Italia (art. 1.495 CC) o la Convención de Viena sobre Compraventa Internacional de Mercaderías (art. 39 CISG), se ha de comunicar la falta de conformidad de las mercaderías a la otra parte sin demora; de lo contrario, la parte perjudicada perderá el derecho a invocar el incumplimiento[294]. En otros casos, se pierde el derecho a exigir daños y perjuicios si no se comunica el incumplimiento[295]. Por otro lado, la exigencia de daños y perjuicios por mora

---

289 Bolton *v.* Mahadeva [1972] 2 All ER 1322.

290 Lando, *Principles of European Contract Law*, *op. cit.*, p. 437.

291 *Ibid.*

292 Beale, *op. cit.*, p. 838 ss.

293 Lando, *Principles of European Contract Law*, *op. cit.*, p. 437. Tampoco en la Convención de Viena sobre compraventa internacional de mercaderías (respecto a la ejecución tardía), ni en los PECL.

294 *Ibid.*

295 *Ibid.*

comenzará a contar y será exigible solo después de haber realizado esa notificación (art. 1.139 CC francés, art. 1.100 CC español, art. 1.219 CC italiano, § 284 BGB)[296].

### 8.4.2. *Cálculo de la indemnización*

En la mayoría de ordenamientos, el cálculo de la indemnización debe colocar a la parte perjudicada en la misma posición que hubiese alcanzado de haberse ejecutado el contrato correctamente (*expectation interest*)[297]. El montante incluye normalmente tanto el daño emergente, como el lucro cesante[298]. En el Derecho inglés[299], la parte perjudicada también puede reclamar el interés negativo (*reliance interest*)[300]. Esta modalidad pretende idealmente restituir a la parte perjudicada a la situación de utilidad de que disfrutaba antes de celebrar el contrato. No se comprenden, por tanto, en esta indemnización los beneficios que la parte insatisfecha esperaba obtener del cumplimiento del contrato[301].

### 8.4.3. *Previsibilidad*

El Derecho inglés limita la indemnización a aquellos daños que sean previsibles[302]. Bajo este test, la parte incumplidora está obligada a pagar una indemnización que no podrá exceder de la pérdida que la parte que haya incurrido en incumplimiento hubiera previsto o debiera haber previsto en el momento de la celebración del contrato, tomando en consideración los hechos de que tuvo o debió haber tenido conocimiento en ese momento, como consecuencia posible del incumplimiento del contrato[303]. En Francia, la indemnización comprende las consecuencias «inmediatas y directas» del incumplimiento, incluyendo daños que son directos, aunque imprevisibles[304].

---

296 *Ibid.*

297 *Ibid.*, p. 440.

298 *Ibid.*, *V. gr.*, art. 1.223 CC italiano, art. 1.106 CC español, art. 74 CISG o art. 9:502 PECL.

299 C&P Haulage Co Ltd *v.* Middleton [1983] EWCA Civ 5.

300 *Ibid.*

301 Lando, *Principles of European Contract Law*, *op. cit.*, p. 441.

302 Beale, *op. cit.*, p. 821. Hadley *v.* Baxendale [1854] EWHC J70. Este enfoque ha sido, a su vez, adoptado por el art. 74 CISG y el art. 9:503 PECL.

303 *Ibid.*, p. 822.

304 *Ibid.*, p. 820.

El Derecho español (art. 1.107.1 CC)[305] y el italiano son similares al francés en este punto[306]. El Derecho alemán, por el contrario, rechaza el test de previsibilidad y aplica el de causación adecuada (*adäquaten Kausalzusammenhang*), donde lo relevante no es el conocimiento que tuviera o debiera haber tenido la parte incumplidora, sino la probabilidad (aplicando el estándar de un observador experimentado) de que se produzca el daño o pérdida en el momento del incumplimiento[307].

#### 8.4.4. *Obligación de mitigar el daño*

A la hora de calcular el montante de daños y perjuicios no hay que perder de vista la circunstancia de que bajo la mayoría de los ordenamientos el contratante afectado por el incumplimiento tiene el deber de mitigar los daños que el otro contratante le ha causado con su incumplimiento[308]. Así lo recoge, por ejemplo, el art. 77 CISG o la jurisprudencia española[309].

### 8.5. CONSECUENCIAS DEL INCUMPLIMIENTO DE UN CONTRATO INTELIGENTE

La ubicuidad de los *smart contracts* dificulta la determinación del órgano judicial con competencia para conocer posibles controversias (*vid.* Capítulo 9). En consecuencia, el recurso a métodos extrajudiciales de resolución de conflictos o la utilización de mecanismos legales de autoayuda como la resolución del contrato, la compensación, la reducción del precio o el derecho a suspender la ejecución, se presentan como soluciones más idóneas, ya que permiten resolver controversias entre las partes, sin tener que acudir a jueces y tribunales. A ello hay que añadir que este tipo de mecanismos parece encajar mejor con la contratación inteligente que, no olvidemos, persigue celeridad, eficacia y autosuficiencia. No obstante, incluso algunos de estos mecanismos son difíciles de aplicar a los contratos basados en la tecnología *blockchain*.

Por ejemplo, bajo la doctrina del cumplimiento esencial, el *common law* valida la ejecución del contrato, aunque esta no se ajuste completamente a

---

[305] F. Gómez Pomar, «El incumplimiento contractual en el Derecho español», *InDret* 3/2007, p. 22, www.indret.com.

[306] Lando, *Principles of European Contract Law*, *op. cit.*, p. 443.

[307] *Ibid.*

[308] Beale, *op. cit.*, p. 828.

[309] SSTS, 1.ª, 15 de noviembre de 1994, 28 de enero de 2000 y 23 de mayo de 2005.

los términos exactos del acuerdo y solo permite su resolución (*termination*) cuando se trata de un incumplimiento sustancial. Este tipo de margen no puede ser reconocido por un programa informático, puesto que ello implicaría evaluar un resultado que no ha sido contemplado específicamente por las partes *ex ante*[310]. Por otra parte, para llevar a cabo otras acciones legales de autoayuda, como el derecho a suspender la ejecución, el código informático debe contener una orden de paralizar el contrato si la entrega se vuelve imposible. Un caso interesante es el de los denominados *starter interrupt devices*: en caso de incumplimiento de la obligación de pago, la aplicación permite al acreedor tomar posesión del objeto garantizado o hacer que el equipo sea inutilizable, sin proceso judicial, siempre que se realice de forma pacífica[311]. El sector del alquiler de automóviles es pionero en esta tecnología, que habrá de incluir ciertas limitaciones a fin de evitar que el código informático dé lugar a situaciones de riesgo, por ejemplo, que inutilice el automóvil por impago mientras está en circulación o en una situación de emergencia[312]. Se trata de consideraciones que se están evaluando por la industria y que ya han encontrado reflejo en la legislación de algunos Estados[313]. Por ejemplo, el § 9-609 UCC regula la información que se habrá de suministrar al consumidor, el plazo para notificar la inutilización del equipo, etc.[314]. A falta de una normativa específica, se apunta a que estos mecanismos podrían admitirse cuando el acreedor corra el riesgo de perder sus derechos legales, y siempre y cuando la autoejecución sea proporcionada y no excesiva[315]. Además, habrían de cumplir con el marco imperativo general aplicable, por ejemplo, en materia de protección de datos[316]. Alemania contempla los mecanismos de autoayuda con carácter general en los §§ 229 y 858 BGB[317]. No obstante, la ausencia de armonización sobre este aspecto rodea de incertidumbre su utilización en la contratación inteligente, donde las operaciones son, por naturaleza, transfronterizas.

Lo que sí queda claro es que el margen de ejercicio de las acciones tradicionales por incumplimiento es limitado en la contratación inteligente. La prestación, por definición, no depende de la voluntad del deudor y di-

---

310 Raskin, *op. cit.*, p. 326.

311 Möslein, *op. cit.*, p. 321.

312 *Ibid.*

313 Raskin, *op. cit.*, p. 332.

314 T. B. Hudson y D. J. Laudicina, «The Emerging Law of Starter Interrupt Devices», 61 (2) *The Business Lawyer*, 2006, pp. 843-854.

315 Möslein, *op. cit.*, p. 323.

316 *Ibid.*

317 *Ibid.*

fícilmente puede ser inejecutada. Por ello, los casos de incumplimiento contractual son más propensos a generar acciones para tratar de deshacer o revertir prestaciones ya ejecutadas. Es decir, que estaremos frecuentemente ante acciones de restitución[318], que se pueden llevar a cabo, bien dentro de la cadena de bloques incluyendo un código que obligue al acreedor a realizar una transacción inversa[319], o bien en una litigación *ex post*. Debido a que la transferencia de valor asociada con el contrato inteligente está vinculada a las claves privadas criptográficas de las partes, en estas acciones de restitución el demandante tendrá, además, que reclamar que el demandado renuncie a esa clave, o tal vez, a las contraseñas que la protegen[320]. El problema en muchas ocasiones será identificar al demandado, dada la anonimidad con la que se suele operar en la cadena de bloques, encontrar un remedio adecuado, y decidir la jurisdicción, complicación cuya magnitud y volumen varía en función de los tipos de redes y entornos *blockchain* que sustentan al contrato inteligente. Por eso son preferibles las soluciones internas, bien sean proactivas, como hacer que los fallos informáticos o las infracciones sean técnicamente imposibles, o bien sean reactivas, pero siempre teniendo en consideración las soluciones del Derecho comparado. En efecto, las medidas de autoayuda pueden disminuir el recurso a los ordenamientos jurídicos estatales, pero no pueden impedir su intervención, *v. gr.*, cuando los términos del contrato no se ajustan a leyes imperativas o cuando existen vicios de la voluntad[321].

Por último, es importante destacar que, una vez que el cumplimiento no depende de la voluntad del deudor ni de ningún acontecimiento externo, la existencia de fallos en el código o la posibilidad de contaminación a través de virus informáticos son potencialmente los supuestos más frecuentes que pueden conducir al incumplimiento de un contrato inteligente. Es decir, situaciones en las que el código que recoge las condiciones del contrato contiene errores o produce resultados que no se corresponden con las expectativas de las partes. En ese caso, la autoejecución puede ser vista como una acción al margen de lo esperado o previsto por las partes, entrando ya dentro del campo de la responsabilidad extracontractual, que se examinará a continuación en el Capítulo 8.

---

[318] Werbach, *op. cit.*, p. 376.

[319] Weber, *op. cit.*, p. 308.

[320] Werbach, *op. cit.*, p. 377.

[321] L. A. Dimatteo y C. Poncibó, «Quandary of Smart Contracts and Remedies: The Role of Contract Law and Self-Help Remedies», 6 *European Review of Private Law*, 2019, pp. 805-824, p. 815.

CAPÍTULO VIII

# RESPONSABILIDAD CIVIL EXTRACONTRACTUAL Y TECNOLOGÍAS DIGITALES

## 1. INTRODUCCIÓN

El desarrollo de nuevas tecnologías digitales tales como los coches sin conductor, la robótica o la inteligencia artificial va acompañado de importantes retos para el legislador en el campo del Derecho de daños. Ciertamente, el cambio a los vehículos autónomos y la IA en todos los aspectos de nuestra vida diaria supone un impacto en la seguridad vial, en el medio ambiente (por ejemplo, la eficiencia energética, el uso de tecnologías renovables y fuentes de energía) y la responsabilidad civil (responsabilidad por daños y seguros). En este último campo el legislador está ante la difícil tarea de determinar cuáles son las mejores soluciones para atribuir responsabilidad cuando las nuevas tecnologías digitales emergentes causan daños que han de ser indemnizados[1].

La Unión Europea ha impulsado distintas iniciativas para hacer frente a los retos que plantean la responsabilidad civil y las nuevas tecnologías[2],

[1] E. Dacoronia, «Tort Law and New Technologies», en A. M. López Rodríguez, M. D. Green, M. L. Kubica (eds.), *Legal Challenges in the Digital Age*, Brill, 2021, pp. 3-12, p. 3.

[2] Por ejemplo, la Resolución del Parlamento Europeo, de 16 de febrero de 2017, con recomendaciones destinadas a la Comisión sobre normas de Derecho civil sobre robótica [2015/2103(INL)]; el Informe «A common EU approach to liability rules and insurance for connected and autonomous vehicles», publicado en 2018 por el Servicio de Estudios del Parlamento Europeo, https://www.europarl.europa.eu/RegData/etudes/STUD/2018/615635/EPRS_STU(2018)615635_EN.pdf; la inclusión de la inteligencia artificial como objetivo prioritario en el Programa de Trabajo de la Comisión Europea para 2018, COM(2017) 650 final; para 2019, COM (2018) 800 final; para 2020, COM (2020) 37 final y para 2021, COM (2020) 690 final. Este último, además, contempla la adopción de legislación en materia de seguridad, responsabilidad, derechos fundamentales y protección de datos en relación con la inteligencia artificial y de una Ley de Datos que establezca las condiciones adecuadas para el intercambio de datos para ciudadanos y Empresas. El interés de las Instituciones Europeas por la regulación de las tecnologías digitales se refleja,

entre las que se incluyen la creación de un Grupo de Expertos[3] a instancias de la Comisión Europea.

El resultado de su trabajo se ha publicado en un informe, en adelante, *Informe sobre responsabilidad*[4], que pone de manifiesto los obstáculos resultantes de las características específicas de estas tecnologías y sus aplicaciones, como son su complejidad, la modificación a través de actualizaciones, el autoaprendizaje durante su funcionamiento, la previsibilidad limitada y la vulnerabilidad a las amenazas de ciberseguridad. Características que pueden dificultar la reclamación de daños por parte de las víctimas o resultar en una asignación de responsabilidad injusta o ineficiente.

El *Informe sobre responsabilidad* apunta, asimismo, a la necesidad de realizar ciertos ajustes en los regímenes de responsabilidad nacionales y de la UE[5]. Ajustes que no serán necesariamente similares, teniendo en cuenta la existencia de importantes diferencias estructurales y terminológicas en el derecho de daños, especialmente entre las principales familias jurídicas. Estas diferencias ya estimularon hace unas décadas el crecimiento y consolidación de grupos de trabajo, formados por expertos de diversos países, destinados de uno u otro modo a la armonización del Derecho de daños. Uno de esos grupos, el denominado *European Group on Tort Law*[6], presentó en 2005 los *Principles on European Tort Law* (Principios de Derecho europeo de la responsabilidad civil, en adelante, PETL), que son el resultado de más de diez años de trabajo[7]. También es destacable en este campo

---

asimismo, en la Declaración Conjunta sobre Prioridades Legislativas para 2018-2019, https://ec.europa.eu/commission/sites/beta-political/files/joint-declaration-eu-legislative-priorities-2018-19en.pdf, en el que acuerdan garantizar un alto nivel de protección de datos, derechos digitales y estándares éticos, el aprovechamiento de los beneficios y protección contra los riesgos en materia de inteligencia artificial y robótica. Por otro lado, en abril de 2018, la Comisión publicó un documento de trabajo sobre «Responsabilidad por las tecnologías digitales emergentes», SWD (2018) 137 final, acompañando una Comunicación de la Comisión a las demás Instituciones, sobre «Inteligencia Artificial para Europa», COM (2018) 237 final. En la Comunicación de Sibiu de mayo de 2019, la Comisión volvió a insistir en la necesidad de un marco para «abordar proactivamente las cuestiones éticas y legales que rodean a la IA», https://ec.europa.eu/commission/sites/beta-political/files/comm_sibiu_06-05_en.pdf.

[3] Expert Group on liability and new technologies (E03592), https://ec.europa.eu/transparency/regexpert/index.cfm?do=groupDetail.groupDetail&groupID=3592.

[4] Report on Liability for Artificial Intelligence and Other Emerging Digital Technologies (2019), https://ec.europa.eu/digital-single-market/en/artificial-intelligence.

[5] Informe sobre responsabilidad, *op. cit.*, p. 3.

[6] www.egtl.org.

[7] *Principios de Derecho europeo de la responsabilidad civil*. Traducción a cargo de la «Red Española de Derecho Privado Europeo y Comparado» (REDPEC), coordinada por M. Martín-Casals, Thomson-Aranzadi, 2008.

el *Marco Común de Referencia* (DCFR), una iniciativa sostenida por la Comisión Europea y redactado por el *Study Group on a European Civil Code*[8] y por el *Research Group on EC Private Law*[9], en cuyo texto se introdujo un libro (el sexto) sobre la responsabilidad extracontractual[10].

En los apartados que siguen se abordarán los aspectos más relevantes de los principales sistemas de responsabilidad civil considerando, donde sea apropiado, las soluciones recogidas en los PETL y DCFR. Finalmente, se analizarán los retos concretos que las tecnologías emergentes plantean en este campo del Derecho. En uno y otro caso hay una serie de cuestiones que son fundamentales a la hora de realizar nuestro estudio: (i) la existencia en el Derecho comparado de un principio general de responsabilidad civil o solo de grupos de circunstancias en las que se genera responsabilidad civil; (ii) el concepto de daño; (iii) el nexo causal entre conducta o infracción y daño; (iv) la exigencia de culpa como presupuesto de la responsabilidad civil y las circunstancias en las que una persona es responsable, aunque no sea culpable; (v) la diferencia entre responsabilidad por culpa, responsabilidad objetiva y la inversión de la carga de la prueba; (vi) si la mera presencia de culpa es suficiente para atribuir responsabilidad por cualquier daño causado por la conducta culposa y (vii) la indemnización de los daños.

## 2. PRINCIPALES SISTEMAS DE RESPONSABILIDAD CIVIL EN EL DERECHO COMPARADO

El Derecho de responsabilidad civil es un campo donde persisten diferencias entre los distintos sistemas. En la UE, por ejemplo, solo existe armonización en materia de responsabilidad civil por productos defectuosos[11], responsabilidad por infracción de la legislación sobre protección de datos[12] y responsabilidad por infracción del Derecho de la com-

---

[8] https://www.sgecc.net.

[9] http://www.acquis-group.org.

[10] C. von Bar, E. Clive, H. Schulte-Nölke (eds.), *Draft Common Frame of Reference*, München, 2009, 395-412.

[11] Directiva 1999/34/CE del Parlamento Europeo y del Consejo de 10 de mayo de 1999 por la que se modifica la Directiva 85/374/CEE del Consejo relativa a la aproximación de las disposiciones legales, reglamentarias y administrativas de los Estados miembros en materia de responsabilidad por los daños causados por productos defectuosos, DO L 141, 4.6.1999, pp. 20-21.

[12] Art. 82 Reglamento (UE) 2016/679 del Parlamento Europeo y del Consejo de 27 de abril de 2016 relativo a la protección de las personas físicas en lo que respecta al tratamiento de datos personales y a la libre circulación de estos datos y por el que se deroga la Directiva 95/46/CE (Reglamento general de protección de datos), DO L 119, 4.5.2016, pp. 1-88.

petencia[13]. También se ha establecido un régimen de seguro de responsabilidad civil en relación con los daños causados por el uso de vehículos de motor[14], aunque sin regular la responsabilidad como tal. En materia de Derecho internacional privado la UE ha adoptado, asimismo, un Reglamento sobre la ley aplicable a las obligaciones extracontractuales (Reglamento Roma II)[15]. A nivel internacional, sin embargo, no se ha armonizado el régimen de responsabilidad civil.

Existen sistemas de responsabilidad civil típicos que, o bien parten de una lista de intereses protegidos —como en el caso alemán—, o bien tipifican los ilícitos civiles cuya comisión dará lugar a responsabilidad —como en el caso inglés—[16]. Ciertamente, tales sistemas no son totalmente cerrados, ya que de un modo u otro se hace necesaria una válvula —como el § 823 (2) BGB o el *tort of negligence*— que permita paliar la rigidez excesiva. Esa flexibilidad, no obstante, es tan solo marginal y poco tiene que ver con sistemas que, como el francés (*cf.* art. 1.240 ex art. 1.382 CC francés), parten de la existencia de una cláusula general de responsabilidad por culpa y dejan a la jurisprudencia y a la doctrina la tarea de desarrollar las reglas y los criterios necesarios para señalar qué supuestos generan responsabilidad. De forma similar, en España, rige como regla general el principio *neminum non laedere*, no causar daño al otro. Es decir, todas las conductas generadoras de daño fuera del contrato están sometidas a responsabilidad civil. Como regla general se trata de una responsabilidad por culpa (art. 1.902 CC español), a menos que entren dentro del ámbito de aplicación de alguno de los supuestos de responsabilidad objetiva establecidos por ley.

Por lo demás, la mayoría de sistemas de responsabilidad civil incluye una regla (o reglas) que atribuyen la responsabilidad por culpa con un ámbito de aplicación relativamente amplio, acompañado de varias normas

---

[13] Directiva 2014/104/UE del Parlamento Europeo y del Consejo de 26 de noviembre de 2014 relativa a determinadas normas por las que se rigen las acciones por daños en virtud del Derecho nacional, por infracciones del Derecho de la competencia de los Estados Miembros y de la Unión Europea, DO L 349, 5.12.2014, pp. 1-19.

[14] Directiva 2009/103/CE del Parlamento Europeo y del Consejo de 16 de septiembre de 2009, relativa al seguro de la responsabilidad civil que resulta de la circulación de vehículos automóviles, así como al control de la obligación de asegurar esta responsabilidad, DO L 263, 7.10.2009, pp. 11-31.

[15] Reglamento (CE) n.º 864/2007 del Parlamento Europeo y del Consejo de 11 de julio de 2007 relativo a la ley aplicable a las obligaciones extracontractuales («Roma II»), DO L 199, 31.7.2007, pp. 40-49.

[16] G. Wagner, «Comparative Tort Law», en M. Reimann y R. Zimmermann (eds.) *The Oxford Handbook of Comparative Law*, 2.ª ed., Oxford University Press, 2019, pp. 994-1030, pp. 998-999.

más específicas que modifican la carga de la prueba o establecen una responsabilidad objetiva (generalmente llamada *strict liability* en el *common law* o responsabilidad basada en el riesgo) y que adoptan muchas variantes respecto al alcance de la norma, las condiciones de responsabilidad y la carga de la prueba. A su vez, la mayoría de sistemas contiene preceptos sobre responsabilidad por hecho ajeno, a menudo denominada *responsabilidad vicaria* en el *common law*, aunque con distinto fundamento[17].

Ya que por limitaciones de espacio no podemos analizar cada uno de los sistemas existentes de responsabilidad civil, veremos las características de los principales sistemas en los que se inspiran muchos otros. A este respecto, Alemania, Francia e Inglaterra representan tres grandes tradiciones legales que han influido en un número considerable de sistemas. El Derecho inglés, por ejemplo, ha influido en otros países de *common law*, así como en el Derecho de Chipre y Malta. El sistema francés ha dejado rastros en Bélgica, Hungría, Italia, Luxemburgo, los Países Bajos, Polonia, Rumanía y España. Por último, el Derecho de responsabilidad civil alemán ha inspirado los Derechos de Austria, Bulgaria, Chequia, Grecia, Letonia, Portugal, Eslovaquia y Eslovenia[18]. Fuera de esta esfera se encuentran los Derechos nórdicos.

### 2.1. Derecho inglés

El Derecho inglés puede ser descrito como un sistema de jurisprudencia abierto, donde las soluciones dadas por inducción tienden a formar premisas para nuevas deducciones[19]. Dentro de este sistema, el régimen de responsabilidad extracontractual (*tort*) se caracteriza por una evolución separada de los distintos supuestos de *torts* hasta la sentencia *Donoghue* v. *Stevenson*[20], que sentó las bases del *tort* genérico de negligencia (*negligence*). La negligencia, junto con otro *tort* genérico, el de fastidio (*nuisance*), proporcionan en la actualidad las principales acciones por daño no premeditado[21].

El Derecho inglés no contempla un principio general de responsabilidad civil extracontractual por razones históricas[22]. Como se señalaba en el Capítulo 6, desde la Edad Media la persona que iniciaba una acción civil es-

[17] Informe sobre responsabilidad, *op. cit.*, p. 15.
[18] C. Van Daam, *European Tort Law*, 2.nd ed., Oxford University Press, 2013, p. 9.
[19] Wagner, *op. cit.*, pp. 1000-1001.
[20] Donoghue *v.* Stevenson [1932] UKHL 100.
[21] R. Youngs, *English, French & German Comparative Law*, 3.ª ed., Routledge, 2014, p. 367.
[22] *Ibid.*, p. 366.

taba obligada a adquirir un documento denominado *writ* en la cancillería, lo que le daría acceso a los Tribunales Reales. Para cada tipo de lesión sufrida existía un *writ* diferente, pero su obtención estaba sujeta a que la acción causante del daño estuviera recogida en alguno de los formularios de los *writs* establecidos[23]. El sistema de *writs* fue abolido a mediados del siglo XIX, pero dejaron su huella en el Derecho de daños inglés puesto que, desde entonces, la responsabilidad extracontractual solo existe respecto de un número de categorías concretas de actos dañosos[24]. Tal como sentenció Maitland, «*the forms of actions we have buried, but they still rule us from their graves*»[25].

En la actualidad, los principales *torts* que existen en el Derecho inglés son el asalto (*assault*), la agresión (*battery*), la detención ilegal (*false imprisonment*), la negligencia (*negligence*) y la molestia (*nuisance*)[26]. Los tres primeros requieren la intención de causar daño, esto es, de dolo; el *tort* de *negligence*, por regla general, requiere de culpa y esta deberá ser probada por la víctima/demandante o se presumirá según el caso. El *tort* de *nuisance*, finalmente, hace referencia a los daños que se causan con el uso de la propiedad y, por lo menos en parte, comprende la responsabilidad por actividades peligrosas y, por lo tanto, de acuerdo con lo establecido en el caso de *Rylands* v. *Fletcher*[27], se enmarca en un régimen de responsabilidad objetiva[28].

### 2.2. Derecho francés

El sistema francés de responsabilidad extracontractual se basa en principios y reglas codificadas. Sin embargo, es mucho menos «cerrado» de lo que cabría esperar. En particular, la aplicación de las lacónicas cláusulas generales de los antiguos arts. 1.382 y siguientes del Código Civil (tras la

[23] D. Marshall y D. Weissbrodt, *The Common Law Process of Torts*, Anderson Publishing Co., 2003, p. 45.

[24] Youngs, *op. cit.*, 367.

[25] F. W. Maitland, *The Forms of Action at Common Law*, 1909, Cambridge University Press, p. 2.

[26] Youngs, *op. cit.*, 399.

[27] Rylands *v.* Fletcher [1868] UKHL 1. M. L. Kubica, «Origins of Strict Liability for Abnormally Dangerous Activities in the United States, Rylands v. Fletcher and a General Clause of Strict Liability in the UK», 10(3) *International Journal of Law and Political Sciences*, 2016, pp. 851-862; M. L. Kubica, «Legal Doctrine on Rylands v. Fletcher: One more time on Feasibility of a General Clause of Strict Liability in the UK», 10(10) *International Journal of Law and Political Sciences*, 2016, pp. 3.529-3.537.

[28] J. C. P. Goldberg y B. C. Zipursky, «The Strict Liability in Fault and the Fault in Strict Liability», 85 *Fordham Law Review*, 2016, pp. 743-788, p. 772.

reforma de 2016, arts. 1.240 y siguientes) solo puede entenderse a la luz de los principios y reglas contenidas en el volumen masivo de jurisprudencia que estas disposiciones han generado[29]. Efectivamente, los tribunales han creado en la aplicación de esas disposiciones un cuerpo jurisprudencial que ha hecho que el Derecho francés de responsabilidad extracontractual sea más abierto, flexible y liberal que muchos otros sistemas contemporáneos[30].

La gran novedad del Código Civil francés fue la afirmación del principio general de responsabilidad civil extracontractual por culpa[31]. La estructura del título de las obligaciones extracontractuales está dividida en los artículos 1.240 al 1.244 del Código Civil francés (antiguos arts. 1.382-1.386). Estos a su vez se subdividen en: la responsabilidad por los propios actos —la *responsabilité du fait personnel*—, la responsabilidad por las cosas —*la responsabilité du fait des choses*—, la responsabilidad por los actos de otras personas —*la responsabilité du fait d'autrui*—.

La responsabilidad por los propios actos está regulada en los arts. 1.240-1.241, que exige probar los tres elementos del daño, la culpa y el nexo causal. Estos preceptos recogen el modelo general de daños en Francia. Por otro lado, los arts. 1.242-1.244 regulan los casos excepcionales de responsabilidad objetiva por actos cometidos por terceros, que incluyen la responsabilidad por los actos de los hijos y empleados, responsabilidad del propietario por los daños que resulten de la ruina de un edificio y responsabilidad por daños causados por animales. En cuanto a la responsabilidad por actos cometidos por terceros, el art. 1.242 (1) del CC francés dispone en su primer párrafo que: «Se es responsable, no solo del daño que se cause por hecho propio, sino también del causado por las personas de las que se debe responder, o por las cosas que estén bajo la guarda de uno».

Por su parte, los arts. 1.245-1.245(17) regulan la responsabilidad por productos defectuosos, siguiendo las precisas directrices comunitarias, mientras que los arts. 1.246-1.252 introducen en el Código Civil la regulación de la reparación del daño ecológico en aplicación de la Ley de 2016 para la protección de la biodiversidad, naturaleza y paisajes[32].

---

[29] Wagner, *op. cit.*, p. 999.

[30] *Vid.* Capítulo 4. O. Moréteau, «France: French Tort Law in the Light of European Harmonization», 6 *Journal of Civil Law Studies*, 2013, pp. 760-801.

[31] C. Larroumet, «La evolución reciente de la responsabilidad civil en el derecho francés», 2(1) *Revista de Estudios Socio-Jurídicos*, 2000, pp. 33-42, p. 34.

[32] Sobre la reforma del derecho de la responsabilidad extracontractual en Francia *vid.* A. Ferrante, «Una primera aproximación al Avant-Projet CATALA y a la nueva responsabilidad civil en el Derecho Francés», *InDret* 1/2008, https://indret.com/wp-content/themes/indret/pdf/507_es.pdf.

### 2.3. Derecho alemán

En Alemania, la responsabilidad extracontractual está regulada en el Código Civil (BGB). Su Libro Segundo, conocido como *Recht der Schuldverhältnisse*, se ocupa del Derecho de obligaciones en los §§ 241-853. Las disposiciones sobre responsabilidad civil extracontractual están codificadas en los §§ 241-304, encontrándose las más relevantes en los §§ 249-253 y las definiciones sobre culpa y negligencia en el § 276. El texto alemán sigue el modelo general de responsabilidad civil fundada en la culpa (*Verschuldenshaftung*) y las instancias excepcionales de la responsabilidad objetiva (*Gefährdungshaftung*). El *Verschuldenshaftung* del § 826 incluye los daños tanto por negligencia como dolosos[33]. También se reconocen los daños objetivos por actos de otras personas en los §§ 831 y 832, por posesión de animales § 833 y por las cosas §§ 1, 7 y 33[34].

En el Derecho alemán no todo agravio da lugar a un resarcimiento. Los derechos e intereses protegidos por la ley están enumerados en el BGB directamente [por ejemplo, en los §§ 823(1) o 824], o indirectamente [por ejemplo, en los §§ 823(2) y 839]. A esta enumeración se le debe añadir la cláusula *doli* del § 826 BGB, que proporciona un remedio para el daño deliberado causado contra bonos mores (*gegen die guten Sitten*). El § 823 (1) BGB, que contiene la acción principal de daño no premeditado, no incluye los intereses puramente económicos (*Vermögen*) en la enumeración de los derechos protegidos. Estos últimos se concretan en: el derecho a la vida, el cuerpo, la salud, la libertad, la propiedad y «otros» derechos similares. En ocasiones, la rigidez de este sistema «enumerativo» ha sido puesto a prueba por los tribunales, especialmente a finales de los 50 y principios de los 60, cuando en una formulación audaz se formularon dos derechos protegidos adicionales: el derecho a un negocio empresarial establecido y operativo y el derecho general de la personalidad[35].

## 3. EL CONCEPTO DE DAÑO

Como mecanismo destinado a delimitar la responsabilidad civil extracontractual, los distintos sistemas exigen como requisito previo que la conducta del demandado sea causante de un tipo de daño reconocido por la

---

[33] C. Van Dam, European Tort Law, Oxford University Press, 2006, p. 41.

[34] Youngs, *op. cit.*, pp. 369-370.

[35] S. Banakas, «Unde Venis et Quo Vadis? European tort law revisited», RSDIE 4/2008, pp. 295-320, p. 299.

Ley, es decir, que sea un daño «jurídicamente significativo». En este sentido se suele distinguir entre daño entendido como una realidad puramente fáctica y daño entendido como una noción jurídica[36].

No todos los daños constituyen un perjuicio a ojos de la Ley, aunque hay sistemas que recogen un concepto jurídico «abierto» de daño, capaz de acomodar la mayoría de tipos de lesiones. Ciertamente, cada ordenamiento jurídico puede apostar por un concepto de daño con un carácter marcadamente «fáctico» o «normativo». Estaremos ante un ordenamiento con un concepto de daño marcadamente fáctico si todo tipo de daño efectivo puede ser considerado como perjuicio y cuando no puede hablarse de perjuicio sin que exista una lesión efectiva de alguna clase. Por otra parte, estaremos ante un ordenamiento que abraza un concepto de daño marcadamente normativo cuando solo determinados tipos de daños reales se califican como perjuicio desde el punto de vista normativo y donde puede reconocerse la presencia de un perjuicio, incluso cuando ningún daño real es evidente de forma externa[37].

En el Derecho francés, la presencia de un daño real es una condición *sine qua non* para obtener el derecho a una indemnización: *sans dommage, pas de droit à réparation*[38]. No obstante, este principio no es fácil de conciliar con ciertos casos en los que el demandante obtiene una indemnización por lesiones que, en verdad, ya se han compensado de otra manera. La competencia de los tribunales franceses en la evaluación de los daños (a diferencia de lo que ocurre, por ejemplo, en el Derecho angloamericano, donde el jurado juega un papel importante), junto con su bien conocida costumbre de no divulgar detalles sobre el método que utilizan, dificulta el estudio de las consideraciones normativas que fundamentan tales evaluaciones. Dicho esto, hay también ciertas áreas bien definidas en el ordenamiento francés que han adoptado un concepto normativo de daño. El denominado *perjuicio colectivo*, esto es, el perjuicio causado a los intereses colectivos legítimos de una asociación profesional o sindicato constituye un ejemplo al respecto[39].

Por otra parte, el Derecho inglés recoge la tradición de los denominados «*torts actionable per se*»[40]. Recordemos que en el antiguo sistema de *writs*,

---

[36] J. S. Borghetti, «Los intereses tutelables y la dimensión de los perjuicios reparables en el Derecho francés de la responsabilidad civil extracontractual», *THĒMIS-Revista de Derecho*, vol. 66, 2014, pp. 285-307, p. 286.

[37] Banakas, *op. cit.*, p. 301.

[38] *Ibid.*

[39] *Ibid.*

[40] *Ibid.*, p. 300.

la disponibilidad de una acción civil servía para probar la existencia de un derecho. En tal caso, la presencia de una lesión real no siempre era requisito necesario para que el demandante pudiera accionar. En el *tort* de *negligence*, sin embargo, solo los daños reales son susceptibles de ser indemnizados[41]. Sea como sea, los tribunales ingleses tienen la potestad de otorgar «daños generales», lo que les da un amplio margen de maniobra para otorgar indemnizaciones que van mucho más allá del valor monetario del daño real sufrido. La utilidad de esta práctica es evidente, sobre todo si su naturaleza del daño no está del todo clara como, por ejemplo, la pérdida del disfrute vacacional. De esta forma, los tribunales ingleses evitan tener que embarcarse en complicadas controversias dogmáticas sobre intereses tutelables y perjuicios reparables tal como ha ocurrido en otros ordenamientos[42].

En Alemania, este tema ha sido objeto de un dilatado debate doctrinal. Allí, por una parte, se ha apuntado a que el BGB, aparentemente bajo la fuerte influencia de Mommsen[43], respalda un concepto estricto de daño y se considera que el Código Alemán recoge el principio de la no compensación de los daños denominados «no materiales» (§ 253 BGB). Pero, por otra parte, los estudios comparados de Neuner en la década de 1930[44], y de varios otros estudiosos alemanes más recientemente, han creado un movimiento teórico a favor de revisar la ortodoxia. En un ejemplo llamativo de trasplante legal, la «teoría normativa del daño» de Neuner está inspirada directamente en la vieja tradición del *common law* de utilizar la acción de responsabilidad civil como prueba de la existencia de un derecho (*rechtsverfolgende Funktion* de la acción por daños y perjuicios)[45]. Según Neuner, el concepto de daño ha de ser un concepto normativo, esto es, hay que dejar que la ley establezca el concepto de daño que se ajuste a sus propios fines[46]. Larenz, entre otros autores, continuó con esta línea introduciendo la idea de la *Rechtsfortsetzungsfunction* (función de continuidad jurídica) de la acción por daños[47]. Sin embargo, en la práctica, los tribunales alemanes parecen favorecer un concepto normativo de daño, aunque sin definirlo en términos claros[48].

---

[41] *Ibid.*

[42] *Ibid.*

[43] F. Mommsen, *Zur Lehre von dem Interesse*, Braunschweig, Schwetschke, 1855.

[44] R. Neuner, Interesse und Vermögensschaden, 133 *Archiv für die civilistische Praxis*, 1931, pp. 277-314.

[45] Banakas, *op. cit.*, p. 301.

[46] *Ibid.*

[47] K. Larenz, *Schuldrecht* I, C.H. Beck Verlag, 1987, p. 425.

[48] Banakas, *op. cit.*, p. 302.

De lo anterior se deduce que, tanto el Derecho inglés como el Derecho alemán, apuestan por la contención de las potenciales reclamaciones de responsabilidad civil, dado que, al adoptar un concepto normativo de daño, reducen los supuestos en los que una lesión es susceptible de indemnización. El Derecho francés, por el contrario, expande constantemente el campo de la obligación de reparación, reflejo del concepto eminentemente fáctico de daño que adopta este ordenamiento y otros tantos que han seguido su estela[49].

## 4. EL NEXO CAUSAL

El Derecho de daños moderno exige que se demuestre la existencia de una relación causal suficiente para que se pueda hablar de responsabilidad extracontractual[50]. La relación de causalidad puede plantear dificultades, bien por no constar la causa que ha originado el daño, o bien porque el daño ha podido ser producido por distintas causas[51].

Doctrina y jurisprudencia han derramado mucha tinta sobre la cuestión del criterio apropiado de causalidad legal[52]. Aparte del hecho evidente (en el que todos los sistemas están de acuerdo) de que es inadmisible que la existencia de un daño sea soportada por quien no ha influido en su realización, existe una gran diversidad en los distintos ordenamientos respecto a los criterios de causalidad «legal»[53].

En el Derecho francés, se interpreta comúnmente que el art. 1.240 y siguientes del CC exige la existencia de una relación de causalidad *inmediata* y *directa* entre la conducta del demandado y el daño sufrido[54]. Ello significa que no deben indemnizarse los perjuicios indirectos alejados del hecho que configura el incumplimiento. Por otra parte, siempre que haya una circunstancia independiente o posterior a la conducta del demandado con una fuerza «explicativa» especial y anormal en la realización del daño, se entiende que la conducta del demandado deja de ser la causa «directa» del mismo[55]. Por otro lado, algunas decisiones francesas recientes han aplicado una prueba de causalidad jurídica similar a la prueba de «adecuación» ale-

---

[49] Borghetti, *op. cit.*, p. 286.

[50] Youngs, *op. cit.*, p. 486.

[51] Banakas, *op. cit.*, p. 303.

[52] *Ibid.*

[53] Youngs, *op. cit.*, pp. 486 ss.

[54] O. Moréteau, «Basic Questions of Tort Law from a French Perspective», en H. Koziol (ed.) *Basic Questions of Tort Law from a Comparative Perspective*, Jan Sramek Verlag, 2015, pp. 3-95, p. 46.

[55] *Ibid.*, p. 48.

mana, especialmente en materia de responsabilidad objetiva[56]. De especial interés es la interpretación de la «causalidad directa», en relación con la noción legal de culpa: cuanto más grave sea la culpa del demandado, más «directa» son sus consecuencias. Así, si la conducta es extremadamente grave, por ejemplo, con malicia, el demandado debe responder prácticamente de todas las consecuencias perjudiciales[57].

Cuando el daño ha sido causado por una persona no identificada dentro de un grupo identificado, los tribunales franceses han decretado algunas veces la existencia de responsabilidad solidaria, mientras que en otras ocasiones hablan de responsabilidad por hecho ajeno o incluso de responsabilidad por hecho de las cosas[58]. Por otra parte, ante la presencia de una pluralidad de autores, suelen exigir que se responda solidariamente, siempre que el daño sea único y provenga de distintas personas, sin importar si la culpa de los autores es concurrente o sucesiva[59].

En el Derecho alemán, el test de la *conditio sine qua non* se combina con una prueba de causalidad adecuada, cuya intervención correccional está destinada a evitar una expansión intolerable de la responsabilidad[60]. Según esta teoría, para imputar a alguien un daño, no basta con que el hecho haya sido, en el caso concreto, *conditio sine qua non* del daño, sino que es necesario, además, que, en virtud de un juicio (hipotético-retrospectivo) de probabilidad, basado en las máximas de la experiencia, resulte una causa adecuada para ello[61]. La versión más común de la *teoría de la adecuación* emplea una prueba según la cual la conducta del demandado puede considerarse como causa adecuada cuando ha aumentado la probabilidad objetiva del daño[62]. La importancia de una conducta se analiza *ex post facto* (esto es, retrospectivamente), bajo la perspectiva de un observador prudente y perceptivo, y calculando la probabilidad del daño a la luz de «todo el conocimiento disponible para la humanidad»[63].

Asimismo, el *common law* aplica el test de la *previsibilidad razonable*, que presenta fuertes similitudes con el criterio alemán de la «adecuación»[64]. Por

---

[56] J. Baraona González, «La cuestión causal en la responsabilidad civil extracontractual: panorama de Derecho comparado», 31(2) *Revista Chilena de Derecho*, 2004, pp. 211-23, p. 220.

[57] Banakas, *op. cit.*, p. 303.

[58] Moréteau, *op. cit.*, p. 52.

[59] *Ibid.*, p. 54.

[60] Banakas, *op. cit.*, p. 305.

[61] *Ibid.*

[62] *Ibid.*

[63] H. Lange, *Schadenersatz*, 3.ª ed., Mohr Siebeck, 2003, p. 57 ss.

[64] Banakas, *op. cit.*, p. 305.

ejemplo, se ha sostenido que la previsibilidad se determina a la luz del conocimiento del hombre «razonable» después del acto lesivo[65].

La prueba de la previsibilidad es una condición absolutamente necesaria para que una acción de *negligence* sea aceptada en el Derecho angloamericano. Si el daño no se muestra previsible de alguna forma, entonces no hay reparación, aunque el daño sea causa «directa» de la conducta del demandado[66]. Por otro lado, un daño físico que se muestre previsible puede ser indemnizado, aunque sea indirecto[67].

## 5. LOS REQUISITOS DE «ANTIJURICIDAD» Y «DEBER DE CUIDADO»

En la mayoría de los sistemas de responsabilidad civil, la existencia de un daño en sentido jurídico y la relación causal entre el daño y la conducta culposa (o cualquier otro evento nocivo reconocido) son presupuestos básicos para establecer la obligación de reparación. En algunos ordenamientos, como el francés, estas son las dos únicas condiciones formales de responsabilidad extracontractual, como se desprende de los arts. 1.240 y siguientes del Código Civil. En otros ordenamientos jurídicos, por el contrario, también se requiere que la conducta del demandado haya sido «antijurídica»[68].

El término «antijuricidad» (*Rechtswidrigkeit*) tiene su origen en la doctrina jurídica germánica[69] y ha sido recogido en el Código Civil alemán (BGB). En materia de responsabilidad extracontractual, el § 823(1) dispone que «Quien dolosa o negligentemente daña de forma antijurídica la vida, el cuerpo, la salud, la libertad, la propiedad u otro derecho especial de otro, está obligado a indemnizarle el daño causado». Por la gran influencia que ha ejercido este texto en otros países, también encontramos la antijuricidad como elemento necesario para ejercitar la acción de responsabilidad civil en el Código italiano (art. 2.043), el portugués (art. 483(1)) y el holandés (*Burgerlijk WetBOEk*, BW, art. 6:162). Otros códigos civiles no hacen referencia a la antijuricidad, aunque es objeto de algún debate en Bélgica y,

---

[65] Banakas, *op. cit.*, p. 306.

[66] The Wagon Mound (n.º 1) [1961] A. C. 388.

[67] Dorset Yacht Ltd. *v.* Home Office [1970] A. C. 1004.

[68] Wagner, *op. cit.*, p. 1.013.

[69] K. W. F. Hegel, *Grundlinien der Philosophie des Rechts*, 4th ed., Hoffmeister, 1955, paras. 82 ss; R. Jhering, *Das Schuldmoment im römischen Privatrecht*, Roth, Giesen, 1867, p. 5.

sobre todo, en España[70]. Por otro lado, en el Derecho anglosajón este concepto es prácticamente desconocido[71].

La antijuricidad significa que el acto del demandado ha de ir contra una norma que proteja el bien dañado. No hay antijuridicidad o ilicitud, principalmente, cuando se obra en uso de un derecho, bien sea por legítima defensa, autoayuda o estado de necesidad, bien sea con consentimiento del perjudicado[72].

Al mismo tiempo, en el Derecho anglosajón, el incumplimiento de un deber de cuidado o *duty of care* es una condición necesaria para establecer la responsabilidad por daños en el *tort de negligence*[73]. Un acto imprudente solo constituye un *tort* de *negligence* en el Derecho inglés si la persona que lo comete estaba obligada a actuar con una diligencia determinada[74]. A diferencia de otros *torts* como *battery*, *assault* o *defamation*, el *tort* de *negligence* no especifica qué tipo de hechos son accionables bajo su paraguas; de esta forma, el *duty of care* sirve para precisar su ámbito de aplicación[75].

## 6. LA RESPONSABILIDAD POR CULPA

Hasta finales del siglo XIX la mayoría de ordenamientos jurídicos exigía como requisito *sine qua non* para la atribución de responsabilidad extracontractual una conducta negligente o culposa por parte del causante del daño. Ese es el caso del régimen general de responsabilidad civil en Derecho español, que obedece a un criterio de imputación por culpa[76]. En este régimen general, el punto de partida para que surja la obligación de reparar es que el daño se haya producido por un acto humano, voluntario, doloso o culposo. La mera causación del daño por el demandado no es suficiente por carecer de lo que los subjetivistas consideran como «funda-

---

[70] M. Yzquierdo Tolsada, *Responsabilidad civil extracontractual. Parte General. Delimitación y especies. Elementos. Efectos o consecuencias*, Dykinson, 2020, pp. 164-178.

[71] M. García-Ripoll Montijano, «La antijuridicidad como requisito de la responsabilidad civil», ADC, tomo LXVI, 2013, fasc. IV, pp. 1503-1603, p. 1505.

[72] Banakas, *op. cit.*, pp. 307-308.

[73] Youngs, *op. cit.*, p. 368.

[74] J. G. Fleming, *The Law of Torts*, 7.ª ed., The Law Book Company Ltd., 1987, Capítulo 8.

[75] P. Del Olmo García, «Responsabilidad por daño puramente económico causado al usuario de informaciones falsas», 54(1) *Anuario de derecho civil*, 2001, pp. 257-267, p. 259.

[76] E. Roca Trías y M. Navarro Michel, *Derecho de Daños, Textos y Materiales*, 8.ª ed., Tirant lo Blanch, 2020, p. 19.

mento» de la responsabilidad[77]. Así, la definición de culpa más aceptada por la doctrina es la de «un error de conducta tal, que no lo habría cometido una persona cuidadosa situada en las mismas circunstancias externas que el autor del daño»[78]. Con este reproche a la conducta del demandado lo que se persigue es disuadir a las personas que están en situación de causar un daño obligándolas a reintegrar la situación alterada al mismo estado que existía antes de la producción del daño[79].

A pesar de los avances de la responsabilidad objetiva (ver *infra* 8.6), la noción de culpa sigue siendo un elemento indispensable en la mayoría de los sistemas de Derecho de daños[80]. Esta noción toma como patrón la conducta que debe ser observada por todos, con independencia de las capacidades, destrezas y habilidades personales de cada uno. El estándar que debe observarse o «conducta exigible» es, pues, el de «una persona razonable que se halle en las mismas circunstancias»[81]. Así lo establece, por ejemplo, el art. 4:102 (1) de los Principios Europeos de Responsabilidad Extracontractual (PETL). Sin embargo, el Derecho austríaco adopta una noción de culpa subjetiva que permite tener en cuenta ciertas condiciones y características individuales del causante del daño, al menos, bajo circunstancias excepcionales[82].

Recordemos que, en el ámbito anglosajón, también existen algunos *torts* que requieren la presencia de falta o culpa, es decir, que el agente actuó con un estado de mente particular (usualmente con la intención de producir un resultado particular) o dejó de tener el cuidado que una persona razonable hubiera tenido (*negligence*), mientras que otros ilícitos civiles imponen responsabilidad objetiva, en cuyo caso no se exige probar la falta o culpa del demandado[83].

Los elementos que normalmente son tenidos en cuenta para determinar la conducta exigible de acuerdo con las circunstancias son: (i) la naturaleza y valor del interés protegido de qué se trate (cuanto mayor sea el valor del

---

[77] R. D. Acevedo Prada, «Una mirada a la responsabilidad civil española: el régimen subjetivo», *Revista Guillermo de Ockham*, vol. 11, n.º 2, 2013, pp. 79-88, p. 83.

[78] *Ibid.*

[79] *Ibid.*

[80] P. Widmer, «Bases of Liability», en *European Group on Tort Law, Principles of European Tort Law, Text and Commentary*, Springer, 2005, pp. 64-100, p. 64 ss.

[81] M. Martín Casals, «Una primera aproximación a los "Principios de Derecho europeo de la responsabilidad civil"», *InDret* 2/2005, p. 12, www.indret.com.

[82] H. Koziol, «Liability Based on Fault: Subjective or Objective Yardstick?», 5(2) *Maastricht Journal of European and Comparative Law*, 1998, pp. 111-128.

[83] Winfield & Jolowicz, *Tort*, 19.ª ed., W. E. Peel & J. Goudkamp (eds.), Sweet & Maxwell, 2014, p. 49.

interés puesto en peligro, mayor debe ser el esfuerzo que se debe emplear, para evitar el daño); (ii) la peligrosidad de la actividad; (iii) la «pericia exigible a la persona» que lleva a cabo la actividad; (iv) «la previsibilidad del daño *ex ante*» y la «relación de proximidad o de especial confianza entre las personas implicadas»[84].

Este estándar objetivo puede adaptarse por razón de la pertenencia del causante del daño a un determinado grupo o clase de individuos o debido a «circunstancias extraordinarias». Por ejemplo, algunos ordenamientos establecen una edad por debajo de la cual el menor no es capaz de culpa civil: en Alemania son siete años, por regla general, o diez en determinados casos, *cf.* §§ 828 I y 828 II BGB y en los Países Bajos son catorce años, *cf.* art. 6:164 BW. Por su parte, se presume *iuris tantum* que el menor de catorce años no es responsable civil en Austria, *cf.* § 153 ABGB, o si es menor de siete años en Portugal, *cf.* art. 488(2) CC[85]. Por otro lado, el Derecho español permite adaptar el estándar que puede ser exigible al menor causante del daño, mientras que la mayoría de ordenamientos adaptan el estándar en relación a la conducta exigible a menores de la misma edad[86]. Finalmente, el estándar de culpa suele atemperarse respecto de personas cuyas capacidades y habilidades se hallan disminuidas por razón de la avanzada edad o si están presentes circunstancias extraordinarias como pudiera ser el estado de fatiga mental del causante del daño. Además, para establecer el estándar de conducta requerido se suelen tener en cuenta las normas que prescriben o prohíben una determinada conducta, tales como las normas de tráfico, relativas a la construcción y, en general, reglamentos dictados para evitar la producción de determinados tipos de daños[87]. Asimismo, se suele exigir un estándar de conducta más alto a determinadas categorías de profesionales: en este sentido, el comentario de los PETL establece que «[…] el estándar puede ser diferente para un especialista "razonable" en cirugía estética del que sería para un médico generalista "razonable"; puede ser más riguroso para un arquitecto e ingeniero que el que se aplicaría a un lego que ejecutase las mismas reparaciones en su propia casa; sería más riguroso para un guía de montaña que el que sería probablemente para un simple turista»[88].

---

[84] Martín Casals, *op. cit.*, p. 12.

[85] *Ibid.*

[86] *Ibid.*

[87] *Ibid.*

[88] European Group on Tort Law, *Principios de Derecho europeo de la responsabilidad civil*, Aranzadi, 2008, art. 4:102, com. 5, p. 106.

Generalmente es el demandante quien debe probar los elementos en que basa su pretensión, incluida la culpa del demandado. Sin embargo, en situaciones en las que el riesgo es superior al normal, a veces se invierte la carga de la prueba[89] y es el demandado quien ha de demostrar que actuó con la diligencia debida, en lo que supone un *continuum* entre la responsabilidad por culpa y la responsabilidad objetiva[90]. En algunos sistemas, la inversión de la carga de la prueba es obra jurisprudencial[91], aunque hay ordenamientos, como el italiano, que lo recogen de forma significativa en su legislación. Por ejemplo, según el art. 2.050 del Código Civil italiano, «quien ocasiona un daño a otro en el desarrollo de una actividad peligrosa, por su naturaleza o por la naturaleza de los medios empleados, está obligado al resarcimiento si no prueba haber adoptado todas las medidas idóneas para evitar el daño». En este sentido, la jurisprudencia de dicho país ha aplicado este precepto a la caza, a la producción y manejo de explosivos y de material pirotécnico; al manejo de armas o a la práctica de diversas actividades deportivas de riesgo como la equitación, el esquí o las carreras automovilísticas[92].

Por otra parte, en el *common law* no se utiliza la inversión probatoria general de la culpa, excepto en situaciones particulares, las previstas directamente en algún texto legal y a través de la aplicación de la regla *res ipsa loquitur*[93]. Esta regla permite al demandante obtener una compensación por los daños y perjuicios sufridos sin tener que probar la negligencia del demandado, si las circunstancias hacen imposible o muy difícil pensar que

---

[89] C. Von Bar y U. Drobnig, *The interaction of Contract Law and Tort and Property Law in Europe. A comparative study*, Sellier, 2004, p. 53.

[90] Martín Casals, *op. cit.*, p. 12.

[91] Por ejemplo, más allá de la responsabilidad por hecho ajeno del art. 1.903 CC, el Tribunal Supremo español ha acudido a la inversión de la carga de la prueba cuando el demandado creó un riesgo del que derivó el daño. L. Díez-Picazo, *Fundamentos del Derecho Civil Patrimonial. La Responsabilidad Civil Extracontractual*, tomo V. A., Cizur Menor, Civitas, 2011, p. 123. F. Gardó, *Derecho Civil, Manual de Derecho de Obligaciones*, Dyckinson, Madrid, 2016, p. 77.

[92] Martín Casals, *op. cit.*, p. 15; Pier Giuseppe Monateri, «La Responsabilità Civile», en Rodolfo SACCO, *Trattato di Diritto Civile*, Torino, UTET, 1998, p. 1010.

[93] Youngs, *op. cit.*, p. 397. Algunos autores cuestionan que en estos casos se trate de una verdadera inversión de la carga de la prueba, afirmando que estamos más bien ante un tipo de presunción *iuris et de iure* que no permite prueba en contrario. La regla *res ipsa loquitur* también tiene sus homólogos en otros países como Francia (*fault virtuelle*), España (daño desproporcionado) y Alemania (*Anscheinsbeweis* o *prima-facie-Beweis*). M. L. Kubica, *El riesgo y la responsabilidad objetiva*, Tesis Doctoral, Universitat de Girona, 2015, pp. 169-173. Disponible en http://hdl.handle.net/10803/328430.

el daño se hubiera producido de haber observado el causante las exigencias de la diligencia debida (*thing speaks for itself*)[94].

## 7. LA RESPONSABILIDAD OBJETIVA

En los supuestos de responsabilidad objetiva (en inglés, *strict liability*), el demandado responde por haber causado un daño, aunque no haya incurrido en ningún género de culpa o negligencia[95]. Se trata de una excepción a la regla general que prescribe la compensación de los daños siempre que su causante haya actuado con culpa o negligencia, esto es, responsabilidad basada en la imputación subjetiva del demandado.

Ya desde finales del siglo XIX, la industrialización y el desarrollo de nuevas tecnologías exponían a los operadores a multitud de nuevos riesgos, sin que el empleo de todas las medidas de cuidado posibles o, por lo menos, las económicamente razonables, fuera suficiente para prevenir la producción de daños que, de esta manera, se convertían en inevitables. Si solamente se tuvieran en cuenta los intereses de las víctimas, desarrollar una actividad peligrosa debería estar prohibido. Sin embargo, algunas actividades, a pesar de ser generadoras de riesgos, son también beneficiosas para la sociedad, y por ello se permiten, siempre que su ejercicio esté sujeto al control necesario y dirigido a reducir los posibles riesgos a niveles mínimos[96].

La atribución de responsabilidad objetiva ocurre, por tanto, respecto de actividades que entrañan un riesgo muy significativo de causar daños, bien sea porque los riesgos generados son extraordinarios, es decir, muy graves, bien porque los riesgos subsisten pese a la diligencia de la conducta del demandado, esto es, son ineliminables. En estos casos, se recurre a una regla de responsabilidad objetiva para incentivar la adopción de decisiones socialmente deseables acerca del nivel o grado de la actividad misma por parte de los responsables[97].

En el Derecho español, aunque no fuera esta la interpretación originaria del Código Civil, hoy se asume que de los daños causados por animales (art. 1.905), humos excesivos y caída de árboles en lugares de tránsito

[94] V. Ulfbeck y M.-L. Holle, «Tort law and burden of proof. Comparative aspects. A special case for enterprise liability?», en H. Koziol y B. Steininger (eds.), *European Tort Law*, Springer, Wien, 2009, pp. 26-48, p. 32.

[95] Roca Trías, *op. cit.*, p. 303.

[96] M. L. Kubica, *El riesgo y la responsabilidad objetiva*, *op. cit.*, p. 61. Disponible en http://hdl.handle.net/10803/328430.

[97] P. Salvador Coderch (Editor), *Derecho de daños*, 8.ª ed., Universitat Pompeu Fabra (Barcelona), 2019, p. 135.

[art. 1.908(2) y (3)], y por objetos caídos o arrojados desde edificios (art. 1.910) se responde sin necesidad de culpa[98]. A este respecto, la responsabilidad objetiva se fundamenta en la idea de riesgo intrínseco (animales), el beneficio obtenido gracias a la actividad que genera el riesgo (humos excesivos en una explotación industrial), o bien en lo que se ha denominado responsabilidad «por el hecho de las cosas», que se pone a cargo de su propietario o «guardián» (edificios, árboles, objetos arrojados o caídos)[99].

### 7.1. Derecho francés

En Francia, el antiguo art. 1.384(1) del Código Civil francés, relativo a la responsabilidad por hecho ajeno y a ciertos supuestos de responsabilidad por daños causados por animales y cosas, se interpretó inicialmente en clave de culpa. Sin embargo, ante el incremento de los accidentes laborales y de circulación, nacieron algunas doctrinas con la pretensión de superar la barrera dogmática del principio «ninguna responsabilidad sin culpa», por ejemplo, la «doctrina del riesgo» o la denominada «responsabilidad por el hecho de las cosas». En este contexto, la responsabilidad civil debía entenderse más ampliamente como «la obligación de asumir la carga de los riesgos que la actividad humana fuera susceptible de engendrar para terceros, al menos en la medida en que esa actividad fuera fuente de beneficio

[98] X. Basozabal Arrue, Responsabilidad Extracontractual Objetiva: Parte General, Biblioteca Jurídica Digital *BOE*, 2015, p. 13, https://www.*BOE*.es/biblioteca_juridica/publicacion.php?id=PUB-PR-2015-39&tipo=L&modo=2 . Otras reglas de responsabilidad objetiva destacables son: los arts. 32 a 37 Ley 40/2015, de 1 de octubre, de Régimen Jurídico del Sector Público y art. 106.2 CE; el art. 33.5 Ley 1/1970, de 4 de abril, de caza; el art. 45 Ley 25/1964, de 29 de abril, sobre energía nuclear; la Ley 26/2007, de 23 de octubre, de responsabilidad medioambiental, modificada por la Ley 11/2014, de 3 de julio; el art. 120 Ley 48/1960, de 21 de julio, sobre navegación aérea; el art. 1 de la Directiva 85/374/CEE, de 25 de julio, relativa a la aproximación de las disposiciones legales, reglamentarias y administrativas de los Estados Miembros en materia de responsabilidad por los daños causados por los productos defectuosos; los arts. 128 y ss. RDL 1/1007, de 16 de noviembre, por el que se aprueba el texto refundido de la Ley General para la Defensa de los Consumidores y Usuarios y otras leyes complementarias (RDL 1/2007); el art. 148 RDL 1/2007 referente a servicios sanitarios, reparación y mantenimiento de electrodomésticos, ascensores y vehículos de motor, servicios de rehabilitación y reparación de viviendas, servicios de revisión, instalación o similares de gas y electricidad y los relativos a medios de transporte o el Real Decreto Legislativo 8/2004, de 29 de octubre, por el que se aprueba el texto refundido de la Ley sobre responsabilidad civil y seguro en la circulación de vehículos a motor.

[99] Basozábal Arrue, *op. cit.*, p. 16.

para quien la ejercita»[100]. Con el tiempo, la jurisprudencia francesa fue extendiendo generosamente el ámbito de los riesgos típicos iniciales para abarcar la reparación no solo de las lesiones a algunos bienes de la personalidad, como la vida o la integridad física, sino también el daño moral y el puramente patrimonial. De este modo, en materia de responsabilidad civil extracontractual, a la regla general de responsabilidad por culpa del Código se suma la responsabilidad objetiva de corte jurisprudencial «por la guarda de las cosas» y algunas leyes especiales que incorporan reglas de responsabilidad objetiva. La generalización de la responsabilidad objetiva del guardián, sin embargo, ha sido objeto de numerosas críticas tanto fuera como dentro del contexto francés por prescindir de cualquier tipología en su aplicación, lo que ha desembocado en un excesivo casuismo[101].

### 7.2. *COMMON LAW*

En el *common law*, además de en leyes especiales[102], la doctrina de la responsabilidad objetiva (*strict liability*) se basa en la jurisprudencia derivada del asunto *Rylands* v. *Fletcher* (1866)[103]. El demandado había hecho construir una presa en un terreno de su propiedad, pero el contratista no taponó algunos pozos mineros que había en el terreno, con el resultado de que al llenar la presa se inundó la mina de carbón del demandante, que estaba conectada con los mencionados pozos por antiguas galerías. El demandado no podía haber tenido conocimiento del riesgo, pero se le declaró responsable del daño según el principio de que en supuestos en los que se hubiese hecho un uso «no-natural» de la tierra, esto es, un uso para una finalidad fuera del ámbito de disfrute ordinario de esta, se ha de responder del daño causado. Posteriormente, en *Rickards* v. *Lothian* (1913)[104], se precisó que un uso no-natural es un «uso especial que implica un mayor peligro para los demás [...] no el uso ordinario de la tierra o el uso apropiado para el beneficio general de la comunidad».

---

[100] Basozábal Arrue, *op. cit.*, p. 16, citando a Philipe Brun, *Responsabilité civile extracontractuelle*, París: Litec, 2005, pp. 209-211.

[101] *Ibid. Vid.* M. L. Kubica, *Hacia la armonización de la responsabilidad extracontractual europea - Cláusulas generales de la responsabilidad objetiva*, Tirant lo Blanch, Valencia, 2017, pp. 41-100.

[102] W. V. H. Rogers, «England», en B. A. Koch y H. Koziol (eds.), *Unification of Tort Law: strict liability*, Kluwer law International, The Hague-London-New York, 2002, pp. 106-107.

[103] Rylands *v.* Fletcher (1868) LR 3 HL 330; Youngs, *op. cit.*, p. 381.

[104] Rickards *v.* Lothian [1913] AC 263.

Este principio se ha aplicado en supuestos de daños por fugas de gas, explosiones en fábricas de explosivos o incendios en almacenes de materiales inflamables situados cerca de posibles fuentes de ignición[105].

En cualquier caso, el principio acepta excepciones si el demandado prueba que:

(i) existió culpa o consentimiento del reclamante;
(ii) el daño fue causado por el acto de un extraño (si el demandado puede refutar el argumento de que el daño debería haber sido previsto y prevenido);
(iii) hubo autorización legal; o
(iv) se trata de un supuesto de fuerza mayor (*Act of God*)[106].

Los tribunales ingleses han declarado ya hace unos años que el principio de *Rylands* v. *Fletcher* y sus excepciones deben interpretarse atendiendo a las normas contemporáneas y que, al decidir si un riesgo ha sido creado por un uso no natural de la tierra, debe considerarse si lo razonable hubiera sido asegurar ese riesgo[107]. En Estados Unidos, además, esta doctrina ha servido de base para el reconocimiento de una cláusula general de responsabilidad por actividades anormalmente peligrosas (*ultrahazardous activities*) en el *Restatement of Torts* del *American Law Intitute*: 1938 (*First*), 1977 (*Second*) y 2010 (*Third*)[108].

### 7.3. Derecho alemán

En Alemania, los principios generales de la responsabilidad extracontractual [§ 823 (1) y (2), y § 826 BGB], así como en otras disposiciones específicas, se basan en la noción de culpa (*Verschuldenshaftung*)[109]. Además, en virtud de lo dispuesto en el § 276 (1) 1.° BGB, los obligados responden solo por dolo y negligencia, a menos que lo establezca alguna disposición a contrario. Hay una serie de categorías concretas que establecen respon-

---

[105] NorthWestern Utilities Ltd *v.* London Guarantee and Accident Co. Ltd [1936] AC 108; Rainham Chemical Works Ltd v Belvedere Pish Guano Co. [1921] 2 AC 465; L M S International Ltd & ors y Styrene Packaging & Insolation Ltd & ors [2005] EWHC 2065.

[106] Youngs, *op. cit.*, p. 382.

[107] *Ibid.*

[108] G. T. Schwarz, «United States», *Unification of Tort Law: strict liability*, Kluwer Law International, 2002, p. 354.

[109] O. Kwame. «Delictual Liability in German Law», 21(2) *The International and Comparative Law Quarterly*, 1972, pp. 230-69.

sabilidad objetiva (*Gefährdungshaftung*) y que no son susceptibles de aplicación analógica[110]. En estas categorías, la negligencia por parte del reclamante puede reducir la compensación que, por otra parte, a veces está sujeta a un límite máximo, y en algunos casos no se puede reclamar ninguna compensación por dolor y sufrimiento u otro daño inmaterial. Además, el plazo de prescripción para reclamar es relativamente corto. Sin embargo, no excluye la responsabilidad subjetiva bajo el paraguas del BGB pudiendo el daño residual reclamarse sobre esa base. Las categorías que establecen la responsabilidad objetiva incluyen los daños causados por ciertos animales, ferrocarril, escapes de instalaciones de transmisión o distribución de electricidad, gas, vapores o fluidos, aeronaves, vehículos en carretera, contaminación por agua, energía nuclear, medicamentos, daños medioambientales[111] o más recientemente, los daños causados en el campo de la ingeniería genética[112]. A excepción del daño causado por ciertos animales (regulado en el § 833 BGB), el resto están reguladas en leyes especiales fuera del Código.

En las últimas décadas se han propuesto numerosas formulaciones y actualizaciones de una cláusula general de responsabilidad objetiva por especial peligrosidad (*Gefährdungshaftung*), aunque ninguna haya llegado a plasmarse legislativamente en Alemania, ni en otros sistemas de Derecho germánico como Austria o Suiza[113].

## 8. LA RESPONSABILIDAD POR HECHO AJENO

En determinadas circunstancias la responsabilidad extracontractual puede exigirse, aunque los daños no hayan sido cometidos por el demandado. Típicamente se trata de la responsabilidad de los padres por los daños causados por los hijos, de los tutores respecto de aquellos menores o incapaces que estén bajo su autoridad; de los dueños o directores de empresa en relación con sus dependientes, o de los profesores por los daños causados por los alumnos menores cuando se hallen bajo su control o vigilancia[114]. Por ejemplo, el art. 1.903 CC español establece que «la obligación que impone el artículo anterior es exigible, no solo por los actos u

---

[110] Sentencia del Tribunal Supremo Alemán (BGH) 25 enero 1971, BGHZ 55, 229.

[111] Youngs, *op. cit.*, p. 390.

[112] G. Wagner, «Strict Liability», en J. Basedow *et al.* (eds.), *Max Planck Encyclopedia of European Private Law*, Oxford University Press, 2012, p. 1609.

[113] Basozábal Arrue, *op. cit.*, p. 26.

[114] Roca Trías, *op. cit.*, p. 173.

omisiones propios, sino por los de aquellas personas de quienes se debe responder. Los padres son responsables de los daños causados por los hijos que se encuentren bajo su guarda. Los tutores lo son de los perjuicios causados por los menores o incapacitados que están bajo su autoridad y habitan en su compañía. Lo son igualmente los dueños o directores de un establecimiento o empresa respecto de los perjuicios causados por sus dependientes en el servicio de los ramos en que los tuvieran empleados, o con ocasión de sus funciones».

En los ordenamientos jurídicos europeos, existen enormes divergencias en lo que respecta a la responsabilidad por hecho ajeno[115]. No solamente en cuanto a los sujetos y circunstancias en las que es exigible, sino también respecto al tipo de responsabilidad que acarrea. A este respecto los ordenamientos oscilan entre una presunción refutable de culpa y una responsabilidad objetiva[116].

### 8.1. Derecho inglés

Haciendo gala de sus valores individualistas, el *common law* ha considerado tradicionalmente que la simple relación paterno-filial no es suficiente para justificar el deber de responder de los padres por los hechos de sus hijos. En tal sentido, los padres no responden, excepto si el daño causado por el menor es imputable a la conducta negligente del progenitor que, además, no se presume[117].

Por otro lado, a pesar de las reticencias a exigir responsabilidad por los hechos de otra persona, el Derecho inglés establece un régimen detallado de responsabilidad por los hechos de los empleados y dependientes. Ello bajo la rúbrica de *responsabilidad vicaria*, esto es, que no requiere la culpa del empresario o principal[118]. Un «empleado» es una persona sujeta al control y dirección de un empresario respecto a cómo se realiza su trabajo, lo que se denomina *test de control*[119]. En el asunto *Mersey Docks & Harbour Board*[120], por ejemplo, una Junta Portuaria fue considerada como responsable vicaria respecto de los daños causados por un operario de grúa con-

[115] Martín Casals, *op. cit.*, p. 17.

[116] Youngs, *op. cit.*, p. 474.

[117] *Ibid.*, p. 477; Martín Casals, *op. cit.*, p. 17.

[118] *Ibid.*

[119] *Ibid.*, p. 475.

[120] Mersey Docks & Harbour Board *v.* Coggins & Griffith (Liverpool) Ltd 119461 2 All ER 345.

tratado por una empresa estibadora. Según el contrato, el operario era empleado del estibador, quien podía darle instrucciones. Bajo el denominado *test de integración*, la empresa está sujeta a responsabilidad vicaria si tiene el derecho de control del empleado, es decir, si forma parte de su organización. Otros factores pueden ser relevantes, como si la persona que realiza el trabajo proporciona sus propias herramientas, o puede decidir cuándo y dónde se realiza el trabajo[121].

## 8.2. DERECHO FRANCÉS

El Derecho francés establece una variedad de regímenes de responsabilidad por hecho ajeno, que tiende a objetivarse de forma que, en algunos casos, la prueba de la diligencia resulta prácticamente imposible.

Según el art. 1.242 del Código Civil francés, «Se es responsable no solo del daño que se cause por hecho propio, sino también del causado por las personas de las que se debe responder, o por las cosas que estén bajo la guarda de uno [...]»[122]. Seguidamente, establece la responsabilidad del titular de un edificio en caso de incendio; de los padres respecto de sus hijos menores; de los dueños de un negocio en relación con los hechos de dependientes y encargados; y de profesores y artesanos, por el daño causado por sus alumnos y aprendices. Además, el Tribunal de Casación, a partir

[121] Youngs, *op. cit.*, p. 475.

[122] El texto de este precepto es: «*On est responsable non seulement du dommage que l'on cause par son propre fait, mais encore de celui qui est causé par le fait des personnes dont on doit répondre, ou des choses que l'on a sous sa garde.*

*Toutefois, celui qui détient, à un titre quelconque, tout ou partie de l'immeuble ou des biens mobiliers dans lesquels un incendie a pris naissance ne sera responsable, vis-à-vis des tiers, des dommages causés par cet incendie que s'il est prouvé qu'il doit être attribué à sa faute ou à la faute des personnes dont il est responsable.*

*Cette disposition ne s'applique pas aux rapports entre propriétaires et locataires, qui demeurent régis par les articles 1733 et 1734 du code civil.*

*Le père et la mère, en tant qu'ils exercent l'autorité parentale, sont solidairement responsables du dommage causé par leurs enfants mineurs habitant avec eux.*

*Les maîtres et les commettants, du dommage causé par leurs domestiques et préposés dans les fonctions auxquelles ils les ont employés;*

*Les instituteurs et les artisans, du dommage causé par leurs élèves et apprentis pendant le temps qu'ils sont sous leur surveillance. La responsabilité ci-dessus a lieu, à moins que les père et mère et les artisans ne prouvent qu'ils n'ont pu empêcher le fait qui donne lieu à cette responsabilité.*

*En ce qui concerne les instituteurs, les fautes, imprudences ou négligences invoquées contre eux comme ayant causé le fait dommageable, devront être prouvées, conformément au droit commun, par le demandeur, à l'instance*».

del asunto *Blieck*[123], entiende que el Código Civil francés contiene un principio general de responsabilidad por hecho ajeno[124]. Ciertamente, en el referido asunto se estableció la responsabilidad de un centro de rehabilitación respecto del incendio de un bosque provocado por una persona con discapacidad mental que participaba en un programa de trabajo dirigido por dicho centro. Todo ello a pesar de que la relación del discapacitado con el centro no entraba dentro de ninguna de las categorías establecidas en el Código Civil francés.

Aunque el art. 1.242 señala que se trata de una presunción contra la que cabe prueba a contrario, en numerosos casos tal prueba es ilusoria. Por ejemplo, los padres han sido declarados responsables por las lesiones causadas por sus hijos durante las actividades deportivas, independientemente de que exista o no negligencia, siempre que se pueda demostrar el nexo de causalidad[125]. Asimismo, los padres solo pueden ser eximidos de responsabilidad por los hechos de sus hijos menores de edad que convivan con ellos solo en supuestos de fuerza mayor o mediando culpa de la víctima[126].

### 8.3. Derecho alemán

En Alemania no existe un principio general de responsabilidad vicaria, aunque la responsabilidad por el hecho ajeno puede exigirse conforme a principios generales del Derecho de daños[127]. El § 831 BGB, por ejemplo, establece la responsabilidad del empresario respecto del daño causado por un empleado, en tanto que persona integrada en la organización y sujeta a las instrucciones y control de la empresa. En ese caso, se presume que el empresario es responsable, aunque cabe prueba en contrario. Por otra parte, los tribunales no permiten al empresario ejercitar la acción de regreso contemplada en el § 840(2) BGB frente al empleado.

De la misma forma, el § 832 BGB establece la responsabilidad del padre o tutor respecto a los niños y del tutor (*Pfleger*) con relación a los adultos tutelados. La responsabilidad potencial de los progenitores es especialmente sólida si hay indicios de que el niño es desobediente[128]. Sin embargo, la responsabilidad de los padres por falta de supervisión constante del menor

---

123 Ass plén 29 March 1991, 1) 1991, 324.
124 Youngs, *op. cit.*, p. 479.
125 Ass plén 13 December 2002.
126 Civ 2 19 February 1997.
127 Youngs, *op. cit.*, p. 482.
128 *Ibid.*, p. 485.

solo se produce si existen indicios de agresión o aberraciones de comportamiento que hagan previsible la repetición de la conducta dañosa. Por otra parte, existe un límite a la autoridad parental respecto de los hijos próximos a la mayoría de edad y en relación con los muy pequeños cuando se trata de objetos o situaciones complejas.

En este sentido, cabe destacar la solución prevista en el Código Civil de los Países Bajos, que establece diversos niveles de responsabilidad de los padres según la edad del hijo causante del daño. Así, según el art. 6:169 BW, los padres responden objetivamente por los daños que causan sus hijos menores de 14 años. Cuando estos tienen una edad entre los 14 y los 16 años, los padres responden solo por culpa presunta, de forma que si demuestran que actuaron de forma negligente y no pudieron evitar la conducta del hijo causante del daño, no serán responsables. Finalmente, entre los 16 y los 17 años del hijo, los padres responden por culpa, cuya prueba corresponde al demandante (art. 6:162 BW)[129].

## 9. DEFENSAS (CAUSAS DE EXONERACIÓN)

Bajo la noción de «defensas»[130] se agrupan aquí tanto aquellas causas que comportan una exclusión total de la responsabilidad, como las que se refieren a una exclusión parcial y que, por ello, tan solo comportan una reducción de esta[131]. Se trata de circunstancias que deben ser alegadas por el demandado para evitar así que, en todo o en parte, se le impute la responsabilidad que el demandante pretende.

Las defensas se subdividen a su vez en «causas de justificación» y las llamadas «causas de exoneración en casos de responsabilidad objetiva». Las primeras incluyen la legítima defensa, el estado de necesidad, la llamada «autoayuda», el consentimiento de la víctima, la asunción del riesgo y la legítima autorización y, por regla general, comportan la exclusión de la responsabilidad[132]. Las causas de exoneración en casos de responsabilidad objetiva son la fuerza mayor y la conducta del tercero[133].

---

129 Martín Casals, *op. cit.*, p. 18.

130 La traducción española de los PETL utiliza aquí el término «causas de exoneración» con carácter general, mientras que la versión en inglés emplea la denominación «*defences*» propia del *common law*.

131 B. A. Koch, «Defences», en *European Group on Tort Law, Principles of European Tort Law, Text and Commentary*, *op. cit.*, pp. 120-129, p. 120 ss.

132 *Ibid.*

133 *Ibid.*, pp. 126 ss.

Por su parte, la expresión «conducta o actividad concurrente» se refiere a lo que en Derecho español es conocido como compensación de culpas o, más correctamente, como concurrencia de culpa de la víctima.

### 9.1. Causas de justificación

#### 9.1.1. *Consentimiento de la víctima*

El hecho de que el perjudicado consintiera los hechos, bien de forma expresa, bien tácitamente, lo vincula jurídicamente, por regla general (y en aquellos casos en los que el bien jurídico sea disponible por el sujeto), al resultado de lo consentido y suele eximir completamente de responsabilidad al demandado.

Sin embargo, el problema rara vez es tan simple. A veces la víctima tiene una incapacidad mental o se trata de un menor de escasa edad. O tal vez la víctima puede no haber dado su consentimiento al daño que se cometió, sino simplemente al riesgo de ello, *v. gr.*, participación en una actividad deportiva; alternativamente, puede haber dado su consentimiento sin darse cuenta de las implicaciones que acarreaba, *v. gr.*, prestar consentimiento a un tratamiento médico. Pero, por lo general, en la mayoría de sistemas, el consentimiento de la víctima supone una causa de justificación de la responsabilidad, excepto en el caso de lesiones personales graves[134].

#### 9.1.2. *Legítima defensa*

Se trata de aquella causa de justificación que exime a quien, frente una agresión ilegítima y actual a sus bienes jurídicos o los de un tercero, actúa impidiendo o repeliendo la agresión de modo proporcionado para evitarla.

En el Derecho inglés una persona puede utilizar una fuerza razonable para proteger a su persona o propiedad[135]. La creencia de que uno está siendo atacado no tiene por qué ser real, pero debe ser honesta y razonable para justificar la responsabilidad por el *tort* de *assault and battery*[136]. La fuerza razonable también se puede utilizar para defender a otra persona, pero el ámbito de esta regla no está claro[137].

---

[134] Youngs, *op. cit.*, p. 503.

[135] Cockcroft *v.* Smith (1705) 2 Salk 642; Collins r Rennison (1754) Say 138.

[136] Ashley *v.* Chief Contable of Sussex [2008] UKHL 25.

[137] Youngs, *op. cit.*, p. 503.

El art. 122-5 del Código Penal francés también reconoce la legítima defensa, si es proporcionada, como una causa de justificación de la responsabilidad penal y civil del demandado[138].

Por su parte, el § 227 BGB, respecto a la legítima defensa establece que[139]:

1) Una acción para la defensa propia no es antijurídica.
2) La defensa propia es la defensa necesaria para repeler un ataque ilícito real contra uno mismo u otra persona.

No obstante, en Alemania, solo ciertos intereses jurídicos pueden justificar la autodefensa, esto es, ataques al cuerpo, la vida, la propiedad y la personalidad, pero no al orden público[140]. Además, si un tercero ajeno a la situación sufre un daño por la acción de autodefensa, se exigirá responsabilidad a la persona que actuó en defensa propia[141].

### 9.1.3. *Estado de necesidad*

Esta causa de justificación ampara a la persona que, en circunstancias de necesidad, debe causar un daño para evitar un mal propio o ajeno, siempre que aquel no sea mayor que el mal que trata de evitar. Normalmente se requiere que no haya provocación intencional del estado de necesidad y que la profesión o cargo del sujeto no lo obligue a sacrificarse[142].

En el Derecho inglés sirve como causa de justificación en *torts* sobre la propiedad y *torts* sobre las personas[143]. Por ejemplo, en *Greyvensteyn* v. *Hattingh* (1911)[144], el *Privy Council* estimó como causa de justificación

---

138 Req 25 marzo 1902, 1) 1902, 1, 356. Youngs, *op. cit.*, p. 507.

139 § 227 Notwehr:

(1) *Eine durch Notwehr gebotene Handlung ist nicht widerrechtlich.*

(2) *Notwehr ist diejenige Verteidigung, welche erforderlich ist, um einen gegenwärtigen rechtswidrigen Angriff von sich oder einem anderen abzuwenden.*

140 El Tribunal Supremo alemán ha rechazado, por ejemplo, que la venta de material pornográfico justificara una acción de autodefensa. BGHZ 64, 178.

141 El Tribunal Supremo alemán no reconoció la autodefensa como causa de justificación por los daños causados por un disparo que hizo el propietario de una discoteca contra una banda criminal y que alcanzó a un cliente mientras bailaba. BGH, NJW, 1978, 2028. Youngs, *op. cit.*, p. 508.

142 Roca Trías, *op. cit.*, pp. 76-77.

143 Youngs, *op. cit.*, p. 509.

144 [1911] AC 355.

por estado de necesidad la desviación de un enjambre de langostas de la propiedad del demandado hacia la de otra persona. De la misma manera, la alimentación forzada de un huelguista de hambre[145] o la esterilización obligatoria de una mujer de treinta y seis años con una edad mental de cinco o seis[146] han sido consideradas como causas que justifican un *tort* de *battery*.

En Francia, en virtud de los artículos 122-2 y 122-7 del Código Penal, la causación de un daño proporcionado bajo un estado de necesidad exime de responsabilidad penal y civil, independientemente de que pueda dar lugar a una reclamación por enriquecimiento injusto[147].

De la misma forma, los §§ 228, 904 BGB y § 34 Código Penal (StGB) prevén la justificación de los daños causados contra la vida, el cuerpo, la libertad, el honor, la propiedad u otro interés legal como consecuencia de un estado de necesidad, aunque no está claro si el demandante ha de dirigirse contra la persona que actuó o contra el beneficiario de su acción. Por otra parte, en Alemania, al igual que en otros ordenamientos europeos como el español, existe la posibilidad de reclamar el perjuicio causado por la gestión de negocios ajenos sin mandato (*negotiorum gestio*)[148].

### 9.2. Causas de exoneración

#### 9.2.1. *Fuerza mayor*

En el Derecho inglés se habla de la exoneración por un «*Act of God*», esto es, que haya ocurrido un evento natural tan excepcional que no se podía esperar que un hombre razonable lo hubiese previsto y se protegiese de él. Constituye la única causa de exoneración en los supuestos de responsabilidad objetiva[149].

En Francia, la fuerza mayor (*force majeure*) es un evento exterior normalmente imprevisible e inevitable, que excluye la responsabilidad por las cosas en virtud del art. 1.242 del Código Civil, así como la responsabilidad por culpa. El caso fortuito o mero accidente (*cas fortuit*) es considerado por los tribunales como sinónimo de fuerza mayor[150].

---

145 Leigh u Gladstone (1909) 26 TLR 139.

146 Re F [1990] 2 AC 1. *Vid. the Mental Capacity Act 2005* y *the Mental Health Act 2007*.

147 Crim 6 enero 1961, 3 CP G 1961, 12002; Youngs, *op. cit.*, p. 509.

148 *V. gr.*, §§ 677-687 BGB; art. 1888 y ss. Código Civil español.

149 Nichols *v.* Mardand (1876) 2 Ex 13 I.

150 Youngs, *op. cit.*, p. 511.

Por último, en Alemania, la expresión utilizada para fuerza mayor es *höhere Gewalt*, que significa «algo extraordinario», que no puede considerarse como riesgo ordinario, y que puede ser causado por las fuerzas de la naturaleza o por los actos de un tercero[151].

### 9.2.2. *Conducta de un tercero*

En el Derecho inglés la conducta de un tercero (por ejemplo, de un médico que trata a la víctima de un accidente) puede llegar a interferir en el nexo de causalidad. Sin embargo, en *Baker* v. *Willoughby* (1970)[152] se consideró responsable al demandado por las heridas causadas en el tobillo del demandante, a pesar de que este sufrió la amputación de la misma pierna tras el disparo de un ladrón.

En Francia, bajo los arts. 1.240 y 1.241 del Código Civil la conducta de un tercero también puede, en función de las circunstancias, evitar que el autor original responda directamente del daño[153].

En Alemania, la solución prevista es similar. Además, tanto en este país como en Francia, en el caso de un demandante que sufre lesiones personales que se agravan como resultado de su hospitalización, el demandado responde por todo el daño, a menos que exista negligencia médica grave[154].

### 9.3. CONCURRENCIA DE CULPA DE LA VÍCTIMA

Hablamos de concurrencia de culpas cuando la producción del daño se debe también a la negligencia del propio perjudicado. En este caso, debe tenerse en cuenta la incidencia que en el daño ha tenido la conducta de este ante la eventual exoneración de responsabilidad del demandado.

El Derecho inglés reconoce distintas situaciones en las que el demandante puede ver desestimada su pretensión total o parcialmente debido a su propia culpa. Por ejemplo, en casos de negligencia coadyuvante del demandante; los denominados *intervening events* o la omisión del deber de mitigar el daño (*duty to mitigate*)[155].

---

[151] *Ibid. V. gr.*, RGZ 78, 171.
[152] [1970] AC 467. Youngs, *op. cit.*, p. 505.
[153] *Ibid.*, p. 506.
[154] RGZ 105, 264; Civ 17 febrero 1993. Youngs, *op. cit.*, p. 506.
[155] *Ibid.*, p. 494.

En Francia la culpa de la víctima puede reducir o exonerar totalmente la responsabilidad del demandado si la culpa era impredecible, irresistible y externa; en caso contrario, la reduce. Ello se aplica también a los casos previstos en el art. 1.242 del Código Civil y en leyes especiales como la Ley de 5 de julio de 1985 sobre el tráfico rodado[156]. Según el art. 4 de la mencionada Ley, la culpa del conductor puede limitar o excluir su derecho a indemnización, y ello incluye el caso del motociclista que no lleva casco[157], y el conductor del coche que no lleva el cinturón de seguridad[158].

Finalmente, en Alemania, el § 254 BGB cubre una serie de manifestaciones diferentes de culpa del demandante, que también se aplican a la responsabilidad contractual[159].

## 10. LA INDEMNIZACIÓN DE LOS DAÑOS

En los distintos sistemas de responsabilidad civil extracontractual podemos encontrar tres mecanismos básicos destinados a la reparación del daño: 1) la autoayuda, esto es, bajo el amparo de la Ley se autoriza al perjudicado a que corrija la situación sin la intervención de un juez; 2) las denominadas *injunctions* del Derecho anglosajón, que son requerimientos judiciales para hacer o abstenerse de hacer algo, y están reforzadas con una conminación negativa, un apercibimiento de una consecuencia negativa, en caso de desobediencia, y 3) la compensación monetaria[160].

### 10.1. AUTOAYUDA

Es un mecanismo excepcional diferente a las actuaciones en caso de estado de necesidad y que, por los distintos riesgos que conlleva, está estrictamente limitado a los casos previstos por la Ley. Entre ellos puede destacarse: en Inglaterra, la detención de ganado extraviado prevista en el art. 7 de la Ley de Animales de 1971[161] o la reducción de molestias, *v. gr.*, el corte

[156] Loi n.° 85-677 du 5 juillet 1985 tendant à l'amélioration de la situation des victimes d'accidents de la circulation et à l'accélération des procédures d'indemnisation.
[157] Civ 16 octubre 1991.
[158] Civ 10 octubre 1985. *Vid.*, Youngs, *op. cit.*, p. 495.
[159] *Ibid.*
[160] Youngs, *op. cit.*, p. 511.
[161] Animals Act 1971, https://www.legislation.gov.uk/ukpga/1971/22.

de ramas que sobresalen[162]; en Francia, el derecho del propietario previsto en el art. 673 del Código Civil a cortar las raíces que se extienden a sus tierras; por su parte, en Alemania los §§ 229-231 del BGB conceden derechos bastante amplios al perjudicado en este sentido[163].

## 10.2. *Injunctions*

En el Derecho inglés las *injunctions* son requerimientos judiciales basados en la *equity* y, por tanto, discrecionales, que pueden revestir la siguiente forma[164]: (i) *Prohibitoy*: es el tipo más frecuente y mediante ella se requiere a alguien para que deje de hacer algo; (ii) *Mandatoy*: obliga a una persona a hacer algo, es decir, a remediar un mal ya hecho; (iii) *Quia timet*: se requiere a una persona que no lleve a cabo una amenaza; (iv) *Interlocutoy* (en la fase de la acción previa al juicio): requiere la preservación de la situación existente hasta la resolución del caso. Se puede dictar sin una audiencia completa del caso, lo que puede potencialmente lesionar los derechos de defensa del demandado[165]. Al mismo tiempo, los tribunales ingleses pueden emitir requerimientos destinados a recuperar un bien determinado, aunque lo normal es que el requerido tenga la opción de pagar una compensación por su valor[166].

De forma similar a las *injunctions* inglesas, el Derecho alemán contempla la posibilidad de solicitar una orden de suspensión temporal o permanente (*Unterlassung*), por ejemplo, en el § 12(2) BGB, para proteger un nombre, §§ 862, 1029 y 1090, en relación a la protección de la posesión, y § 1004 para la protección de la propiedad[167]. Este mecanismo se aplica también por analogía para la protección de los derechos absolutos e intereses recogidos en el § 823 (y secciones posteriores), tales como la libertad, la vida, el cuerpo y la salud, el derecho a la personalidad, los derechos a un negocio establecido y en funcionamiento, y el derecho al honor[168].

En Francia, el juez es libre de ordenar la reparación en especie si el demandante lo solicita y normalmente lo hará si el demandado lo ofrece. Esta

---

162 American Cyanamid Co. *v.* Ethicon [1975] AC 396.

163 Youngs, *op. cit.*, p. 512.

164 W. Van Boom, «Comparative Notes on Injunction and Wrongful Risk-Taking», 17 (1) *Maastricht Journal*, 2010, pp. 10-31.

165 Youngs, *op. cit.*, p. 512.

166 *Ibid.*

167 *Ibid.*, p. 513.

168 RGZ 6o, 6.

posibilidad está, sin embargo, sujeta a que la reparación no suponga una violación de la libertad personal del demandado[169].

### 10.3. Compensación monetaria

La indemnización monetaria tiene por objeto compensar a la víctima, es decir, restablecerla, en la medida en que el dinero pueda hacerlo, en la posición que hubiera tenido si el ilícito por el que se reclama no se hubiera producido[170]. La función principal de la indemnización es compensar a la víctima, criterio en el que concuerdan todos los ordenamientos jurídicos europeos; y por otra parte que, en la medida de lo posible, el daño se compense de modo integral[171].

En algunos sistemas se sostiene que, atendiendo a la doble realidad de la persona, económica y afectiva a la vez, además del perjuicio patrimonial o económico, constituido por el daño emergente y el lucro cesante, el daño puede entrañar para la víctima perjuicios morales o personales tales como sufrimientos físicos y/o morales, perjuicios estéticos o sexuales[172]. Respecto a los daños no patrimoniales llama la atención el ordenamiento alemán por su carácter restrictivo[173]. El § 253 BGB solo autoriza la indemnización del daño moral en los supuestos específicamente previstos por la Ley. Sin embargo, la reforma del Derecho de la responsabilidad civil, que entró en vigor el día 1 de agosto de 2002, dio al traste con ese criterio y el nuevo § 253(2) BGB permite con carácter general la indemnización del daño moral, no solo en supuestos de responsabilidad por culpa, sino también en los de responsabilidad objetiva, tanto si se trata de responsabilidad contractual como extracontractual, siempre que derive de un daño corporal, a la salud, a la libertad o a la autodeterminación sexual, pero para el resto de daños sigue limitándose a los casos en que lo prevea la ley [§ 253(I) BGB][174].

---

169 Youngs, *op. cit.*, p. 513.

170 Roca Trías, *op. cit.*, p. 263.

171 U. Magnus, «Remedies», en *European Group on Tort Law*, *op. cit.*, pp. 149-170, p. 152.

172 J.-S. Borghetti, «Non-Pecuniary Damages in France», *The Chinese Journal of Comparative Law*, 2015, pp. 268-288, p. 270; M. Koteich Khatib, «La indemnización del perjuicio extrapatrimonial (derivado del "daño corporal") en el ordenamiento francés», *Revista de Derecho Privado*, n.º 18, 2010, pp. 159-204.

173 Youngs, *op. cit.*, p. 535.

174 Martín Casals, *op. cit.*, p. 23.

Una mayoría de ordenamientos europeos rechaza tanto las indemnizaciones simbólicas (*nominal damages*)[175] que contempla, por ejemplo, el Derecho francés (*un franc de dommages et intérêts*)[176], como las indemnizaciones punitivas (*punitive/exemplary damages*) existentes[177], aunque con distinto alcance, en el Derecho inglés y en el norteamericano. El rechazo de ese tipo de indemnizaciones y, especialmente, de las punitivas, coincide también con el Reglamento del Parlamento Europeo y del Consejo relativo a la ley aplicable a las obligaciones extracontractuales («Roma II»), donde «[L]a aplicación de una disposición de la ley designada por el [...] Reglamento que conduzca a la indemnización de daños e intereses no compensatorios, tales como los daños e intereses ejemplares o punitivos, es contraria al orden público comunitario»[178].

Finalmente, otro punto que suscita debate en los distintos ordenamientos es la posibilidad de indemnizar el denominado *daño puramente económico*, esto es, daños sufridos por terceros distintos a la víctima directa y derivados de sus relaciones económicas con esta. Se trata de un tipo de daño reconocido en el Derecho anglosajón, pero sobre el que no existe consenso en los ordenamientos continentales[179].

## 11. RESPONSABILIDAD EXTRACONTRACTUAL Y NUEVAS TECNOLOGÍAS

Una vez abordadas de manera general las principales características de los sistemas de responsabilidad civil extracontractual en el Derecho comparado, hemos de analizar si es posible aplicar los regímenes existentes a las tecnologías digitales emergentes y si existen limitaciones que puedan dejar a las víctimas sin una compensación adecuada[180]. En este sentido, la doctrina ya ha avanzado que la idoneidad de las normas tradicionales de responsabilidad es cuestionable, teniendo en cuenta que estos sistemas se

---

175 Martín Casals, *op. cit.*, p. 20.

176 F. Gras, «L'indemnisation des atteintes à la vie privée», LEGICOM 1999/4 (n.º 20), pp. 21-25.

177 *Vid.* Capítulo 6.

178 Reglamento (CE) nº 864/2007 del Parlamento Europeo y del Consejo, de 11 de julio de 2007, relativo a la ley aplicable a las obligaciones extracontractuales (Roma II), DO L 199 de 31 de julio de 2007, p. 40/49G; Palao Moreno, *Responsabilidad civil extracontractual en el derecho europeo*, Tirant lo Blanch, 2008.

179 F. Gómez Pomar, «Las fronteras del daño indemnizable», *InDret* 3/2004, https://indret.com/.

180 A. De Franceschi y R. Schulze, «New Challenges and Perspectives», en A. De Franceschi y R. Schulze (eds.) *Digital Revolution. New Challenges for Law*, *op. cit.*, pp. 1-18, p. 13.

formularon hace décadas o incluso siglos, en base a conceptos antiguos, principalmente antropocéntricos, y que giran en torno a un modelo unicausal de infligir daño[181].

### 11.1. Concepto de daño y nuevas tecnologías

El principal objetivo del Derecho de responsabilidad civil es reparar el daño que se ha causado a otro con el que no existía un vínculo previo. Como hemos visto, mientras que los sistemas romanistas son más generosos, en otros ordenamientos, solo determinados daños son susceptibles de ser compensados, sobre la base de una lista limitada de intereses protegidos por Ley. En este sentido, también se dirigen el art. VI-2:101 del Proyecto de Marco Común de Referencia (DCFR), en particular, el párrafo 1.*c*) y el art. 2:101 de los Principios de Derecho europeo de la Responsabilidad Civil (PETL)[182].

Los distintos ordenamientos reconocen de forma unánime que los daños personales y a la propiedad física pueden dar lugar a responsabilidad extracontractual, pero el denominado *daño puramente económico* no es universalmente aceptado[183]. En la práctica, significa que daños como los causados por algoritmos de autoaprendizaje en mercados financieros se queden sin compensar en determinadas ocasiones[184]. Tampoco es universalmente aceptado como daño la destrucción de datos ya que, en algunos sistemas jurídicos, la noción de propiedad se circunscribe a los objetos corpóreos y excluye a los intangibles[185]. De la misma manera, existen diferencias cuando se trata del reconocimiento de los derechos de la personalidad, que también pueden verse afectados negativamente por las tecnologías digitales emergentes, por ejemplo, si se publican ciertos datos que infringen el derecho a la privacidad[186].

---

[181] Wagner, *op. cit.*, p. 1028; Informe sobre Responsabilidad, *op. cit.*, p. 19.

[182] Por ejemplo, de conformidad con el art. 2:101 PETL (Daño resarcible), «El daño requiere un perjuicio material o inmaterial a un interés jurídicamente protegido».

[183] W. Van Boom, *Pure Economic Loss - A Comparative Perspective*, 2004, 10.1007/978-3-7091-0616-7_1.

[184] Informe sobre Responsabilidad, *op. cit.*, p. 19.

[185] *Ibid.* Por ejemplo, según el § 90 BGB alemán una «cosa» por definición debe ser corpórea, mientras que el artículo 285 del Código Civil austríaco (ABGB) no prevé tal limitación, de modo que las «cosas» en Austria también pueden ser intangibles.

[186] Aunque en la UE el artículo 82 del Reglamento General de Protección de Datos (RGPD) permite reclamar una indemnización en caso de violación de la seguridad de los datos personales.

A pesar de las limitaciones mencionadas, las tecnologías digitales no cuestionan en sí mismas las categorías tradicionales de daños indemnizables, si bien, en el futuro, determinados tipos de daños seguramente llegarán a adquirir un mayor protagonismo que el que tienen en los escenarios de responsabilidad civil actuales[187].

### 11.2. El nexo causal en las tecnologías emergentes

El nexo causal es uno de los elementos necesarios en la responsabilidad extracontractual. Es decir, tiene que existir una relación de causalidad entre la acción u omisión del agente y el daño producido. Como se ha mencionado en líneas anteriores, es la víctima quien debe probar que el daño ha sido causado por alguna conducta o riesgo atribuible al demandado. En este sentido, cuantos más eslabones cruciales en la cadena de eventos estén bajo el control del demandado, más difícil será para la víctima probar con éxito el nexo de causalidad[188].

La interconexión entre las tecnologías digitales emergentes y la dependencia de datos y entradas externas incrementa la dificultad en la prueba del nexo causal. Estas tecnologías desencadenan situaciones que arrojan dudas sobre si el daño ha sido provocado por una sola causa original, por una causa alternativa, o por la interacción de múltiples causas (reales o potenciales)[189]. En el caso de un daño producido por un *hardware* defectuoso, por ejemplo, es complicado probar que el daño se ha producido por un algoritmo defectuoso concreto. Más arduo todavía es demostrar la causalidad si el algoritmo sospechoso de causar el daño ha sido desarrollado o modificado por algún sistema de IA impulsado por aprendizaje automático y técnicas de *deep learning*, sobre la base de múltiples datos externos recopilados desde el inicio de su operación. Y es que, aun suponiendo que no haya habido cambios en el diseño del *software* original, los criterios integrados que dirigen la recopilación y análisis de datos y el proceso de toma de decisiones pueden no ser fácilmente explicables y, a menudo, requieren la realización de costosos análisis por expertos. Todo ello supone un obstáculo práctico considerable para la víctima a la hora de reclamar una indemnización[190]. Por ello, con relación a las tecnologías digitales emergentes,

[187] Informe sobre Responsabilidad, *op. cit.*, p. 19.

[188] F. Mezzanotte, «Risk Allocation and Liability Regimes in the IoT», en A. De Franceschi y R. Schulze, *Digital Revolution. New Challenges for Law*, *op. cit.* pp. 169-189, p. 186.

[189] Dacoronia, *op. cit.*, p. 7.

[190] Informe sobre Responsabilidad, *op. cit.*, p. 19.

la doctrina apuesta por invertir el *onus probandi*, de manera que la prueba recaiga sobre quien tiene el control de los elementos clave y no sobre la víctima[191].

En los supuestos de responsabilidad objetiva, la prueba del nexo de causalidad es aparentemente más fácil para la víctima, quien solo tiene que demostrar que el riesgo que acarrea la responsabilidad objetiva se ha materializado[192]. Pero, de igual forma, la interconexión de las nuevas tecnologías y su creciente dependencia de aportes y datos externos pone en duda si el daño en cuestión fue provocado por una sola causa original o por la interacción de múltiples causas (reales o potenciales)[193]. Por ejemplo, si un vehículo autónomo se estrella contra un árbol, la verdadera causa no es siempre evidente. El fallo puede venir de un mal diseño del vehículo (ya sea de su *hardware*, *software* preinstalado, o ambos); que este haya leído mal los datos recibidos, aunque fueran correctos; deberse a una actualización de *software* defectuosa realizada por el productor original o por algún tercero. De la misma forma, puede tener causa en la apatía del propio usuario, quien no ha realizado una actualización que podría haber evitado la colisión, o que se haya producido una combinación de múltiples factores de este tipo[194].

Los regímenes actuales de responsabilidad extracontractual solventan esa incertidumbre de manera muy diferente. Ante la duda sobre cuál de las varias causas posibles fue determinante para producir el daño, algunos sistemas consideran que nadie es responsable (ya que la víctima no alcanza a superar el umbral de prueba del nexo de causalidad), mientras que una mayoría de ordenamientos establece la responsabilidad solidaria de todos los agentes intervinientes[195]. Esta última solución es más favorable para la víctima, pero fomenta la litigiosidad contra aquellos agentes que potencialmente tienen una mejor posición financiera para responder de daño. Por ello, algunos de los sistemas más modernos recurren en ciertos casos a la *responsabilidad proporcional*[196], esto es, la reclamación de la víctima contra cada posible agente queda limitada a la cuota correspondiente a la probabilidad de que cada uno de ellos haya causado el daño en cuestión.

---

[191] Dacoronia, *op. cit.*, p. 7.

[192] Informe sobre Responsabilidad, *op. cit.*, p. 21.

[193] *Ibid.*

[194] *Ibid.*

[195] Youngs, *op. cit.*, p. 471 ss; B. Winiger *et al.* (eds.), *Digest of European Tort Law I: Essential Cases on Natural Causation*, Springer, 2007, p. 387 ss.

[196] I. Gilead, M. Green y B. A. Koch (eds.), *Proportional Liability: Analytical and Comparative Perspectives*, de Gruyter, 2013.

### 11.3. La imputación de responsabilidad ante los daños causados por las tecnologías digitales

Cuando se utilizan dispositivos altamente sofisticados y automatizados se suscita la cuestión sobre la imputación de la responsabilidad que, como sabemos, puede ser subjetiva u objetiva.

#### 11.3.1. *Responsabilidad por culpa*

Ya se ha apuntado que la mayoría de sistemas de responsabilidad civil extracontractual se basan en la imputación subjetiva, esto es, responsabilidad por culpa. Al causante del daño se le impone la obligación de indemnizar a la víctima, porque no ha actuado como hubiera debido hacerlo y porque si hubiera actuado bien, el daño no se hubiera producido[197]. Así pues, la culpa está relacionada con la desviación de alguna conducta esperada que el causante del daño no ha seguido, siendo crucial a este respecto identificar los deberes de cuidado que recaían sobre el demandado y demostrar que este ha incumplido dichos deberes.

El deber de cuidado puede venir recogido de antemano por la Ley, que prescribe o prohíbe ciertas conductas específicas, aunque, a menudo, tiene que ser establecido por el tribunal que conoce de la controversia en base a nociones como la prudencia o curso de acción adecuado según las circunstancias.

Las nuevas tecnologías digitales dificultan la aplicación de las normas de responsabilidad por culpa, debido a la falta de modelos sobre el correcto funcionamiento de estas tecnologías y a la posibilidad de que se desarrollen como resultado del aprendizaje sin control humano directo. Así, por ejemplo, no todos los procesos que se ejecutan en sistemas de IA pueden medirse de acuerdo con los deberes de cuidado propios de la conducta humana o, al menos, sin realizar ajustes que requieran una fundamentación adicional[198].

A los problemas para determinar lo que constituye una conducta culposa, se le une, además, la dificultad de probar la culpa. Cuanto más complejas sean las circunstancias en las que se produjo el daño, más difícil será para la víctima identificar las pruebas relevantes. Por ejemplo, identificar

[197] L. Díez-Picazo Ponce de León, «Culpa y riesgo en la responsabilidad civil extracontractual», 4 *Anuario de la Facultad de Derecho de la Universidad Autónoma de Madrid*, 2000, pp. 153-166.

[198] Informe sobre Responsabilidad, *op. cit.*, p. 23.

un error en un programa de *software* con muchas líneas de código puede ser una tarea ardua o, en el caso de la IA, el análisis del proceso que condujo a un determinado resultado (cómo los datos de entrada han llevado a los datos de salida) puede ser difícil, muy lento y costoso[199].

### 11.3.2. *Responsabilidad objetiva*

A finales del siglo XIX la aparición de riesgos asociados a las nuevas tecnologías dio lugar a la introducción de la responsabilidad objetiva, una categoría donde la noción de culpa es sustituida por los riesgos específicos vinculados a un objeto o actividad que se considera permisible, aunque a expensas de un riesgo residual de daño. En la actualidad encontramos ejemplos de responsabilidad objetiva en los medios de transporte (como trenes o vehículos de motor), energía (energía nuclear, líneas eléctricas) o conductos. Incluso antes de eso, los distintos ordenamientos ya habían respondido al incremento de los riesgos mediante la inversión de la carga de la prueba, de cara a facilitar la reclamación de la víctima cuando el demandado tenía el control sobre fuentes de daño como animales o inmuebles defectuosos[200].

Como ya se mencionó en el apartado 8.6, el tratamiento de la responsabilidad objetiva varía en los distintos sistemas. Algunos ordenamientos jurídicos, como el inglés, son restrictivos y hacen un uso muy limitado de este régimen de responsabilidad, mientras que otros, como el alemán, son más o menos generosos, aunque sin permitir la aplicación analógica a supuestos similares a los contemplados por el legislador. Por otra parte, hay Estados, como Francia o Italia, que han introducido una cláusula general (más o menos amplia) de responsabilidad objetiva, típicamente aplicable a «actividades peligrosas», que los tribunales interpretan de manera muy diferente. Asimismo, en algunos ordenamientos, la tenencia de una cosa desencadena responsabilidad objetiva, que es otra forma de apartarse del requisito tradicional de culpa[201].

La mayoría de ordenamientos no contemplan, por el momento, la imputación objetiva por el funcionamiento de ordenadores, *software* o similares[202], aunque algunos países ya prevén la responsabilidad del operador de

---

199 *Ibid.*
200 *Vid.* 8.5.
201 *V. gr.*, bajo el art. 1242 Código Civil francés.
202 Informe sobre Responsabilidad, *op. cit.*, p. 27.

algún sistema informático (normalmente definido en sentido estricto), tales como las bases de datos operadas por el Estado[203]. Se podría introducir la responsabilidad objetiva del operador, junto a un seguro de responsabilidad civil obligatorio, en aquellas tecnologías donde hay un riesgo de daños frecuentes o graves y el operador se beneficia del uso de las mismas. Sin embargo, hay que actuar con cautela porque podría producir una ralentización de la innovación tecnológica[204]. Por ello, la doctrina es partidaria de que la responsabilidad basada en la culpa siga siendo la regla general, a pesar de las dificultades de prueba del nexo causal, etc., arriba descritas, a menos que se trate de una tecnología que suponga una mayor fuente de riesgo[205].

### 11.3.3. *Responsabilidad por productos defectuosos*

Mención especial merece en este apartado la responsabilidad por productos defectuosos. En la Unión Europea existe una armonización parcial de esta materia a través de la Directiva sobre responsabilidad por daños causados por productos defectuosos, que ha sido incorporada en las legislaciones de todos los Estados Miembros[206].

La Directiva se basa en el principio de que el productor (definido en sentido amplio a lo largo de la cadena de distribución) es responsable por los daños causados por el defecto en un producto que ha puesto en circulación con fines económicos o en el curso de su negocio. No obstante, los intereses protegidos por el texto europeo se limitan a la vida, la salud y la propiedad del consumidor[207]. Por otra parte, aunque la Directiva se diseñó en torno al principio de neutralidad tecnológica y sigue siendo un instrumento efectivo en la protección de los consumidores, no debemos olvidar que data de 1985 y algunos conceptos centrales de este instrumento no son adecuados para regular los potenciales riesgos que conllevan las tecnologías digitales.

---

[203] *V. gr.* §§ 89e, 91b, párrafo 8.º, del *Gerichtsorganisationsgesetz* austríaco. *Gesamte Rechtsvorschrift für Gerichtsorganisationsgesetz*, https://www.ris.bka.gv.at/GeltendeFassung.wxe?Abfrage=Bundesnormen&Gesetzesnummer=10000009.

[204] Informe sobre Responsabilidad, *op. cit.*, p. 27.

[205] Dacoronia, *op. cit.*, p. 6. *Vid.* en este sentido el Proyecto de Informe con recomendaciones destinadas a la Comisión sobre un régimen de responsabilidad civil en materia de inteligencia artificial (2020/2014(INL)) Comisión de Asuntos Jurídicos.

[206] Directiva 85/374/CEE del Consejo, de 25 de julio de 1985, relativa a la aproximación de las disposiciones legales, reglamentarias y administrativas de los Estados Miembros en materia de responsabilidad por los daños causados por productos defectuosos, DO L 210, 7.8.1985, p. 29-33.

[207] Considerando 1.º y art. 9.

Por ejemplo, el ámbito de aplicación del régimen de responsabilidad de la Directiva se basa en la noción de «producto». Según el art. 2 de la Directiva, «producto» comprende los bienes muebles, aun cuando están incorporados a otro bien mueble o a uno inmueble, así como la electricidad. Sin embargo, las tecnologías digitales emergentes, especialmente los sistemas de IA o el *blockchain*, no parecen encajar en esa definición, ya que productos y servicios interactúan permanentemente y separarlos es prácticamente inviable. A su vez, es cuestionable que el *software* entre dentro de la definición de producto o de componente[208].

El segundo elemento clave del régimen de responsabilidad por productos es la noción de «defecto». La defectuosidad se evalúa tomando como referencia las expectativas de seguridad de un consumidor medio, teniendo en cuenta todas las circunstancias pertinentes[209]. No obstante, en las tecnologías digitales, la interconectividad de los productos y sistemas dificulta la identificación del elemento defectuoso. Por otro lado, en el caso de sistemas autónomos de IA que tengan capacidades de autoaprendizaje, se plantea también la cuestión de si una desviación impredecible en la senda de toma de decisiones puede ser considerada como defecto[210]. A todo ello hay que añadir la complejidad y la opacidad de las tecnologías digitales emergentes, que dificultan que la víctima descubra y pruebe el defecto y el nexo de causalidad[211].

En otro orden de cosas, el artículo 7 de la Directiva toma como momento clave en la responsabilidad del productor la puesta en circulación del producto, circunstancia que elimina las posibles reclamaciones por actualizaciones o mejoras que se realicen en un momento posterior, algo que, por otra parte, es habitual en este tipo de tecnologías[212]. Además, la Directiva tampoco prevé la obligación de monitorear los productos después de ponerlos en circulación. En este sentido, el control del productor puede ser limitado y no exclusivo, si el funcionamiento del producto requiere datos proporcionados por terceros o recogidos de forma externa, y depende de procesos de autoaprendizaje y de ajustes de personalización elegidos por el usuario[213].

---

[208] Mezzanotte, *op. cit.*, p. 178.

[209] Informe sobre Responsabilidad, *op. cit.*, p. 27.

[210] *Ibid.*

[211] *Ibid.*

[212] Para el caso de los vehículos autónomos, *vid.* F. P. Patti, «Autonomous Vehicles' Liability: Need for Change?», en A. de Franceshi y R. Schulze (eds.), *Digital Revolution. New Challenges for Law*, *op. cit.*, pp. 190-213, p. 208.

[213] *Ibid.*

Otros obstáculos que se presentan con relación a la responsabilidad por defectos en las tecnologías digitales van referidos a los denominados «riesgos de desarrollo» (*development risk*), excepción recogida en el art. 7.*e*) de la Directiva, por la que el productor no responde por los defectos de los productos que son conocidos como consecuencia de los avances científicos y técnicos posteriores a su puesta en circulación, por lo que en el momento de esta el fabricante no podía de ninguna forma detectarlos[214]. Excepción que se espera tenga una mayor relevancia práctica respecto a las nuevas tecnologías[215]. De igual manera, se plantean dudas sobre si la destrucción o daño de datos del consumidor se considera como daño a la propiedad de este bajo el art. 9(1)(b) de la Directiva[216]. El art. 82 del Reglamento General de Protección de Datos (RGPD) prevé la indemnización de la víctima por los perjuicios materiales o inmateriales consecuencia de una infracción del Reglamento por el responsable o el encargado del tratamiento de los datos, pero en su apartado 6 remite al Derecho interno de los Estados Miembros. En consecuencia, las posibilidades de éxito de la víctima, además de las dificultades ya examinadas de opacidad e interconectividad dependerán del régimen de carga de la prueba que establezcan los distintos Derechos nacionales[217].

### 11.4. La responsabilidad por hecho ajeno cuando el asistente no es humano

Los distintos *ordenamientos* jurídicos, en lo que respecta a la responsabilidad por hecho ajeno, difieren sustancialmente. Como se ha visto en el apartado 8.7, en el *common law* la responsabilidad por los hechos de los dependientes se formula como responsabilidad vicaria, es decir, que no requiere la culpa del empresario o principal. En el ordenamiento alemán, por otro lado, la culpa del principal se presume, aunque admite prueba a contrario. Ello contrasta con el tratamiento de la responsabilidad por hecho ajeno en el derecho francés o español, que han sufrido una tendencia obje-

[214] G. Mazzini, «The Approach of the European Commission on Artificial Intelligence», en A. de Franceshi y R. Schulze (eds.), *Digital Revolution. New Challenges for Law*, *op. cit.*, pp. 245-297, p. 265.

[215] Informe sobre Responsabilidad, *op. cit.*, p. 28.

[216] *Ibid.*

[217] En este sentido, *vid.* F. Riente, «The Right to Compensation for Breach of Data Protection Provisions in the EU Context», en A. de Franceshi y R. Schulze (eds.), *Digital Revolution. New Challenges for Law*, op. cit, pp. 152-167, p. 166.

tivadora de forma que, en algunos casos, la prueba de la diligencia resulte imposible en la práctica[218].

En el caso de las tecnologías digitales el marco existente podría utilizarse analógicamente o como base de inspiración para reformas futuras. En este sentido, parte de la doctrina apunta a que la asistencia de una máquina autónoma y de autoaprendizaje no debe tratarse de manera diferente a la de emplear a un asistente humano, si dicho auxilio causa un daño a un tercero («principio de equivalencia funcional»)[219]. Si bien es verdad que, en aquellos ordenamientos donde la responsabilidad por hecho ajeno se considera como variante de la responsabilidad por culpa, puede ser difícil establecer el estándar de conducta que debe observarse para evaluar si los ayudantes no humanos actuaron de forma culposa[220].

Por otro lado, la industria y la sociedad civil parecen reclamar la concesión de personalidad jurídica a los robots y su aplicación a la responsabilidad civil, tal como refleja una carta abierta remitida al Presidente de la Comisión Europea y firmada por más de doscientos expertos[221]. No parece lógico considerar a estas máquinas como semipersonas, ya que es el ser humano quien las crea y las programa para una determinada acción. De todas formas, el debate está servido y no está exento de complejidad, ya se opte por una solución u otra[222].

### 11.5. La concurrencia de culpa de la víctima en relación con las tecnologías emergentes

Tal como ya se ha mostrado en líneas anteriores, los distintos ordenamientos suelen tener en cuenta la incidencia que en el daño ha tenido la conducta de la víctima.

Si bien la conducta culposa de la propia víctima no plantea en sí ningún reto en relación con las nuevas tecnologías digitales, hay que tener en cuenta todos los desafíos mencionados anteriormente respecto a la interconectividad, opacidad, etc.

---

[218] *Vid.* 8.7.

[219] F. Ramón Fernández, «Robótica, inteligencia artificial y seguridad: ¿cómo encajar la responsabilidad civil?», *Diario La Ley*, n.º 9365, Sección Doctrina, 25 de febrero de 2019; Informe sobre Responsabilidad, *op. cit.*, p. 25.

[220] *Ibid.*

[221] http://www.robotics-openletter.eu/.

[222] Ramón Fernández, *op. cit.*, p. 25.

Esto es particularmente cierto si la víctima ha intervenido en la operación de algún sistema inteligente u otro dispositivo digital interconectado, por ejemplo, instalando, actualizando, modificando la configuración predeterminada del sistema o añadiendo su propio contenido. Además de las colisiones de vehículos autónomos, otros ejemplos incluyen fallos en la instalación de una casa inteligente por parte del propietario, a pesar de haber recibido las instrucciones adecuadas, situación en la que confluirían los riesgos propios de una tecnología digital emergente con el incumplimiento del estándar de cuidado por parte de la víctima[223].

## 11.6. Propuestas de nuevas nociones y conceptos

Del análisis realizado se desprende que los distintos sistemas de responsabilidad civil extracontractual todavía reflejan estructuras y conceptos tradicionales que no siempre pueden dar una respuesta óptima a los problemas asociados a las nuevas tecnologías digitales.

La irrupción de robots, sistemas de inteligencia artificial, servicios algorítmicos como *blockchain*, el Internet de las Cosas, etc., no parecen cuestionar la capacidad de los sistemas actuales desde el punto de vista del fundamento de la responsabilidad, puesto que, aunque se trate de operadores no humanos, la mayoría de ordenamientos contienen, como se ha visto, regímenes de responsabilidad por hecho ajeno que, con las modificaciones necesarias, pueden satisfacer las necesidades de las víctimas. Por lo demás, no parece necesario expandir los supuestos de responsabilidad objetiva, salvo en el caso de tecnologías que acarreen un incremento del riesgo de daño[224]. No obstante, la tarea de fijar los deberes de conducta necesarios en el caso de operadores no humanos se antoja bastante ardua.

En otro orden de cosas, el limitado ámbito de aplicación de la normativa existente sobre productos defectuosos hace necesaria una futura reforma que regule los daños producidos por servicios digitales, puesto que, en realidad, pocas de estas tecnologías pueden considerarse como «producto», en el sentido previsto por la normativa europea. La nueva normativa debería, además, contemplar el daño o destrucción de los datos del usuario como daño indemnizable.

Mayores problemas presentan la opacidad e interconectividad de las nuevas herramientas tecnológicas, sobre todo, en términos de prueba del

[223] S. Navas Navarro, «Responsabilidad civil del fabricante y tecnología inteligente», *Diario La Ley*, 27 de diciembre de 2019.

[224] Informe sobre Responsabilidad, *op. cit.*, p. 27.

daño y del nexo causal. Entre los muchos desafíos para las víctimas está el demostrar qué parte de un ecosistema digital complejo ha causado los daños. Esto puede ser particularmente difícil cuando distintos operadores han proporcionado diferentes elementos, propiciando que la víctima demande a la parte equivocada y finalmente se quede sin obtener una compensación, pero haya de soportar los costes de litigio, que pueden llegar a ser bastante altos. Por lo tanto, es aquí donde la doctrina insiste en la necesidad de adoptar normas especiales, sobre todo, para regular situaciones en las que dos o más operadores cooperan sobre una base contractual o similar en la provisión de diferentes elementos de un mismo ecosistema digital, lo que se ha denominado una «unidad comercial y tecnológica»[225]. En estas situaciones, todos los posibles causantes del daño deberían responder solidariamente ante la víctima, siempre y cuando la víctima pueda demostrar que al menos un elemento ha causado el daño desencadenante de la responsabilidad, pero no pueda demostrar qué elemento concreto[226].

Finalmente, otras propuestas incluyen la obligatoriedad de un seguro de responsabilidad civil que cubra los riesgos de daños frecuentes o potencialmente graves resultantes de las tecnologías digitales o incluso fondos de compensación para las víctimas que tienen derecho a ser indemnizadas según las normas de responsabilidad civil aplicables, pero que no pueden ver sus demandas satisfechas[227]. En definitiva, el legislador tiene tarea por delante y tendrá que estar atento a las soluciones y experiencias que vayan ofreciendo los ordenamientos más avanzados. Para el legislador europeo, además, la visión comparada será un punto de partida necesario teniendo en cuenta las importantes diferencias que persisten en los distintos sistemas de responsabilidad civil extracontractual dentro de la Unión Europea.

---

[225] Informe sobre Responsabilidad, *op. cit.*, p. 8.

[226] *Ibid.* En el mismo sentido, Mezzanotte, *op. cit.*, p. 187.

[227] Informe sobre Responsabilidad, *op. cit.*, p. 8.

## CAPÍTULO IX

# TÉCNICAS NORMATIVAS. BÚSQUEDA DE LAS «MEJORES SOLUCIONES» ANTE EL RETO DIGITAL

## 1. LA REGULACIÓN DE LAS TECNOLOGÍAS DIGITALES

Las tecnologías digitales constituyen prometedores factores de dinamización de los negocios y la economía, por su capacidad de agilizar y facilitar operaciones entre agentes situados en diferentes partes del mundo.

Con el objetivo de que esta Cuarta Revolución Industrial pueda servir como catalizador de la innovación, el empleo y el crecimiento económico, hay quien aboga por la adopción de un marco jurídico y regulatorio previsible, basado en una armonización de conceptos, principios, regulación e interpretación. Así lo entiende, por ejemplo, el Observatorio y Foro Europeo sobre Blockchain (*European Union Blockchain Observatory and Forum*), un órgano impulsado por la Comisión Europea, que en su documento titulado «Regulatory Framework for Blockchain and Smart Contracts» contiene una serie de orientaciones sobre las principales consideraciones que debería tener en cuenta esa futura regulación de la cadena de bloques a nivel europeo[1]. Entre ellas cabe destacar el establecimiento de un marco normativo que atraiga a los inversores del sector privado, garantice los derechos de los consumidores y ofrezca protección frente a las prácticas anticompetitivas. En una línea parecida se ha pronunciado el grupo de expertos sobre Inteligencia Artificial y Otras Tecnologías Digitales Emergentes (*Expert Group on Liability and New Technologies - New Technologies Formation*), también bajo el respaldo de la Comisión Europea, en el ya mencionado informe «Report on Liability for Artificial Intelligence and Other

[1] T. Lyons, L. Courcelas y K. Timsit, *Legal and regulatory framework of blockchains and smart contracts*, https://www.eublockchainforum.eu/sites/default/files/reports/report_legal_v1.0.pdf. *Vid.*, también el informe de D. Allessie, M. Sobolewski, L. Vaccari y F. Pignatelli (eds.), *Blockchain for digital government*, EUR 29677 EN, Publications Office of the European Union, Luxembourg, 2019, ISBN 978-92-76-00581-0, doi:10.2760/942739, JRC115049.

Emerging Digital Technologies», donde se muestran partidarios de realizar ciertos ajustes en los regímenes de responsabilidad extracontractual a nivel nacional y de la UE[2], sobre todo, para mejorar las posibilidades de reclamación de las víctimas y para corregir aquellos supuestos en los que la interconectividad y opacidad de estas tecnologías dificultan una imputación de responsabilidad justa y eficiente.

La regulación de estas tecnologías afronta, sin embargo, importantes desafíos, relacionados con la descentralización, anonimidad/opacidad, inmutabilidad, interconectividad y automatización de muchas de ellas, lo que plantea difíciles cuestiones legales de distinta índole.

Si volvemos a lo ya expuesto sobre la cadena de bloques, la descentralización y la anonimidad dificultan, por ejemplo, la determinación de la identidad de los operadores, de su ubicación y de las acciones que han llevado a cabo. Esto puede suponer un obstáculo a la hora de asignar responsabilidades o fijar el juez competente en caso de conflicto. Y, por ende, complica el desempeño de funciones regulatorias básicas, tales como establecer la ley aplicable a la controversia, la responsabilidad derivada de los hechos y el cumplimiento de las decisiones adoptadas[3].

Por otra parte, muchas de las innovaciones tecnológicas emergentes operan totalmente al margen del ordenamiento jurídico y ponen en jaque al tradicional monopolio del Estado en el uso de la fuerza. Los contratos inteligentes ilustran esta problemática de forma clara. Un contrato inteligente es un código de *software* diseñado para crear, verificar o llevar a cabo transacciones rastreables e irreversibles[4]. Se trata de un acuerdo automatizado por ordenador y autoejecutable a través de la red, que está a prueba de manipulaciones. Un contrato inteligente tiene, de esta forma, una funcionalidad similar a la de las instituciones jurídicas, pues contiene normas acordadas por las partes que se hacen cumplir, no mediante el poder coercitivo de las autoridades estatales, sino mediante herramientas tecnológicas. Por ello ya se está hablando de «Law is Code»[5], siguiendo el postulado de Lessig de «Code is Law»[6], o incluso de «informática de la

---

[2] Report on Liability for Artificial Intelligence and Other Emerging Digital Technologies (2019), https://ec.europa.eu/digital-single-market/en/artificial-intelligence.

[3] C. B. Fernández, *Especial Directivos*, Wolters Kluwer, 1 de noviembre de 2019, p. 39.

[4] Möslein, *op. cit.*, pp. 313-314.

[5] S. Hassan y P. de Filippi, «The Expansion of Algorithmic Governance: From Code is Law to Law is Code», *Field Actions Science Reports [Online]*, Special Issue 17, 2017, Online desde el 31 de diciembre de 2017, http://journals.openedition.org/factsreports/4518.

[6] L. Lessig, «Code is Law. On Liberty in Cyberspace», *Harvard Magazine*, 1 enero 2000, https://harvardmagazine.com/2000/01/code-is-law-html.

dominación»[7], que está desplazando a la ley como medio de control capitalista y que puede realizar tareas tradicionalmente reservadas al Derecho.

### 1.1. La *Lex Cryptographia*

A diferencia de la Ley, que establece deberes jurídicos susceptibles de ser incumplidos, los algoritmos fijan lo que se puede o no hacer desde el punto de vista técnico. Esta característica elimina la necesidad de una autoridad encargada de hacer cumplir la Ley mediante una intervención *ex post* para sancionar a quienes han infringido las normas. El *software* determina *ex ante* el patrón de conducta y lo hace de una forma más eficaz que la Ley, que debe ser apreciada por un juez y aplicada caso por caso. La tecnología *blockchain*, por ejemplo, permite codificar disposiciones legales o contractuales en un contrato inteligente y transformarse así en código informático con «garantía de ejecución»[8].

Algunos autores ya vaticinan que los algoritmos terminarán por desplazar a la Ley y a jueces y tribunales, marcados por la aparición de un nuevo cuerpo de normas independientes de la Ley estatal. Es lo que se denomina *Lex Cryptographia*, entendida como el conjunto de normas que operan a través de contratos inteligentes autoejecutables y organizaciones autónomas descentralizadas[9].

La *Lex Cryptographia* es vista como la extensión natural de la *Lex Mercatoria*[10], el cuerpo de normas de diferente contenido y origen, creado por los agentes del tráfico para regular las necesidades del comercio internacional[11]. El principio de la autonomía de la voluntad y el recurso al arbitraje comercial internacional son los pilares que han permitido a los operadores paliar las deficiencias del Derecho estatal y los costes e inseguridad jurídica que conllevan la resolución de controversias internacionales a través de las normas de conflicto de leyes. Así, de la misma manera que los comerciantes en la Edad Media crearon su propio marco normativo para escapar del

---

[7] D. J. Haraway, «A Cyborg Manifesto: Science, Technology, and Socialist-Feminism in the Late Twentieth Century», en *Simians, Cyborgs and Women: The Reinvention of Nature*, Nueva York: Routledge, 1991, pp. 149-181.

[8] Hassan, *op. cit.*

[9] A. Wright y P. de Filippi, «Decentralized Blockchain Technology and the Rise of Lex Cryptographia» (10 de marzo de 2015), p. 4. Disponible en SSRN: https://ssrn.com/abstract=2580664.

[10] De Filippi, *op. cit.*, p. 4.

[11] A. M. López-Rodríguez, «Lex Mercatoria», *Rettid*, 2002, pp. 46-56, p. 47.

Derecho canónico y feudal, a partir de los años 60 del pasado siglo, la doctrina habla de esta autorregulación como de la nueva *Lex Mercatoria*[12]. No existe una única definición ni una lista de sus fuentes que haya sido objeto de consenso entre la doctrina, aunque entre estas se suelen mencionar los usos de comercio, codificados o no, los principios generales del derecho, los contratos estándar o la práctica del arbitraje comercial internacional[13]. Por otra parte, la *Lex Mercatoria* es una noción polémica que ha sido duramente criticada desde distintos puntos de vista. Entre las críticas se aduce que desde el punto de vista dogmático no es fruto de la producción legislativa de un Parlamento, ni está recogida en un convenio internacional. Se incide en que se trata de las normas de un club privado (los comerciantes) y que, por tanto, carecen de legitimidad democrática y de fuerza vinculante, al no contar con un aparato coercitivo que garantice su cumplimiento[14]. Además, se señala que son normas vagas e incompletas, carecen de generalidad, no pudiendo regular todos los supuestos que presenta el tráfico comercial internacional. De la misma forma, desde posiciones más políticas se alude a la *Lex Mercatoria* como una creación de las grandes empresas de países desarrollados para someter a los países en desarrollo[15]. Desde otra postura, sin embargo, se llega a negar su existencia ante su intangibilidad y vaguedad[16]. En cualquier caso, con independencia del debate doctrinal, la realidad es que en la práctica del arbitraje comercial internacional y, en menor medida, de los tribunales nacionales, hay controversias que se resuelven en base a normas no estatales, la *Lex Mercatoria* o similares, por lo que lo relevante no es tanto la discusión dogmática, sino determinar cuándo y cómo se aplican este tipo de normas[17].

[12] Lord M. Mustill, «The new Lex Mercatoria: the first twenty-five years», *Liber Amicorum for Lord Wilberforce*, Oxford, 1987, pp. 86-119; B. Goldman, «Lex Mercatoria», 3 *Forum Internationale*, 1983, p. 3. C. Schmitthoff, «International Business Law A New Law Merchant», en C.-J. Cheng (ed.), *Clive M. Schmitthoff's Select Essays on International Trade Law*, Martinus Nijhoff, 1988, pp. 20-37, p. 23.

[13] López-Rodríguez, *op. cit.*, p. 48.

[14] A. Kassis, *Théorie Générale des Usages du Commerce*, Librairie Générale de Droit et de Jurisprudence, París, 1984, p. 165 ss.

[15] López-Rodríguez, *op. cit.*, p. 50.

[16] F. Alexander Mann, «England Rejects "Delocalised" Contracts and Arbitration», 33(1) *The International and Comparative Law Quarterly*, 1984, pp. 193-98.

[17] *Vid.*, por ejemplo, A. M. López-Rodríguez, *Lex Mercatoria and Harmonization of Contract Law in the EU*, DJØF Publishing Copenhagen, 2003; F. Dasser, *Internationale Schiedsgerichte und Lex Mercatoria. Rechtsvergleichender Beitrag zur Diskussion über ein nicht-staatliches Handelsrecht*, Schweizer Studien zum internationalen Recht, Band 59, Schulthess Verlag, 1989; A. L. Calvo Caravaca y J. Carrascosa González, «Lex Mercatoria and Private International Arbitration», *Cuadernos de Derecho Transnacional*, vol. 12, n.º 1, 2020, pp. 66-85.

La *Lex Cryptographia*, al igual que la *Lex Mercatoria*, se basa en la autorregulación. Por ello, muchos de los argumentos utilizados para poner en duda a la *Lex Mercatoria* vuelven a repetirse, a modo de *déjà vu*, para cuestionar la validez y autonomía de esta nueva forma de gobernanza digital. Desde la doctrina anglosajona, por ejemplo, se alega que la *Lex Cryptographia* no puede desplazar a la Ley porque, a diferencia de esta, carece de mecanismos coercitivos de ejecución *ex post*. Y es que, no olvidemos, la noción de contrato en el *common law* va indisolublemente asociada a la *accionabilidad*[18].

Desde otro punto de vista, se afirma que estas normas de carácter técnico no pueden reemplazar a la Ley tradicional por su carácter incompleto y su falta de normatividad. En primer lugar, porque los algoritmos no pueden anticipar todas las vicisitudes y complejidades que se pueden presentar en un contrato y es imposible en el estado actual de la tecnología crear un código que incluya respuestas para todas las situaciones posibles que podrían resultar de la relación entre dos o más partes[19]. En segundo lugar, porque el Derecho o los contratos tradicionales no tienen solamente funciones ejecutivas. Se trata de mecanismos sociales diseñados para preservar el orden público y la seguridad nacional, así como los intereses de la esfera privada, caracterizada por la necesidad de apoyar el crecimiento económico, promover la autonomía individual y los derechos fundamentales[20]. Los códigos informáticos son capaces de representar términos que son expresiones de la lógica, pero a diferencia de la Ley, no van dirigidos a organizar la sociedad ni están fundamentados en conceptos como la razón o la conciencia[21].

Por otro lado, se señala que la implementación arquitectónica de estas tecnologías depende en última instancia de las opciones específicas de los operadores de plataformas e ingenieros de *software* quienes, en último término, buscan promover o prevenir cierto tipo de acciones. Al igual que cualquier otro artefacto tecnológico, el código no es neutral. Tiene importantes implicaciones ideológicas, en la medida en que puede apoyar ciertas políticas o facilitar determinadas acciones y comportamientos sobre otros[22]. Además,

---

[18] Werbach, *op. cit.*, p. 319.

[19] S. Agnikhotram y A. Kouroutakis, «Doctrinal challenges for the legality of smart contracts: *Lex Cryptographia* or a new, "smart" way to contract?», 19(2) *Journal of High Technology Law*, 2019, pp. 300-328, p. 319.

[20] Hassan, *op. cit.*, p. 4.

[21] S. Farrell, H. Machin y R. Hinchliffe, «Lost and found in smart contract translation - considerations in transitioning», King & Wood Mallesons, 2017, p. 3. https://www.uncitral.org/pdf/english/congress/Papers_for_Programme/14-FARRELL_and_MACHIN_and_HINCHLIFFE-Smart_Contracts.pdf.

[22] Hassan, *op. cit.*, p. 4.

con la ayuda de la IA, los algoritmos y normas técnicas pueden personalizarse y adaptarse al perfil de cada individuo, quebrando con ello los principios básicos de universalidad, generalidad y no discriminación que caracterizan a la Ley tal como la conocemos[23]. Estaríamos, entonces, ante lo que se ha denominado *gobernanza algorítmica*: «un nuevo sistema normativo capaz de regular la sociedad de manera más eficiente, que reduce los costes de la aplicación de la ley y permite un sistema de normas personalizado para cada ciudadano, donde las reglas se revisan constantemente en función de las preferencias y perfiles correspondientes»[24]. En definitiva, una especie de régimen totalitario moderno[25].

Desde la posición contraria, se afirma que la *Lex Cryptographia* tiene una funcionalidad similar a las instituciones jurídicas, puesto que contiene normas acordadas por las partes que son ejecutables, no por las autoridades estatales, sino mediante herramientas tecnológicas. Por tanto, puede realizar tareas tradicionalmente reservadas al Derecho y de forma más eficiente. Ya existen algunas plataformas como *Legalese*[26], *Kleros*[27] o *The Aragon Network*[28], que se anuncian como alternativas al Derecho y al sistema judicial. Esta última, por ejemplo, pretende ser una «jurisdicción digital» que pone a disposición de las partes un catálogo de estatutos y regulaciones para que puedan ser implementadas como normativa interna en las organizaciones autónomas descentralizadas (DAO). Además, estas plataformas contienen sistemas de resolución de conflictos independientes de cualquier jurisdicción nacional, punto en el que la *Lex Cryptographia* difiere de la *Lex Mercatoria*, ya que las decisiones arbitrales sí que están sujetas, en último término, al escrutinio de jueces y tribunales. Según sus impulsores, este sistema se adapta mejor a la interdependencia y descentralización de la nueva realidad tecnológica, puesto que proporciona a las partes «un sistema judicial descentralizado en línea que no está sujeto a barreras artificiales tradicionales como las jurisdicciones nacionales»[29].

Las «jurisdicciones digitales», sin embargo, no existen en un vacío legal; la intervención del Derecho estatal es necesaria, por ejemplo, en el caso de situaciones no previstas por el código algorítmico, tales como errores de programación, validez o causas extrínsecas, tales como insolvencias, fallecimien-

[23] De Filippi, *op. cit.*, p. 41.
[24] *Ibid.*
[25] *Ibid.*
[26] https://legalese.com/.
[27] https://kleros.io/.
[28] https://aragon.org/.
[29] https://docs.ethhub.io/built-on-ethereum/governance/aragon.

tos o activos criptográficos hackeados u obtenidos ilegalmente[30]. Sin olvidar que, ante supuestos de daños causados por estas tecnologías, el legislador ha de actuar para proporcionar a la víctima una compensación adecuada. Hay que ser conscientes, no obstante, de que cuando las partes implicadas solo tienen activos dentro de la red y/o su identidad es difícil de establecer, la capacidad del ordenamiento jurídico estatal para proporcionar una solución adecuada es limitada.

Así las cosas, el legislador no puede permanecer ajeno al fenómeno digital. No se trata de una lucha por ver si la *Lex Cryptographia* puede reemplazar a la Ley, sino de encontrar puntos de encuentro y articular posibles fricciones. Unos pocos países ya han tomado cartas en el asunto y empiezan a legislar al respecto, sobre todo, en materia de *blockchain* y contratos inteligentes[31], aunque hay muchas otras cuestiones necesitadas de regulación o reforma, incluyendo el sistema de responsabilidad extracontractual. La Unión Europea, asimismo, está impulsando iniciativas regulatorias en distintos campos. Por ejemplo, recientemente ha lanzado una Propuesta de Reglamento sobre los mercados de criptoactivos[32]. También son destacables la creación de una *sandbox* para probar casos de uso de *blockchain* y activos digitales en la *Infraestructura Europea de Servicios Blockchain* (EBSI)[33] y la batería de acciones específicas presentadas dentro de la estrategia de la Comisión Europea para un Mercado Único Digital[34].

### 1.2. Retos normativos. La importancia del Derecho comparado

Los expertos que han estudiado las nuevas tecnologías digitales parecen coincidir en la necesidad de tener en cuenta algunos aspectos concretos a la hora de legislar en la materia. Entre ellos se mencionan la necesidad de encon-

---

[30] M. Lehmann, «Who owns Bitcoin? Private Law Facing the Blockchain», EBI Working Papers Series, núm 42, 2019, https://papers.ssrn.com/sol3/papers.cfm?abstract_id=3402678.

[31] *Vid.* Capítulo 7.

[32] Propuesta de Reglamento del Parlamento Europeo y del Consejo relativo a los mercados de criptoactivos y por el que se modifica la Directiva (UE) 2019/1937, COM(2020) 593 final, de 24 de septiembre de 2020.

[33] EBSI es una iniciativa conjunta de la Comisión Europea y la Asociación Europea de Blockchain (EBP) que tiene como objetivo brindar servicios públicos digitales transfronterizos en toda la UE utilizando tecnología blockchain; https://ec.europa.eu/digital-single-market/en/legal-and-regulatory-framework-blockchain.

[34] Comunicación de la Comisión al Parlamento Europeo, al Consejo, al Comité Económico y Social Europeo y al Comité de las Regiones: Una Estrategia para el Mercado Único Digital de Europa, COM (2015) 192 final, de 6 de mayo de 2015.

trar un equilibrio entre innovación tecnológica y protección[35]; el carácter transfronterizo de estas herramientas[36] y el desfase de velocidad entre el desarrollo tecnológico y normativo[37]. Además, se apuesta por la adopción de definiciones sencillas, pero (técnicamente) utilizables y la amplia difusión de las interpretaciones legales de los conceptos que se regulen[38].

El legislador tiene ante sí distintas opciones a la hora de afrontar los retos derivados de las tecnologías emergentes, cada una con sus propias ventajas e inconvenientes. En este sentido, deberá evaluar si en un supuesto concreto es preferible (i) aplicar las leyes y reglamentos existentes al nuevo caso (solución más sencilla, pero donde se corre el riesgo de eliminar los aspectos más innovadores de la tecnología en cuestión); (ii) reformar las leyes existentes para contemplar la nueva herramienta como caso especial (se trata de una aproximación pragmática, aunque puede crear nuevas lagunas)[39] o (iii) adoptar nuevas normas y reglamentos que den respuesta a estas tecnologías[40].

Ante las distintas opciones no hay una única respuesta correcta, aunque los expertos señalan la importancia de encontrar un equilibrio necesario entre protección e innovación en la regulación de estas tecnologías[41]. Asimismo, las medidas que se adopten habrán de estar coordinadas y alineadas, puesto que se trata de herramientas interdependientes, deslocalizadas y distribuidas que suscitan complejas cuestiones respecto a cuál es la ley aplicable y la jurisdicción competente[42]. Se insta, además, a que el legislador mismo se involucre en el desarrollo de algunas de estas tecnologías, con el objetivo de controlar y regular la industria y estar, de esta forma, mejor posicionado para aprovechar las oportunidades, a medida que vayan surgiendo[43]. Finalmente, se insiste en que el sector privado ha de garantizar la interoperabilidad de sistemas en todo el sector y cumplir con la normativa que se establezca, en especial en los ámbitos tributarios y de responsabili-

---

[35] *V. gr*,. Informe sobre Responsabilidad, *op. cit.*, p. 27.

[36] Möslein, *op. cit.*, p. 316.

[37] Kouroutakis, *op. cit.*, p. 326.

[38] Informe sobre Responsabilidad, *op. cit.*, p. 27; Fernández, *op. cit.*, p. 40.

[39] *Vid.* El paquete de medidas sobre finanzas digitales recientemente adoptado por la Comisión Europea, que incluye una propuesta de Reglamento sobre los mercados de criptoactivos, Proposal for a Regulation of the European Parliament and of The Council on Markets in Crypto-assets, and amending Directive (EU) 2019/1937 COM/2020/593 final, 24 de septiembre de 2020, 2020/0265(COD).

[40] Fernández, *op. cit.*, p. 40.

[41] Informe sobre Responsabilidad, *op. cit.*, p. 27.

[42] Kouroutakis, *op. cit.*, p. 322.

[43] Fernández, *op. cit.*, p. 40.

dad[44], debiendo tener también en cuenta las características de los distintos sistemas jurídicos donde estas tecnologías han de implementarse.

Así pues, el reto que se presenta ante el legislador y los desarrolladores de estas tecnologías es complejo: las necesarias reformas y adaptaciones habrán de tener en cuenta el equilibrio entre protección e innovación, la transnacionalidad y peculiaridades de las tecnologías digitales, así como la idiosincrasia de los ordenamientos jurídicos donde están destinadas a operar. Los apartados que siguen analizan cómo el Derecho comparado y otras disciplinas relacionadas pueden apoyar al legislador y al sector privado en esta tarea.

## 2. LA COMPARACIÓN COMO HERRAMIENTA EN LA ELABORACIÓN DE TEXTOS NORMATIVOS

Una de las varias funciones del Derecho comparado es confrontar las semejanzas y las diferencias entre los diversos sistemas jurídicos vigentes en el mundo, con el propósito de comprender y mejorar el sistema jurídico de un determinado país[45]. Ciertamente, el estudio de los distintos ordenamientos jurídicos en los que está dividido el mundo no solo arroja las diferencias y las semejanzas, sino también los defectos y los aciertos, que pueden ser utilizados por el legislador como fuente de inspiración a la hora de reformar las instituciones de un país y, por ende, su sistema jurídico. De igual forma, el análisis del Derecho extranjero y, en particular, de los ordenamientos jurídicos más próximos al nuestro, es tarea obligada para la doctrina, si quiere cumplir una función esencial que le está asignada: la de guiar al legislador y a jueces y tribunales en el desarrollo y la aplicación del Derecho.

Utilizar el Derecho comparado como herramienta legislativa no supone admirar ciegamente el Derecho extranjero, ni adherirse a todas las tendencias o técnicas pretendidamente modernas que este ofrece. Siguiendo la frase de Niboyet, «El comparatista no tiene por misión el transformarse en un importador de cargamentos jurídicos. Después de haber sacado del estudio de ciertos derechos extranjeros un provecho cultural, debe ponerse en guardia, al contrario, contra la fácil tentación de tomar el derecho de los demás, tal como lo encuentra hecho, en vez de crearlo por sí mismo»[46].

---

[44] Legal and regulatory framework of blockchains, *op. cit.*, p. 7.

[45] *Vid. supra*, 2.5.5.

[46] J. P. Niboyet, citado por Marchal Escalona, *op. cit.*, p. 4.

La adopción de instituciones legales extranjeras no debe obedecer a modas, sino a razones de utilidad y necesidad. A la hora de proponer la adopción de una reforma inspirada en un ordenamiento extranjero conviene, por tanto, analizar: (i) si la solución en cuestión ha resultado satisfactoria en su país de origen y (ii) si tiene visos de funcionar en el país donde se propone su implantación.

Recordemos que algunas instituciones jurídicas del ordenamiento jurídico español han tenido como fuente de inspiración el Derecho extranjero o han sido incorporadas tal cual. Por ejemplo, la institución del defensor del pueblo proviene del *ombudsman* sueco; nuestro Código Civil es de inspiración francesa; la legislación sobre matrimonio entre personas del mismo sexo tomó como referencia la normativa de los Países Bajos; el «recurso de amparo», se halla configurado de manera similar a la *Verfassungsbeschwerde* alemana, y así en un sinfín de casos[47]. En otros ordenamientos sucede lo mismo[48] e incluso en los grandes Códigos hay ejemplos de cómo los legisladores de la época recurrieron al Derecho comparado durante la elaboración de los textos. Así dan fe los trabajos preparatorios del BGB, donde abundan las referencias a los Códigos Civiles de Austria (1811), Francia (1804), Italia (1865) y Holanda (1838), así como al Código de Obligaciones suizo de 1881[49].

Los distintos ejemplos refuerzan la idea de que el Derecho comparado no es una disciplina puramente teórica que se mueve exclusivamente en el marco de la abstracción y lejos de las realidades de la vida. Orientada por un espíritu práctico, se puede convertir en una herramienta de utilidad para el legislador, el juez, el abogado o el diplomático.

### 2.1. La comparación como instrumento para elaborar textos normativos

No es posible legislar adecuadamente sin la participación del Derecho comparado, ya sea en forma de estudios generales o de informes elaborados especialmente en torno a un tema específico. En efecto, «un legislador nacional no puede ensayar antes la regulación que pretende adoptar: debe aspirar a elaborar articulados de buena calidad, en la medida en que cual-

[47] En el ámbito del Derecho público, *vid.* Ángel J. Gómez Montoro y Fernando Simón Yarza, «La influencia del derecho extranjero en el Derecho público español», *Revista Española de Derecho Constitucional*, n.º 106, Madrid, 2016, pp. 73-118.

[48] U. Kischel, *op. cit.*, p. 29.

[49] A. Somma, *op. cit.*, p. 65.

quier mejora posterior constituirá un proceso lento, complejo y costoso»[50]. El Derecho comparado se convierte, de este modo, en una especie de laboratorio jurídico donde el legislador puede evaluar la oportunidad de adoptar una solución u otra.

Pero no basta con inspirarse en el Derecho extranjero por cuestiones de prestigio o por seguir la tendencia de otros países. Como apunta la doctrina, «la imitación del derecho extranjero, si no tiene en cuenta el contexto en el que han madurado sus principios y reglas, o si lo hace de modo demasiado superficial, está destinada al fracaso o al menos condenada a producir resultados muy distantes de los que sus autores pretendían»[51].

En más de una ocasión se ha introducido una disposición o un conjunto de disposiciones únicamente porque se ha hecho en otros países o porque la ley extranjera viene avalada por juristas de reconocido prestigio. Pero reconocer la importancia del Derecho comparado a la hora de elaborar proyectos de leyes y textos normativos no implica aceptar sin más la introducción de una ley extranjera. Por el contrario, más que los textos considerados en sí mismos, lo que ha de interesar al legislador son las ideas que fundamentan la norma extranjera y si las soluciones contempladas dan adecuada respuesta a las cuestiones que se pretenden regular.

Como paso previo a la introducción de una norma extranjera en el propio ordenamiento es necesario llevar a cabo un cuidadoso estudio de Derecho comparado. No se trata de hacer una simple copia o adaptación de un texto extranjero, sino de analizar las causas que motivaron la adopción de este, el medio social en que se aplica, su éxito o fracaso en la práctica y las razones de ese éxito o fracaso. Solamente contrastando todas esas circunstancias con las del propio país se puede evaluar si una ley extranjera debe o no ser importada.

Por tanto, la introducción de normas extranjeras en el propio ordenamiento debería seguir la siguiente secuencia:

1. Delimitación del supuesto a regular, esto es, identificar una necesidad social real.
2. Búsqueda de las normas, instituciones y procesos jurídicos con los que otros países han intentado resolver el problema o necesidad que comparten.
3. Fundamentación de las analogías y diferencias encontradas.
4. Valoración de las soluciones adoptadas o los modelos de solución en cuanto a la eficacia o ineficacia en la resolución del problema.

---

[50] *Ibid.*, p. 63.
[51] *Ibid.*, p. 65.

La importancia del Derecho comparado como herramienta del legislador viene dada, finalmente, por las características de la ley en tanto que fuente del Derecho. A diferencia de la costumbre, que solo se forma lentamente, la ley es capaz de realizar reformas normativas radicales de forma inmediata. Por esta razón, el legislador siempre está expuesto a ser acusado de arbitrariedad y cuestionado respecto a la oportunidad de la ley. De ahí que una forma de justificar la racionalidad de una reforma sea apoyarse en la experiencia, o las experiencias de otros países[52].

### 2.2. Los trasplantes legales

Cuando el empleo de materiales comparativos durante los trabajos preparatorios de una ley conduce a la introducción de normas jurídicas específicas o instituciones de Derecho extranjero, en el propio ordenamiento se habla de «trasplante legal». Un «trasplante legal» es una noción de Derecho comparado creada por la doctrina para describir la transferencia normativa que se produce entre diferentes ordenamientos jurídicos[53]. El término fue utilizado por primera vez en 1974 por Alan Watson, referido al «desplazamiento de una regla jurídica o de un sistema jurídico de un país a otro, o de un grupo de personas a otro»[54].

La noción de trasplante legal también va generalmente referida al estudio académico de las condiciones bajo las que se utilizan elementos jurídicos extranjeros, y las consecuencias de ese uso[55]. Algunas de las preguntas a las que trata de dar respuesta ese estudio son las condiciones que conducen a una adecuada «recepción» de la norma extranjera. ¿Es importante que los dos ordenamientos jurídicos involucrados pertenezcan a la misma familia jurídica? ¿Qué papel juega el factor geográfico e ideológico?[56] ¿Qué tipo de eficacia normativa tiene el texto de una norma directamente trasplantada? A este respecto, es importante no perder de vista la influencia de la doctrina y la jurisprudencia del país de procedencia de la norma importada. Por ejemplo, como apunta Kischel[57], antes de la reforma del 2002, el

---

[52] *La aplicación del Derecho comparado en investigación legislativa*, www3.diputados.gob.mx.

[53] C. J. Backenköhler Casajús, «Transplante jurídico», *Eunomía. Revista en Cultura de la Legalidad*, 17, 2019, pp. 262-275. doi: https://doi.org/10.20318/eunomia.2019.5032.

[54] A. Watson, *Legal transplants: An approach to comparative law*, University of Georgia Press, 1993, p. 21.

[55] U. Kischel, *op. cit.*, pp. 59-60.

[56] *Ibid.*

[57] *Ibid.*

BGB no contenía ninguna norma que expresamente contemplara la indemnización por daños inmateriales, aunque la jurisprudencia alemana hacía ya tiempo que los concedía. Si la norma en cuestión, el § 253 BGB, fuera introducida en otro ordenamiento tal cual, no reflejaría el estado exacto del Derecho alemán. Por otro lado, hay que tener en cuenta el efecto que la doctrina y jurisprudencia del país receptor producen sobre la norma trasplantada, que puede modificar el sentido de la norma tal como había sido concebida por su legislador original. En ese caso, debemos preguntarnos si estamos ante un trasplante legal fracasado y cuáles son los parámetros para considerarlo como un éxito (¿la aceptación de los ciudadanos? ¿Su adaptación a la cultura jurídica del país receptor?)[58].

En relación con la adaptación de la norma extranjera por la doctrina y jurisprudencia, Teubner ha introducido la noción de «irritantes legales»[59]. Según este autor, cuando se introduce una norma extranjera en un ordenamiento jurídico, no se trasplanta a otro organismo, más bien, supone una irritación que desencadena una dinámica evolutiva en la que el significado de la norma externa es reconstruido de nuevo, a la vez que el ordenamiento receptor sufre un cambio fundamental[60]. Un ejemplo de este fenómeno es la transposición del principio de buena fe al Derecho inglés por exigencia de la normativa europea, lo que ha supuesto una adaptación interna del principio de buena fe bajo las condiciones de la cultura económica anglosajona[61].

Dentro de las distintas clasificaciones de trasplantes legales realizadas por la doctrina encontramos la distinción entre *trasplantes impuestos* (por ejemplo, fruto de la colonización) y *trasplantes voluntarios*, con una serie de variantes a medio camino (por ejemplo, la introducción del principio de buena fe en el Derecho inglés por imperativo europeo)[62]. Otras clasificaciones distinguen entre *trasplantes legislativos* y *trasplantes doctrinales*, *jurisprudenciales* o *negociales*[63] (la práctica negocial, por ejemplo, ha introducido términos anglosajones como *safe harbour clause*, *sunset clause*, *sweetheart contract* y *yellow dog contract*)[64]. Asimismo, se puede hablar de *recepción*

---

58 *Ibid.*

59 G. Teubner, «Legal Irritants: Good Faith in British Law or How Unifying Law Ends Up in New Differences», 61 *Modern Law Review*, 1998, pp. 11-32.

60 *Ibid.*

61 *Ibid.*

62 U. Kischel, *op. cit.*, p. 63.

63 *Ibid.*

64 E. Hondius, «El impacto del Derecho y el pensamiento jurídico de los Estados Unidos: ¿amenaza o incentivo?», 22(2) *Revista de Derecho*, 2009, pp. 27-38, p. 34.

*abierta*, que señala claramente el origen extranjero de la regla, y *recepción encubierta*, que reconstruye la regla extranjera utilizando técnicas normativas del país receptor[65]. Por otro lado, tomando en cuenta la motivación que provoca la introducción de la norma foránea, se señala la existencia de trasplantes para *ahorrar costes* (esto es, se toma directamente el modelo extranjero para simplificar), *dictados* externamente por imposición económica o política, *favorecidos* por la práctica o basados en la *legitimidad* que aporta el prestigio de la norma extranjera trasplantada o del ordenamiento jurídico al que pertenece[66].

## 3. OTRAS DISCIPLINAS RELACIONADAS CON EL DERECHO COMPARADO

En la actividad comparativa se utilizan las ideas desarrolladas por otras disciplinas, sobre todo del ámbito de las ciencias sociales, si bien se distinguen claramente del Derecho comparado. La comparación es la base esencial del Derecho comparado. Solo puede hablarse de Derecho comparado cuando se realiza un análisis comparativo acerca del problema a tratar[67]. La diferenciación es esencial para distinguir entre Derecho comparado y el estudio del Derecho extranjero y para delimitar claramente el Derecho comparado de estas otras disciplinas jurídicas y no jurídicas, con las que se relaciona y que también pueden incidir en la elaboración de textos normativos.

### 3.1. Derecho comparado y Derecho internacional público

El Derecho comparado es indispensable para entender «los principios generales del derecho reconocidos por los países civilizados», los cuales se definen, de acuerdo con el art. 38(1)c) del Reglamento del Tribunal Internacional de Justicia[68], como una de las fuentes del Derecho internacional público. Esta expresión puede ir referida, bien a los principios jurídicos aceptados por todos los países sin excepción, o bien a los principios jurídicos aceptados por la mayor parte de los países. La búsqueda de un deno-

[65] U. Kischel, *op. cit.*, p. 63.

[66] *Ibid.*

[67] Zweigert y Kötz, *op. cit.*, p. 10.

[68] Corte Internacional de Justicia. Reglamento de la Corte, adoptado el 14 de abril de 1978.

minador común, además de resultar difícil, corre el riesgo de quedar reducida a unos pocos axiomas superficiales, si tenemos en cuenta la gran variedad de contextos socioculturales y económicos de los distintos países. Parte de la doctrina entiende, por tanto, que la mejor opción es referir la noción de principio general del Derecho a «la solución a un determinado problema que se presenta como la mejor a partir de una evaluación adecuada del material sometido a comparación»[69]. Ello implica hacer uso del Derecho comparado y de su metodología; no olvidemos que uno de los muchos cometidos de esta disciplina es el de determinar la mejor solución una vez analizados los resultados de la comparación.

De otro lado, el Derecho comparado puede ser de gran utilidad para interpretar tratados internacionales y para entender algunos de los conceptos e instituciones del Derecho internacional consuetudinario. A este respecto, el principio *pacta sunt servanda*, la cláusula *rebus sic stantibus*, o la teoría del *abuse de droit* en el Derecho internacional tienen su origen en instituciones de Derecho privado, y pueden ser desarrolladas con la ayuda del Derecho comparado[70].

### 3.2. Derecho comparado y Derecho de la UE

El Derecho comparado ocupa un lugar prominente dentro del Derecho de la UE.

Según Von Bogdandy[71], «el derecho europeo identifica el complejo puzle de ordenamientos jurídicos interdependientes, enmarca las reconstrucciones teóricas y doctrinales correspondientes, y permite que las fuerzas con divergentes puntos de vista concurran en un mismo campo jurídico, dando lugar a una plataforma disciplinar más neutral [...]. En este marco, el derecho comparado europeo encuentra una nueva misión, así como una base jurídica sólida».

La mayor parte de la doctrina sobre Derecho de la UE está fundamentada en análisis de Derecho comparado, puesto que los elementos de Derecho nacional y comparado del Derecho europeo tienen una relevancia fundamental. La Comisión y el Parlamento Europeo, por ejemplo, suelen recabar información sobre el Derecho nacional de los Estados Miembros

---

[69] *Ibid.*, p. 9.

[70] *Ibid.*

[71] A. Von Bogdandy, «La transformación del derecho europeo: el concepto reformado y su búsqueda de la comparación», 54 *Revista de Derecho Comunitario Europeo*, 2016, pp. 441-471, p. 441.

en la preparación de nuevos textos normativos e incluso se sirven de terceros países como los EE. UU., sometiendo la información a un análisis crítico que constituye un elemento esencial en el diseño de los textos normativos. El objetivo es no solo la búsqueda de las soluciones más adecuadas sino la adopción de normas que sean de fácil introducción en los ordenamientos jurídicos de los miembros de la UE. En este sentido, no hay que olvidar que los destinatarios de la mayoría de las actuaciones jurídicas son los ordenamientos jurídicos internos de los Estados Miembros, que reflejan estructuras administrativas muy diversas, sistemas unitarios y federales y formas distintas de justicia constitucional y de cultura académica[72]. Por ello, el método comparado es utilizado, asimismo, ante el Tribunal de Justicia de la Unión Europea (TJUE) por abogados, la Comisión Europea y por los Abogados Generales en sus conclusiones. Pero incluso sin la existencia de informes de Derecho comparado, la comparación entre ordenamientos jurídicos es inevitable, toda vez que los miembros del Tribunal proceden de 27 Estados diferentes.

Por otro lado, la búsqueda de soluciones comunes tiene una gran importancia a la hora de completar, integrar e interpretar las normas europeas. Por ejemplo, de conformidad con el art. 340 TFUE, en materia de responsabilidad extracontractual, la Unión deberá reparar los daños causados por sus instituciones o sus agentes en el ejercicio de sus funciones, de conformidad con los principios generales comunes a los Derechos de los Estados Miembros. Ello obliga indudablemente a utilizar el método comparado, si bien, cuando no se pueda determinar una solución común, el TJUE deberá aplicar la solución mayoritaria o que considere más oportuna[73].

### 3.3. Derecho comparado y Derecho internacional privado

Estas dos áreas del Derecho parecen del todo ajenas, pero lo cierto es que interactúan. El Derecho internacional privado, o conflicto de leyes, forma parte del Derecho nacional positivo, aunque ni es internacional ni comparativo. Es la parte del ordenamiento jurídico dirigida a determinar la jurisdicción competente en un caso particular con elemento extranjero, cuál entre varios sistemas legales posibles debe aplicarse, así como la efica-

[72] *Ibid.*, p. 446.

[73] K. Gutman, «The Evolution of the Action for Damages against the European Union and Its Place in the System of Judicial Protection», 48 *Common Market Law Review*, 2011, pp. 695-750.

cia extraterritorial de resoluciones judiciales. Por tanto, el Derecho internacional privado es más selectivo que comparativo[74]. De otro lado, el Derecho comparado estudia simultáneamente varios sistemas legales, sin ningún objetivo práctico necesariamente.

No obstante, el Derecho comparado es una herramienta muy útil para el Derecho internacional privado. De hecho, a menudo son tratados como una unidad desde la doctrina jurídica y a veces se estudian en la misma institución, como el Instituto Max Planck para el Derecho Comparado e Internacional Privado en Hamburgo. Hay una razón práctica para ello: las normas de Derecho internacional privado pueden no conducir a la resolución de la controversia según la *lex fori* (Ley del juez), por lo que todo iusprivatista deberá también estudiar el Derecho extranjero. Es cierto que conocer e investigar el Derecho extranjero no implica *per se* trabajar de forma comparada, pero es aconsejable aplicar el método del Derecho comparado durante cualquier análisis en profundidad de un sistema jurídico extranjero para evitar potenciales errores[75].

La interrelación entre el Derecho internacional privado y el Derecho comparado se muestran claramente en el problema clásico de la *calificación* o *caracterización*. Calificar es definir una situación privada internacional en términos jurídicos. Una vez calificada la situación privada internacional, se aplicará la norma de conflicto que corresponda a la naturaleza jurídica que se ha atribuido al supuesto, por ejemplo, «matrimonio», «contrato», etc.[76]. Para resolver este problema se han utilizado varias tesis. Las más clásicas nacieron en el siglo XIX e invitan a calificar según la *lex fori* o la *lex causae* (ley aplicable al fondo del asunto). Sin embargo, según la teoría de Ernst Rabel la calificación debe abordarse a la luz del Derecho comparado, con independencia de la *lex fori*, pues de ese modo pueden designar correctamente la Ley aplicable a los muy distintos y heterogéneos casos internacionales[77]. De esta forma, si en un testamento sujeto al Derecho inglés, se designa a una viuda *annuity owner* (propietaria vitalicia), o bien un tercero es nombrado *trustee* (fiduciario), hay que «traducir» estos términos al lenguaje del sistema legal que rige el destino de la herencia. Para ello, habremos de comparar las instituciones inglesas con el concepto más similar dentro del ordenamiento jurídico sometido a análisis[78].

---

[74] Zweigert y Kötz, *op. cit.*, p. 8.

[75] U. Kischel, *op. cit.*, p. 21.

[76] Zweigert y Kötz, *op. cit.*, p. 8.

[77] *Ibid.*

[78] *Ibid.*

El Derecho comparado también nos proporciona una herramienta para el tratamiento adecuado del concepto de *orden público*[79]. Se trata de una excepción a la aplicación de la ley extranjera competente, a causa de su incompatibilidad manifiesta con aquellos principios y valores que se consideran fundamentales en el ordenamiento jurídico del foro. A este respecto, se deberá comparar el principio de origen extranjero y el equivalente más cercano en el sistema nacional.

Por último, encontramos la cuestión del *reenvío*, es decir, si para tomar decisiones consistentes conviene aplicar las normas de conflicto de una ley extranjera que remite el asunto a un foro. También en este caso la solución más adecuada parece el método comparativo propiciado por Ernst Rabel, quien demostró la oportunidad de descartar los análisis nacionales en un área que se desenvuelve en un plano internacional[80].

### 3.4. DERECHO COMPARADO Y ANÁLISIS ECONÓMICO DEL DERECHO (*LAW & ECONOMICS*)

Una disciplina estrechamente relacionada con el Derecho comparado y que interviene en la creación normativa es el análisis económico del Derecho (*Law and Economics*).

El análisis económico del Derecho utiliza los cánones elaborados por la ciencia económica para evaluar el fenómeno del Derecho. Esta disciplina se originó en los EE. UU. en la década de los sesenta con las obras de Coase[81], Calabresi[82], Becker[83], Buchanan[84], Posner[85] y otros. Aunque la mayor parte de la investigación en este campo ha sido estadounidense o británica, hoy también hay un creciente interés en la disciplina en Europa continental[86]. El método del *Law & Economics* va dirigido a clarificar cómo la Ley

---

[79] *Ibid.*

[80] *Ibid.*

[81] R. Coase, «The Problem of Social Costs», 3 *The Journal of Law and Economics*, 1960, pp. 1-44.

[82] G. Calabresi, «Some Thoughts on Risk Distribution and the Law of Torts», 70 *Yale Law Journal*, 1961, pp. 499-553.

[83] G. S. Becker, «Crime and Punishment. An Economic Approach», 76 *The Journal of Political Economy*, 1968, pp. 169-217.

[84] J. M. Buchanan, *The Limits f Liberty. Between Anarchy and Leviathan*, The University of Chicago Press, 1975.

[85] R. Posner, *Economic Analysis of Law*, Little Brown and Company, 1973.

[86] *Vid.*, *v. gr.*, R. Michaels, «The Second Wave of Comparative Law and Economics?», 59 *University of Toronto Law Journal*, 2009, pp. 197-213; A. N. Hatzis (ed.) *Economic Ana-*

adjudica el uso de recursos escasos y la forma en la que estos influyen en la estructura jurídica[87].

### 3.4.1. *Ideas centrales*

El *Law & Economics* teoriza sobre la oportunidad de extender a la ciencia jurídica postulados de la ciencia económica, bajo la premisa de que los individuos, como seres racionales, reaccionan a incentivos y a desincentivos. El Derecho se contempla, así, más que como conjunto de derechos y obligaciones, como un instrumento para atribuir un precio a las conductas humanas. Desde esta perspectiva, el Derecho tiene la capacidad de incentivar o desincentivar comportamientos individuales en base a la racionalidad humana y a la entidad de premios y sanciones que otorgue[88]. Esta correlación presupone la existencia de un régimen de libre mercado, puesto que solo si se permite el intercambio voluntario, los recursos tienden a gravitar hacia sus usos más provechosos[89].

La noción central para el *Law & Economics* es la búsqueda de la *eficiencia*. En este contexto, el Derecho se entiende como un sistema de incentivos y desincentivos que efectivamente funciona[90]. Mientras que el concepto de justicia tradicionalmente utilizado por el Derecho es arbitrario y subjetivo, el de eficiencia es, en cambio, técnico y universal. En efecto, una situación eficiente es aquella en la que el bienestar es maximizado, esto es, una situación que incrementa el bienestar de un individuo sin disminuir el de otros[91]. De este modo, la referencia del *Law & Economics* es el denominado *homo economicus* o *maximizador racional*, un individuo que siempre sabe cuál entre las alternativas preferirá, cuál descartará y cuál no le afectará de ninguna manera[92].

*lysis of Law: A European Perspective*, Edward Elgar, 2001; T. Eisenberg y G. B. Ramello (ed.), *Comparative Law and Economics*, Edward Elgar Publishing, 2016; U. Mattei, «Efficiency in legal transplants: An essay in comparative law and economics», 14 *International Review of Law and Economics*, 1994, pp. 3-19; S. Ryssdal, *Legal Realism and Economics as Behaviour – A Scandinavian Look at Economic Snalysis of Law*, Oslo, 1995.

[87] G. Skogh, «Law and Economics and the Economics of Legal Regulation», en G. von der Schulenburg and Skogh (eds.), *Law and Economics and the Economics of Legal Regulation*, Kluwer Academic Publishers, 1986, p. 3.

[88] Somma, *op. cit.*, p. 165.

[89] R. Posner, *Economic Analysis of Law*, 8.ª ed., Wolters Kluwer, 2010, p. 29 ss.

[90] Somma, *op. cit.*, p. 166.

[91] U. Mattei, *Comparative Law and Economics*, University of Michigan Press, 1997, p. 3.

[92] Kischel, *op. cit.*, p. 116.

Por otro lado, otra categoría principal para el análisis económico del Derecho son los denominados *costes de transacción*, es decir, aquellos costes que son necesarios para realizar cualquier operación en los mercados[93]. Esta noción describe las pérdidas que asisten a los intercambios entre dos participantes en el mercado, incluidos los costes informativos, de negociación e implementación.

Las llamadas *externalidades* y su *internalización* son, asimismo, categorías importantes para el *Law & Economics*. Las externalidades son los efectos indirectos que se originan cuando varios agentes económicos negocian una solución que tiene sentido para ellos, pero que supone una carga para otros[94].

### 3.4.2. *Ámbito de aplicación*

El análisis económico del Derecho puede tener varias aplicaciones y objetivos. Desde el punto de vista jurídico esta disciplina tiene una función normativa y otra descriptiva[95]. Ciertamente, las teorías y resultados del *Law & Economics* pueden servir como directrices para el legislador y, al mismo tiempo, como modelos explicativos en muchos campos jurídicos. En la actualidad, el análisis económico del Derecho abarca la mayoría de áreas del ordenamiento jurídico, por ejemplo, derechos reales, contratos, responsabilidad civil extracontractual, Derecho procesal, Derecho penal y Derecho administrativo[96].

En el Derecho de la responsabilidad extracontractual, el *Law & Economics* analiza la forma más eficiente de prevenir accidentes. Estudia las normas de responsabilidad y posibles acciones legales desde la perspectiva del beneficio que supone evitar accidentes o daños y los costes de prevención y considera la compensación a las víctimas tratando de internalizar los costes de accidentes e incentivar a potenciales causantes[97]. Entre los temas más relevantes abordados podemos encontrar la responsabilidad por productos, la responsabilidad objetiva y por culpa en los distintos sistemas, los

[93] P. Burrows y C. G. Veljanovski, *The Economic Approach to Law*, Butterworths, 1981, p. 22 ss.

[94] Coase, *op. cit.*, pp. 1-44.

[95] P. Krüger Andersen y R. Nielsen, «Retsøkonomi og retskildelære», *Ugeskrift for Retsvæsen*, 1998, p. 476 ss.

[96] N. Garoupa y T. Ginsburg, «Economic analysis and comparative law», en M. Bussani y U. Mattei (eds.), *The Cambridge Companion to Comparative Law*, Cambridge University Press, 2015, pp. 57-72.

[97] Ginsburg, *op. cit.*, p. 59.

daños puramente económicos o la relación entre la responsabilidad extracontractual como mecanismo disuasorio y el ordenamiento jurídico[98]. Por otro lado, en el Derecho de contratos, el análisis económico del Derecho va dirigido a que las partes realicen intercambios mutuamente beneficiosos que sean eficientes por naturaleza. Los contratos tienen lugar para reforzar la realización de intercambios, pero la información puede ser asimétrica o imperfecta y es posible que en algún momento los beneficios no justifiquen los costes sociales de la ejecución, planteando la oportunidad de un incumplimiento. A este respecto, el *Law & Economics* estudia, entre otros asuntos, en qué medida las acciones por incumplimiento inducen a un incumplimiento óptimo, en particular, centrándose en la diferencia entre la ejecución específica, típica de los sistemas continentales y la indemnización por daños y perjuicios, más propia del *common law*[99].

### 3.4.3. Law & Economics *comparado*

La noción de «*Law & Economics comparado*» es una expresión que se originó en la doctrina europea hace ya un par de décadas[100]. Se refiere principalmente a la aplicación de las ideas fundamentales del análisis económico del Derecho dentro del Derecho comparado[101]. En otras palabras, intenta introducir la *eficiencia* como categoría básica en el Derecho comparado[102].

Un ejemplo sería comparar los sistemas jurídicos con respecto a su eficiencia, determinar, por ejemplo, si el Derecho medioambiental estadounidense o noruego es más eficiente. La eficiencia se convierte, por tanto, en el tercer elemento en discordia de la comparación[103]. Para ello, Mattei[104] propone la construcción de una norma ficticia que resolvería de manera más eficiente el problema particular objeto de examen. En un segundo paso, este modelo se compara con la realidad de varios sistemas jurídicos, siendo la eficiencia el criterio de comparación. A continuación, un tercer paso im-

---

[98] *Ibid.*

[99] *Ibid.*

[100] U. Mattei, «Efficiency in Legal Transplants: An Essay in Comparative Law and Economics», 14 *International Review of Law and Economics*, 1994, pp. 13-19; G. de Geest y R. van den Bergh (eds.), *Comparative Law and Economics*, Edward Elgar, 2004.

[101] G. B. Ramello, «The Past, Present and Future of Comparative Law and Economics», en Eisenberg y Ramello (eds.), *op. cit.*, p. 3.

[102] Kischel, *op. cit.*, p. 117.

[103] *Ibid.*

[104] Mattei, *op. cit.*, p. 3.

plica la búsqueda de las razones por las que los ordenamientos se desvían del modelo, es decir, por qué ha elegido una regla que no es óptimamente eficiente, como suele ser el caso[105]. Finalmente, el análisis puede complementarse con propuestas de reforma. Ello implica sugerencias para cambiar las condiciones generales, en particular, los costes de transacción, con vistas a la introducción del modelo más eficaz, a menos que existan buenas razones por las que esto no se haya hecho aún. Por consiguiente, un ámbito de actividad particularmente importante en el análisis económico del Derecho es la reforma normativa y los trasplantes legales[106], donde los ordenamientos son vistos como un mercado en el que las posibles soluciones jurídicas compiten entre sí. El objetivo es la adopción de la solución más eficiente, y la eficiencia también determina cuándo un trasplante legal es oportuno y cuando no[107].

Estos son argumentos a tener en cuenta por el legislador a la hora de regular las nuevas tecnologías digitales, aunque se trata de un campo en el que apenas existe normativa que comparar.

### 3.4.4. *Posturas críticas en torno al análisis económico del Derecho*

Las críticas en contra de la incursión de la economía en el ámbito jurídico siempre han sido frecuentes. La verdad es que, a pesar de su lógica, la teoría económica subyacente es cambiante y, ante la creciente evidencia empírica de que los individuos a menudo no responden al paradigma del *homo economicus*, se cuestiona la oportunidad de construir modelos basados en suposiciones que no reflejan la realidad[108]. Parte de la doctrina apuesta por revisitar algunos postulados y teorías, y la vez, descartar otras[109]. Después de todo, todavía se puede afirmar que la teoría de la elección racional, aunque imperfecta, ofrece perspectivas atractivas en muchas situaciones, y constituye una herramienta de apoyo para el legislador en la tarea de reformar la normativa en ámbitos dispares, como el medio ambiente, el Derecho de la competencia o, más recientemente, en el ámbito de las tecnologías digitales.

---

[105] *Ibid.*

[106] *Ibid.*

[107] Mattei (1997), *op. cit.*, pp. 144 ss.

[108] Somma, *op. cit.*, p. 167.

[109] R. Pardolesi y M. Granier, «El Futuro de los Profesores de Derecho y el Derecho Comparado», 49 *Revista ius et veritas*, diciembre 2014, pp. 16-39, p. 27.

En definitiva, aun tomándolo con cautela, el análisis económico del Derecho puede ofrecer una serie de modelos del mundo real y así contribuir a hacer del Derecho comparado un laboratorio más útil para el legislador. La concreción de su aplicación al ámbito de las tecnologías digitales es desarrollada con más detalle en el apartado 4.1.

### 3.5. Derecho comparado y Sociología jurídica

Algunos juristas indican la similitud entre el Derecho comparado y la Sociología jurídica[110]. Existen, desde luego, numerosos puntos de contacto y algunos ámbitos comunes entre las dos disciplinas. Al igual que la Sociología, el Derecho comparado va encaminado a establecer hasta dónde y de qué forma el Derecho condiciona el comportamiento de los hombres y la consideración que estos dan al Derecho como factor del orden social[111]. En sociedades donde el Derecho es respetado y es esencial en la regulación de las relaciones sociales en su conjunto, se tiende a subsumir el Derecho en el Derecho positivo. Sin embargo, esta simplificación ignora, tal como apunta David[112], la dualidad que existió durante siglos en esas sociedades, entre el Derecho que se enseñaba en las universidades y las normas jurídicas aplicadas por jueces y tribunales.

Ciertamente, el estudio de un sistema de Derecho extranjero ha de partir de la premisa de que el ordenamiento jurídico, tal y como aparece en sus fuentes formales, no es el único factor que sirve para regular las relaciones sociales[113]. El Derecho positivo, según el país, puede tener solamente una función complementaria, siendo otros principios los que están llamados a regular las relaciones sociales. David[114] pone como ejemplos las normas de *giri* en el Derecho japonés, las *fombas* en Madagascar, los arbitrajes de alguna autoridad religiosa o comunitaria en determinados ámbitos, o incluso la presión de la opinión pública o el control de una autoridad política fuerte, que pueden convertir el Derecho «en una apariencia, en una simple fachada de la cual la vida social se encuentra más o menos disociada»[115].

---

110 David, *op. cit.*, p. 8.

111 Zweigert y Kötz, *op. cit.*, p. 12.

112 David, *op. cit.*, p. 8.

113 M. Siems, «The Power of Comparative Law: What Types of Units Can Comparative Law Compare?», 67 *American Journal of Comparative Law*, 2019, pp. 861-888, p. 869.

114 David, *op. cit.*, p. 9.

115 *Ibid.*

La mencionada disociación también tiene lugar en algunos países donde el Derecho es respetado, pero se conceptúa como un ideal inaccesible, como es el caso de numerosos países pertenecientes al Derecho musulmán[116]. Al contrario, en países del Lejano Oriente, los buenos ciudadanos resuelven sus litigios mediante procedimientos de conciliación, ya que acudir a jueces y tribunales e invocar el Derecho se considera tradicionalmente como vergonzoso[117]. Sin olvidar que, en las sociedades occidentales, el Derecho tampoco abarca toda la realidad de la vida social: no se persiguen todas las infracciones penales, no se ataja todo el fraude fiscal, etc.

Existen numerosas prácticas administrativas, comerciales y profesionales, a la vez que factores de orden religioso, político y social que influyen sobre el modo de actuar de los individuos. En consecuencia, analizar solamente el texto de la norma puede conducirnos a una conclusión errónea sobre la regulación de las relaciones sociales y del papel del Derecho en la realidad de un territorio. Por ello, se subraya que el análisis comparado debería abarcar tanto los elementos jurídicos como no jurídicos de un país[118].

La Sociología jurídica va dirigida a estudiar las relaciones entre el Derecho y la sociedad. De igual forma, busca establecer un modelo que explique las circunstancias en las que el Derecho condiciona la conducta humana y la influencia que recibe el Derecho del cambio social, sea dicha influencia de tipo político, económico, psicológico o demográfico[119]. Se trata de un área en la que resulta muy difícil elaborar teorías; sin embargo, si se plantea desde una visión comparada, incluyendo datos de otros países y culturas, estas pueden ser mucho más convincentes[120].

De otro lado, el método comparado funcional tiene naturalmente en cuenta la realidad social, pero rara vez adopta los métodos de investigación social empírica. La cuestión de cuánto puede o debe aprender el Derecho comparado de la Sociología jurídica está todavía por explorar[121], a pesar de que el estudio de la relación entre el Derecho y la sociedad difícilmente es posible sin una perspectiva comparada e histórica[122].

---

116 *Ibid.*

117 *Ibid.*

118 Siems, op. cit, p. 869.

119 Kischel, *op. cit.*, p. 15.

120 *Ibid.*, David, *op. cit.*, p. 9.

121 Kischel, *op. cit.*, p. 17.

122 A. Watson, «Legal Change. Sources of Law and Legal Culture», 131 *University of Pennsylvania Law Review*, 1983, p. 1121 ss.

## 3.6. Derecho comparado e Historia del Derecho. Etnología y antropología jurídicas

### 3.6.1. *Historia del Derecho*

Se sostiene comúnmente que existe una estrecha y compleja relación entre el Derecho comparado y la Historia del Derecho[123]. En principio, el Derecho comparado va dirigido al estudio de sistemas jurídicos que coexisten en el espacio, mientras que la Historia del Derecho se ocupa de sistemas consecutivos en el tiempo[124]. Sin embargo, la Historia del Derecho implica un elemento comparativo: el historiador del Derecho no puede ignorar la influencia y diversos presupuestos del sistema moderno desde el que parte su análisis, ya sea consciente o inconscientemente. Por otra parte, para el comparatista, la Historia del Derecho aporta una herramienta para entender cómo y por qué se han originado diferentes soluciones jurídicas, junto al estudio del contexto cultural, social y económico del Derecho[125]. Watson relacionó este aspecto con el concepto de *cultura jurídica*, que a menudo se considera fundamental en el Derecho comparado y que está anclada en la tradición histórica[126]. Así, hizo hincapié en la influencia primordial de la cultura jurídica en todas las reformas legislativas, especialmente en las que son el resultado de trasplantes legales. No obstante, el propio autor subrayó que, a pesar de las apariencias, Derecho comparado e Historia del Derecho son disciplinas distintas[127].

### 3.6.2. *Etnología jurídica*

La Etnología jurídica es una rama de la etnología, definida inicialmente como la ciencia que se ocupa de la cultura de las tribus nativas, llamadas tribus «primitivas», en la que la etnología jurídica estudia su Derecho.

En sus inicios, la etnología del Derecho se basaba en una idea específica, inspirada en los trabajos de Augusto Comte, la dialéctica histórica de Hegel y las teorías de Bastian, según la cual la humanidad traza la misma ruta de desarrollo, con independencia de factores como la raza o la situación

[123] Zweigert y Kötz, *op. cit.*, p. 10.
[124] *Ibid.*
[125] Siems, *op. cit.*, p. 866.
[126] Watson, *op. cit.*, p. 1152 ss.
[127] *Ibid.*

geográfica[128]. Ello incluía también el Derecho, que supuestamente procedió de una manera más o menos similar en todos los pueblos. En consecuencia, los estudiosos se concentraron en los denominados sistemas jurídicos «primitivos» y, a partir de las prácticas jurídicas de estos pueblos, establecieron conclusiones sobre las condiciones que posiblemente regían en la época de la que no conservamos documentos legales o de cualquier otro tipo en sistemas jurídicos que hoy presentan un elevado nivel de desarrollo[129].

El postulado originario de los estudios etnológicos, esto es, que todos los pueblos se desarrollan de manera paralela a partir de una condición original común, ha sido refutado por parte de la doctrina, señalando la originalidad histórica de cualquier desarrollo cultural de los grupos humanos en cualquier lugar del mundo[130]. Por otra parte, las premisas de las que parte han sido criticadas por estar construidas sobre sentimientos de superioridad y dominación de las potencias coloniales. De esta forma, términos como «pueblos primitivos» han sido denunciados como discriminatorios y políticamente incorrectos[131].

Actualmente, la Etnología jurídica se concibe en términos generales como una ciencia social que estudia sistemas jurídicos complejos y sus interacciones mutuas. Concentra sus esfuerzos en el desarrollo histórico, así como en la forma actual e importancia de las leyes tradicionales o consuetudinarias locales anteriormente arraigadas en afiliación étnica[132]. De esta forma, la Etnología jurídica es hoy una rama especial de la Sociología del Derecho que gravita en torno a los elementos étnicos y los procesos históricos. Este nuevo enfoque se refleja en las aplicaciones concretas de la Etnología jurídica, por ejemplo, la solución alternativa de controversias, la organización de sociedades multiculturales, o las políticas de desarrollo[133].

Dicho esto, la calificación de la Etnología jurídica como parte del Derecho comparado moderno debe hacerse con precaución y enfocarse en dos aspectos concretos[134]: en primer lugar, en tanto que rama de la Sociología, participa de la interrelación entre la Sociología del Derecho y el Derecho comparado. En segundo lugar, todavía persisten conexiones entre el enfoque clásico de la Etnología jurídica y el Derecho comparado, ya que este

[128] Zweigert y Kötz, *op. cit.*, p. 10.
[129] *Ibid.*
[130] *Ibid.*
[131] Kischel, *op. cit.*, p. 18.
[132] *Ibid.*
[133] *Ibid.*
[134] *Ibid.*

último también incluye el Derecho de los pueblos indígenas. En este tema, el investigador jurídico depende de forma general de estudios etnográficos anteriores, de la misma manera que el etnólogo debe buscar orientación en el Derecho comparado para fijar un concepto de lo jurídico. En cualquier caso, cabe mencionar que las comparaciones sistemáticas son raras en la Etnología del Derecho como tal[135].

### 3.6.3. *Antropología jurídica*

La Antropología jurídica es una disciplina de la antropología cultural o social que aplica los conceptos de la antropología cultural al estudio del Derecho. Se centra en los sistemas normativos de control social que conforman cualquier sociedad, en particular en el sistema jurídico, así como los objetivos y funciones que tiene el Derecho en la satisfacción de las necesidades humanas y sus aspiraciones sociales. El Derecho es consecuencia del conflicto humano y, por ello, la Antropología jurídica estudia lo jurídico desde la dimensión conflictiva del hombre en su relación con otros[136].

Uno de sus principales campos de estudio es la observación de la acción y elección humanas, pero en su vertiente jurídica. Es decir, aborda el comportamiento humano regulado en una sociedad determinada[137]. En este sentido, la Antropología jurídica y la Sociología del Derecho se complementan, siendo la primera el origen de la segunda[138].

Partiendo de que toda norma jurídica es formulada por el hombre, según Krotz[139], existen tres áreas específicas dentro de la Antropología jurídica: (i) conflictos y luchas; (ii) el Derecho como mecanismo de control social y (iii) el Derecho y la ideología. Esta división refleja el modo de operar de la antropología en general: empieza con el estudio de los conflictos y termina con el estudio de la ideología[140].

La Antropología jurídica trata de cuestionar la idea iuspositivista de que el Estado es la única fuente de producción normativa y así demostrar que hay espacio para el pluralismo jurídico. En este aspecto, coincide con el Derecho

---

[135] *Ibid.*

[136] P. Rocamora García-Valls, «El concepto de Derecho desde la Antropología Jurídica», 11 *Anales de la real Academia de Doctores de España*, 2007, pp. 177-196, p. 189.

[137] *Ibid.*

[138] *Ibid.*

[139] E. Krotz, «Antropología y derecho», 25 México Indígena, 1988, pp. 6-14, pp. 8-11.

[140] L. Kosbaek, «La antropología y el estudio de la ley», 9(1) *CIENCIA Ergo Sum*, 2002, pp. 50-61, p. 55.

comparado, la Historia y la Sociología[141]. Ulteriormente, su objetivo principal es encontrar las posibles conexiones entre las relaciones humanas para mejorar la convivencia, si bien se ha criticado que prioridades y tareas no están del todo claras. Ello, unido a las divergencias terminológicas utilizadas por la doctrina (Etnología jurídica, Antropología social, etc.) limitan el papel de la Antropología jurídica dentro del Derecho comparado[142].

## 3.7. Otras disciplinas relacionadas. La traducción jurídica

En la búsqueda de lo universal, de ir más allá de la perspectiva estrictamente jurídica y doctrinal de las áreas tradicionales del Derecho, además de las disciplinas anteriormente mencionadas, el Derecho comparado también se relaciona con otras materias como la Filosofía del Derecho, la Ciencia Política comparada, la literatura y estudios culturales o la traducción jurídica.

### 3.7.1. *La Filosofía del Derecho*

La Filosofía de Derecho, por ejemplo, se nutre de los estudios comparados que recogen distintos conceptos de justicia y de normas. Ello permite al jurista traspasar las limitaciones de su propio ordenamiento y completar y ampliar los horizontes jurídicos, y filosófico-jurídicos[143].

### 3.7.2. *La Ciencia Política comparada*

La Ciencia Política comparada no se ha interrelacionado apenas con el Derecho comparado, salvando acaso el Derecho constitucional o el Derecho administrativo. Sin embargo, unos pocos autores, bien por influencia de la teoría jurídica norteamericana o con una fuerte vocación interdisciplinar, han cuestionado la existencia de una estricta demarcación entre el Derecho y la Ciencia Política. Estos autores no solo se esfuerzan por vincular el Derecho comparado con los métodos de las ciencias sociales, sino incluso en transformar el Derecho comparado en algo más parecido a las ciencias sociales[144].

---

141 Somma, *op. cit.*, p. 36.
142 Kischel, *op. cit.*, p. 20.
143 Morán, *op. cit.*, p. 510.
144 Kischel, *op. cit.*, p. 24.

### 3.7.3. *Literatura y estudios culturales*

La literatura y los estudios culturales tradicionalmente no han ocupado un lugar destacado en el Derecho comparado. Sin embargo, en la hermenéutica y el Derecho comparado posmoderno se atisba una mayor apertura a tales estudios. Por ejemplo, se apunta a que literatura y cine son, en particular, una fuente de inspiración para los comparatistas[145].

### 3.7.4. *La traducción jurídica*

Como ya se apuntó en el Capítulo 2, la diversidad lingüística es uno de los grandes obstáculos que ha de sortear el comparatista. Por ello, no podemos olvidar la importancia de la traducción jurídica en la actividad comparativa. Sin traducciones no es posible hacer Derecho comparado.

Las dificultades a la hora de traducir residen en las diferencias entre culturas jurídicas, lo que complica la comparación de términos en diferentes idiomas. En efecto, términos lingüísticamente equivalentes rara vez son idénticos. Este escollo es una característica bien conocida en el campo de la traducción, pero se manifiesta con especial virulencia en el ámbito jurídico. El problema se produce incluso al comparar diferentes sistemas jurídicos que utilizan el mismo idioma. Por ejemplo, los notarios desempeñan distintas funciones en España y México, de la misma forma que no todos los juristas hispanoparlantes conocen los distintos significados del término «casación» en los distintos países de habla hispana[146]. En consecuencia, el comparatista también ha de prestar especial atención a los matices legales y lingüísticos entre países.

En efecto, la traducción debe transmitir no solo el significado lingüístico, sino también el jurídico. Así, en el art. 1.583 del Código Civil francés el término *vente* conlleva la transmisión consensual del dominio. Por el contrario, en el ordenamiento jurídico español, la venta no es suficiente para transmitir la propiedad; independientemente del título causal, se requiere a dicho fin que se produzca la entrega de la cosa en la que recae el derecho, tal como se establece en el art. 609 del Código Civil español. En este caso, el traductor podría optar por ignorar la diferencia, utilizar una circunlocución larga, o tal vez incluso insertar una nota explicativa[147]. La traducción a idiomas culturalmente remotos intensifica aún más el problema. En el lenguaje jurídico chino, por ejemplo, se pueden establecer asociaciones y referencias cruzadas

---

[145] Siems, *op. cit.*, p. 870.

[146] S. I. Strong *et al.*, *Derecho comparado para abogados anglo- e hispanoparlantes*, Edward Elgar Publishing, 2017, p. 11.

[147] Kischel, *op. cit.*, p. 12.

a través de las relaciones y similitudes entre los caracteres utilizados, creando matices de significado que apenas son susceptibles a la traducción[148].

Estos profesionales se enfrentan, por tanto, a tres problemas principales: (i) la traducción de conceptos jurídicos enraizados culturalmente; (ii) la dificultad de trasladar el estilo particular del idioma original que refleja una mentalidad jurídica determinada y (iii) la detección de valores que no se expresan por escrito, pero que son inherentes a una comunidad específica y que influyen en la interpretación de conceptos jurídicos o la integración de lagunas textuales[149].

Un buen traductor jurídico ha de conocer en profundidad los sistemas jurídicos con los que trabaja e, idealmente, ser jurista, preferentemente formado en varios sistemas jurídicos, y con nociones de Derecho comparado. Así lo exige, por ejemplo, el Tribunal de Justicia de la Unión Europea, cuyos traductores han de ser generalmente juristas cualificados[150]. Lógicamente, encontrar un traductor que reúna estos requisitos no es fácil, sobre todo, por motivos económicos. Los diccionarios jurídicos pueden ser una fuente importante de orientación inicial, pero, a menudo, no resuelven el caso concreto, especialmente, si simplemente proporcionan una serie de traducciones sugeridas sin comentarios, obligando al usuario a determinar por sí mismo el significado específico del término en cuestión. El Derecho comparado puede interactuar en el proceso de traducción alertando al traductor de posibles obstáculos, señalando dificultades concretas y planteando una determinada problemática con mayor claridad. Sin embargo, la última palabra sigue estando en manos del traductor[151].

Por otro lado, los comparatistas deben tener en cuenta que las normas y procedimientos jurídicos que se consideran esenciales en un sistema solo pueden tener una función complementaria y prácticamente imperceptible en otra. Aquellos que deseen operar a través de las fronteras lingüísticas deben aprender a contextualizar la comprensión de los términos y prácticas legales extranjeras para evitar errores graves y proporcionar resultados fiables[152].

---

[148] *Ibid.*

[149] B. Pozzo, «The Myth of Equivalence in Legal Translation», en B. Passa and Lucia Morra (eds.), *Translating the DCFR and Drafting the CESL A Pragmatic Perspective*, Sellier European Law Publishers, 2014, p. 28.

[150] O. Łachacz y R. Mańko, «Multilingualism at the Court Of Justice of The European Union: Theoretical and Practical Aspects», 34(47) *Studies in Logic, Grammar and Rhetoric*, 2013, DOI: 10.2478/slgr-2013-0024.

[151] Kischel, *op. cit.*, p. 12.

[152] A. M. López Rodríguez, «Operating across national and linguistic borders», 14(1) *Journal of Private International Law*, 2018, pp. 182-192.

## 4. PROBLEMAS ESPECÍFICOS Y HERRAMIENTAS ESENCIALES A LA HORA DE REGULAR LAS TECNOLOGÍAS DIGITALES

Como ya se ha subrayado, la regulación de las tecnologías digitales ha de tener en cuenta el equilibrio entre protección e innovación, la transnacionalidad y peculiaridades de estas herramientas, así como la idiosincrasia de los ordenamientos jurídicos donde han de operar.

Teniendo en cuenta la velocidad de la innovación tecnológica y la rápida aparición de nuevas aplicaciones, el legislador corre el riesgo de no poder estar al día y terminar creando una maraña de medidas confusas y potencialmente divergentes. Por otro lado, intervenir demasiado pronto en la regulación de nuevas aplicaciones tecnológicas puede ser contraproducente. Por ello, los expertos recomiendan esperar y ver cómo van madurando las nuevas herramientas que surjan y respaldar los esfuerzos autorreguladores de la industria[153]. Además, dada la naturaleza transfronteriza de estas tecnologías, es crucial que la regulación esté lo más alineada posible en los distintos países, empezando por la Unión Europea y de cara a la construcción del Mercado Único Digital[154].

Dentro de las distintas disciplinas que pueden apoyar la actividad normativa, podemos aventurar que el Derecho comparado, el *Law & Economics* y la traducción jurídica están llamadas a ocupar un papel destacado para superar los obstáculos que se presentan en la regulación y autorregulación de las tecnologías digitales emergentes.

### 4.1. Análisis económico del Derecho y tecnologías digitales

Entre muchos otros aspectos, el *Law & Economics* puede jugar un papel especialmente relevante a la hora de encontrar el equilibrio entre innovación y regulación, así como para determinar quién es el *cheapest cost avoider* de los daños producidos por las tecnologías digitales.

#### 4.1.1. *Bases de responsabilidad.* Cheapest cost avoider

El Derecho de daños es uno de los campos donde el *Law & Economics* tiene mayor aplicación. Mientras que para el Derecho la necesidad de com-

[153] Lyons *et al.*, *op. cit.*, p. 34.
[154] *Ibid.*, p. 10.

pensar el daño producido se relaciona con la noción de justicia, en el campo económico, el daño se asocia a la noción de «externalidad negativa», es decir, de una divergencia entre los costos sociales y privados de una actividad, que conduce a una asignación ineficiente de recursos[155]. Según Coase[156], las normas de responsabilidad actúan como incentivos sobre las conductas de las personas, imponiendo (o no) la carga económica de un daño, bien por tener que afrontar una indemnización (el causante), bien por no poder reclamarlo (la víctima). Un sistema eficiente de responsabilidad civil, por lo tanto, es aquel que alinea los incentivos para que la conducta individual, guiada exclusivamente por el propio interés del agente, conduzca a su vez a la mejor situación social posible[157]. No todos los daños son eliminables, puesto que se toleran algunas actividades que producen muchos daños, al estimarse que son generadoras de beneficios superiores[158]. Así pues, una regulación eficiente de la responsabilidad extracontractual intentará encontrar la mejor relación entre costos y beneficios totales, teniendo en cuenta todos los costes (atribuibles al hecho dañoso, los que demanden las medidas de prevención, los que correspondan a la restricción de las actividades implicadas) y todos los beneficios, de todas las partes comprendidas en el campo en análisis, buscándose la alternativa óptima[159]. También hay que considerar los costos marginales, ya que puede existir una acción más diligente que otra (en términos absolutos, es decir, que evite mejor los daños) y, sin embargo, no ser la más económica, o la más diligente (fórmula de Hand)[160]. Esta fórmula se combina con el denominado *cheapest cost avoider* propuesto por Guido Calabresi[161], criterio que sugiere mirar de un modo «institucional» la situación, conjugando las posibles actuaciones de todos los involucrados para determinar a cuál de ellos le hubiera costado menos evitar el daño: esa persona (*cheapest cost avoider*) es la que debe hacerse cargo de los costos del daño[162].

Todas estas consideraciones deben estar presentes, por tanto, a la hora de imputar la responsabilidad del causante con relación a las tecnologías

155 Coase, *op. cit.*

156 *Ibid.*

157 *Ibid.*

158 *Ibid.*

159 *Ibid.*

160 J. Prather Brown, «Toward an Economic Theory of Liability», 2 *Journal of Legal Studies*, 1979, pp. 331-335.

161 G. Calabresi, «Some Thoughts on Risk Distribution and the Law of Torts», 70 *The Yale Law Journal*, 1961, p. 4.

162 *Ibid.*

digitales[163]. Se puede optar por introducir, por ejemplo, la responsabilidad objetiva del operador, junto a un seguro de responsabilidad civil obligatorio, en el caso de tecnologías con potencial de causar daños frecuentes o graves. Sin embargo, desde el punto de vista económico, la responsabilidad objetiva deberá ir acompañada de límites u otras restricciones para contribuir a que el riesgo sea asegurable, un factor que el legislador tendrá que tomar en cuenta a la hora de evaluar los efectos de futuras reformas, ya que los avances tecnológicos pueden verse ralentizados si el riesgo de responsabilidad supone un elemento disuasorio[164]. Por eso, la imputación objetiva ha de ser empleada con cautela[165].

Por otra parte, se puede aplicar de la teoría del *cheapest cost avoider* para determinar quién está en mejor posición para soportar la prueba y a bajo coste. En este sentido, lo más oportuno es apostar por el diseñador del programa y no por la víctima, quien se ve afectada por el contexto de opacidad e interconectividad en el que operan estas tecnologías[166].

#### 4.1.2. *Equilibrio entre innovación y regulación. Los costes de transacción y estructuras de gobernanza*

A la hora de encontrar el equilibrio entre regulación e innovación tecnológica, o entre regulación centralizada y autorregulación, el legislador también puede apoyarse en el análisis económico del Derecho.

En el contexto federal estadounidense de la década de 1970, Kitch[167] desarrolló la *Teoría de la Elección Pública*, que rechaza el argumento tradicional de que la diversidad regulatoria conduce a restricciones del comercio interestatal y que, por lo tanto, dificulta la integración. Según este autor, la competencia entre distintos sistemas jurídicos genera una asignación eficiente de recursos dentro del mercado y lo hace con menor costo que la uniformidad legislativa impuesta por una autoridad central. Por lo tanto, la regulación centralizada «debe ser lo más pequeña posible para maximizar la diversidad de opciones, así como para promover la máxima competencia entre los distintos sistemas sobre sus leyes, prácticas y pro-

---

[163] *Informe sobre responsabilidad, op. cit.*, p. 27.

[164] *Ibid.*

[165] *Ibid.*

[166] Weber, *op. cit.*, p. 312; S. Navas Navarro, «Responsabilidad civil del fabricante y tecnología inteligente», *Diario La Ley*, 18 de diciembre de 2019.

[167] E. Kitch, «Regulation and the American Common Market», en A. D. Tarlock (ed.), *Regulation, Federalism and Interstate Commerce*, 1981, pp. 7-55.

cedimientos»[168]. A largo plazo, este sistema puede favorecer el comercio mucho más que una autoridad centralizada porque otorga a cada ordenamiento mayores incentivos para que adopte normas eficientes tanto para su comercio interno como externo[169].

La teoría de Kitch ha sido posteriormente desarrollada en el denominado *Modelo de Competencia Regulatoria*[170], que aboga por una regulación descentralizada. Este modelo parte de la idea de que el Derecho se puede considerar como un producto y los operadores, consumidores de ese producto. En la medida en que existen diferentes regulaciones, cada regulador se convierte en oferente de una normativa determinada que compite en el «mercado de productos legales», donde los operadores eligen la norma que mejor se adapta a sus necesidades[171]. La existencia de una regulación descentralizada tiene, a este respecto, varias ventajas, entre otras cosas, que permite la diversidad y la competencia[172]. Los operadores pueden someterse a la normativa que mejor se adapte a las características específicas de su transacción, al mismo tiempo que la presión competitiva obliga al legislador a promulgar normas eficaces. En última instancia, esta competencia desembocará en la armonización gradual del marco regulatorio.

La existencia de un mercado regulatorio presupone dos condiciones básicas: la libre circulación de recursos y la ausencia de externalidades transfronterizas[173]. Sin embargo, la competencia entre sistemas regulatorios no siempre es eficiente. En ámbitos en los que están en juego valores de política pública, por ejemplo, la protección de los consumidores, puede ser necesaria una intervención legislativa. De lo contrario, se produce una «carrera hacia el mínimo común denominador», que resulta en una degradación de los estándares de protección, que a la larga eliminan las ventajas

[168] *Ibid.*, p. 12.

[169] *Ibid.*, p. 14.

[170] J. P. Trachtman, «International Regulatory Competition, Externalization and Jurisdiction», 34 *Harvard International Law Journal*, 1993, pp. 47-104.; W. Bratton *et al.*, *Regulatory Competition and Coordination: Strategies and Debates of Economic Regulation in Europe and in the USA*, 1997; F. Garcimartín Alférez, «Regulatory Competition: A Private International Law Approach», 8 *European Journal of Law and Economics*, 1999, pp. 251-270.

[171] R. Romano, «Law as a Product: Some Pieces of the Incorporated Puzzle», 1 *Journal of Law, Economics and Organization*, 1985, pp. 225-283; R. Sacco, «Il Sistema di Diritto Privato Europeo: Le Premese per un Codice Europeo», en L. Moccia, *Il Diritto Privato Europeo: Problemi e Prospettive*, Guiffrè, 1993, p. 87 ss.

[172] Garcimartín Alférez, *op. cit.*, pp. 258-259.

[173] *Ibid.*

competitivas[174]. Por lo tanto, la competencia regulatoria solo es viable respecto de normas que facilitan el uso de la autonomía de las partes y la libertad de mercado[175]. Es aquí donde los operadores pueden presionar al legislador para que regule de manera eficiente, ya que de lo contrario, someterán sus transacciones a otras normas.

El legislador puede, por tanto, servirse de este modelo para no interferir antes de tiempo en el desarrollo tecnológico adoptando una regulación ineficiente. La teoría económica sugiere en este caso permanecer alerta y apoyar la autorregulación siempre que el respeto a la legalidad lo permita para, llegado el momento, adoptar una normativa que responda a las necesidades de la práctica y contenga un nivel adecuado de protección de los consumidores y de los derechos de los ciudadanos.

Ciertamente, los propios operadores económicos ya están canalizando situaciones de ineficiencia del mercado a través de las nuevas tecnologías y de su autorregulación. Para el análisis económico del Derecho, las instituciones jurídicas y su evolución han surgido para economizar los costes de transacción, entendidos como todos aquellos costes que impiden o reducen las posibilidades de transacciones fluidas[176]. En este contexto, un sistema normativo eficiente es aquel que elimina los costes de transacción en la medida que controla los comportamientos oportunistas[177].

Desde una perspectiva *neoinstitucionalista*, las transacciones pueden clasificarse en: (i) no específicas; (ii) ocasionales de carácter mixto y altamente específico, y (iii) transacciones frecuentes de carácter mixto y altamente específico[178]. En el caso de transacciones no específicas, como puede ser una compraventa de mercaderías genéricas, el mercado es la forma más eficiente de gobernanza[179]. Por el contrario, las transacciones ocasionales de carácter mixto y altamente específico, como pueden ser grandes proyectos industriales o tecnológicos, dependen de otras formas de gobernanza además del mercado, ya que el carácter ocasional de la transacción no permite amortizar los costes de estructuras de gestión como acuerdos de cooperación, fusio-

---

[174] N. Reich, «Competition between legal orders: A New Paradigm of EC Law?, *Common Market Law Review*, 1992, pp. 861-868.

[175] S. Grundmann, «The Structure of European Contract Law», 4 *European Review of Private Law*, 2001, pp. 505-528, p. 515.

[176] Burrows y Veljanovski, *op. cit.*, p. 22 ss.

[177] En la teoría económica, un comportamiento oportunista se define como «el esfuerzo por materializar una ganancia individual sin que la transacción se lleve a cabo con franqueza u honestidad», *ibid.*, p. 24.

[178] O. E. Williamson, «Contract analysis: The Transaction Costs Approach», en P. Burrows and Vejlanovski, *op. cit.*, p. 39 ss, p. 50.

[179] *Ibid.*, p. 51.

nes, etc.[180], como ocurre en las transacciones frecuentes de carácter mixto y altamente específico[181]. Así pues, una gran mayoría de transacciones tiene lugar sin necesidad de la asistencia de mecanismos externos de reducción de costes de transacción, como puede ser la normativa contractual.

Los *smart contracts* son un buen ejemplo de aplicación tecnológica que garantiza la cooperación entre dos o más partes de una transacción, sin apoyarse en ningún trasfondo jurídico o social común que garantice la ejecución del contrato. En este sentido, si se tienen en cuenta las posibles ganancias y pérdidas de eficiencia derivadas de la contratación en entornos sin confianza, la teoría económica apuesta por los contratos inteligentes frente a otros métodos de gobernanza[182]. En verdad, por sus características de inmutabilidad, autoejecutabilidad, anonimidad, etc. los contratos inteligentes pueden proporcionar suficientes salvaguardias en entornos sin confianza, siempre que los desarrolladores logren replicar las características del derecho contractual en código de programación y con el mecanismo de consenso de *blockchain*[183]. De esta forma, la intervención del legislador quedaría reducida a implementar medidas o procedimientos de seguridad cuando sea necesario, teniendo en cuenta que esta tecnología puede operar sin una autoridad central, ya sean registros centrales, tribunales, bancos, etc. La intervención regulatoria debería ir orientada, así, a garantizar la permanencia de medidas de seguridad como, por ejemplo: (i) normas imperativas que subsanen las deficiencias del mercado; (ii) mecanismos de protección, incluyendo a los consumidores, inversores, y protección de la competencia en el mercado; (iii) medidas para mantener determinadas actividades dentro de los límites socialmente permitidos (límites a la financiación del terrorismo o al blanqueo de capitales); (iv) respuestas a las necesidades sociales, ubicación de los activos importantes para su embargo, etc.[184].

En todo lo demás, la regulación sería innecesaria e incluso contraproducente, ya que estas tecnologías pueden perfectamente operar como una especie de Derecho y de forma más eficiente. El legislador podría, por tanto, inspirarse en la teoría económica y limitar su intervención a aquello que fuera estrictamente necesario.

---

[180] *Ibid.*, p. 52.

[181] *Ibid.*

[182] H. Eenmaa-Dimitrieva, M. J. Schmidt-Kessen, «Creating markets in no-trust environments: The law and economics of smart contracts», *Computer Law & Security Review: The International Journal of Technology Law and Practice*, 2018, https://doi.org/10.1016/j.clsr.2018.09.003.

[183] *Ibid.*

[184] *Ibid.*, pp. 19-20.

### 4.2. Traducción y automatización de la arquitectura jurídica

Tanto para el legislador que decide intervenir desde dentro para controlar y regular la industria, como para los desarrolladores de la *Legaltech*, la lingüística y la traducción jurídica son aspectos esenciales a tener en cuenta. El principal enigma aquí es si el Derecho es una fórmula matemática lista para ser transpuesta a un algoritmo o si, por el contrario, se trata de un sistema incapaz de ser reducido a un algoritmo por la importancia de sus métodos de interpretación y la necesidad de tener en cuenta las circunstancias para aplicarse a cada caso específico.

La mayoría de los nuevos avances tecnológicos en el ámbito de la IA se basan en métodos de procesamiento del lenguaje natural, como por ejemplo *Siri*, *Alexa* o *Cortana*. Este procesamiento es esencial para el avance de la IA en el ámbito jurídico, tanto en el desarrollo de aplicaciones de *Legaltech*, como para la creación de sistemas que ayuden a la población a entender el Derecho en mayor medida. A este respecto, el procesamiento del lenguaje natural se define como «la capacidad de un programa informático para entender lenguaje hablado y escrito y es un componente de la Inteligencia Artificial»[185].

IBM ha afirmado que este método también puede emplearse para documentos legales, lo que traerá consigo un cambio en la forma de búsqueda de información jurídica, haciéndola más eficiente e intuitiva, y para crear y desarrollar otras aplicaciones de *Legaltech*.

Ya estamos siendo testigos de importantes avances respecto al procesamiento del lenguaje «normal», pero el verdadero reto lo encontramos en el procesamiento del lenguaje jurídico, donde priman los términos precisos, la importancia del contexto y de las excepciones[186]. Se trata, además, de un lenguaje complejo que tiende a incluir frases subordinadas y largas, latinazgos, términos técnicos y arcaísmos. Para empeorar las cosas, la práctica jurídica a veces emplea un lenguaje «astuto», donde la complejidad está expresamente diseñada para ocultar el verdadero significado, o un lenguaje «vago» en el que por razones de conveniencia las partes son conscientes de la ambigüedad de una disposición y esperan utilizarla a su favor, dado el momento[187].

---

[185] J. Bouaziz *et al.*, «How artificial Intelligence can improve our understanding of the genes associated with endometriosis: Natural language processing of the PubMed database», *Hindawi BioMed Research International*, 2018. Article ID 6217812, p. 2.

[186] D. Dervanovic, «I, Inhuman Lawyer: Developing Artificial Intelligence in the Legal Profession», en M. Corrales, M. Fenwick y N. Forgó (eds.), *Robotics, AI and the Future of Law*, Springer, 2018, pp. 209-234, p. 215.

[187] *Ibid.*

Por otra parte, el Derecho contiene nociones como el principio de buena fe, la razonabilidad, el buen padre de familia, etc., que se basan en el ejercicio de la razón, la conciencia y la discreción del adjudicador en un momento posterior. Estas nociones no se pueden codificar fácilmente en lenguaje binario porque su significado no es capaz de expresarse exhaustivamente como una cuestión de lógica[188]. Un intento de hacerlo crearía el riesgo de divergencia expresado en lenguaje natural entre el significado de la disposición original y su expresión en código informático[189]. De ello se deduce que, al menos por el momento, muchas herramientas de la *Legaltech* deberán incorporar términos de lenguaje natural y codificado. Esta duplicación conlleva el riesgo de discrepancias, donde el contenido y las acciones que realice el código pueden no coincidir con el significado jurídico en lenguaje natural. En cierto sentido, una aplicación que incluye disposiciones en lenguaje natural y en código informático es similar a un texto legal expresado en distintos idiomas y, por ello, el intérprete puede apoyarse en la técnica y métodos de traducción e interpretación de textos legales multilingüísticos, donde el Derecho comparado se erige en pieza fundamental[190].

La teoría de la interpretación incide en que el significado de un instrumento jurídico no depende necesariamente de la interpretación lingüística, sino más bien legal, es decir, de la relación entre las diferentes normas y contextos, y ha de encontrar un equilibrio entre todos los elementos en liza[191]. La Ley contiene ambigüedades y es intrínsecamente vaga, por tanto, la interpretación jurídica puede hacer frente a estas incertidumbres y conducir a un significado claro y seguro de la norma jurídica. Sin embargo, para Kelsen, «La interpretación de la ley [...] no tiene necesariamente que conducir a una sola decisión como la única correcta, sino posiblemente a varias, siendo todas de igual valor»[192]. En este sentido, encontramos varios métodos de interpretación, según se incida en mayor o menor medida en el texto de la norma, pudiendo distinguir entre una interpretación literal[193],

---

188 Carron, *op. cit.*, p. 115.

189 Farrell, *op. cit.*

190 A. Gambaro, «Interpretation of Multilingual Legislative Texts», 11(3) *Electronic Journal of Comparative Law*, 2007, http://www.ejcl.org.

191 J. Husa, «Translating legal language and comparative law», 30 (2) *International Journal for the Semiotics of Law*, 2016, pp. 261-272.

192 H. Kelsen, *Pure Theory of Law* (traducción de Max Knight), Clark: The Lawbook Exchange Ltd., 2009, p. 351.

193 O. W. Holmes, «Theory of Legal Interpretation», 12 (6) *Harvard Law Review*, 1899, pp. 417-420, p. 419.

intencional[194] o dinámica, estando esta última ya próxima al ámbito de la ciencia política[195].

Todo ello está fuertemente relacionado con el hecho de que la interpretación jurídica a menudo trata de leer entre las líneas, es decir, encontrar un significado implícito en un texto legal, mientras que la interpretación lingüística toma el texto con valor nominal y en su totalidad[196]. En definitiva, la interpretación jurídica distingue entre lenguaje y Derecho, entendiendo que el lenguaje es una herramienta utilizada en la expresión del Derecho, pero nada más. En caso contrario, no se necesitarían profesionales capacitados para interpretar o redactar codificaciones y textos legales porque el lingüista también sería capaz de hacerlo[197].

Además de la transnacionalidad intrínseca de la red en la que las tecnologías digitales se desenvuelven, muchas aplicaciones de *Legaltech* van dirigidas a usuarios de distintos sistemas jurídicos. Cada ordenamiento tiene sus propias reglas interpretativas, por lo que la interpretación de los textos jurídicos difiere en gran medida dependiendo de la región o sistema jurídico. A este respecto se subraya que la familia de Derecho continental y el sistema de *common law* difieren en gran medida en la forma de traducir e interpretar textos legales, lo que ha de ser tenido en cuenta por un sistema de IA a la hora de procesarlos y entenderlos. Tal como ha sostenido Legrand, las normas no surgen de las palabras que las expresan, sino de la interpretación que se les dan, que a su vez está influenciada por la cultura (jurídica) respectiva del ordenamiento al que pertenecen[198]. Por tanto, si cada norma jurídica es cultura, entonces la traducción de la redacción de una regla a código informático no significa que el significado específico de la propia regla haya sido transferido, porque ese significado, es decir, el contexto cultural total naturalmente no puede ser transferido junto con el texto. Idealmente, una aplicación óptima habrá de desarrollarse teniendo

---

194 C. Boudreau, M. D. McCubbins, D. B. Rodríguez, «Statutory Interpretation and the Intentional(ists) Stance», 38 *Loyola of Los Angeles Law Review*, 2005, pp. 2.131-2.146, p. 2.131; J. R. Siegel, «The Inexorable Radicalization of Textualism», 158 (1) *University of Pennsylvania Law Review*, 2009, pp. 117-178, p. 123; J. Raz, *Between Authority and Interpretation*, Oxford University Press, 2009, p. 273.

195 P. S. Davies, «Construing Commercial Contracts: No Need for Violence», en M. Freeman, F. Smith (eds.) *Law and Language: Current Legal* Issue Volume 15, Oxford, 2013, pp. 447-448; E. Rubin, «Dynamic Statutory Interpretation in the Administrative State», 2 *Issues in Legal Scholarship*, 2002, p. 1; W. N. Eskridge, Jr., «Dynamic Statutory Interpretation», 135 (6) *University of Pennsylvania Law Review*, 1987, p. 1479.

196 Dervanovic, *op. cit.*, p. 215.

197 *Ibid.*

198 Legrand, *op. cit.*

en cuenta el Derecho comparado, la metodología de la traducción jurídica y la complejidad de discernir entre distintos sistemas jurídicos, capacidades que obviamente no todos los juristas humanos poseen[199]. Todas estas disciplinas pueden, ciertamente, ofrecer una ayuda significativa a los juristas y desarrolladores a la hora de proyectar la cultura jurídica a las nuevas aplicaciones digitales, aunando de esta forma la tecnología con fundamentos construidos, necesaria y firmemente, sobre las raíces históricas y culturales del pensamiento jurídico[200].

### 4.3. Virtualidad de la tecnología digital y normativa aplicable

Las tecnologías digitales están estrechamente relacionadas con Internet y diseñadas para ser omnipresentes y universales. No solo carecen de presencia física; también son intrínsecamente transnacionales. La cadena de bloques y los contratos inteligentes son, por ejemplo, aplicaciones de carácter descentralizado, sus disposiciones existen y se ejecutan simultáneamente en varios lugares, que pueden pertenecer o no a distintos ordenamientos jurídicos. Las transacciones realizadas con esta tecnología se encuentran en todas partes y en ninguna parte. Ni siquiera hay un servidor central que pueda ser utilizado como referencia para establecer la ubicación de los datos. Un ejemplo curioso lo constituye el denominado *Plantoid*, un DAO completamente autónomo que se reproduce a sí mismo. Se trata de un robot u organismo sintético programado para actuar y crecer como una planta. Si un usuario aprecia las cualidades artísticas de *Plantoid*, puede enviar una donación en *bitcoin* directamente a una cartera digital propiedad de *Plantoid* en sí mismo. Una vez que el *Plantoid* ha recaudado fondos suficientes, el *Plantoid* oferta, selecciona y encarga a un artista la creación de un nuevo *Plantoid*[201]. Ello plantea una serie de cuestiones, tales como[202]: (i) el tribunal competente en caso de controversia; (ii) la ubicación del contrato inteligente a efectos de determinar la normativa aplicable o la tributación; (iii) la ubicación de la propiedad que se transmite mediante el contrato, ya sean criptomonedas, valores u otros

[199] Dervanovic, *op. cit.*, p. 216.

[200] Hay incluso trabajos que apuestan por proyectar la lógica de la glosa al código informático, *vid.* A. Errera, «Entre razón y derecho: el papel de la lógica en la ciencia jurídica. De la glosa al computador», *Revista de Derecho Privado*, n.º 38, 2020, pp. 17-47.

[201] *I'm a Plantoid: A Blockchain-Based Life Form*: http://okhaos.com/plantoids.

[202] Farrell, *op. cit.*, p. 10.

activos registrados en una cadena de bloques[203]. En la cadena de bloques no hay jerarquía entre los diferentes registros. Son todos iguales y están sincronizados[204]. En consecuencia, no se puede rastrear una «cadena de títulos» de las que un derecho trae causa; (iv) cuestiones legales relacionadas con la privacidad, la protección de datos, el blanqueo de dinero, etc.

En ausencia de una regulación uniforme a nivel internacional, muchas de estas cuestiones han de remitirse al Derecho internacional privado. El problema es que el enfoque tradicional utilizado para conectar una situación jurídica con un ordenamiento jurídico va encaminado a determinar la sede de la relación jurídica[205]. En el caso de los *smart contracts*, cuando estos existen solamente en forma de código informático, no es posible hacer referencia a un contrato subyacente fuera de la red que permita fijar la competencia judicial o la ley aplicable; muchas veces, no será ni siquiera posible identificar al demandado. Otras veces, el contrato inteligente es creado espontáneamente por agentes electrónicos, lo que suscita dudas acerca del papel como intermediario de estos códigos[206]. Por otro lado, si entramos en el ámbito de la responsabilidad extracontractual, donde la autonomía de la voluntad es limitada, los factores normalmente utilizados para establecer el foro o la ley aplicable suelen ser la residencia habitual o domicilio de la víctima, la sede del profesional, el lugar donde ha ocurrido el daño, etc. En definitiva, factores de carácter territorial que no son fácilmente determinables en la red.

La doctrina iusprivatista ha adelantado distintas soluciones[207] para salvar la ausencia de ubicación física de estas herramientas tecnológicas, lo que supone un reto considerable teniendo en cuenta la concepción tradicional del Derecho internacional privado como disciplina que regula los conflictos de leyes en el espacio y siempre con relación a un país o países determinados. A este respecto, aunque parte de la doctrina no considera necesaria la adopción de normas de conflicto específicas para regular las

---

[203] *Ibid.*

[204] B. Arruñada, «Limitaciones del *blockchain* en contratación y propiedad», *Instituto de Estudios Financieros*, número 28, marzo 2019.

[205] F. K. von Savigny, *System des heutigen römischen Rechts*, Vol. 8, Berlín 1849.

[206] F. Guillaume, «Aspects of private international law related to blockchain transactions», en D. Kraus, T. Obrist y O. Hari (eds.), *Blockchains, Smart Contracts, Decentralised Autonomous Organisations and the Law*, Edward Elgar Publishing, 2019, pp. 49-82.

[207] *Ibid.*, A. Zimmermann, «Blockchain-Netzwerke und Internationales Privatrecht – oder: der Sitz dezentraler Rechtsverhältnisse», *IPRax* 2018, pp. 566-573; F. Guillaume, *op. cit.*; A. Ortega Giménez, *Smart contracts y Derecho internacional privado*, Aranzadi, Navarra, 2019; R. Ruiz Rodríguez, «Las criptodivisas como medio de pago y el Derecho internacional privado», 12(2) *Cuadernos de Derecho Transnacional*, octubre 2020, pp. 740-757.

tecnologías digitales[208], algunos sugieren que la solución puede estar en la incipiente *Lex Cryptographia* y en la resolución de conflictos en línea[209]. Por otro lado, también se ha apuntado a la necesidad de adoptar normas de conflicto especiales que regulen la relación entre la *Lex Cryptographia* y la legislación nacional[210]. Asimismo se ha subrayado la oportunidad de que, en el futuro, las autoridades internacionales lleguen a un consenso y procedan a una modificación del marco normativo que unifique el tratamiento legal de las mismas[211]. Se necesita un enfoque uniforme en todas las jurisdicciones que busque aprovechar los beneficios de eficiencia, rapidez y rendimiento que proporcionan estas tecnologías, a la vez que proporciona seguridad, protección y certeza. En este sentido, la aportación del Derecho comparado y de sus disciplinas conexas para tal empresa armonizadora es innegable.

[208] G. Rühl, «The Law Applicable to Smart Contracts, or Much Ado About Nothing?», *Oxford Business Blog*, 23 enero 2019, https://www.law.ox.ac.uk/business-law-blog/blog/2019/01/law-applicable-smart-contracts-or-much-ado-about-nothing; G. Rühl, «Smart contracts – Welches Recht gilt?», en T. Braegelmann y M. Kaulartz (eds.), *Smart Contracts*, C. H. Beck, 2019; Zimmermann, *op. cit.*; G. Rühl, «Smart (legal) contracts, or: Which (contract) law for smart contracts?», en B. Cappiello y G. Carullo (eds.), *Blockchain, Law and Governance*, Springer, 2020, disponible en https://ssrn.com/abstract=3552004.

[209] Guillaume, *op. cit.*, p. 71 ss.

[210] Moslein, *op. cit.*, p. 316.

[211] *Ibid.*

## CAPÍTULO X

# CONCLUSIONES

«El código es ley» dictaminaba Lawrence Lessig en su obra *Code 2.0* construyendo con sus palabras puentes entre dos mundos, el informático y el jurídico: «hoy, quien programa, potencialmente legisla»[1]. El código es la letra de la ley y el algoritmo es la estructura que define el proceso.

Entre las visiones más radicales sobre informática y Derecho está aquella de que la tecnología someterá al ordenamiento a las fuerzas del mercado y romperá el monopolio legislativo y judicial del Estado. Esta es una idea que ha sido discutida por muchos autores, incluyendo Robert Nozick, Murray Rothbard y David Friedman[2]. Para estos, el propósito del sistema jurídico es proteger la propiedad privada y hacer valer los derechos de los ciudadanos, incluida la autonomía de la voluntad. Si las nuevas tecnologías digitales avanzan hasta un punto en el que realmente no hay necesidad de garantizar estos derechos por terceros, el ordenamiento estatal será superfluo, así como sus costes asociados, considerados por muchos libertarios como injustificables[3].

Algún autor apunta a que lo que ocurre en la red son meros hechos no necesariamente concluyentes desde el punto de vista jurídico. Las transacciones y operaciones que tienen lugar son circunstancias fácticas, no normativas, que están sujetas, en último término, a la aplicación de la ley estatal[4]. Otros inciden en la necesidad de reconocer e integrar las prácticas autorregulatorias que se originan en línea con el Derecho estatal[5]. Pero ya hay autores que advierten sobre la aparición de la denominada *Lex Cryptographia*, entendida como el conjunto de normas que operan a través de contratos inteligentes autoejecutables y organizaciones autónomas descen-

[1] L. Lessig, *The Code version 2.0*, Cambridge, Basic Books, 2006.

[2] R. Nozick, *Anarchy, State, And Utopia* (1974); M. Rothbard, *The Ethics of Liberty* (1982); D. Friedman, *The Machinery Of Friedman* (1973); E. Stringham, *Anarchy And The Law* (2007).

[3] Raskin, *op. cit.*, p. 335.

[4] Lehmann, *op. cit.*

[5] Kouros, *op. cit.*; Möslein, *op. cit.*

tralizadas, que está llamada a desplazar a la Ley tradicional y a jueces y tribunales[6].

A diferencia de los sistemas jurídicos tradicionales, cuyas disposiciones son universales y aplicables a todos, bajo este nuevo paradigma, los operadores son libres de elegir aquel conjunto particular de disposiciones disponibles en la red que mejor reflejen sus preferencias o necesidades. Ello puede desembocar en el caso más extremo en un *gobierno algorítmico*[7], esto es, un nuevo sistema normativo capaz de regular la sociedad de manera más eficiente, que suprimiría los costes de la aplicación de la Ley y que permitiría un sistema personalizado de reglas para cada ciudadano, revisables constantemente en función de sus preferencias y perfiles correspondientes. Una dictadura de los datos o *Ciberleviatán*, en palabras de Lassalle[8].

Por otra parte, para estimular la innovación, el empleo y el crecimiento económico, los desarrolladores, las empresas y el ecosistema tecnológico en general dependen de un marco jurídico comprensible, predecible y adecuado que constituya la base de una industria digital próspera. Sin él, muchas *start-ups* no podrán llevar a cabo sus proyectos por miedo a futuras responsabilidades legales inciertas, las plataformas pueden tener dificultades para encontrar usuarios por la ausencia de una protección jurídica adecuada y, posiblemente, costará despertar el interés sobre los nuevos tipos de activos digitales.

La profundidad del análisis jurídico necesario para llevar a cabo la regulación de estas tecnologías a nivel local, o una armonización transfronteriza de manera efectiva, exige cautela, si bien, dada la velocidad del desarrollo tecnológico y la expansión de sus aplicaciones, el legislador tampoco tiene mucho tiempo que perder.

El marco jurídico existente no puede regular de forma óptima muchas de las tecnologías digitales. En el caso de los *smart contracts* y la cadena de bloques, sus características de deslocalización, anonimidad, autoejecutividad e inmutabilidad no casan bien con el Derecho contractual tradicional. Por ello, tanto el legislador como los desarrolladores están llamados a adoptar soluciones que protejan los derechos de los consumidores y de los ciudadanos en general y respeten la legislación vigente (normativa fiscal, antitrust, etc.). Aspectos como la validez del contrato por contravención de una norma imperativa, los vicios de la voluntad, las cláusulas abusivas, errores en el código informático o una alteración de las circunstancias, por

[6] De Filippi, *op. cit.*, p. 4.

[7] *Ibid.*, p. 41.

[8] J. M. Lassalle, *Ciberleviatán*, Arpa Editores, 2019.

mencionar solo algunos de los que ya se apuntaron en el Capítulo 7, deben llevar a la adopción de mecanismos de protección que permitan modificar o revertir las transacciones si fuera necesario.

En relación con la indemnización de los daños provocados por las tecnologías digitales emergentes, también se hace necesario revisitar las normas existentes sobre responsabilidad extracontractual para dar respuesta a la externa complejidad, interdependencia y opacidad de las nuevas herramientas. En caso contrario, se corre el riesgo de que las víctimas no puedan obtener una compensación ante la dificultad de probar la existencia de un defecto, quién es el causante o el nexo causal[9]. Pero en principio, no parece necesaria la concesión de personalidad jurídica a robots y demás aplicaciones inteligentes[10].

El legislador deberá ir con cautela, haciendo las consideraciones jurídicas oportunas y, sobre todo, habrá de encontrar un equilibrio entre regulación y avance tecnológico. Especialmente, el denominado *Law & Economics* puede proporcionarle las herramientas necesarias en la búsqueda del grado de regulación óptimo. Teorías como la competencia regulatoria o los distintos modelos sobre costes de transacción podrían aconsejar que es mejor esperar a que muchas de estas aplicaciones tengan ya «un rodaje» hecho antes de legislar y, al mismo tiempo, apoyar la autorregulación en la medida de lo posible[11]. De lo contrario, nos arriesgamos a una selva incoherente de disposiciones normativas que desincentivaría la innovación tecnológica. Ciertamente, una regulación que genera incertidumbre tiene un impacto negativo sobre la innovación, como también lo tiene una regulación que exige a las empresas dedicar buena parte de sus recursos a su cumplimiento[12]. Por ello, es preferible que el legislador adopte una postura más flexible, que favorezca la autorregulación y dé más libertad a las empresas para elegir la alternativa más favorable para cumplir con la regulación, siendo en último término el mercado el que seleccione la solución más viable comercialmente. Al mismo tiempo, los expertos apuntan a la oportunidad de que el legislador se involucre desde dentro en el desarrollo de estas aplicaciones, con el objetivo de controlar y regular la industria. De esta forma, estará bien posicionado para aprovechar las oportunidades que esta ofrece.

---

[9] Informe sobre Responsabilidad, *op. cit.*

[10] En contra, Propuesta de informe, *op. cit.*

[11] Lyons, *op. cit.*

[12] Fundación Cotec para la Innovación Tecnológica, *Impacto de la regulación sobre la innovación*, 2014, p. 45.

Bien se trate de regulación o de autorregulación, tanto el legislador como las empresas (si opera desde dentro) se encontrarán con la dificultad de trasladar el lenguaje jurídico al lenguaje informático, escrito en código binario, y mucho más estricto y rígido. A diferencia de las leyes escritas en lenguaje natural, las reglas basadas en códigos dejan menos espacio para la interpretación y, por lo tanto, pueden implementarse de manera más predecible y uniforme. Sin embargo, no pueden traducir nociones jurídicas tradicionales como la buena fe, la razonabilidad, etc. que se basan en el ejercicio de la razón, la conciencia y la discreción del adjudicador en un momento posterior. Estas nociones no se pueden codificar fácilmente en lenguaje binario porque su significado no es capaz de expresarse exhaustivamente como una cuestión de lógica. Además, muchas aplicaciones van dirigidas a usuarios de distintos sistemas jurídicos, donde estas nociones se interpretan de manera diferente. Idealmente, una aplicación óptima habrá de desarrollarse teniendo en cuenta el Derecho comparado, la metodología de la traducción jurídica y la complejidad de discernir entre distintos sistemas jurídicos.

Por otro lado, una de las características principales de las tecnologías digitales es la de su virtualidad. Pertenecen a la red y no están físicamente ubicadas en ningún territorio, lo que complica la determinación de la normativa aplicable o la tributación. El Derecho internacional privado normalmente resuelve las cuestiones de transnacionalidad ubicando la relación jurídica en un ordenamiento jurídico determinado, pero en este caso, estamos ante tecnologías que operan simultáneamente en red y sin vinculación a un territorio concreto. Por tanto, la regulación óptima de las nuevas tecnologías emergentes deberá hacerse de forma coordinada y armonizada, puesto que los principios tradicionales utilizados para determinar la aplicabilidad de las leyes y la ejecutabilidad de decisiones no contemplan una arquitectura que pueda operar en múltiples jurisdicciones de manera igual y simultánea.

Por todo lo anterior, la respuesta que se le dé a las tecnologías digitales emergentes deberá necesariamente tomar en consideración la metodología y principios del Derecho comparado, así como de otras disciplinas de las ciencias sociales en las que se apoya y completa.

El punto de partida para casi todos los estudios contemporáneos de Derecho comparado es la *comparación funcional* impulsada por Zweigert y Kötz, es decir, una comparación libre del marco conceptual del sistema jurídico nacional de quien realiza la actividad comparativa. También hay que tener en cuenta que dentro de un mismo ordenamiento jurídico no siempre hay una norma jurídica para cada problema y que pueden existir contradicciones, tal como insiste la *teoría de los formantes legales* de Sacco. Por otra parte, teorías recientes subrayan que la actividad comparada no tiene que estar sujeta a unos pasos concretos y rígidos; por el contrario, ha de ser un proceso circular y dinámico, donde los objetivos y criterios se redefinan constantemente sobre la base de los nuevos conocimientos adquiridos[13].

En realidad, todas las aproximaciones al método comparado que se han analizado, incluso las que niegan la existencia u oportunidad de un método concreto coinciden en una cosa: la complejidad de la actividad comparativa. En ella se interrelacionan cuestiones sobre el fenómeno jurídico en toda su amplitud (eficacia normativa, funciones del Derecho, interpretación, etc.) con otros factores como el internacional, el lingüístico, el social, el económico, el cultural y ahora, el tecnológico. Todos estos factores exigen una metodología que a menudo desconoce el jurista, pero que el comparatista aplica de forma habitual. En efecto, solo en primera instancia el método jurídico es el propio del Derecho comparado. En consecuencia, en toda actividad comparativa la dogmática jurídica ha de ser completada necesariamente con la metodología de otras ciencias sociales tales como como la Sociología del Derecho, la Antropología jurídica, la Lingüística o el análisis económico del Derecho, por nombrar algunas de las disciplinas que se han analizado en el presente trabajo.

Este estudio de la metodología comparada y de sus disciplinas conexas, así como la visión general de los principales sistemas jurídicos que han influenciado a la mayoría de los ordenamientos, ya sea a nivel macrocomparado, ya sea con relación a instituciones jurídicas concretas, bien puede servir como punto de partida en el diálogo entre distintas culturas jurídicas que ha de orientar a desarrolladores y juristas en el correcto diseño y aplicación de las tecnologías digitales.

---

[13] Tschentscher, *op. cit.*, p. 810.

# GLOSARIO

# BIBLIOGRAFÍA


ADJANI, G., *et al.*: *Sistemas Jurídicos Comparados*, Universidad de Barcelona, 2009.

AGNIKHOTRAM, S. y KOUROUTAKIS, A.: «Doctrinal challenges for the legality of smart contracts: *Lex Cryptographia* or a new, "smart" way to contract?», 19(2) *Journal of High Technology Law*, 2019, pp. 300-328.

ALTAVA LAVALL, M. G. (ed.): *Lecciones de Derecho Comparado*, Publicacions de la Universitat Jaume I, 2003.

ARRUÑADA, B.: «Limitaciones del blockchain en contratación y propiedad», *Instituto de Estudios Finanacieros*, número 28, marzo 2019.

AYMERICH OJEA, I.: «Los sistemas jurídicos del mundo», en M. G. Altava Lavall (ed.), *Lecciones de Derecho Comparado*, Publicacions de la Universitat Jaume I, 2003.

BANAKAS, S.: «Unde Venis et Quo Vadis? European tort law revisited», RSDIE 4/2008, pp. 295-320.

BEALE, H., *et al.*: *Cases, Materials and Text on Contract Law*, Hart Publishing, 2002.

BRAEGELMANN, T. y KAULARTZ, M. (eds.): *Smart Contracts*, C. H. Beck, 2019.

BROWN, D.: *Evidence Disclosure and Discovery in Common Law Jurisdictions*, The Oxford Handbook of Criminal Process, 2018, *Virginia Public Law and Legal Theory Research Paper* No. 2018-25, Disponible en SSRN: https://ssrn.com/abstract=3165520.

BURROWS, P. y VELJANOVSKI, C. G.: *The Economic Approach to Law*, Butterworths, 1981.

CABRILLAC, R.: «El derecho civil francés desde el Código Civil», 22 (2) *Revista de Derecho*, 2009, pp. 65-73.

CALABRESI, G.: «Some Thoughts on Risk Distribution and the Law of Torts», 70 *Yale Law Journal*, 1961, pp. 499-553.

CAMPBELL BLACK, H.: «The Principle of Stare Decisis», 34 (12) *The American Law Register* (1852-1891), 1886, pp. 745-57.

CARRON, B. y BOTTERON, V.: «How smart can a contract be?» en Kraus, D., *et al.* (eds.), *Blockchains, Smart Contracts, Decentralised Autonomous Organisations and the Law*, Edward Elgar Publishing, 2019.

CHECA MARTÍNEZ, M.: *El trust angloamericano en el Derecho español*, Ed. McGrawHill, 1998.

COASE, R.: «The Problem of Social Costs», 3 *The Journal of Law and Economics*, 1960, pp. 1-44.

COING, H.: «La Ciencia del Derecho privado en Europa en el siglo XIX», Glossae, Revista de Historia del Derecho Europeo, 7-1995.

COLE, T.: «The Parol Evidence Rule: A Comparative Analysis and Proposal», 26 (3) *University of South Wales Law Journal*, 2003.

CORBIN, A. L.: «Interpretation of Words and the Parol Evidence Rule», 50 *Cornell Law Quarterly*, 1965, pp. 161-190.

CORRALES, M., FENWICK, M. y FORGÓ, N. (eds.): *Robotics, AI and the Future of Law*, Springer, 2018.

CORRALES, M., FENWICK, M. y HAAPIO, H. (eds.): *Legal Tech, Blockchain and smart contracts*, Springer, 2019.

DACORONIA, E.: «Tort Law and New Technologies», en López Rodríguez, A. M., Green, M. D. y Kubica, M. L. (eds.), *Legal Challenges in the New Digital Age*, Brill, 2021, pp. 3-12.

DAVID, R. y JAUFFRET-SPINOSI, C.: *Los grandes sistemas jurídicos contemporáneos*, 11.ª Edición. Traducción de J. S. Cordero, Instituto de Investigaciones Jurídicas de la UNAM, 2010.

DE FRANCESCHI A. y SCHULZE, R. (eds.): *Digital Revolution – New Challenges for Law*, C. H. Beck, 2019.

DERVANOVIC, D.: «I, Inhuman Lawyer: Developing Artificial Intelligence in the Legal Profession», en Corrales, M., Fenwick, M. y Forgó, N. (eds.), *Robotics, AI and the Future of Law*, Springer, 2018, pp. 209-234.

DIMATTEO L. A. y PONCIBÓ, C.: «Quandary of Smart Contracts and Remedies: The Role of Contract Law and Self-Help Remedies», 6 *European Review of Private Law*, 2019, pp. 805-824.

DUKE, A.: «What Does the CISG Have to Say about Smart Contracts: A Legal Analysis», 20 (1) *Chicago Journal of International Law*, 2019, pp. 141-177.

EENMAA-DIMITRIEVA, H. y SCHMIDT-KESSEN, M.J.: «Creating markets in no-trust environments: The law and economics of smart contracts», *Computer Law & Security Review: The International Journal of Technology Law and Practice*, 2018, https://doi.org/10.1016/j.clsr.2018.09.003.

EHRENBERG, A. J. y KING, J. L.: «Blockchain in Context», *Information Systems Frontiers*, 2019.

EUROPEAN GROUP ON TORT LAW, *Principles of European Tort Law, Text and Commentary*, Springer, 2005.

FARNSWORTH, A.: «Comparative Contract Law», en Reimann, M. y Zimmermann, R. (eds.) *The Oxford Handbook of Comparative Law*, 1.ª ed., Oxford University Press, 2006, DOI: 10.1093/oxfordhb/9780199296064.013.0029.

— *An Introduction to the Legal System of the United States*, 4.ª ed., Oxford University Press, 2010.

FARRELL, S., MACHIN, H. y HINCHLIFFE, R.: «Lost and found in smart contract translation - considerations in transitioning», King & Wood Mallesons, 2017, p. 3. https://www.uncitral.org/pdf/english/congress/Papers_for_Programme/14-FARRELL_and_MACHIN_and_HINCHLIFFE-Smart_Contracts.pdf.

FERNÁNDEZ, R.: «Robótica, inteligencia artificial y seguridad: ¿cómo encajar la responsabilidad civil?», *Diario La Ley*, n.º 9365, Sección Doctrina, 25 de febrero de 2019.

FUNDACIÓN COTEC PARA LA INNOVACIÓN TECNOLÓGICA: *Impacto de la regulación sobre la innovación*, 2014.

GAMBARO, A.: «Interpretation of Multilingual Legislative Texts», 11(3) *Electronic Journal of Comparative Law*, 2007, http://www.ejcl.org.

GARCIMARTÍN ALFÉREZ, F.: «Regulatory Competition: A Private International Law Approach», 8 *European Journal of Law and Economics*, 1999, pp. 251-270.

GAROUPA, N. y GINSBURG, T.: «Economic analysis and comparative law», en Bussani, M. y Mattei, U. (eds.), *The Cambridge Companion to Comparative Law*, Cambridge University Press, 2015, pp. 57-72.

GLENDON, M. A. *et al.*: *Comparative Legal Traditions*, West Publishing, 2008.

GONZÁLEZ MARTÍN, N.: *Sistemas Jurídicos Contemporáneos*, Nostra Ediciones, 2010.

GRUNDMANN, S.: «The Structure of European Contract Law», 4 *European Review of Private Law*, 2001, pp. 505-528.

GUILLAUME, F.: «Aspects of private international law related to blockchain transactions», en Kraus, D. *et al.* (eds.), *Blockchains, Smart Contracts, Decentralised Autonomous Organisations and the Law*, Edward Elgar Publishing, 2019, pp. 49-82.

HASSAN, S. y DE FILIPPI, P.: «The Expansion of Algorithmic Governance: From Code is Law to Law is Code», *Field Actions Science Reports [Online]*, Special Issue 17, 2017, Online desde el 31 de diciembre de 2017, http://journals.openedition.org/factsreports/4518.

HONDIUS, E.: «El impacto del Derecho y el pensamiento jurídico de los Estados Unidos: ¿amenaza o incentivo?», 22(2) *Revista de Derecho*, 2009, pp. 27-38.

HUSA, J.: «Translating legal language and comparative law», 30 (2) *International Journal for the Semiotics of Law*, 2016, pp. 261-272.

KISCHEL, U.: «Vorsicht, Rechtsvergleichung!» 104 *Zeitschrift für Vergleichende Rechtswissenschaft*, 2005, pp. 10-30.

— *Comparative Law*, Oxford University Press, 2019.

KITCH, E.: «Regulation and the American Common Market», en Tarlock, A. D. (ed.), *Regulation, Federalism and Interstate Commerce*, 1981.

KÖTZ, H.: «Comparative Contract Law», en Reimann, M. y Zimmermann, R. (eds.) *The Oxford Handbook of Comparative Law*, 2.ª Edición Oxford University Press, 2019, pp. 902-932

KOZIOL H. y STEININGER, B. (eds.): *European Tort Law*, Springer, Wien, 2009.

— y WILCOX, V. (eds.): *Punitive Damages: Common Law and Civil Law Perspectives*, Springer, Viena, Nueva York, 2009.

KOZIOL, H. (ed.): *Basic Questions of Tort Law from a Comparative Perspective*, Jan Sramek Verlag, 2015.

KRAUS, D., OBRIST, T. y HARI, O. (eds.): *Blockchains, Smart Contracts, Decentralised Autonomous Organisations and the Law*, Edward Elgar Publishing, 2019, pp. 49-82.

LAMARCA y MARQUÈS, A.: «Entra en vigor la ley de modernización del derecho alemán de obligaciones», *InDret* 01/2002, www.indret.com.

LANDO, O.: *Kort indføring i komparativ ret*, 2.ª ed., Jurist- og Økonomforbundets Forlag, 2004.

LASSALLE, J. M.: *Ciberleviatán*, Arpa Editores, 2019.

LEGRAND, P.: «The Impossibility of "Legal Transplants"» 4(2) *Maastricht Journal of European and Comparative Law*, 1997, pp. 111-124.

LEHMANN, M.: «Who owns Bitcoin? Private Law Facing the Blockchain», EBI Working Papers Series, n.º 42, 2019, https://papers.ssrn.com/sol3/papers.cfm?abstract_id=3402678.

LESSIG, L.: «Code is Law. On Liberty in Cyberspace», *Harvard Magazine*, 1 de enero de 2000, https://harvardmagazine.com/2000/01/code-is-law-html.

— *The Code version 2.0*, Cambridge, Basic Books, 2006.

LLOYD JONES, D.: «Brexit and the future of English Law», 49 *Victoria University of Wellington Law Review*, 2018, pp. 1-23.

LOEWENSTEIN, K.: «Law in the Third Reich», 45 (5) *The Yale Law Journal*, 1936, pp. 779-815.

LÓPEZ RODRÍGUEZ, A. M.: «Operating across national and linguistic borders», 14(1) *Journal of Private International Law*, 2018, pp. 182-192.

— «Towards a European Civil Code without a Common European Legal Culture? - The Link between Law, Language and Culture», 29(3) *Brooklyn Journal of International Law*, 2003, pp. 1195-1219.

— *Lex Mercatoria and Harmonization of Contract Law in the EU*, DJØF Publishing, Copenhague, 2002.
— Green, M. D. y Kubica, M. L. (eds.): *Legal Challenges in the New Digital Age*, Brill, 2021.
LYONS, T., COURCELAS, L. y TIMSIT, K.: *Legal and regulatory framework of blockchains and smart contracts*, https://www.eublockchainforum.eu/sites/default/files/reports/report_legal_v1.0.pdf.
MARCHAL ESCALONA, N. (ed.): *El Derecho comparado en la docencia y la investigación*, Dykinson, 2017.
MARKOVITST, I. S.: «Civil Law in East Germany-Its Development and Relation to Soviet Legal History and Ideology», 78 (1) *The Yale Law Journal*, 1968, pp. 1-51.
MARSHALL, D. y WEISSBRODT, D.: *The Common Law Process of Torts*, Anderson Publishing Co., 2003.
MARTÍN CASALS, M.: «Una primera aproximación a los "Principios de Derecho europeo de la responsabilidad civil"», *InDret* 2/2005, www.indret.com.
MATTEI, U.: «Efficiency in legal transplants: An essay in comparative law and economics», 14 *International Review of Law and Economics*, 1994, pp. 3-19.
— *Comparative Law and Economics*, University of Michigan Press, 1997.
MICHAELS, R.: «The Second Wave of Comparative Law and Economics?», 59 *University of Toronto Law Journal*, 2009, pp. 197-213.
MORÁN, G. M.: «El derecho comparado como disciplina jurídica, la importancia de la investigación y la docencia del derecho comparado y la utilidad del método comparado en el ámbito jurídico», 6 *Anuario da Facultade de Dereito da Universidade da Coruña*, 2002, pp. 501-530.
MORÉTEAU, O.: «Basic Questions of Tort Law from a French Perspective», en Koziol, H. (ed.), *Basic Questions of Tort Law from a Comparative Perspective*, Jan Sramek Verlag, 2015, pp. 3-95.
MÖSLEIN, F.: «Legal Boundaries of Blockchain Technologies: Smart Contracts as Self-Help?», en De Franceschi, A. y Schulze, R. (eds.): *Digital Revolution - New Challenges for Law*, C. H. Beck, 2019, pp. 313-326.
MULHERON, R.: *The Class Action in Common Law Legal Systems: A Comparative Perspective*, Oxford: Hart Publishing, 2004.
NAKAMOTO, S.: «Bitcoin: A Peer-to-Peer Electronic Cash System», *Bitcoin Project*, http://bitcoin.org/bitcoin.pdf.
NAVARRO MOLDES, L.: «Dependencia de las TIC e imposición cultural», en Varios autores, *Efectos de las tecnologías de la información y la comunicación sobre los derechos humanos*, Institut de Drets Humans de Catalunya, 2002, pp. 38-63.
ORTEGA GIMÉNEZ, A.: *Smart contracts y Derecho internacional privado*, Aranzadi, 2019.
ÖRÜCÜ, E.: «Critical Comparative Law. Considering Paradoxes for Legal Systems in Transition», 59 *Preadvies Nederlandse Vereniging voor Rechtsvergelijking*, [Preliminary Report for the Dutch Association of Comparative Law] (Kluwer, Deventer 1999). Disponible en www.ejcl.org/41/art41-1.html#N_445_.
POSNER, R.: *Economic Analysis of Law*, Little Brown and Company, 1973.
RASKIN, M.: «The Law and Legality of Smart Contracts», 1 *Georgetown Law Technology Review*, 2017, pp. 305-341.
REICH, N.: «Competition between legal orders: A New Paradigm of EC Law? *Common Market Law Review*, 1992, pp. 861-868.
REIMANN, M. y ZIMMERMANN, R. (eds.): *The Oxford Handbook of Comparative Law*, 2.ª ed., Oxford University Press, 2019.
— *The Oxford Handbook of Comparative Law*, 1.ª ed., Oxford University Press, 2006.

RIVERA GARCÍA, E.: «El andamiaje legal de Puerto Rico: fusión enriquecida del derecho común anglosajón y la tradición civilista», 82(3) *Revista Jurídica de la Universidad de Puerto Rico*, 2013, pp. 687-704.

ROCA TRÍAS, E. y NAVARRO MICHEL, M.: *Derecho de Daños, Textos y Materiales*, 8.ª ed., Tirant lo Blanch, 2020.

RODRIGUES, U. R.: «Law and the Blockchain», 104 *Iowa Law Rev*, 2019, pp. 679-729.

ROMANO, R.: «Law as a Product: Some Pieces of the Incorporated Puzzle», 1 *Journal of Law, Economics and Organization*, 1985, p. 225-283.

RÜHL, G.: «The Law Applicable to Smart Contracts, or Much Ado About Nothing?», *Oxford Business Blog*, 23 enero 2019, https://www.law.ox.ac.uk/business-law-blog/blog/2019/01/law-applicable-smart-contracts-or-much-ado-about-nothing.

RUIZ RODRÍGUEZ, R.: «Las criptodivisas como medio de pago y el Derecho internacional privado», 12(2) *Cuadernos de Derecho Transnacional*, octubre 2020, pp. 740-757.

SACCO, R.: «Legal Formants - A Dynamic Approach to Comparative Law», 39 *American Journal of Comparative Law*, 1991, Parte I, pp.1- 34, Parte II, pp. 343-401.

SAVELYEV, A.: «Contract law 2.0: "Smart" contracts as the beginning of the end of classic contract law», 26(2) *Information & Communications Technology Law*, 2017, pp. 116-134.

SEBOK, A.: «Punitive Damages: From Myth to Theory», 92 *Iowa Law Review*, 2007, pp. 957-1034.

SIEGEL, J. R.: «The Inexorable Radicalization of Textualism», 158 (1) *University of Pennsylvania Law Review*, 2009, pp. 117-178.

SIEMS, M.: «The Power of Comparative Law: What Types of Units Can Comparative Law Compare?», 67 *American Journal of Comparative Law*, 2019, pp. 861-888.

— *Comparative Law*, Cambridge University Press, 2018.

SIRVENT GUTIÉRREZ, C.: *Sistemas Jurídicos Contemporáneos*, 14.ª ed., Editorial Porrúa, 2014.

SOMMA, A.: *Introducción al Derecho Comparado*, Universidad Carlos III de Madrid, 2015.

STOCKWELL, N. y EDWARDS, R.: *Trusts and Equity*, 7.ª ed., Pearson, Longman, 2005.

STONE, J.: «The Ratio of the Ratio Decidendi», 22 (6) *The Modern Law Review*, 1959, pp. 597-620.

STRONG, S. I., FACH GÓMEZ, K. y CARBALLO PIÑEIRO, L.: *Derecho comparado para abogados anglo- e hispanoparlantes*, Edward Elgar Publishing, 2017.

SZABO, N.: *Smart Contracts*, 1994, disponible en: https://www.fon.hum.uva.nl/rob/Courses/InformationInSpeech/CDROM/Literature/LOTwinterschool2006/szabo.best.vwh.net/smart.contracts.html.

TEUBNER, G.: «Legal Irritants: Good Faith in British Law or How Unifying Law Ends up in New Divergences», 61(1) *Modern Law Review*, 1998, pp. 11-32.

TRACHTMAN, J. P.: «International Regulatory Competition, Externalization and Jurisdiction», 34 *Harvard International Law Journal*, 1993, pp. 47-104.

TULSIDAS, T.: «Smart Contracts from a Legal Perspective» (2018), https://rua.ua.es/dspace/bitstream/10045/78007/1/Smart_Contracts_from_a_Legal_Perspective_Utamchandani_Tulsidas_Tanash.pdf.

VAN DAAM, C.: *European Tort Law*, 2.ª ed., Oxford University Press, 2013.

VILALTA NICUESA, A. E.: *Smart legal contracts y blockchain: la contratación inteligente a través de la tecnología blockchain*, Wolters Kluwer España, 2019.

VON BOGDANDY, A.: «La transformación del derecho europeo: el concepto reformado y su búsqueda de la comparación», 54 *Revista de Derecho Comunitario Europeo*, 2016, pp. 441-471.

WAGNER, G.: «Comparative Tort Law», en Reimann, M. y Zimmermann, R. (eds.) *The Oxford Handbook of Comparative Law*, 2.ª ed., Oxford University Press, 2019, pp. 994-1030.

WATSON, A.: *Legal transplants: An approach to comparative law*, University of Georgia Press, 1993.

WEBER, R.H.: «Blockchain technology, smart contracts and cirtual currencies», en De Franceschi, A. y Schulze, R. (eds.), *Digital Revolution- New Challenges for Law*, C. H. Beck, Nomos, 2019, pp. 299-312.

WERBACH, K. y CORNELL, N.: «Contracts Ex Machina», 67 *Duke Law Journal*, 2017, pp. 313-382.

WHITE, G. E.: «The Constitutional Journey of "Marbury v. Madison"», 89 (6) *Virginia Law Review*, 2003, pp. 1463-1573.

WIDMER, P.: «Bases of Liability», en *European Group on Tort Law, Principles of European Tort Law, Text and Commentary*, Springer, 2005, pp. 64-100.

WRIGHT, A. y DE FILIPPI, P.: «Decentralized Blockchain Technology and the Rise of Lex Cryptographia» (10 de marzo de 2015), p. 4. Disponible en SSRN: https://ssrn.com/abstract=2580664.

YOUNGS, R.: *English, French & German Comparative Law*, 3.ª ed., Routledge, 2014.

ZIMMERMANN, A.: «Blockchain-Netzwerke und Internationales Privatrecht - oder: der Sitz dezentraler Rechtsverhältnisse», *IPRax*, 2018, pp. 566-573.

ZWEIGERT, K. y KÖTZ, H.: *An Introduction to Comparative Law*, Clarendon Press, 1998.

— *Introducción al Derecho comparado*, Oxford University Press, México, 2012.